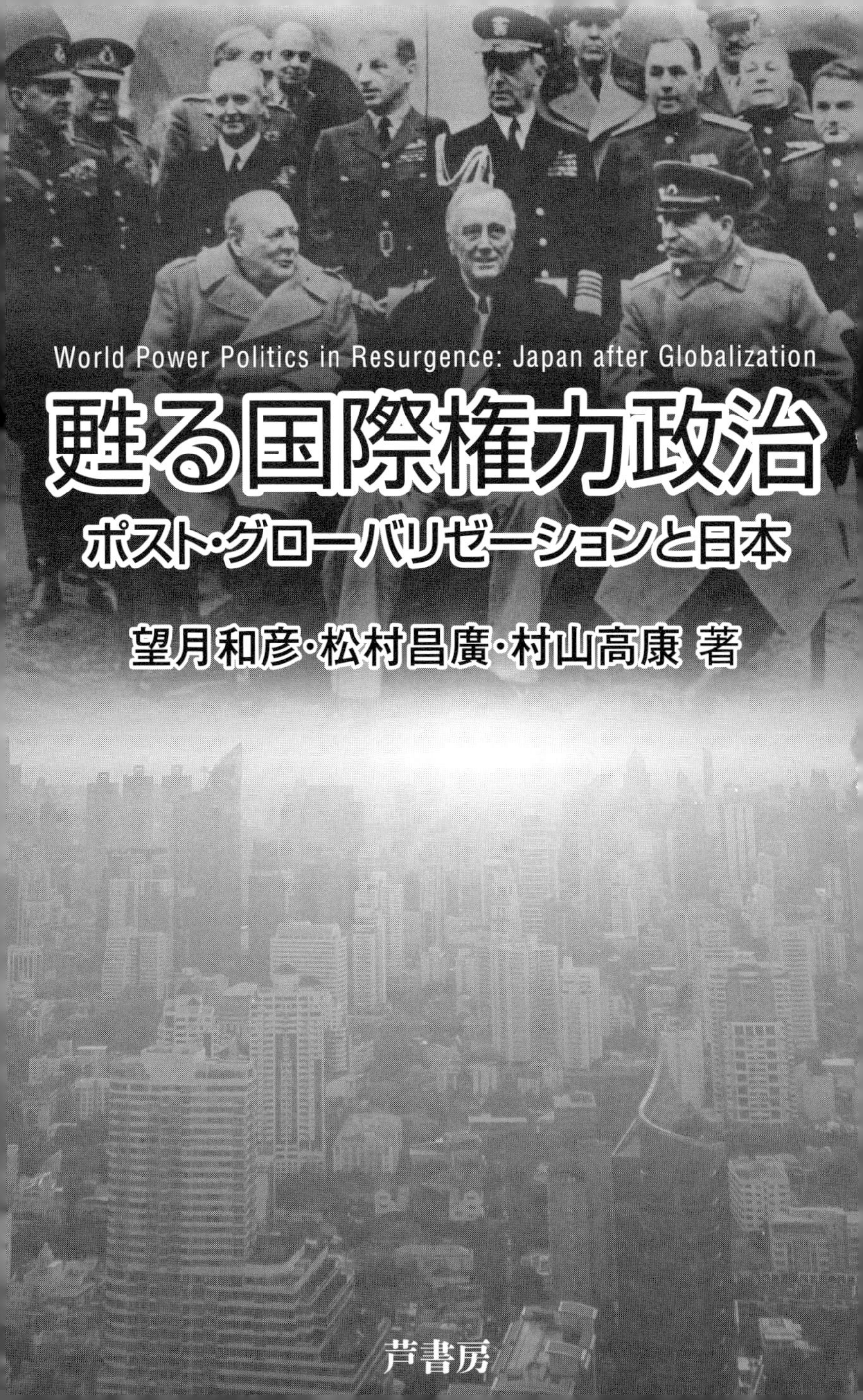

World Power Politics in Resurgence: Japan after Globalization

甦る国際権力政治

ポスト・グローバリゼーションと日本

望月和彦・松村昌廣・村山高康 著

芦書房

甦る国際権力政治——ポスト・グローバリゼーションと日本

●目　次

序　文

第一節　国際情勢認識と問題の所在

現在、国際関係は従来当然視されてきたグローバリゼーション（globalization）の動きが止まり、逆行の傾向が顕著に見られるようになってきた。世界史を振り返ると、人類は幾度か地球大での貿易、投資、人の移動、技術の移転などを特徴とする状況を経験してきた。これには、一三世紀の「パックス・モンゴリカ」と一五世紀から一六世紀の大航海時代が含まれるだろう。また、一九世紀後半から二〇世紀初頭にかけて、繁栄の頂点に達した欧州で、近現代の国際関係史における第一次グローバリゼーションとも言える状況を経験したが、それは第一次世界大戦、大恐慌、そして第二次世界大戦によって終焉を迎えた。しかし、第二次世界大戦を主導して勝利したアメリカ合衆国（以下「アメリカ」）が戦後、軍事・経済覇権を確立し、その主導の下、国際金融・貿易・開発システムが構築されると第二次グローバリゼーションと言える状況が出現した。冷戦構造はこのダイナミズムに大きな制約を課したものの、それでも一九七〇年代後半以降、アメリカ、西欧諸国、そして日本を中核にして相互依存とグローバリゼーションは急速に進展した。さらに、そうした制約が冷戦終結によって消滅したため、アメリカによる一極構造の下、グローバリゼーションは一時猛威をふるった。その結果、アメリカと主要同盟国が国内社会における貧富の著しい拡大と二極化に直面するようになった。こうした中、アメリカが9・11同時多発テロへの反撃に端を発する対中東武力介入政策で頓挫し、二〇〇八年秋のリーマン・ブラザース倒産に端を発する金融・経済危機を経て深刻な構造的矛盾を抱えるに至って、二〇一七年には反グローバリゼーションを掲げるドナルド・トランプ政権が誕生することとなった。

明らかに、トランプ大統領は「アメリカ・ファースト」を叫んで、戦後アメリカが築き上げてきた国際秩序のシステムを次々と否定し、それらを縮小再編成ないしは完全放棄・解体しようとしている。これは、多数のアメリカ国民が今や米国主導の国際システムの維持を重荷や軛《くびき》と感じ始め、第二次世界大戦後、アメリカの繁栄とそれを支える国際システムが、コストに見合わぬものとなったと捉えていることを意味するだろう。さらに、トランプは、イラン核合意やパリ協定を否定し、さらには中距離核戦力全廃条約（ＩＮＦ条約）も破棄した上に、国連も北大西洋条約機構（ＮＡＴＯ）も世界貿易機関（ＷＴＯ）までも否定しようとしており、今後、アメリカに法外な通貨発行益をもたらすドル基軸通貨体制以外の国際的枠組みをすべて見直そうとする可能性も排除できない。

一方、世界第二の経済大国へと成長した中華人民共和国（以下「中国」）は、軍事大国としての存在感をますます際立たせ、今や古典的なまでの帝国主義的勢力拡大に邁進している。中国は歴史上前例を見ない軍拡を進める一方、東シナ海においては、尖閣列島の領有を巡って日本に対して準軍事的圧力を加え続けている。また、南シナ海においては、いくつもの人工島を造成して、大規模な軍事基地化と実効支配をすすめ、一方的な領有権の主張を強めている。さらに、巨大なインフラ投資プロジェクトを焦点とした「一帯一路」構想を推進し、自国の海外軍事拠点となりうる軍民両用の港湾・空港施設や鉄道を建設する一方、「債務の罠」を通じて自国に対する被投資国の経済的依存・従属関係を構築するようになった。

ソ連崩壊後、その縮小再編成の中から生まれたロシアは長らく混乱と停滞に甘んじてきたが、ウラジミール・プーチン大統領の下、「大国」として復活した。とはいえ、ロシアは人口が縮小する一方、石油・天然ガス輸出や兵器輸出への依存から抜け出せず、産業構造の高度化ができずにいる。他方、その軍事力を背景に、クリミアを占領し東ウクライナを影響下に置き、シリア紛争への大規模な介入で中東全体の調停者の立場を獲得した。ロシアは限られた経済力の制約の下、大国としてのパワー、地位そして影響力を拡大しようとしている。

ＥＵ（欧州連合）もグローバリゼーションの煽りを受けて、アメリカ社会と同様、貧富の著しい拡大と社会的二極化に直面するようになった。その結果、主要国で反グローバリゼーションの国内政治力学が勢いを持つようになり、イギリスが国民投票の結果、ＥＵを離脱する決定を行った。また、単純労働力が不足する中、ドイツが大量のシリア難民を不用意に受け入れたため、ドイツだけでなくその通過国であるＥＵ加盟国が深刻な治安問題や福祉政策問題を抱えるようになり、域内での移動の自由を保障するシェンゲン協定に対する支持が揺らいでいる。明らかに、ＥＵは統合への求心力を失い、遠心力が働き始めた。

このような状況下で日本は、北朝鮮の拉致・核・ミサイル問題に直面しながら、中国による政治・経済・軍事の圧力を受けている。日本は中韓から「南京事件」「慰安婦」問題や「徴用工」問題などで恒常的な反日宣伝攻勢にも晒されている。日本はアメリカとの軍事同盟を介して韓国と戦略的利害を共有する友好国であるはずであるが、韓国は台頭する中国と部分的に政治的連携を行うようになり、日本に敵対的となった。さらに、ロシアとの間では一向に領土問題は進展せず、第二次世界大戦の講和条約を締結できていない結果、友好関係がない。さらに、日本が安全保障で依存するアメリカは、トランプ大統領の選挙公約に従って、防衛費の大幅増額と軍事的負担の増加など、様々な注文を付けてくるのは確実であり、この先どのような日米関係が再構築されるかは、全く不透明になりつつある。

こうした国際関係における大きな変化は、単にアメリカの国力の衰退を示すだけではなく、より大きな歴史的転換期を暗示しているとの視座から、本書は構想された。クラウゼヴィッツは『戦争論』で、「戦場において確実なことは、確実なものは何もないということだ」と喝破した。この命題は、冷戦後の国際政治情勢、とりわけ現在のポスト・グローバリゼーションの潮流を解釈する場合にも常に留意すべきものであろう。米ソ両大国が世界を二分して、政治・経済・社会体制からイデオロギーまでを異にして対立・競争し、時には調停者としても振舞ったあの〝分かりやすい時代〟は、長い国際関係史の中の特異な時期であった。言葉を変えて言えば、現在の混迷、漂流、不確実性などと形容される国際政治状況こそ常態ともいえるのである。

第二節　本書の分析アプローチと狙い

日本国民がこうした状況を直視し、東アジアのみならず、世界史的変動期ともいうべきこの時代を自律的に乗り切るためには、マクロ国際関係史に関するリアリスティックなセンスを養ったうえで、わが国の安全保障を巡る歴史的経緯や全体状況を鳥瞰図的に把握することが前提となる。

　もちろん、こうした大胆な試みは言うに易く、行うに難いのは、マクロ国際関係史の時間的、空間的広がりが極めて大きい上に、日本が歴史的に長らくユーラシア大陸に対して絶海の孤島とも言える地政学的位置にあり、国際政治の荒波から多分に隔絶した形で概ね平和裏に独立を維持しえたからであった。

　こうした歴史的経験に基づいた安全保障観に加え、第二次世界大戦に敗北し米国主導の連合国による占領を経た日本は、再独立後も安全保障においてアメリカに依存し続け、今日まで平和を享受できたことが国家レベルと国民レベルで戦略思考能力を研ぎ澄ませることを阻害してきたと言えるだろう。

　さらに、戦略思考に基づく現実的な安全保障戦略・政策を実現するには、観念的で非現実主義な平和主義に左右された輿論・世論の是正だけではなく、そうした輿論・世論の温床となっている制度の是正も必要となる。具体的に言えば、日本の対米政治的従属と軍事的弱体化を狙った占領下で成立した日本国憲法を中核とした法令や政治・行政・社会制度は依然として存在し、多分に作用して負の遺産となっている。

　したがって、本書での分析の焦点は、日本国憲法を焦点とした、敗戦から占領、再独立を経て今日に至るまでの従属的な安全保障政策の選択をその制度化をできるだけ具体的に分析し、その特徴と問題点を認識することに置かれる。

第三節　本書の構成

以上のような問題設定と分析アプローチに沿って、本書は先ず、冷戦後の世界を考察する前提としての冷戦史を再考する。次に、冷戦後の日本の安全保障の在り方を考えるために、日本が経験した第二次世界大戦とその戦訓を考察する。そうした上で、今後、日本が必要とする安全保障戦略・政策の実現を阻害する負の遺産を分析する。最後に、混迷の中の現代世界に関して着眼点を示し、日本が直面する喫緊の課題を分析し、対処策の基本的方向性を示す。本書は、桃山学院大学総合研究所共同プロジェクト「二一世紀の日本の安全保障」を中心に重ねられた議論に基づいており、第二次世界大戦を包含する現代史への広範な目配りを研究の基礎においてこそ、はじめて混迷する現在の世界情勢を分析できるという共通の認識に立っている。本書に収録された各論稿は、三人の著者がおよそ一九九七年以後、それぞれの機会に様々なところで個別に発表してきたものを、大まかなテーマに分けて構成したものである。

以下は、本書の四部一二章からなる構成の概要である。

第一部は、冷戦構造という特異な国際政治システムが、どのように生まれそして崩壊したかを分析した「国際政治史」関連の三章からなっている。

第一章では、国際政治システムとしての冷戦構造がソ連邦解体（一九九一年一二月）で終焉するまでの経過をたどり、この冷戦構造なる国際政治システムの生まれた背景と、このシステムの崩壊の原因を考察している。

第二章では、ソ連の外交政策が、なぜ一九世紀風の帝国主義的バランス・オブ・パワーに終始したか、またなぜソ連が冷戦自体を古典的な国家理性による自国防衛の手段として推進したかを考察した。本章は、ソ連の国家体制の弱さこそが冷戦推進の原因であったことを説明する試みである。

第三章は、アメリカ側の冷戦を戦った内在的理由の解明を、ロバート・ケーガン『ネオコンの論理』(光文社、二〇〇三年)を論評する形で試みた。ケーガンは、第四三代G・W・ブッシュ米大統領政権時代に影響力を持ったいわゆるネオコン(neoconservative)のイデオローグの一員と言われるが、本書はネオコンの思想的表明に留まるものではなく、現代世界におけるアメリカの歴史的使命を、ホッブスにまで遡って論じた思想の書である。本書でケーガンは、現代アメリカの国家的立ち位置ともいうべき点を、ヨーロッパ近代思想史とアメリカ建国史を対比させながら論じ、現代ヨーロッパ諸国がなぜアメリカに軍事も経済も依存しながら、EUの理想主義に安住しているのかを批判的に論じている。

第二部は第二次世界大戦と日本の戦争をテーマとする二つの章から成っている。

先の大戦後、すでに七〇年を超える年月が過ぎた現在でも、日本国民は戦争に正面から向き合って考えることなく、それから回避することで過ごしてきた。戦争を歴史・社会・経済・文化などの各方面から、国民的課題として研究・分析し、そこから数多の教訓を引き出し、それを国民の資産として次世代に引き継がなければならない。これら二つの章は、そのささやかな試みである。

第四章では、日本の歴史と地政学的な位置を前提に、安全保障問題を論じる。日本は日露戦争の勝利以後、自国の国防政策について、政治・外交と軍事の総合的な指針を纏《まと》めることができず迷走してきた。その結果日中戦争の泥沼化を招き、それが第二次世界大戦敗北へと連なった。

本章では、まずこの経過を分析し、敗北の原因の再検討と、それぞれの時点でいかなる政治・外交・軍事的選択肢がありえたかを検討する。つづいて、二五〇年間外国の開国要求を撥《は》ね退《の》けて来た江戸幕府が、ペリー来航時にそれが不可能になったことについて、欧米の軍事力の発達と日本の立遅れについての比較研究を行う。

さらに、日本がペリー来航まで一度も外国の要求や侵攻に屈しなかった理由を、一三世紀の元寇《げんこう》まで遡って考察し、日本側に確固とした防衛体制が存在したこと、それは鎌倉時代以降のいわゆる「封建制」のもつ強固な社会構造の存立にあったことを論究した。

第五章では、山本五十六がなぜハワイ奇襲攻撃によって日米戦争を始め、最終的には日本を敗戦へ導いてしまったかを、鳥居民氏の著作『昭和二十年』(全一三巻、未完、草思社、一九八五~二〇一二年)、『山本五十六の乾坤一擲《けんこんいってき》』(文藝春秋社、二〇一〇年)と、他の先行研究を比較対照することによって考察した。

『昭和二十年』は、日本の敗戦の一年を記録していたエリートから庶民までの日記・備忘録、さらには新聞・雑誌までを渉猟しながら、明治維新以来の日本近代を振り返る著作であり、日本が敗戦に至る政治・外交・軍事の歴史的過程を深く掘り下げた壮大な日本近代史である。本章では、鳥居氏の論述に沿って、日本の敗戦に至る戦史、とりわけ、なぜ日本がアメリカと戦う道を選択したかを解明する。

第三部は、日本国憲法に代表される、敗戦後の日本が現在も負い続ける重荷を取り上げる。ただし、憲法問題は第九条の是非を巡る議論に矮小化されてしまうことが多いが、重荷はこの一点に集約できるほど単純ではない。そもそもわが国が主権を持たない占領下で、「……ここに主権が国民に存することを宣言し……」（前文）としたのは異様でありまた滑稽ですらある。現行憲法は、ポツダム宣言以降の戦後占領体制の闇の中から生まれたのであり、今に至るもその闇の隅々にまで光が当てられたとは言えない。

第六章から第九章は、現憲法にまつわる解明されるべき課題の幾つかを取り上げ、第一〇章はサンフランシスコ講和条約締結後もなお残る未解決の課題の一つに照明を当てる。

第六章はわが国の安全保障問題に関する憲法的制約について論じたものである。日本国憲法において本来自衛権が認められていないのは、アメリカをはじめとする連合国の意向による。

しかし冷戦開始以前の状況では日本の自衛権を否定することも容認され得たが、冷戦が始まるとこのような政策の矛盾が露呈することになる。そこで日本をアメリカおよび連合国の脅威とならないようにしつつ、かつ日本を西側陣営の安全保障に貢献させるために工夫されたのが、日本国憲法と日米安全保障条約の組み合わせであった。

だが冷戦が終了し、新たな安全保障環境が出現するようになると、この枠組みは機能しなくなり、日本国憲法と日米安全保障条約はわが国の安全保障にとって致命的な桎梏となりうることを論じている。このことは日米安保条約に対するトランプ大統領発言によって現実化したといえる。

第七章は第六章に続いて日本国憲法の問題点を歴史的経緯を踏まえつつ、より精緻に論証したものである。ポツダム宣言受諾に伴いわが国に米軍を始めとする占領軍が進駐する。彼等の日本占領目的は日本を二度と連合国の軍事的脅威にならないようにすることであった。

この目的のために占領軍は数々の「占領改革」を行った。その最大の改革が新憲法制定であり、本章ではこの過程を詳細に述べている。ここで強調されるのは、日本国憲法が日本人によって自主的に制定された憲法ではなく、占領軍によって制定されたという事実である。これが現在のわが国の安全保障に重大な制約をもたらす根源となっている。

第八章は、現憲法の成立過程に着目し、第九条を含め現憲法そのものの法的有効性を考察する。そこで、現憲法が外国軍の占領下での被占領国法令の維持を定めたハーグ陸戦法規に照らして有効か否かを分析する。その際、日本の無条件降伏の法的意味を吟味し、一般法としてのハーグ陸戦法規と特別法としてのポツダム宣言・降伏文書を峻別することで、現憲法の法的有効性を捉える。また、降伏時、政府が存在し間接占領統治を受けた日本と、政府がなく直接統治を受けたドイツを対比することで、現憲法とドイツ基本法の長短を考える。

第九章は、わが国は一体どのような国家であるか、その基本秩序はどのようなものなのか、その背後にある根本規範はどのようなものであるか、これらを旧憲法と新憲法のテキストを用いて分析する。その際、新旧憲法の間に継続性があるのか否か、逆に言えば、戦後日本国は新たに生まれ変わったのかを新旧憲法における天皇制の在り方に焦点を絞って考察する。本章は、新旧憲法とも立憲君主制に基づいているが、天皇は旧憲法よりも新憲法における方が一層強い制約を課されているに過ぎないと論じる。

第一〇章は、先行研究を踏まえて南樺太の帰属を再考するとともに、ユジノサハリンスク総領事館設置と首相公式訪問が「南樺太の最終的帰属は未定」との日本政府の立場に影響を与えるか否かを考察する。具体的には、サンフランシスコ講和条約、ヤルタ協定、国際慣習法から見た南樺太の法的地位を考察し、南樺太の領有を主張するロシアを利する法的作用が生じかねないとの観点から、総領事館設置と首相公式訪問が極めて不適切な措置であったことを論ずる。

第四部は、二つの章から成り、現在のポスト・グローバリゼーションの国際政治情勢の混迷と日本の安全保障問題を分析するための方法論の提示と、その具体的適用による解釈を試みる。本書のライトモチーフは、冷戦後の世界をフランシス・フクヤマの言う「歴史の終わり」とは捉えていないし、ましてやグローバリゼーションをあたかも祝福された「千年王国」の到来のようには受け止めてはいないところにある。本書の視座から見れば、冷戦後の世界が多極化、不確実性、混乱などをもたらし、第二次世界大戦後の国際秩序の理念にパラダイム転換を迫るのは当然の帰結となる。こうした認識は今や常識となった感があるが、初出論文の各段階で既に先取りする形で提示したことに鑑みると、ここでまとめて提示することに意義があろう。

第一一章は、米国覇権が陰り、中国が台頭する中、日本の国際安全保障での立ち位置はどう変わるのか、さらに外交と非軍事的手段で平和を維持しようするのは当然としても、それが叶わない時、どうするかを考察する。本章はその答えをリアリスト国際政治学と地政学に求める。この二つは折衷的に用いられもするが、似て非なるものである。本章ではその相違点に着目して、わが国の安全保障、とりわけ、わが国が核武装すべきかについて、また是とすべきなら、その規模等は如何にあるべきか、その含意を考える。

第一二章は、日本の同盟政策の動揺が米国覇権の凋落に特徴付けられる国際パワー構造の変容の結果として不可避だと分析する。具体的には、二〇〇九年に全米アジア研究所（The National Bureau of Asian Research）がわが国に誕生した民主党政権の日米同盟策に対して、米政策実務者レベルでの鬱屈した不満と失望を表明した報告書を分析する。その際、米国覇権の凋落の実態と凋落局面でのアメリカの戦略オプションを考察し、最後にこうした巨視的な状況判断の下で、いかに東アジアに限定された日本の役割がグローバルな意味を持ちうるかを指摘する。

本書は桃山学院大学総合研究所共同プロジェクト「二一世紀の日本の安全保障（V）」の研究成果の一部である。また、本書は二〇一九年度の桃山学院大学学術出版助成を受けて刊行されたものである。

（望月和彦・松村昌廣・村山高康）

初出一覧

第一章　村山高康「冷戦史再考断章」『桃山学院大学総合研究所紀要』第23巻第2号、一九九七年一二月。
第二章　村山高康「ソ連側からみた冷戦史の背景」『桃山学院大学社会学論集』第33巻第2号、二〇〇〇年二月。
第三章　村山高康「ホッブス的世界の中のアメリカ」『桃山法学』第7号、二〇〇六年三月。
第四章　村山高康「歴史上に見る日本の安全保障問題」『桃山法学』第20・21号、二〇一三年三月。
第五章　村山高康「第二次世界大戦と『日本の戦争』を考える」『桃山学院大学総合研究所紀要』第41巻第1号、二〇一五年七月。
第六章　望月和彦「自衛権と日米安保条約の現実」『正論』一九九七年七月号。

第七章　望月和彦「日本国憲法に見る政治性」『桃山学院大学社会学論集』第33巻第2号、二〇〇〇年二月。
第八章　松村昌廣「ハーグ陸戦条約と日本国憲法」『桃山法学』第17号、二〇一一年三月。
第九章　松村昌廣「新旧憲法の継続性」『桃山法学』第19号、二〇一二年三月。
第一〇章　松村昌廣「南樺太帰属問題」『桃山法学』第15号、二〇一〇年三月。
第一一章　松村昌廣「新たな国際情勢を読む――パワーかそれとも地理か」『修親』二〇〇九年一一月号。
第一二章　松村昌廣「揺らぐ日米同盟――国際パワー構造の変動が原因」『治安フォーラム』二〇一〇年六月号。

第Ⅰ部　冷戦後の世界を考察する前提としての「国際政治史」

第一章　冷戦史再考断章
――「冷戦構造」崩壊の原因を探る

本章は、冷戦史全体を概観するものではなく、ただ現代史における冷戦の意味を考察するためのささやかな前提にすぎない。ここではさしあたり、冷戦構造崩壊の原因と思われる若干の事項について、論旨の重複を厭《いと》わず、以下の順序で個別的な検討を試みた。一、冷戦史再考の前提。二、「ヤルタ体制」崩壊と西独ブラント政権の「（新）東方政策」との関連。三、一九六〇年代に本格化した、グローバルな「米ソ二極対立＝体制間《競争》」と冷戦終結過程の分析。四、冷戦終焉に至る最終局面の概観と総括である。

第一節　冷戦史再考の前提

第二次世界大戦に勝利したアメリカは、「自由とデモクラシーと豊かさ」を旗印に、獲得した勝利の成果を世界規模に拡大すること、それが自国の利益と一致するものとして国際連合やブレトンウッズ体制の確立に邁進した。このときほど、ウィルソン以来の「理想主義外交」理念が実現に近づいたようにみえたことはない。二〇世紀到来とともにグローバル・パワーの地位をえたアメリカは、第一次世界大戦後ウィルソン外交の一時的挫折や、一九二〇年代から三〇年代初頭にかけて三代にわたる共和党大統領が続いた時も、本質的には一貫して「パックス・アメリカーナ」へ向かう外交戦略を維持・発展させてきた[1]。一九世紀のフロンティア終焉と中南米の「植民地」確保以来、アメリカの政治・経済・軍事のシステムは、グローバルなシステムとリンクしてはじめて機能するという特質を強化してきた。そして中南米を支配し、かつ二つの大洋に挟まれたアメリカは、つねにアジアとヨーロッパの両世界と同時に関わって来たため、その外交政策は「地域的」特殊性や歴史性を脱却したある種の「普遍性」や「抽象性」の色彩を帯びたものとなり、そこから「アメリカ的理想主義」の「強要」も生まれたのである。グローバルに展開されるアメリカ外交の意図を妨げる国の出現（例えば第一次世界大戦後の日本）は、たえず排除や敵対の対象とされてきた。第二次世界大戦後のアメリカが、ソ連と対立したのは、このような意味においてである。

一方ソ連は、アメリカと全く異なる動機によって戦後外交政策を推進し、結果としてアメリカと対立した。ソ連は戦後復興を進める大前提として、軍事的安全保障体制の確立を最優先で進めるため、周辺国を軍事占領し「衛星国」にする「力の外交」を行った。これはヨーロッパ世界からアジアまで、不変の論理で展開された。自国の国境と地続きの周辺諸国を支配下におく政策は、外部からはほとんど旧ロシア帝国の植民地主義的侵略と同様にみえたが、ソ連はあくまで自国の安全を保障する「防衛的」政策だと主張した。全世界に直接アクセスできる「海洋・大陸国家」アメリカよりは地域的に限定されているとはいえ、ソ連はユーラシア大陸の大半を有する最大の大陸国家として、ヨーロッパからアジアに及ぶグローバル・パワーとならざるをえなかった。しかしソ連の外交政策の基本は、アメリカのそれとは異なり、あくまで古典的なまでの地政学的支配論理に基づく国家安全保障政策により組み立てられていた。アメリカにとっての「国家安全保障」とは、いつも世界規模の秩序の紊乱や崩壊が自国の安全を損なうものとして「抽象的・普遍的」にまず受け止められ対処されるのに対し、ソ連では「具体的・現実的」な対象への対処から展開される。この意味で、同じグローバル・パワーとして「世界規模」における対立を続けたとはいえ、地政学的に異なる両国の外交政策は、本質的には「非対称」に形成され展開されてきた。

第二次世界大戦後すぐにヨーロッパでは東西分断が進みアジアにも親ソ国家が出現して、それが米ソ対立を中心に世界を二分する冷戦となった。アメリカからみて、戦後ソ連の対外政策のすべては、アメリカ主導の戦後世界秩序を破る行動と受け止められた。しかし、世界の「地域的状況」は多様であった。とくにヨーロッパでは、第二次世界大戦後といえども伝統的な地政学的パワー・ゲームの様相は継続していた。ソ連はそこに「具体的・現実的」にかかわり、アメリカは「普遍的・理想主義的」にかかわった。ソ連は革命前のロシア帝国と結果的には同じ対欧州外交路線（汎スラブ主義による東欧支配）をみせていたのに対し、アメリカは二〇世紀に二度にわたって世界秩序のなかに全欧州諸国を組み込む努力を行った。その最初の試みである「平和主義的」ウィルソン外交は失敗し、二度目の「武力（NATO）と経済力（マーシャル・プラン）」による「西欧地域の固定化」には「成功」した。その結果、あたかもヨーロッパがソ連とアメリカによる勢力分割の対象地域であるかのごとく東西に分断され、ここが米ソともに最大の主戦場となった。冷戦史を再考するにあたってまず目を向けなければならないのは、この容易には統御できないヨーロッパという《地域》とその《意味》についてである。それは冷戦が「ヤルタ体制」として、ヨーロッパの〝国際政治システムの形成と主導権をめぐる《戦争》〟という性格とオーバーラップしたことによる。冷戦がまずヨーロッパで本格化し、その後ドイツ統一とヨーロッパの「鉄のカーテン」が消滅したことで「冷戦体制」が終焉に向かったのも故なきことではない。

周知のように、近代主権国家群が史上最初に出現したヨーロッパでは、国家間の対立抗争を収めるルールとシステムが、一七世紀以来模索され構想されかつ形成されてきた。三十年戦争後の「ヴェストファリア体制」（一六四八年以降）、ナポレオン戦争後の「ヴィーン体制」（一八一五年以降）、普仏戦争後の「ビスマルク体制」（一八七二年以降）、第一次世界大戦後の「ヴェルサイユ体制」（一九一九年以降）、そして第二次世界大戦後の「ヤルタ体制」（一九四五以降）である。もちろんこれらの「体制」が、つねにそのなかに矛盾をかかえていたのは当然であった。その「体制」によって不利益を被る国家や勢力は、たえずそれを壊そうとし、また政治・経済・社会的変化によって、その「体制」自体が時代遅れになることも当然起きたからこそ、この「国際政治システム」は、幾度となく変転を重ねてきたのである。「ヴェストファリア体制」は、フランス革命と国民国家の成立台頭およびナポレオン戦争によって崩壊し、「ヴィーン体制」は一八四八年フランス二月革命に始まる変動から、一八六一年のイタリア統一および七一年ドイツ帝国成立で止めを刺され、「ビスマルク体制」は普仏戦争敗北後ビスマルクの周到な配慮で孤立に追いやられたフランスがロシアと協商を結んだことから破れ、「ヴェルサイユ体制」は、ドイツへの苛酷な制裁に対するドイツ側の反発、体制維持の責任を負うべきイギリスとフランスの国力低下による責任放棄、ヨーロッパ財政を支えていたアメリカの大恐慌による資本引き上げなどによって崩壊した。そして「ヤルタ体制」崩壊の原因は、「冷戦構造」崩壊の原因そのものと直結している。

これら三百年に及ぶ「ヨーロッパ国際政治システム」の底流に一貫して流れていたのは、第一にドイツと中央ヨーロッパの帰趨をめぐる問題であった。より端的にいえば、ヨーロッパ地域においてのドイツとドイツ圏、あるいはドイツの「ネイション問題」のありかたであったといってもよい[2]。ヴェストファリア、ヴィーン、ヴェルサイユ、ヤルタのそれぞれの体制においては、関係国すべての意図はドイツの弱体化を図ることであり、「小ドイツ主義」によるビスマルク体制においては、ドイツ自らがヨーロッパの安定を保障する主体的意志の表明によって、周辺諸国からの干渉を予防するものであった。ドイツの統一・発展・強化こそ、その周辺諸国がもっとも警戒したものであり、近代ヨーロッパ国際政治史はこの問題を中心に経過したと極論してもよいほどである。一九九〇年の統一ドイツ成立を、もしEUとNATOに組み込まれたドイツという実態がなかったならば、ソ連・東欧のみならず西側欧米世界も、それを容易に受け入れることはなかったであろう。第二に、この〝ドイツのありかたをめぐる問題〟につけ加えるべきものがあるとするならば、それはより広い意味でのヨーロッパという地勢的概念の問題となろう。別のいいかたをすれば、「ヨーロッパ」とはいかなる地域を指すのか定めがたいという問題である。アイスランドやギリシャを入れたとしても南北と西は定められよう。しかし、東は簡単には定め難い。旧ソ連圏に含まれていた諸国——すなわち北はバルト三国から南は旧ユーゴを含むバルカンまでの東欧諸国は、みずからをヨーロッパの一員として位置づけるのをためらってはいない。これら諸国は、宗教的にはカトリックにギリシャ・ロシア正教やイスラム教までもふくみ、民族や言語はスラブ系やマジャール系が主要であるとはいえ、歴史と伝統においてヨーロッパ世界に最も強く帰属する。しかしひとたび「ヨーロッパ」がここまで拡大すれば、前記東欧諸国と、歴史・文化・民族などにおいて多くの共通性をもつウクライナやベラルーシなどの国々も、ヨーロッパへの帰属を指向しはじめるであろう。そして、そこからもはやロシアを区別しなければならない必然性はあいまいになる。たしかに地理上のロシアは、ウラル以西を「ヨーロッパ・ロシア」として位置づけてはいる。しかしオホーツク海と日本海におよぶ極東まで広がり、ユーラシア大陸にまたがる現実のロシアを、ウラル山脈で分離することはできない。こうして東へ拡大された「ヨーロッパ世界」は、その概念上の意味を失うのである（そしてここでも「ドイツ問題」が、一〇世紀のドイツ騎士団――彼等の故郷はバルト海沿岸である――の東方植民にはじまる拡大の結果、スラブ世界の奥深くまでコロニーを定着させ、かつ文化的影響力を浸透させていたという意味で影を落としている）。

冷戦構造崩壊後、拡大するEUとNATOの直面している問題が、まさにこの問題と深く関連しているといってもよい。安全保障と経済発展を望む東欧諸国は、NATOとEU加盟を熱望し、それはほぼ実現された。そしていまやウクライナが「東西対立」の新たな発火点となっている。現在「ヨーロッパ」とは何か、EUの「限界」はどこか、それがウクライナで問われつつある。ロシアは、ウクライナやベラルーシのNATO加盟やEU参加を、自国の安全保障上容認しないであろう。ここからすでに新しい緊張が、現実に醸成されつつある。別の言い方をすれば、拡大されたヨーロッパ（EU）の安定は、NATO加盟を実現した東欧諸国と、ウクライナ・ベラルーシを含むロシア・スラブ圏をいかに「切り離す」ことができるかに、その成否がかかっているということである。今日、ウクライナの混乱とロシアのクリミア併合による事態を見れば、益々この傾向は顕著になりつつあると言えよう。EUの統合とその後の混乱は、ヨーロッパ世界が大戦の反省と冷戦期の西側資本主義陣営の発展を目指して統合が進み、それが「進み過ぎて」より強い統合の「拘束＝国家主権の制限」がかかると、反転して自立・分裂へのモメンタムが働き始めたことによる。

一七世紀後半のヴェストファァリア体制成立以降、主権国家群のせめぎあう覇権主義万能時代のヨーロッパでは、力の行使と外交的処理により、スラブ圏と距離を置きつつ（とくに一九二〇年代後半以後は、「一国社会主義」によるロシアの「孤立」もあって）「ヤルタ体制」まで行き着いた。しかし国家統合と国際協調およびボーダーレス経済が基調となった冷戦後のヨーロッパで、スラブ圏を排除するブロックの形成は、すでにして軍事的緊張をその境界で生じせしめてきた。ウクライナの危機はそれを証明している。歴史的に継続する「ドイツ問題を中心とした国際政治システム」と「スラブ圏とヨーロッパの地域概念」につきまとう宿命――これを軍事力とイデオロギーで「解決」しようとした「ヤルタ体制」は、東西ヨーロッパの「異質性」を前提とした「分離」の「合理性」を前提としていた。

「ヤルタ体制」は、ソ連からみれば、東欧諸国を支配することによって自国の西部国境を固め、西ドイツおよび西側資本主義陣営に対する安全保障のために、それらを障壁とするという目的をもっていた。ただしソ連は、第二次世界大戦で最大の人的物的被害を出しながら、この体制を維持するための巨大な軍事力と、党・秘密警察など日常的な監視体制にともなう膨大な官僚機構をまかなうコストを負担しなければならなかった。一方西欧諸国は豊かなアメリカの援助を受けて急速に復興し、またこの対立と緊張が「戦時経済体制」下のアメリカには「軍事ケインズ主義」[3]の継続・発展をもたらし、軍事的対立は経済成長と同調して「豊かな社会」建設を可能にした。アメリカと西欧諸国にとって「冷戦」は、戦後復興の推進剤でもあった。さらにヨーロッパにおける東西分割は、地勢的意味でも西側に有利であつた。東西ドイツの分割では、東独地域はドイツ全体では「後進地域」であり、西独は戦後復興においてその「後進地域」復興の負担を切り離して行う有利さを得た（逆にいえば、東独とソ連はそれだけ大きな負担を抱えたことになる）。また東欧諸国、すなわち北はバルト三国から南のバルカン諸国に至る地域は、複雑な民族問題や国境問題を抱えた小国乱立の地域であり、さらに東独やチェコなどの一部地域を除けば農業中心の「後進地域」であった。西側はこれらにともなうさまざまなトラブルや投資の負担を免れたのである。そしてこの「後進地域」に内在するあらゆる問題は、ただソ連の鉄腕による支配によってのみ押さえ込まれ凍結された。第二次世界大戦後の「ヤルタ体制」下における西ヨーロッパは、東西の分断によって解決困難な課題を免れ、安んじて「西ヨーロッパ世界」を形成した。先述した「ヤルタ体制」のもつ「合理性」というのは、「コスト」を度外視した「安全保障」を目指すソ連の「利益」と、上述の西側の「利益」が一致した結果として、ヨーロッパに訪れた事態を意味している。

もしヨーロッパにおける「冷戦」が、「第三次世界（欧州）大戦」の最重要局面を形成するものであったとしたら、それは膠着した「塹壕戦」として、戦線の安定を求めて争われた戦いであり、その戦いそのものがヨーロッパの「国際政治システム」として定着していったというべきものであった。だからこそフルシチョフの〝平和共存路線〟が打ち出された一九五六年以降のヨーロッパでは、微妙な一進一退（一九六一年のベルリンの壁構築は、現実にはより強く〝戦線の安定〟をもたらした）があったとはいえ、本質的には東西両陣営とも「現状維持」を図ってきたのである（西欧諸国が、EUへの第一歩を進めた一九五七年の欧州共同市場《EEC》条約・欧州原子力共同体《EUTRAM》条約調印は、その状況の「固定化」を認識した現れの一つとみられよう）。

「冷戦」は、したがって、東西両陣営ともに「利益」をえたが（ただし東欧諸国の「利益」は、対独安全保障と複雑な民族問題や国境問題を凍結したという以外にはないであろう。このことはソ連国内の諸共和国・諸民族にもあてはまる)、圧倒的に西側の「利益」が大きく、ソ連はその体制を維持するための「利益」を上回る負担を担い、それに耐えることができなくなったとき、その体制崩壊を迎えたといえよう。西側は冷戦が長期化すればするほど有利であった。実にEU結成の本来の構想は、冷戦すなわちソ連と東欧諸国という、体制を異にしかつ多くの問題をはらむ地域を「隔離」することで完成するはずのものであった。この点で「冷戦構造」の崩壊は、現にみられるように、EUの形成プログラムに思いがけない混乱要素をもたらしている。

ヴェルサイユ体制の不備が、ナチス・ドイツの災厄をもたらしたことを痛切に認識させられたヨーロッパ諸国が、安全保障上の問題としてのみならず、ヴェストファァリア以来の「ヨーロッパ国際政治システム」継承のうえに、ドイツ分割統治を中心とする「ヤルタ体制」を「容認」していたのは上述の諸点からみて明らかである。ただそれが、米英ソ三大国の秘密取引によって行われ、とくにその後ソ連の力の行使による東独・東欧諸国の軍事占領として現状追認を強制される結果となったため、対立と緊張が冷戦を誘発したのである(もちろん一九四八年のチェコスロバキア社会主義政権成立は、軍事占領ではないが、結果的にソ連圏に容易に組み込まれたことで、西側にはより大きな危機感を与えた)。東欧諸国は、ドイツ分割とその抑制固定の体制には賛成し参加したが、その自国の上にソ連の巨体が圧しかぶさり、対独・対西側第一線防衛の障壁の役割をソ連から押し付けられ、さらにはソ連から「植民地的」支配を受けなければならない苦痛に呻吟した。ソ連は、東欧諸国の味わう苦痛を、ナチス・ドイツからの解放者であり西側資本主義陣営に対する「護民官」の役割を果たす代償として、東欧諸国にも国際世論に対しても無理やり合理化した。

アメリカや西欧諸国が「反発」し第二次世界大戦直後ヨーロッパで冷戦を戦ったのは、ソ連のこのような「理不尽」さや「侵略主義」であり、共産主義イデオロギーとその「体制的悪」に対してであり、ドイツの分割と弱体化に対してではなかった。もしヤルタ会談が秘密取引ではなく、一九一九年のパリ講和会議のように戦勝国間の公然たる会議としてもたれたとしても（一九四五年の状況ではありえなかったであろうが）、ドイツに対する戦後処理と東西分割は、あの協定と似かよったものになったであろう。それを傍証する事実としては、一九五三年の東ベルリン、五六年のハンガリー、六八年のチェコ、八〇年のポーランドに対して、アメリカや西欧諸国が一切の干渉をしなかった事実をあげれば充分であろう。それは「ソ連の重圧」に呻吟していた東欧諸国に対して不実ではあるが、分割されたドイツとヨーロッパの現状固定に西側も暗黙の了解をもっていたことの証明である[4]。いいかえれば、西側もソ連がヨーロッパの「分割と現状固定」を望んでいることを認識していたのである。そしてソ連は、フィンランドを除いては、自国と国境を接する国が、たとえ「中立」を表明しようとも、「親西欧的体制」になれば、ソ連に対する安全を脅かす政治的真空地域の出現と受け止め、それを阻止するためには軍事的介入をもためらわないということを、ハンガリーとチェコスロバキアによって示したのである（一九七九年の「非ヨーロッパ世界」のアフガニスタン介入については後述）。

冷戦の考察は、したがって、極東からアジア全域、アフリカからラテン・アメリカにいたる世界的広がりの中の二極対立、あるいは国際政治システムとして単純に一元化してとらえることはできない。冷戦が《戦争》である限りにおいて、それは先述の〝ヨーロッパの国際政治システム〟（ヤルタ体制）形成とオーバーラップして、終始ヨーロッパに米ソ対立の中心軸がおかれていた。そして第三世界まで巻き込んだ全世界的対立は、それがどれほど重大であっても、「冷戦史」というコンテクストにおいては、あくまで米ソグローバル・パワーの「覇権確立競争」としてみるべきものであった（この《競争》を、米ソが「非ヨーロッパ世界」で本格的に展開し始めたところに生まれた問題については後述）。

第二節　西独ブラント政権による「（新）東方政策」の意味

西ドイツのブラント政権による「（新）東方政策」推進の背景をみると、それに先立つキリスト教民主党政権時代すでにその前兆があらわれていた。その前兆とは、一九六〇年代後半、キューバ事件後の米ソ間の緊張緩和と、アメリカのベトナムなどアジア重視政策にあった。一九六六年一〇月七日ジョンソン大統領は、東西欧州の和解を第一義としドイツ統一を第二義とするアメリカの新たな政策を発表し、キリスト教民主党政権の西独外交に大きな衝撃を与えた。同年一一月二日エアハルトは退陣しキージンガー政権が成立、ここから西独政府の旧来の東方政策が変化し始めた。西独はこれまで、東独を承認する政府とは外交関係を結ばない（ただしソ連を除く）という、いわゆる「ハルシュタイン原則」を掲げていたが、一九六七年一月三一日東ドイツ承認国であるルーマニアと国交を結び、続いて二月ユーゴスラビアとも国交を結んで、この原則を事実上放棄した。そしてブラント政権発足後の一九六九年一〇月二九日の連邦議会で、シェール外相は同原則を放棄する旨正式に発表した。なかでもブラント政権が、この政策に踏み切る決定的要因となったのは、次の二件であった。それは第一に一九六八年八月の「チェコ事件」であり、第二は一九六九年七月に発表されたニクソンの「グアム・ドクトリン」である。

チェコ事件では、アデナウアー以来キリスト教民主党による旧来の「東方政策」――東ドイツの不承認、オーデル＝ナイセ線の不承認、ソ連より東欧諸国から先に交渉を進めることなど――の限界が、ソ連の「制限主権論＝ブレジネフ・ドクトリン」により露呈したことである。ソ連を抜きにした東方との和解はないという、厳然たる事実を西独は認識させられた。一方「グアム・ドクトリン」では、アメリカはもはや冷戦を戦ううえで、西ヨーロッパのためにのみ血を流す用意はないことが明らかになった。ブラント政権の「（新）東方政策」は、したがってキージンガー前政権の及び腰の政策転換を明確化したものにほかならず、それは次のような順序で、矢継ぎ早に推進された。

一九七〇年八月西独＝ソ連の武力不行使条約調印、一一月西独＝ポーランドの国交正常化条約調印（一九七二年九月一四日西独＝ポーランド外交関係締結）。一九七二年、東西ドイツの関係正常化基本条約調印（七三年九月一八日、東西ドイツ国連加盟）。一九七三年一二月一一日チェコスロバキア、一二日ブルガリア、二〇日ハンガリーとそれぞれ国交樹立（これによって西独は、ソ連・東欧のすべての国と国交を回復した）。

「〔一九七〇年〕八月、ブラントは訪ソして『ソ連・西独武力不行使条約』に正式調印をおこない、条約内容を発表した（8・12）。……条約本文では、まず両国が『この地域に現存する現実的情勢から出発することを確認』し（第1条）、『両国間の諸問題を、例外なく平和的手段によって解決することとし』『武力による脅迫または武力行使を差し控える義務を負う』とし（第2条）、『ポーランドの西部国境を形成するオーデル＝ナイセ線』および東西両ドイツ間の国境線を『本条約の調印日の姿のまま』侵すべからざるものとみなすとした（第3条）。現国境『承認』の表現はなく、平和的再統一の可能性を残したと読める部分もあり（第3条）、『自由な民族自決権』も同時に表明したが（同日、ブラントよりクロムイコ宛書簡）、いずれも野党向けの配慮にすぎず、現状承認＝現状固定の確認が本質だった。ソ連はついに西独に現国境の尊重を約束させ、東欧諸国の対西独不安を除き、ソ連がこれを保障する形を築きあげた。また西独は東独の承認をさけ、NATOとの関係を維持したまま東欧との関係を打開する途を確保し、アデナウアー時代の東方政策にピリオドを打った。一つの時代が確実に終わった。……四カ月後の七〇年一二月、ブラントはワルシャワを訪問し、『ポーランドと西独の関係正常化の基礎に関する条約』の調印が行われた（12・7）。西独は、オーデル＝ナイセ線以東をポーランド領と確認し、将来も領土権を主張しないことを約束した。この条約につき西独は、同線の最終的承認ではなく、両独統一時にポーランドと結ぶ平和条約の先取りではない、とのタテマエを維持した」[5]。

これらの条約は、主として西ドイツと東側との政治的関係の正常化を目指したものではあるが、これは同時に西ドイツと西側諸国からの東側への大規模な「経済援助」開始の合図でもあり、また東西貿易の飛躍的拡大のきっかけともなった。すでにブラント政権の「（新）東方政策」が開始される時期、「両独間経済交流は活発化していた。貿易額は六九年度三七億マルクで五年前より三〇％の伸びを示し、西独は東独を〝外国〟貿易としてでなく、〝域内〟として関税抜きの（EEC諸国並の）扱いをしてきた。一方、東独経済政策は、六〇年代前半からの企業独立採算性重視の経済改革により、私企業生産は国民総生産の一〇％（ユーゴは〇・〇二％）を占め、六三年の労働生産性は一五三（ソ連を一〇〇として）で以後年平均七％の上昇を続け、国民所得も年四～五％の伸びを続けてきた」[6]。そして、「七〇年八月調印された『ソ連・西独条約』に基づき、両国間の貿易改善をめざす『貿易経済協力長期協定』が仮調印され(72・4・7)」、ソ連と西独の「『両国貿易は八年ぶりに法的な基礎を回復することになり』(モスクワ4・7朝日・長井)、同日、ドイッチェ・バンクは西独銀行グループを代表して、ソ連に一二億マルクの借款を与える交渉を進めていると発表した(フランクフルト4・7AP・DJ)。……ソ連・西独関係は新段階に入った。七二年七月、両国は七四年末までの貿易協定を結び(7・5)、六三年以降九年間の無協定時代にピリオドを打った。翌日バーター協定も調印され、西独は銀行の一二億マルクの信用供与で大口径鋼管を輸出し、ソ連は今後二十年間に八〇〇億立方メートルの天然ガスを輸出することになった」[7]。

こうした事態の進展が東側体制を長期にわたって掘り崩す原因、いいかえれば「ヤルタ体制」崩壊の「隠された原因」の一つとなったのではないかというのが本節の問いである。そこで、一九七〇年以降のブラント政権の「(新)東方政策」開始以来、西独および西側諸国とソ連・東欧諸国との間に交わされた借款・供与その他協定のうち、さしあたり容易に拾い出せる案件のいくつかを以下に列挙する[8]。[ただし、これらは無論実行額として確定できるものではなく、あくまでその時々の協定時に発表された数値であり、一応の目安としてみるべきものであるのはいうまでもない」。

①一九七〇年八月一二日のソ連・西独武力不行使条約調印に先立つ二月一日、エッセン市においてシラー西独経済相とパトリチェフソ連貿易相立ち会いの下、マンネマン鉄鋼グループとソ連とのあいだで西独から大口径鋼管一二〇万トン供与、および二〇年返済の長期借款一五億マルクの供与が調印された。ソ連からは天然ガスを一九七三年から二〇年間供与、当初は年間五億立方メートル、一九七

八年以降三〇億立方メートルを供与。

②一九七一年初頭、コメコン（COMECON：経済相互援助会議）の一機関として設立されたコメコン国際投資銀行では、技術革新のため西側から最新機械や先端技術導入を目的に、一一月に西欧の銀行団から第一次借款一一〇〇万ドルの供与を受けることに決定。さらに三〇〇〇万ドルの起債を国際金融市場で行うこととした（七二年三月には第二次借款六〇〇〇万ドルも決定）。

③一九七二年七月五日～六日、ソ連・西独長期貿易協定締結。バーター協定では、ソ連が西独に天然ガス八〇〇億立方メートルを売り、西独はソ連へ大口径鋼管輸出。同時に、ドイツ銀行など西独銀行連合は、ソ連外国貿易銀行へ一二億マルクの信用供与を決定。

④一九七三年五月一八日、ブレジネフ書記長初の西独訪問で、欧州安保協力会議や中欧兵力・軍備削減などについてブラント首相と意見交換のかたわら、経済・技術・工業協力協定（期間一〇年）を結ぶ。

⑤一九七四年三月二一日、西独資本の技術協力で、クルスクに製鋼所建設（総工費六〇億マルク）につき、ソ連・西独企業連合間で合意成立。モスクワで協定調印。同年一〇月一五日、モスクワで第四回ソ連・西独経済委員会開催。イランの天然ガス一三〇億立方メートルを西独提供の鋼管によるパイプラインでソ連経由西独に供給合意。一〇月二八日シュミット首相訪ソ。両国の定期協議の開催、原発建設など資源・エネルギー分野での協力とベルリン協定順守、全欧安保会議早期開催など共同声明発表。同年一一月ポーランド・西独間で、経済協力協定調印。

⑥一九七五年八月一日～二日、ヘルシンキでポーランドのギエレク第一書記と西独シュミット首相が会談。（i）一〇億マルクの西独による信用供与、（ii）第二次世界大戦中ドイツに在住していたポー

ランド人労働者への一三億マルクにのぼる年金・保険金の支払い、(iii) 向こう四年間にポーランド在住ドイツ人の西独帰還、の三協定合意（一〇月九日ワルシャワでゲンシャー外相が正式調印）。

⑦一九七六年六月八日、ポーランドのギエレク首相西独訪問。経済協力と文化協力の二協定に調印。経済協力協定では、総額二六億五〇〇〇万マルクの石炭ガスプラントを西独が供与決定。なおこの年の三月、第六回ソ連・西独経済合同委員会（モスクワ）では、一九七四年一〇月シュミット首相訪ソの際合意をみた西独の協力によりカリーニングラードへ原発建設をするプロジェクトが、ソ連側供給の電力価格で折り合いがつかず破談となる。

⑧一九七七年六月二日〜三日、第七回ソ連・西独経済合同委員会（ボン）で、シベリア天然ガス供給協力拡大強化と西独の電子冶金コンビナート対ソ連プラント輸出一〇〇億マルクの協定調印。同年五月シュミット首相ユーゴ公式訪問、七月ハンガリーのカダル首相西独訪問、それぞれ文化協定・人的交流・経済協力協定など調印。一一月シュミット首相ポーランドを公式訪問。

⑨一九七八年五月四日〜七日、ブレジネフ書記長西独訪問。政治協定に加えて、期間二五年に及ぶ長期経済協力協定に調印。内容は西シベリア開発、鉄鋼・アルミなどの分野の協力強化、西独のソ連への中・長期信用供与など。これに先立ち、四月一〇日〜一一日には、チェコスロバキアのフサーク大統領西独訪問、文化協定に調印。

⑩一九八〇年、深刻な政治危機に見舞われたポーランドでは七八億ドルの借款の返済期限を迎えるが、外貨不足のため新たな借款が必要となった。これに対し西独は、八〇年八月二六日、一二億マルクの長期借款を認め、さらに英仏日など西側銀行団が、五億ドルの中期クレジット供与に合意。

⑪一九八一年二月、ポーランドのキシェル副首相西独訪問。この会談で西独は、ポーランドの一〇

付表　東欧6ヵ国の対西側債務残高の推移（単位：億ドル）

	東ドイツ	ポーランド	チェコスロバキア	ハンガリー	ルーマニア	ブルガリア	6ヵ国合計
1975年	35	74	8	22	24	23	186
1976年	50	113	14	27	25	28	257
1977年	62	139	21	36	34	32	324
1978年	75	179	25	52	48	37	416
1979年	90	226	31	63	69	37	516
1980年	118	228	36	67	92	27	568
1981年	120	240	35	69	98	21	583
1982年	105	250	34	66	94	19	568
1983年	88	252	30	59	84	17	530
1984年	72	252	25	51	62	14	476
1985年	68	289	25	62	59	19	522
1986年	64	329	27	79	54	31	584

外務省資料による（原資料はヴィーン比較経済研究所）。対西側債権を差し引いた純債務額ベース。総債務額ベース、各年末現在『世界国勢図会』‘88－‘89、466頁による。

〇億ドル新規借り入れと借款繰り延べ要請可能という西側大手債権国の意向を伝えた。この時点でのポーランドの対西側債務二三〇億ドルのうち、西独からの借款は三〇％を占め、ECの対ポーランド食料援助のうち西独負担分は四七〇〇万ドルにのぼっていた。同年一二月一四日、東独ビーゼンタール市での両独首脳会談の場で、この年期限の切れる西独から東独への無利子融資、年間八億五〇〇〇万マルクの半年延長に合意。

⑫一九八三年六月、西独政府は、西独民間銀行による東独向け政府保証融資一〇億マルクを承認。

⑬一九八四年七月、西独政府は東独へ九億五〇〇〇万マルクの銀行融資に政府保証承認。

⑭一九八八年一〇月二四日、コール首相のソ連訪問に同行した民間経済代表団は、総額三〇億マルクにのぼる対ソ信用供与など、約三〇件の個別案件に調印。

⑮付表は、一九七五年から一九八六年までの東欧六カ国の対西側債務残高の推移。

こうした、西側からの大規模な資金や技術の導入を図った背景には、もちろんそれを受容せざるをえない理由が東側体制内部にあったからである。例えばこの時期のソ連では、とくに経済体制の問題点が集中的に顕在化し、ブレジネフ（党）とコスイギン（政府）の間で対立抗争があり、結局ブレジネフ路線が勝利して、生産の集権と分権の再編成の中で、西側の先端技術導入と資本導入を含む「相互〈依存〉とデタントの永続化を図る方向へと政策を転換」を図り始めたことがその一つのあらわれである。岩田賢司『ソ連経済外交と国内政治――デタント外交と国内背景』[9]によれば、「ブレジネフ路線の形成過程（再集権化の完成）」は、「六〇年代後半におけるチェコ事件というソ連圏最大の危機が収束し、国内の経済改革も挫折した後、七〇年代初頭の独ソ条約の締結を初めとする西側先進工業諸国との関係改善（デタントの幕開け）を背景に顕著となった」[10]という。そしてブレジネフとコスイギン両首脳の間の経済運営の再集権化という政策課題をめぐる抗争の背景として、「共産党のイニシアチブを高め国内の集権体制を作り上げることによって西側のイデオロギー的影響を防ぎながら六〇年代の経済的立ち遅れを一挙に打開せんとするブレジネフ書記長が、国家行政機関が犯した六〇年代の失敗から学び、ソ連経済を自国の力だけで改革し生産性を高めることがいかに困難であるかを認識した結果（国内生産技術革新に失敗した結果）これまでのように西側先進資本主義諸国に対するソ連経済の優位と西側技術の導入の不必要性を無責任に強調するわけにはいかなくなった状況の変化」があった。そこで「ブレジネフは、ソ連経済の困難を率直に認め、共産党のイニシアチブの下で再集権化された経済体制の下で官庁機構の妨害をはねのけ、西側技術を効率的に導入する方向へ、すなわち西側経済との積極的な相互依存とデタントの永続化を図る方向へと政策を転換したと考えられる」[11]という。そして岩田氏はまた、「ブレジネフが六〇年代末から七〇年代初めにかけてソ連経済に対して悲観的な態度をとり始め、西側技術に大幅に依存する政策へと一八〇度転換を遂げた過程」を『ソ連経済外交の内政的構造——コスイギンからブレジネフへ』[12]で詳細に論じている。一九六〇年代後半におけるソ連経済の内在的変化（西側先進資本主義諸国への経済的依存が進行する過程）をみると、「第一の依存傾向は、七三年五月の〔ブレジネフの〕初めての西独訪問において、ソ連の貿易政策がアウタルキーから相互依存へと画期的転換をとげたことを宣言し、一〇月にも国際分業への参加に意欲を示したことで顕著になる。この結果、ソヴィエト史上初めて『五ヵ年計画』に組みこまれることになるライセンスの取得及び使用と、七〇年代に入って締結された一連の長期協力協定に示されるように、ブレジネフ路線の下でソ連は、西側と〈二人三脚〉で歩むことに」なったという。さらにブレジネフは「七四年に入ると、化学コンプレックス、化学肥料、自動車、工作機械、石油化学、種々の消費物資の生産などソ連が遅れている部門に西側技術を集中的に導入し、これを国内改革回避の代案とする考えを示す。またブレジネフは、コンペンセーション取引きに基づく西側技術やプラント輸入とソ連の原材料輸出が最も論理的な貿易の型であることを強調」[13]した。かくしてソ連はこの段階で、少なくとも経済システムの領域では、ほとんど西側に「外堀」を埋められたわけである。

こうしたなかで、西独の「（新）東方政策」を受け入れたソ連・東欧諸国が、いかなる体制内部の構造的問題を抱え、その改革はいかなるデッドロックに直面したのかということを検証するためには、川原 彰『東中欧における共産党体制の改革と「市民社会」——「連帯」革命以後の体制改革研究』[14]が示唆に満ちている。川原氏は、まずソ連・東欧諸国の共産党体制がどのような過程をたどって内部変化（西側への接近の前提条件の醸成）を遂げていったかを、次のように指摘する。「全社会領域を支配しようとしている共産党は、強制的な工業化・近代化を推進し、しかも『上からの革命』――農業集団化――を繰り返すことによって、アルフレッド・メイヤー（Alfred G. Meyer）がいうところの『権威の原始的蓄積』の段階から『体制管理（System-management）』の段階への移行を経験する。それは、ユートピアを追求するような『目標指向的な』正当化ではなく、現代の発展段階が提起する問題解決の合理性と効率性に基づいた正当化という『手段指向的な』正当化が求められる段階へと達したことを意味する。具体的には、ソ連ではフルシチョフによる一九六一年の『修正主義的な』新しい党綱領の採択の時期がこの『移行』にあたる」[15]のであるが、しかしながら、このころ共産党体制が「体制管理」の段階に移行したことによって、ある新たな問題に直面した。「革命成就後の社会主義社会においては、資本家・地主などのブルジョア搾取階級が次第に消滅していき、徐々に労働者・農民・知識人という勤労者階級だけが存在するようになる。したがって、単一の勤労者からなる同質的な社会ができあがる以上、その政治制度としてはその勤労者階級を代表する単一の政党＝共産党が存在しさえすればよいというわけである。だが、このようなナイーブな考えが現代の複雑な社会に適用できないのは言うまでもない。社会主義社会も他の社会と同様に、政治的地位以外にも、人種・民族・性・年齢など様々な利害を抱え込んだ社会なのである。だからこそ、こうした社会を全面的に支配しようとする共産党体制は、リヒャルト・レーヴェンタール（Richard Löwenthal）が指摘したように、次のような『新たな問題』に直面する。（1）効率性と合理性――現代産業社会の要件であるこれらの条件を満たせるか?、（2）利益表出――構造分化する社会の中の多様な集団の利害の変化に対応し、その利害の表出を可能にし、しかもその利害の調停の独占を維持できるか?、（3）正当性――（1）（2）の条件を満たした上で、イデオロギー的伝統と新たな役割を調和させうる正当性の形態を展開できるか?、換言すれば、一定度の経済発展を達成し、経済の『外延的(粗放的)』発展段階から『内包的(集約的)』発展段階になると、(1)の現代産業社会の技術的合理性と経済的効率性という要件を満たす必要が出てくる。中でも、経済領域において管理者の主導権と技術革新を十分に生かす計画立案・管理の必要性が切実になり、中央計画的な『指令経済』モデルの分権化を図る経済改革の必要性が高まる。しかし、経済領域までを党の統制の下に置こうとする現存社会主義体制下では、経済改革が政治改革と連動せざるをえない。したがって、党の支配体制と調和するような限定的な改革では問題は解決できず、体制の性格上、根本的な経済改革の問題は、(2)の利益表出のための新たな制度的形態の創出、および(3)の党自身の役割を再定義する問題に連動していく[16]結果となった。要するに、「社会主義社会における『多元主義(複数主義)の進展(社会の成熟化、『市民社会』の台頭)という前提の上に、共産党体制は《社会との価値合意に基づく支配の『正当性』の確かな形態》を展開できるのか、そしてその場合に、一元的統合原理である公認の『マルクス・レーニン主義』の保持の下でそれが可能なのか、という問題が、『体制管理』段階に入った全ての共産党体制が直面する新しい問題として浮上してくる」[17]。こうして、一九六〇年代後半から東中欧諸国の「社会主義改革」が始まる。川原氏によれば、この改革には二つのモデルがあった。一つは「協議型権威主義(consultative authoritarianism)」(P・ルッツ)モデルで、「官僚機構の諸セクターと党が統制する大衆組織の指導者とが、それぞれ自ら社会の諸セクターを代表して、党と政府の内部の協議会(council)においてインフォーマルに利益表出を行うという『国家コーポラティズム』型利益表出型モデルである。このモデルは、協議会という擬似的な代議形態をインフォーマルに保証することで『正当性』を確立し、党の立場からすれば、政治的多元主義との間に一線を画すことができるという利点をもっている。つまり、権威主義支配を温存する形で、社会的多元主義に対応するするモデルというわけである。様々のヴァリエーションはあるが、一九六〇年代の東ドイツ、ハンガリー、一九六八年三月以後のポーランド、フルシチョフ以後のソ連などがこのカテゴリーにあてはまる。しかし、このモデルの弱点は、利益表出が依然として間接的かつ選択的であるために、政治・社会状況の判断を誤る危険性から免れられない点にある」[18]。

いま一つは、「民主化途上・多元主義型権威主義（democratizing and pluralistic authoritarianism）」で、「これは一九六八年のチェコスロバキアにおける『プラハの春』のときに推進されたモデルである」。しかし、社会主義政治体制に「政治的多元（複数）主義」を導入するこの試みは、「『社会主義』が先進社会の要請に適合し、しかも『民主化』を実現しうる唯一の代替モデルの可能性をもっていた。しかし、またそれゆえにこそ、マルクス・レーニン主義によって立つ従来の共産党体制の正当性を根底から脅かす理論的・実践的意味をもっていた。一九六八年の軍事介入による『プラハの春』の改革の試みの封殺が、共産党体制のアポリアを根本的に解決したのではなく、問題を先送りにしたことで構造的危機の次元をさらに深めたにすぎない」[19]。そして一九六八年以後、「社会主義」のイデオロギー的魅力を失ったソ連と社会主義諸国は、川原氏のいう「体制管理段階」の構造的危機に対して七〇年代に「ハンガリー・モデル」として知られる経済改革を進めることになる。「これが、一九八〇年代に『上からの改革』のトライアングルの一翼を構成するハンガリーのカダル改革の原型にほかならない。この改革の政治的意図は、比較政治学的に見れば、一種の『開発独裁／発展独裁（developmental dictatorship）として捉えられる」[20]。ハンガリーの一九六八年改革は、「『直接の官僚支配システム』から『間接の官僚支配システム』への移行という分権的・市場指向的措置に基づいた改革（新経済メカニズム＝ＮＥＭ）を実施し、一九七〇年代前半にはハンガリーのすべての生活水準指標、特に一人当たりの実質消費を驚異的に上昇させた。この発展戦略は、第一に経済の『集約的成長（intensive growth）』への移行過程における構造的危機に対応したものであったため、成長の推進力を新たに西側資金と西側技術の積極的導入による急速な産業近代化および世界市場指向の輸出政策に求めていた」。しかしここから集権的社会主義経済体制は、「必然的に現代資本主義の世界市場法則に巻き込まれる結果となり、ハンガリー型の発展戦略は同時代の国際経済環境に対して極めて脆弱なものとなった。実際に、一九七〇年代の二度にわたる石油ショックによる世界市場（またコメコン貿易圏内）における交易条件の悪化による貿易収支の赤字の増大と累積的な対外債務の増大に伴い、一九七〇年代末には経済的な急成長も停滞し、『第二段階』の改革が必要とされていた。『経済的パフォーマンス』を支配の正当性に転化させていく『開発独裁』型の統治スタイルは、正当性の根拠が実利的であり、その悪化が即座に政治的な不安定を招くからである」[21]。一九七〇年代に推進されたポーランドのギエレク政権の発展戦略の挫折は、その典型的な事例であった。「このギエレクの発展戦略は、カダルの発展戦略が一応ＮＥＭによる経済体制全体の改革の上に行われていたのとは異なり、これまでの指令型経済の改革抜きで西側の資金と技術を大量に導入し『高度経済成長』を追求し、テクノクラート優遇の反平等主義政策を採ったため、当初の見せかけの成功の後には、ハンガリー以上に経済的な『破局』を招いた」[22]。この「上からの改革」では、「改革派はこの『共産党体制』の構造的危機の認識を公式には『世界システム論』の視座から『二つのレベルの従属』に求めていた。ヤドヴィガ・スタニシキス（Jadowiga Staniszkis）が指摘するように、一つの従属は、低開発に基づく『資本主義への従属』であり、それは世界経済システムの『周辺部』の位置にあり、社会主義の原理である集産性が市場の論理と相いれないという『二重苦』に由来する。もう一つの従属は、第一のレベルの従属を補完するもので、低開発のコストを相互に分担させる『コメコン諸国間の相互依存』であり、輸入代替の特化と政治的な物流管理の賦課による政治的『帝国』の存在」[23]があった。

以上のような岩田・川原両氏の分析からも明らかなように、ソ連・東欧諸国はそのときどきに直面した事態に対して、西側との交流を含むあらゆる改革を進めたことは事実である。しかしソ連・東欧の内部体制全体は、その「改革」の進展に伴ってより硬直化が顕在化しただけであった。「成功」したかのようにみえたハンガリーの改革は石油ショックによる世界市場の不況で挫折し、チェコの改革は戦車で押し潰され、ポーランドは「開発独裁」の矛盾に突き当たった。そしてこれらすべてを覆って、「コメコン経済体制」と「ヤルタ政治体制」が存在していた。

ブラントの東方政策の開始は、先述のように、ソ連・ポーランドをはじめとする東側諸国に西側の資金が大量に流入しはじめることを意味していた。これにより、社会主義体制下での産業システムは、不可避的に西側の市場経済のシステムにリンクされたのである。たしかに一時的に、ソ連・東欧諸国では、この資金・プラント・技術供与などにより一定の生産効率の上昇がみられたかもしれない。しかし当然のことながら、資金運用のノウハウもコスト意識も希薄な官僚支配体制下の企業では、順調な生産効率の上昇はもたらさず、赤字を増大させる。赤字は結局、西側の資金（借款・供与いずれを問わず）によって補填されざるをえない。これは政治家・企業経営者の意識を蝕む第一歩となり内部腐敗を推進する。さらにそうした企業で働く、ただでさえ低い労働者の勤労意欲もまたいっそう減殺される[24]。さらにコメコン体制によるソ連の東欧支配が、これらの事態を一段と悪化させた。また西側とくに西独の資金となれば、東側、とりわけソ連やポーランドなど、ナチス侵略に対する被害者意識と戦争での勝利者意識がないまぜになって、この西独の資金供与は、一種の「戦争賠償」として受け止められることにより、資金の有効利用ではなく、「戦利品」的意識で「浪費」される。赤字が出ても、いずれは西独や西側の援助で穴埋めするという意識ほど、「社会主義生産システム」と「労働倫理」を決定的に破壊したものはない。「計画経済」のもたらす官僚的無責任制と、政策的失敗や汚職など内部腐敗のツケを援助や借款で埋め合わせることは、多くの「第三世界型国家」にみられる現象だが、「社会主義圏」諸国もこの陥穽に落ち込んだと言えるであろう。一九七〇年から二〇年間にわたって、ソ連・東欧諸国に流入した西独と西側の資金は、借款・供与・投資その他を当時のドル・ベースで単純計算すれば、おそらく五〇〇〇億ドルを越えるであろう。そしてその七〇％近くが西独のものである。この二〇年間で、ソ連・東欧諸国は事実上のマルク圏に吸収され、市場経済の土壌が未発達なソ連・東欧諸国の社会・経済体制は、西側の経済変動に揺さぶり続けられて崩壊し、「ヤルタ体制」もまた潰え去った。

もしソ連・東欧（そして中国その他）の「社会主義体制」が、古典マルクス主義にいう、「資本制生産様式を止揚した体制」として成立したものならば、資本主義という旧制度に動揺させられるどころか、それを圧倒してもおかしくはないのに、事実は逆であった。この単純な一事こそ、当初から明らかなように、ロシア革命以来各地で成立した「社会主義体制」という、その「社会主義」なる内実を端的に語るものはない。言葉はどうであれ、つまるところそれは、資本主義後進地域における「近代化」のための苦難に満ちた「上からの革命」であり、その「破局的な実験」が終焉したところから、旧「社会主義圏」は、本格的な長期に及ぶ資本主義自由市場の洗礼を体験しなければならなかった。

第三節　「米ソ体制間競争」と冷戦構造終焉の遠因

先述のように冷戦構造は、戦後四五年間のなかで「均一な連続性」をたどって経過したものではなかった。当初ヤルタ体制確立をめぐってヨーロッパを舞台に始まった冷戦は、同時に世界を二分する基本的な対立要因として全世界を巻き込んだ。しかし一九五〇年代後半から六〇年代に入ると、ヨーロッパ中心の冷戦史にも質的変化の時期が訪れる。それはヨーロッパにおける「局地戦」が膠着化し、世界規模の「体制間競争」へ本格的に移行した時期、すなわちグローバル・パワーとしての米ソが、それぞれ「本来」の対外政策の全面的展開に向かった時期である。ここでは、そこに潜在する冷戦構造終焉の遠因、いわゆる米・ソのグローバル・パワー弱体化の原因を検討する。

常識的にみて、冷戦構造の本質的変化、すなわち米ソの弱体化をもたらし、結果として冷戦終焉に至る遠因の一歩を踏み出したのは、アメリカにあってはベトナム戦争への介入であり、ソ連においては一九六〇年代後半から七〇年代前半にわたる軍拡であろう。アメリカのベトナム介入によって生じた弱体化の最大原因は、いうまでもなくその財政的負担であった。一九六五年中の金流出一六・六億ドル（一九六六年一月三〇日米連邦準備銀行発表、ちなみに一九六八年三月には一一四億ドルの流出）、一九六六年一月のジョンソン政権の予算教書では、ベトナムにかける戦費一日当たり三〇〇〇万ドル、一九六七年一月同教書では一日当たり六〇〇〇万ドルのごとくつぎ込まれ始めたアメリカの戦費は、最終的には二二〇〇億ドルを越えた。弾薬使用量は、第二次世界大戦の二倍、死傷者・損失機数は朝鮮戦争の二・五倍である。[25] ニクソン訪中発表に続く、ドル防衛八項目（いわゆる第二「ニクソン・

ショック」）の発表は、アメリカの世界経済への超越的な支配力の終焉を意味した。

一方ソ連の軍拡の経過は以下のようである。一九六二年のキューバ危機当時、ソ連の戦略ミサイル数は、アメリカの四分の一（実戦配備数は一五分の一）であった。キューバからの「敗退」は、ひとえにこの軍事的劣勢にあったとするソ連首脳部（フルシチョフ）を失脚に追いやって成立したブレジネフ・コスイギン体制）は、その後、核兵器を中心とする軍事力強化に邁進した。ソ連は、一九六七年のICBM（大陸間弾道ミサイル）の保有数七二〇基から五年後の七二年には一五二七基、SLBM（潜水艦発射弾道ミサイル）は二七基から一〇倍以上の三六〇基に増強し、七一年段階で、すでに数のうえではアメリカを凌駕するまでになっていた。一九七二年のニクソンが訪ソして調印された戦略兵器制限交渉（SALT－I）では、ICBMおよびSLBMの保有数がアメリカは一七六四基、ソ連は二四二四基（ICBM一六一八基、SLBM七四〇基、規制対象外のSLBM六六基）を上限とする協定であった。このようなソ連の急激な軍事力増強は、毎年度膨大な軍事予算が投入されていたことを意味する。[26] 六〇年代後半から七〇年代前半におけるソ連の毎年の軍事費は、つねにGNPの一〇％〜一四％に達していたが、これはほとんど戦時予算に等しい規模である。このような無理をかさねれば、ソ連の経済力が急激に弱体化しないほうが不思議であった。そして同時にこの時期、第二節で言及したように、ソ連は生産システムの深刻な行き詰まりに直面し、これが西独の東方政策受容の背景にもなっていたこととあわせてみれば、こうした軍事力増強政策のもたらす意味は明白であった。

米ソ両国とも、それぞれ自国の弱体化を招くこうした政策選択に走った理由の根源には無論さまざまな政策的判断が錯綜していたであろうが、いまはそれらの枝葉をすべて刈り取って突き詰めれば、そこにはキューバ革命の成立という事態が浮かび上がってくる。キューバ革命は、冷戦と全く無関係に勃発した。にもかかわらず、アメリカのベトナム介入はキューバ革命に端を発しているし、同様にソ連の国力を奪った遠因である軍事力増強は、「社会主義国」キューバへの核ミサイル持ち込みを、アメリカによってはねかえされた結果とられた政策であった。

アメリカ：キューバからベトナムへ

キューバ革命の勃発後まもなく、アメリカがベトナム介入に踏み切ったのは、ケネディ政権の外交戦略いわゆる「進歩のための同盟」をうたった対外政策に基づいている。まずアメリカのベトナム介入にいたる政治史的過程を概観する。

一九六〇年、アイゼンハワー政権によるアメリカの対キューバ断交から、一九六二年春のロストウ国務省政策企画委員長（当時）のベトナム介入強硬論までのアメリカ外交戦略の展開は、いかにキューバの存在が大きく影響しているかを示していた。一九六一年一月四日、アイゼンハワー政権は対キューバ断交に踏み切った（経済封鎖は六〇年一二月八日）。アイゼンハワーは、すでに六〇年八月一〇日の記者会見で「キューバが東欧のような衛星国になれば、断固とした措置をとる」としていたが、断交は同年九月一三日の「ボゴタ協定」における「隔離政策」から、キューバ革命「打倒」のための前提条件づくりであった。ケネディは大統領選挙戦中、ルーズベルト流「善隣外交政策」の新版としての「隔離」政策を主張していた。ケネディは「われわれの最善の希望は、アメリカ大陸の他の所で真の民主主義を援助して、カストロの影響力の拡大を阻止することだけだ」として、ベネズエラのベタンクール大統領のアイデアをうけて「進歩のための同盟」を唱えた（60・10・18 フロリダ州タンパ演説）。そしてケネディは、アイゼンハワー政権の対キューバ政策の「なまぬるさ」を批判し、より明瞭な「直接行動」を約束した。大統領就任まで穏健策か強行策かの旗幟を鮮明にしなかったケネディは、六一年一月三〇日の一般教書演説で「共産主義の手先たちが……キューバに根拠地を作った」、「この西半球での共産主義の支配ということは話し合いではカタがつかない」とのべ、在キューバ難民救済費四〇〇万ドルの支出を命じた（2・3）。ケネディ政権の穏健策を期待していたキューバも、ここに至って対抗策を練りはじめた。かくしてケネディは、アイゼンハワー時代にCIAで計画された極秘計画を継承して、キューバ隔離と打倒の両面で対策を練りはじめた。この時期ケネディが対キューバ強行策に傾斜していった背景には、一九六〇年代のラテン・アメリカ情勢の動向がアメリカにとって容易ならぬものにおもわれたからである。エル・サルバドルではクーデタが成立し（10・26）、失敗には終わったがニカラグア（11・11〜14）とグアテマラ（11・13〜17）には反乱が起きていた。さらに、ベネズエラのカラカスでは暴動が起き（10・21〜28、11・25〜12・3）、こうしてアメリカの「支配権」には相次ぐ危機の兆候が現れてきた。貧困と政治腐敗そして独裁への反発は、キューバ革命を合図に拡大しはじめた。さらに一九六一年一月三一日ブラジル大統領となったクアドロスは就任後、「バルト三国はソ連から抑圧された国とはいえない」として、ルーマニア・ブルガリア・ハンガリー承認の交渉を開始、対ソ国交回復、アメリカの中国国連加盟拒否への不同調、チトーのブラジル訪問受諾など、社会主義圏への接近を表明した。こうした事態のなかで、ケネディはキューバ侵攻作戦を進めた。一方就任演説（1・20）と一般教書（1・30）でその構想が示されていた「進歩のための同盟」計画は、三月一三日ホワイトハウスにラテン・アメリカ外交団を迎えた席上発表された。ケネディは、「もしラテン・アメリカ諸国が自らの役割を果たす用意があるならば」充分な資金を供給するとし、「これは自由と進歩は不可分であるということの全世界に対する実例である」と述べた。ケネディのスタッフで特別研究班主任のアドルフ・バーリは、ラテン・アメリカで進行中の「革命」を「正しい方向」へ向かわせ、「ラテン・アメリカが中ソ・ブロックによって奪われるのを阻止すること」と設定し、ラテン・アメリカ情勢は一九四七年の欧州情勢に類似しているとし、「マーシャル・プランと同じ精神をもった代替物を与えること」を対策とした。〝同盟〟の計画は、ラテン・アメリカの近代化が「資本や技術援助の注入」だけではたりず、「政治的・社会的構造の改革」を必要とするとの前提に立ち、改革推進主体を「民主主義的進歩運動」とし、同勢力がアメリカの支持をアテにできることを重視した。したがって特別研究班報告（61・1）は、短期的には武装反乱・ゲリラ闘争に悩まされている右派勢力に軍事援助を供与するよう勧告していた。この報告はラテン・アメリカの危機を、軍事的対応か経済的対応かのどちらかで処理するのではなく、ワンセットでの処理を勧告した。ケネディ政権は、あの屈辱的な失敗に終わったキューバ侵攻計画を、このような政策をふまえて推進したのである。キューバ侵攻計画は、一方で東南アジア政策とりわけラオス政策と深い関連をもっていた。一九六〇年八月九日コン・レ大尉のクーデタの後、プーマ首相とパテト・ラオの和解の動きがあり、これに対する右派ノサバン将軍の巻き返しが始まったが、一九六一年二月ジャール平原の戦闘でノサバン軍は敗退した。アメリカ政府の対応は後手に回り、この段階では、ラオス「中立」を強要する（61・3）のがやっとであった。アメリカは、この時期以降対ラオス政策を対キューバ政策に連動させ、ラオス研究班はノサバンへの軍事援助増加を勧告した。キューバ侵攻事件に並行して、ラオス軍事援助顧問団編成命令が出された（61・4・20）直後に、英ソ共同声明で停戦勧告と国際会議の提案（4・24）が行われ、翌日プーマ・ノサバン・パテト・ラオ三派はこれを受諾した。限定的派遣による米軍介入は軍部の反対によって見送られたが、『ケネディ伝』の著者シュレジンジャーによれば、「ケネディはもしキューバ事件がなければ、ラオス介入があったかもしれない」と述べている。キューバ侵攻計画の失敗は、ケネディ政権のインドシナ政策の内容に影響をあたえた。一九六一年四月二〇日ケネディは、キューバでの失敗が他の地域に対するアメリカの働きかけを消極的にしたとの印象をあたえないよう、ラオスの米軍事顧問団を、ラオス軍に同伴させることに決定した。そして同時に、ベトナム情勢の再検討を命じた。翌日二一日の記者会見でケネディは、南ベトナム情勢につき「これにどう対処するかは自由世界がこの一〇年間に直面する大問題の一つである」と述べ、さらに二二日対ゲリラ戦の特別研究をテーラー元陸軍参謀総長に指令した。ケネディ政権発足当時、アメリカにおける第三世界の解放闘争に対する即応態勢はまったく不十分であった。「ケネディは、もし彼が一万の軍人を東南アジアに派遣したならば……その他の地域の緊急事態にそなえる兵力は事実上皆無という事態を見いだして、茫然とした。事実、ピッグス湾事件の後には、世界の別の地域から軍隊を呼び戻さないことには、キューバに侵攻することさえできなかった」。しかも、「歩兵一個師団とその装備を東南アジアへ輸送するには二カ月もかかろうという具合であった」（シュレジンジャー）。米軍の一時的投入ではなく、大規模で継続的な投入を可能にする体制を確立することが、このときのケネディ政権には緊急で不可欠なものと思われた。ラオスをはじめとする東南アジア情勢は、アメリカにゲリラ戦対策と特殊戦争理論の研究開発を急がせた。こうしてキューバからラオスにいたるアメリカの関与が、すぐにベトナムにも波及したのである。ケネディの指示をうけたギルパトリック国防次官は、特別作業班第一次報告（61・4・27）を作成した。この報告は、ロストウ大統領副補佐官（国家安全保障担当）が四月一二日ケネディ宛に提出した覚書に基づいていた。覚書では、ゴ・ジン・ジェム南ベトナム大統領の更迭ではなく、支持を求めつつ、①ベトナム問題専任担当者任命、②ジョンソン副大統領ベトナム訪問、③特殊部隊要員派遣をめざした軍事援助顧問団の増員、④ゴ・ジン・ジェムに対する特別援助問題解決、⑤ジェム政権改革促進などを列挙していた。ギルパトリック報告は、このうち米軍事援助顧問団一〇〇名増員を含む③④⑤を勧告した。ケネディはラオス介入準備指令を行った四月二九日、この勧告受け入れを決定した（五月六日ジョンソン派遣も発表）。一九六一年五月九日ギルパトリックの最終報告が提出されたが、そこにはアメリカの作戦目的および理念として、「共産主義者の南ベトナム支配を阻止すること。同国に、より高度の民主化をめざす社会を育成すること。そして、この目的達成のため企画された相互補完的な一連の軍事的、政治的、経済的、心理的、隠密的性格の諸行動を、加速度的に開始することである」（61・5・11国家安全保障行動覚書五二号、ＰＰＩ－１４０）と書かれていた。隠密的行動の対象には、北ベトナムやラオスがふくまれ、工作員の潜入、襲撃・撹乱工作が直ちに開始された。即時米軍投入は、ラオス協定成立が見込まれたため承認されなかった。ゴ・ジン・ジェム支持の決定と南ベトナム情勢転換のための介入開始は、ラオスにおける右派支持から中立受け入れという政策転換に対する反作用であった。前掲の「行動覚書」は、「アメリカがラオスで一歩後退した以上、つぎにベトナムでもあきらめるようなことをしたら、アメリカはその他の場所で、断固として地歩をまもるという決定を、ソ連に信じさせるのは困難になろう」、と述べていた。かくしてキューバは、ラオスへ、ラオスはベトナムへと連動し、一九六一年一一月二二日ベトナムに対する米軍投入の具体案が確定した（国家安全保障行動覚書一一一号「ベトナム行動計画第一段階」）[27]。

一九六〇年代のはじめ、キューバは突如として東西冷戦の焦点におかれた。アイゼンハワーとフルシチョフの、いわゆる「平和共存路線」を揺さぶったのは、カリブ海の小国の革命であったが、この国はまたアメリカのほんの裏庭にあり、アメリカが一九世紀初頭（モンロー宣言）以来営々として築いてきた中南米の「植民地支配」に大きな打撃となるようにみえた。しかし、キューバ革命は、本質的に「社会主義革命」でもなければ、ましてやソ連の軍事力による東欧型「人民民主主義革命」でもなかった。腐敗した典型的なラテン・アメリカ的バチスタ独裁政権を倒したカストロの革命は、あたかも「義民一揆」のような様相が強く、あえてその性格を規定すれば「（ブルジョア）民主主義革命」（革命法として「七月二六日運動」の綱領に顕著に現れている）ともいうべきものであった。そこには大規模な「前衛党」の組織的活動もなければ「社会主義革命綱領」もなく、あるとすれば建国の英雄ホセ・マルティをシンボルとする民族主義の色彩を帯びた「急進性」である。事実カストロの有名な裁判記録『歴史は私に無罪を宣するであろう』[28]を読めば、そこにはマルクス主義的革命思想の影響より、西欧伝統の急進的リベラリズムやデモクラシー思想が展開されている。現にバチスタ政権打倒直後アメリカを訪問したカストロは、脅迫やデモにもさらされたが、一方ではアメリカ人好みのヒーローとして歓迎される存在であった[29]。たしかに「農業改革法」（59・6・4公布）により、キューバの大土地所有者のみならず、米国系砂糖会社所有地の接収までも予測されるようになりアメリカの反発は強まったが[30]、しかしこのときアメリカが、成立したばかりのカストロ政権を「アメリカ型民主的政権」の担い手として支持し、多くのラテン・アメリカ諸国に存在した独裁政権にかわる「望ましい政権」のモデルとして積極的に援助していたならば、キューバを結果的にソ連陣営に追いやることはなかったであろう。またその後ラテン・アメリカ諸国にキューバ型革命路線を目指すゲリラ活動や、社会主義イデオロギーによる政治路線があれほど広く浸透することはなかったかもしれない。このときが中南米における、アメリカの「植民地支配」脱却の（ドゴールのアルジェリア撤退より比較を絶して困難な）最初の一歩となるべきであったろう。キューバ革命打倒工作は、確かにアイゼンハワー政権のラテン・アメリカ政策にその根源があった[31]。しかしケネディ政権のラテン・アメリカ政策は、アイゼンハワー政権の政策を引き継いだばかりでなく、そこから世界的な規模における対ソ連・対社会主義イデオロギー攻勢と大規模な軍事力行使をともなう「進歩のための同盟」にまで拡大した。とくに東南アジア政策では、軍事プログラムを中心に策定していることが特徴的である。これはアメリカがキューバ革命を、ソ連共産主義の世界支配が自国の「裏庭」であるラテン・アメリカにまで押し寄せたものと受け止め、その力の頂点に立っていた時代に、敵対する社会主義体制への世界レベルの全般的攻勢（「武力」を伴う「理想主義外交」による攻勢）をかけたものにほかならない[32]。

ケネディの政策は、いわば早すぎたレーガン流「新冷戦」の提起ともいうべきものであったが、ここからアメリカは、国内政策・国際政策・経済政策・イデオロギー政策を包含した総合戦略としての「冷戦政策」を世界レベルの「体制間競争」として本格的に提起したといえるのである（「封じ込め政策」や「巻き返し政策」などトルーマン、アイゼンハワー時代の防御的攻勢から攻勢的防御への転換）。しかし「新保守主義」により、ともに限界を露呈しつつあった、ソ連型「社会主義」と〝ケインズ化された〟西側世界の「社会民主主義＝社会福祉」思想全般に挑戦したレーガンとは異なり、ケネディはそのイデオロギー攻勢で、当時第三世界のみならず日本や西欧までも席巻していた、「（最終的には反米に収斂するような）反植民地主義＝民族独立＝社会主義思想」のコンプレックスを打ち破ることはできなかった。その理由はさしあたり、つぎの三点をあげれば充分であろう。①「進歩と自由と民主主義」のために闘うはずのアメリカが、第三世界ではほとんど腐敗した独裁政権を支持しテコ入れした。これらの政権は、たいていの場合民衆の支持をうけておらず、また欧米の「植民地支配」のもとに傀儡として生存していた。とくにアメリカは、キューバの砂糖会社など、中南米全域に主として一次産業部門の大規模な利権を長期にわたって保持していたので、この典型的な「植民地支配」の実態を解決できないままでは、「進歩・自由・民主主義」が定着できないのも当然であった。②第三世界の「民族独立」の潮流は、第二次世界大戦で「ソ連を含む民主勢力」である「連合国」の勝利と、国際連合による高邁な理想主義に鼓舞されていた。しかし現実には、戦後すぐにフランスはインドシナ三国の支配に戻り、イギリスはインド支配を続け、中東諸国も完全な自立は得られず、アフリカ大陸は大半が古典的植民地のままであり、そしてアメリカの「植民地」ラテン・アメリカの状況は戦前と大差のないものであった。これらの地域が、独立・自立に向かうためには、「自由と民主主義・民族自決」をうたう西側諸国に対する激烈な闘争によらなければならなかった。そして「社会主義国」ソ連のみが、資本主義諸国の「帝国主義支配」を攻撃する「道徳的」立場を保持しているかに見えた。このような状況では一九五〇年代後半から六〇年代前半に拡大激化した民族独立闘争を、西側のイデオロギーに引き寄せることは困難であった。③「開発独裁」という概念はこの時期には生まれていなかったが、第三世界の近代化は「上からの革命」によるソ連型が有力なモデルであり、そのモデルは当時まだ限界を露呈してはいなかった。とくに五〇年代後半、スターリン批判をへて「雪解け」のソフト・イメージによるフルシチョフの「平和共存」と「体制間競争」の呼びかけは、「スプートニク外交」による平和攻勢ともあいまって、独立直後か独立を目指す第三世界の諸国がソ連型国家モデルの魅力に引きつけられたのも当然であった。「国家主導型」のケインズ政策を推進していた西側諸国が、これに対抗して別のモデルを打ち出すことはできなかった。ルーズベルト流ニューディールの戦後版たる「ニューフロンティア」を打ち出した民主党ケネディ政権が、「社会主義計画経済」と対抗するのは、東西両陣営で国家統制型体制の矛盾や弊害が顕在化した八〇年代初頭に提起されたレーガン流「新保守主義」とは、第三世界に与える意味が異なっていた。第三世界諸国は、豊かさをより発展させせようとするアメリカモデルより、後進性と貧困そして戦争による破壊を克服して達成されたソ連モデルに親近感を抱いたのである。

「ニューフロンティアと進歩のための同盟」を高らかに掲げたケネディ政権の包括戦略は、アメリカの力が頂点に達していた六〇年代初頭に提起され、結果としてアメリカの弱体化を招く政策選択に陥った。キューーバからベトナムにいたる諸事件の連鎖が「必然的」ではなく、個々それぞれにおいて異なったレベルの対応策（キューーバとラテン・アメリカにはカストロ型の政権の容認、ベトナムなど東南アジアではラオス式解決策にとどまるなど）がありえたのではないかと考えられるのは、以上のようなコンテクストにおいてである。たしかに前述のように、ケネディ政権はアイゼンハワー時代のラテン・アメリカ政策を引き継いではいた。しかし、その後の経過の中でみられるように、いざケネディがベトナムへ介入しようとしたとき、アイゼンハワー前政権には実際に世界レベルで武力介入に踏み切るだけの用意も体制もできてはいなかったということは、アイゼンハワー政権の「無能さ」を意味するものではなく、かえってその「賢明さ」の証明であったかも知れないのである[33]。

ソ連：キューーバからアフガニスタンへ

一方キューーバへのミサイル持ち込みをめぐってアメリカとの対決に敗れたソ連は、先述のようにアメリカとの力の均衡を目指して大規模な軍拡に乗り出した。アメリカがベトナムの泥沼に踏み込む時期に並行して進められたこの軍拡は、同時にソ連の対外政策がアメリカのそれに対抗して、軍事力を背景とする世界規模の地政学的「体制間競争」に全面的に転換したことの現れでもあった。一九六〇年代後半から七〇年代にかけて、ソ連は東アジア、ラテン・アメリカ、中東、アフリカへまでその影響力を拡大した。こうした政策の終末点がアフガニスタン介入の失敗となり、ソ連崩壊の直接的原因の一つになったことは論をまたない[34]。だがソ連は、アメリカのベトナム介入失敗の教訓も生々しい一九七九年に、あえて介入に踏み切った。そこには、ケネディ以来のアメリカの世界戦略に対抗する、ソ連「本来の対外戦略」、すなわちユーラシア大陸の中心にあり、その周辺国すべてが自国の安全保障と直結していることからうまれた対外政策の発現があった。それは、ソ連のレーゾン・デートルと分かち難く結びついているかのように思われたため、必然的な政策選択として決定されたものである。まずこの事件の背景を概観する。

一九六〇年代ベトナム戦争が激化していた時代、ソ連はアフガニスタンにアメリカを上回る援助を行っており、この国はソ連の影響下におかれつつあった。一九七二年五月ニクソン訪ソ後まもなく、七月のクーデタでアフガニスタンの王制が倒れて共和制になり、ソ連はただちにこれを承認した。これにより、アメリカがイランを、ソ連がアフガニスタンを影響下におく暗黙の「了解」が成立する。アフガニスタンの政情はその後も不安定で、一九七八年四月再びクーデタが起きてタラキ政権が生まれた。この年の一二月、ソ連はアフガニスタンとのあいだに「善隣友好協力条約」を結んだ。このような条約締結こそ、ソ連が相手国をその勢力圏に収める最初のシグナルであることは周知のことであったが、アメリカはクーデタや条約締結にも、とくに非難もコメントもしなかった。たしかにソ連には、従来より帰趨の不確かな国境や地域に対してソ連の影響力行使があった場合、アメリカが明確に反対の意志を明示しない場合、それをアメリカが「了解」したと判断する傾向があった。条約締結後、タラキ政権は社会主義化政策を推進したが、とくに土地改革について旧王党派や地主層ばかりでなく大半のイスラム教徒からも反発を招いた。経済開発は行き詰まり、失業者は増大し、食糧不足は深刻になった。一九七九年九月一六日、エジプトなど親米イスラム諸国よりのアミン首相は、ソ連派のタラキ議長によるアミン排除に先手を打ってクーデタを起こし、タラキ議長は殺害された。しかしアミンは地主から土地を無償で徴発する土地改革を強行して一層事態を悪化させ、反政府ゲリラ闘争は激化した。パキスタンに根拠地をもつゲリラは、アフガニスタン各地で活動した。この年一九七九年二月には、すでにイラン革命が勃発しており、イスラム原理主義革命の波はアフガニスタン・ゲリラの活動を一層活性化させていた。ソ連はすでに八月の段階で、アフガニスタンに軍事調査団を派遣して実情を調査した。そして九月のアミンのクーデタによるソ連の影響力低下を懸念していたところへ、一一月四日イラン米大使館人質事件で米軍のイラン介入が切迫していると判断した。ソ連は一一月一〇日、西アフガニスタンへのソ連軍進駐を図り、アミンにイラン国境に近いシンダント空軍基地の独占使用を申し入れたが拒否された。アミンはエジプトのサダトにならい、ソ連の影響力排除を考え西側諸国の大使館と交渉したがよい返事は得られなかった。アミンのソ連離れとイラン危機の切迫により、ソ連は八個師団を動員、そのうち実戦準備の完了した三個師団をアフガニスタン国境に配備した。こうした態勢をとって、一一月二八日ソ連はバプーチン将軍をカーブルへ派遣し、アミン排除とソ連軍侵攻の準備を進めた。一二月中旬ソ連政府は、危機に陥った「アフガニスタンの社会主義」を守ることの緊急性により、ソ連軍投入とアミン政権排除を決定した。一二月一七日以降、アフガニスタン駐留ソ連軍の増強が始まり、二四日には輸送機一〇〇機以上がカーブル空港に着陸した。二七日バプーチン将軍は、アミンに政権委譲を求めて大統領別荘を訪問したが、アミンの警護部隊と銃撃戦になり、将軍は死亡しアミンもソ連兵によって射殺された。これによりソ連軍は同日夜アフガニスタン政府軍と全面衝突となり、同夜半首都は制圧された。親ソ派のタラキ前議長派に属するカルマルが、後任議長に就任した。一九八〇年一月三日、タス通信は型通り「アミン政権はアフガニスタンの真の革命家たちを絶滅し、革命の息の根を止めようとしていた」が、カルマル議長の勢力がソ連の支援をえて一二月二七日決起しそれを阻止した、と報道した。ソ連の公式見解は、この軍事行動が一九七八年一二月の「ソ連・アフガニスタン善隣友好協力条約」に基づき、アフガニスタン側の要請でとられたものであり、その根拠は、アメリカや中国によって訓練された撹乱分子がパキスタンから恒常的に送り込まれ、アフガニスタンの革命政権の転覆を図っていたことによる、というものであった。予想どおり、「条約と要請」がその根拠とされていた。一九八〇年一月四日、カルマル議長は初めて内外記者団と会見し、アミン氏によって殺されたタラキ氏こそ、人民の意志によって選出された合法的指導者であると語った。また同月一二日、ソ連のブレジネフ書記長は、『プラウダ』紙のインタビューで、もしソ連が支援しなければ、「アフガニスタンは帝国主義のえじきとなり、チリの二の舞いを演ずることを許すとともに、ソ連の南部国境の安全を脅かす温床と化しただろう」と語った。ソ連は侵攻当初、国内から派遣した二個師団にアフガニスタン駐留軍とあわせて四万五〇〇〇人を投入、この兵力はすぐに一〇万人にまで拡大されたが、戦況は泥沼化し、さらに兵力の逐次投入が行われた。ソ連軍の兵力は最大一三万七〇〇〇人にまで増強されるもついに勝利することなく、一九八九年二月一五日最後の部隊が撤退した。足掛け一〇年、戦死者一万五〇〇〇人・負傷者三万六〇〇〇人、投入された戦費七〇〇億ドル、一五〇万人のアフガニスタン人が殺された。アフガニスタン戦争は、ソ連にとっての「ベトナム」となり、政治・経済・社会全般にわたって深刻な打撃を与えた(35)。

アフガニスタン出兵に対するソ連指導部の判断は、かれらの意識の中では、あくまで「ソ連の伝統的な安全保障政策」に基づく方針から導かれていたにちがいない。すなわち自国と国境を接する周辺国とのあいだで、「ワルシャワ条約機構」や「善隣友好協力条約」などを締結して「衛星国」化し、その「衛星国」の「友好政府」を維持し、それが危機に陥った場合には、（条約に基づいて）軍事力による介入を行い「衛星国」を保持するというものである。それは一九五六年のハンガリー、一九六八年のチェコスロバキアの例をあげるまでもない。このことは、上述のソ連政府公式見解やブレジネフのインタビューに明白なかたちで表明されている（ただし直接国境が接していない国、例えば一九四八年のユーゴスラビアの場合は、ユーゴ国境に軍隊を終結したが結局介入しなかったし、また八〇年のポーランド政変ではアフガニスタン侵攻中もあって介入を控えた）。藤村信氏は、この点について次のように書いている。

「ソ連はその支配圏のなかのハンガリアとチェコスロバキアに軍隊を入れた過去はありますが、なぜ、アフガニスタンのようなアジアの山国に赤軍を送ったのかというのは、充分に解き明かされない謎でした。最近、ソ連時代の文書の調査がすすむに及んで、ソ連の侵攻はあたたかい海をもとめて南下するロシアの伝統的な欲求でもなく、ペルシア湾の石油へ接近しようとする野望でもなく、カーブルに樹立されていた共産主義者の政権を内部崩壊から救いだすための窮余の一策であったことが明らかにされるようになりました。ソ連帝国の運命を閉ざした侵攻の決定は、クレムリン頂上部のたった五、六人の指導者サークルによって決定され、政治局員のゴルバチョフさえ、相談にあずかっていません。首領のブレジネフは数日間の出兵で物事は片づくとタカをくくっていたかのようです。おそろしいほどの歴史的無知と現実の無視がソ連をほろぼしたのです」。(36)

確かにアフガニスタンの場合は、ハンガリーやチェコスロバキアとは本質的に状況が異なっていた。第一にアフガニスタンは、東欧諸国とは異なり社会構造がほとんど近代化されておらず、ソ連・東欧型でも西欧型でもない伝統的な「部族社会」であった。第二に、そこには本来の意味における「社会主義運動」も「社会主義政党」も存在しなかった。タラキ政権の「社会主義化政策」は、不毛の土壌に移植されたものにすぎない。第三に、アフガニスタンの地勢は、東欧諸国とは異なり、北のソ連国境を除くと、その西側はイラン、南東はパキスタンが取り巻き、とくにそのイラン(パーレビ時代アメリカの影響下にあったイランは、このときホメイニのイスラム原理主義革命が起きていた)とパキスタン(親米・中)の両国にたいするソ連の影響力は存在しなかった。さらにソ連は、その国内に膨大なイスラム系住民をかかえ、かつ彼らの動向は無視しえない問題であった。そしてよく知られるように、アメリカをはじめとする西側は、パキスタンを通じて、またパキスタン政府の了解のもとに、アフガン反政府ゲリラに大量の武器を供給した。これは、ハンガリーやチェコスロバキアのように、外部からの支援を遮断することのできる、閉鎖された「鉄のカーテン」内部で行われた干渉とは異なっていた。そして第四に、ソ連軍の戦略・戦術および武器使用のノウハウを含めて、軍事力構成の全体系は、アフガニスタンの戦場(半砂漠・山岳地帯における対ゲリラ戦)に適合するよう用意されてはいなかった[37]。それにもかかわらず、介入に踏み切ったソ連政府の政策的判断には、もちろんイラン革命にみられるイスラム原理主義の台頭とそのソ連内への波及を恐れる心理が反映していたであろう。さらに、イランに対するアメリカの介入[38]を予測して、それへの地政学的対抗のバランス意識が働いていたともおもわれる。しかしそうした要因を考慮したとしても、ソ連が最終的に介入に踏み切った判断の根拠は、世界規模での冷戦体制下における「安全保障」の確立という「鉄の檻」に捕らえられていたとみるべきである。自国と直接国境を接する国が、「親ソ政権」から「(中立を含む)反ソ政権」に覆ることほどソ連の安全を脅かすものはなく、それはすなわち「西側世界」に直接にさらされることへの(イリュージョンとしての)危機意識であった。ソ連政府首脳部は、中東でもアメリカ(ひいては西側世界)とのあいだで陣地獲得競争をする「冷戦」を戦うことが、ソ連の存立に不可避の政策であるという「イリュージョン」に陥っていた。ソ連にとってアフガニスタン介入は、藤村氏のいうように少数の権力者の「恐ろしいほどの歴史的無知と現実の無視」があったかもしれないが、決して無謀な「冒険主義」ではなく、あくまで一定の「合理的判断」の結果決定されとみるべきであろう。それは、キューバからベトナムへと進んでいったアメリカの政策決定過程と同様に「論理的」であった。

第四節　レーガン「新冷戦政策」と冷戦の最終局面の概観および総括

第一節でみたように、独ソ戦を中心に第二次世界大戦で二〇〇〇万人の死者をだしたソ連は、ドイツおよび西側資本主義陣営に対する安全保障を中心としたヨーロッパの国際政治システムとして、「ヤルタ体制＝冷戦構造」の強化に邁進した。それによって自国の安全保障と、それを支える「衛星国」の獲得が、大戦の結果可能となったからである。また一方ソ連とは異なる意味で、アメリカにも戦後冷戦を推進する理由があった。第二次世界大戦終結時のアメリカは、人類史上最大の軍事大国にして経済大国となっていた。これは明らかに、ニューディールに始まるアメリカの国家総動員体制が、戦時経済体制により加速され、「軍事ケインズ主義」として開花したことを示していた。アメリカの第二次世界大戦への参戦が、その成功を呼び寄せた。

もちろんアメリカが戦後冷戦を戦ったのは、「親ソ的」なルーズベルト時代からトルーマン政権に移行してからである。しかし戦前・戦中を通じて、アメリカ政界や軍部には一貫して反ソ・反共の勢力があり、ソ連の行動に疑惑の目を向け続けていた[39]。したがって、トルーマン政権がルーズベルト時代のスタンスを転換したのは、これらの反共勢力が政策転換を主導する政権の中枢に進出してきた結果の反映であるともいえようし、またソ連が実際にアメリカとの摩擦を強めてきたからでもあった[40]。だがアメリカの冷戦への参戦は、「封じ込め政策」に象徴されるような、ソ連の拡張に対する対抗勢力として、「人道主義的」に「自由世界の擁護者」の役割を「無償」で引き受けたわけではない。アメリカの繁栄をもたらした戦時経済体制を維持し継続させることは、ルーズベルトからトルーマンにいたる民主党政権の至上命題であった。ソ連の脅威に対する経済的・軍事的対抗措置は、戦時経済そのものの維持を可能にし、それは同時にアメリカの繁栄をもたらすものでもあったからである。

ニューディール開始以来のルーズベルト政権にとって、戦時経済体制こそ悪夢の大恐慌を克服するための解答であることが明白になったのは、ようやく一九三九年後半になってからである。ルーズベルト政権のニューディール政策が発足してから四年後の一九三七年、二期目の政権についたルーズベルトの前には、深刻なリセッションの危機が現れていた。一九三八年には前半五ヵ月の全工業生産は、前年同時期から三六・七％の落ち込みをみせ、この結果完全失業者数は一〇〇〇万人を越え（対前年比七〇％増）、一方就業労働者の賃金は一九三七年後半のうちに二二・一％低下していた。農産物価格も三四年以来の最低で、大不況の様相は一層悪化した。三九年初頭になってさえ、政府はあらゆるニューディール的施策を打ち出しても、なおはかばかしい事態の好転はみられなかった。[41]この時期、ルーズベルトの側近でニューディーラーの中心でもあったハリー・ホプキンズは、「千二百万人の失業者がいては、アメリカは社会的に破産し、政治的には不安定な国である」と、その施策の失敗を認める苦悶の声をあげていた。[42]ルーズベルト政権を救ったのは、アメリカ経済が戦時経済体制を確立した一九三九年後半であり、軍需物資の大増産を中心に生産の拡大が進み、加工工業の生産水準が同年一〇月、ようやく一九二九年の水準を上回ってからである。ニューディールの理想とした、完全雇用はまさに第二次世界大戦勃発によって初めて実現された。もし、ヨーロッパで戦争が起きず、「中立法」の修正による武器貸与もなく、戦時経済体制の進展がなければ、ホプキンズのいうような《アメリカ》の「社会的破産」はなかったとしても、《民主党ルーズベルト政権》の「破産」は確実に訪れていたであろう。ヨーロッパの戦争がルーズベルト政権を窮地から救い、さらに日本の真珠湾攻撃が、この政権の存立基盤を不動のものにした。

第二次世界大戦の勝利は、かくしてアメリカに戦時経済体制を定着させ、さらにこのシステムが国際政治・経済システムにリンクされることにより、アメリカ国内の政治経済体制の政策的選択肢を限定した。戦後のアメリカがいわゆるグローバル・パワーとして存在し続けること、これが逃れることのできないアメリカのレーゾン・デートルとなった。戦後のアメリカの政権（とくに共和党）が、建国以来伝統の「孤立主義」に回帰する道は閉ざされた。ソ連が戦争の巨大な人的・物的損害のゆえに冷戦体制を選択したとすれば、アメリカは未曾有の繁栄を継続するためにそれを受容したのである。

西側における第二次世界大戦後の主要な政治思潮は、「社会民主主義＝福祉国家」である。これは、一九三〇年代の大不況に対する先進工業国（日独伊を含む）におしなべて共通する政策――ケインズ型であれファシズム型であれ、なんらかのかたちで国家が介入する政策から進展した「戦時統制型社会経済政策」の戦後における帰結である。また三〇年代の国家介入型政策は、いうまでもなくソ連の計画経済の影響をも受けていた。一九八〇年代以降こうした社会経済体制の問題点や限界が明瞭となり、それは山なす論評によって指摘されていたが、一九三〇年代には、大恐慌で行き詰まった自由主義経済体制の限界と「国家介入型政策」への改革の必要性の論議は、世界の主要潮流となっていた。当然それにともなって「社会主義イデオロギー」も浸透し、「平等主義」（近代デモクラシーの一つの帰結ともいうべき「大衆民主主義」としての「平等主義」）が定着した。世界が極度のナショナリズムと平等主義を結びつけた「全体主義」国家体制に移行したのが三〇年代の特徴であったが、戦争の危機の高まりにつれ「総力戦体制」への整備が各国で進み、ファシズム国家も資本主義国家も「社会主義国」ソ連も、国家体制としては大差のない様態になっていった。そして第二次世界大戦終了後は、各国とも戦時体制の強い影響を引きずったまま戦後復興へ向かわざるをえなかった。とくにアメリカはニューディール政策をより一層継承発展させるため、〝大砲かバターか〟ではなく〝大砲もバターも〟という「豊かな国民生活と強い国家」の継続発展に邁進した。[43] これはアメリカが、ソ連の「共産主義世界征服」とうけとめた東欧諸国の衛星国化、西欧諸国における共産党や社会民主党などの左派の政治力増大、中国革命・朝鮮半島・東南アジアなどアジアの植民地独立運動と結びついた「共産主義イデオロギー」の浸透など、外在的要因から「冷戦」を進めたのと呼応して、ニューディールと戦時体制によって築かれた「豊かな社会」の戦後における継続発展を進めるための内在的要因である。「冷戦」を媒介にしてアメリカは、「アメリカ型豊かな社会」と「自由主義世界の盟主」の地位を確立した。「自由主義と民主主義」のイデオロギーは、戦時体制の「平等主義」と結びつき、「豊かな社会」は「大きな政府＝福祉国家」建設をうながした。ここには戦後西側社会の、社会主義イデオロギーの攻勢にたいする「一定の受容」という意味も含まれていた。イギリスは労働党政権のもと、福祉国家への転換を進めたことはいうまでもない。その後サッチャー政権が登場するまで、保守党・労働党政権を問わず一九七〇年代末まで、イギリスは福祉国家＝大きな政府たる体制を維持し続けようとした。フランス・イタリアも政治的混乱は絶えなかったが、この両国とも左翼の伸長が顕著であり、また戦前の体制（フランスの「人民戦線」・イタリアの「ファシズム」）の影響は拭えなかった。戦後の西ドイツと日本（この両国の社会主義勢力も強力であった）は、アメリカの強い影響下に国家の再建を進めざるをえなかったし、またそのことによりアメリカをモデルとする政治・経済・社会改革を選択せざるをえなかった。両国とも戦後の長期間親米保守政権が続いたが、いずれもがアメリカの軍事力のカサのもと経済復興から経済発展へ軽武装福祉国家への道を進もうとしかつそれに成功した。とくに日本の復興と成長は特徴的である。日本の戦後体制は、ほとんど戦時体制下において構想され、戦時中は旧来の制度に妨げられていたが、敗戦により妨害要因が占領軍の助けを借りて一掃され全面的に開花したといえるものである(44)。新憲法制定、軍・財閥の解体、農地改革をはじめとする一連の戦後改革は、すなわち「官僚主導型」の「戦争なき戦時体制」の発展をうながした。シャウプ税制と公共投資中心の政策は国内の「貧しい地方」への所得移転を推進し、かつ福祉国家形成への歩みを着実なものとした。戦後日本の国家体制は、やや戯画的にいえば、官僚主導型の「統制経済」を骨格として、それに「自由主義思想」の外皮を被せた「混合経済」による「平等社会」へ転生したものと言えよう。

一九八〇年一一月の大統領選挙に勝利したレーガン政権の登場は、前年の英国サッチャー政権の登場とともに象徴的な意味で戦後世界の転換期ともいうべきものであった。レーガン政権は「強いアメリカ」の復興を旗印に、まず経済政策すなわちレーガノミクスを提起した。この政策は、一連の対ソ連強硬路線、すなわち「新冷戦」政策と結びついていた。一九八三年三月の「ソ連＝悪の帝国」演説と、いわゆる「スター・ウォーズ（SDI）構想」演説でそれは明らかにされた。SDIの影に脅えたソ連は、新たな軍拡競争を受けて立つよう強要され、かつ過重な財政負担を余儀なくされた。同時にINF（中距離核戦力）のゼロオプションや戦略兵器削減条約（START）などでアメリカの要求をのまざるをえなくなり、政治的・軍事的にソ連の権威の失墜を招いた。ソ連のこうした状況は、アフガニスタン進駐の泥沼化による財政負担、厭戦気分のたかまる軍隊内のモラル低下、反戦意識の広がったソ連国内での共産党政権の支配力低下、国際的な孤立、東欧諸国の内部崩壊などを引き起こし、最終的に体制全体の崩壊に進んだ。ソ連は、先に西独の「（新）東方政策」でその体制を保持する根幹の「ヤルタ体制」を掘り崩され、さらにレーガンの「新冷戦政策」に直面して、グローバル・パワーとして冷戦を戦う基盤も失い、「体制間競争」による覇権の確立という外交政策にも終止符を打ち、「ソ連邦」解体にまで至らざるをえなかった。

レーガンやサッチャーの登場は、保守主義の単なる一時的反撃というものではなく、一九三〇年代から戦後にかけて形成された西側の体制とイデオロギーへの巻き返しであり、かつそれを解体するための挑戦的政権としてみるべきであろう。それは、とくに西側福祉国家＝社会民主主義的国家体制のもたらした問題——国家財政の赤字増大、「行き過ぎた」社会保障、労働組合の「横暴」、国家の過剰な保護政策、自由競争の規制、「民主的税制（累進課税）」への不満、官僚統制への反発等——への強力な反証を提起した。自由主義市場競争、世界市場のネットワークの高度化（ヒト・モノ・カネ・サービスの自由移動——いわゆるボーダーレス世界の進展）、これらの現象をまえに「新保守主義」は、すくなくとも一九八〇年代には強い説得的主張のように思われた。レーガン・サッチャー・（そして中曽根）の政治的「成功」は、社会主義圏の存立基盤を崩壊させる事態へ影響を与えたばかりではなく、それと深い関連をもって、一九三〇年代以来広く世界に定着していた「社会主義・ファシズム・ケインズ政策を含む国家統制型イデオロギー」を解体する働きをしたのである。それがあればこそ、レーガンとサッチャーの「新保守主義イデオロギー」は強い影響力を発揮したと言えよう。キッシンジャーはその著『外交』で、「レーガンは、カーター政権に象徴される〝罪の意識〟を否定し、『現代世界のいずこにおいても平和を守るための最大の勢力』であるというアメリカの経歴を誇らし気に語った。……彼はソ連邦を、目的を達するために『あらゆる犯罪を犯し、嘘をつき、騙そうとしている』無法の帝国と定義づけた。それは一九八三年にソ連邦を〝悪の帝国〟と描写したことの前触れであったろう。それはあらゆる彼の前任者がためらった真正面からの道徳的挑戦である」[45]と述べている。たしかにレーガンは、すべての前任者より有利な立場にあった。ソ連のアフガニスタン侵攻やポーランドの政治変動など東側を攻撃する材料に事欠かなかったばかりか、カーター前政権の内政外交ともに見栄えのしない政治運営に倦んだ内外に対して、より大胆な政策を提示することも期待されていた。そしてなによりも、アメリカの〝負い目〟であったベトナムの後遺症が薄れたことと、「グアム・ドクトリン」以来の「退却」により、世界の目に「アメリカ帝国主義支配」の実態が減殺したことで、レーガンはキッシンジャーのいう〝罪の意識〟なしに「道徳的挑戦」を、社会主義（と既存の西側体制全体）に対して「無邪気」に行いえたのである。これこそ、内外に対し最大の優位を彼にもたらしたものであり、このことは、サッチャーの「成功」にも当てはまる。ただし冷戦史の過程において眺めれば、レーガンの「新冷戦政策」は、戦後アメリカが継続した「軍事ケインズ主義」のニュールックにすぎず、「小さな政府」・「孤立主義」・「自由貿易」など、共和党に根付くアメリカの伝統的保守思想の申し子であるレーガンの逆説的な政策選択でしかなかった。

「新保守主義」は確かに「冷戦」を終結させ、ソ連をはじめとする「社会主義体制」を崩壊させたばかりでなく、日本を含む西側諸国の戦後体制である「ケインズ主義と社会福祉国家体制」にも打撃をあたえた。そして国内体制が国際政治・経済システムと整合的にリンクされ、現存の国際環境に適応する「最適形態」を確立しているアメリカは、この体制を維持し続けるために、二一世紀に入るやグローバリズムの全面展開により一層世界への関与を進めた。

しかし、二〇〇八年のリーマン・ショックによる金融システム毀損の長期に亘る修復努力、中華人民共和国の経済・貿易・軍事など覇権主義的拡大への対応、ＥＵの政治・経済面での「自立的行動」との対立、中東地域の混迷への対処などの奔命に疲れたアメリカは、トランプという異色の大統領を登場させ、アメリカの繁栄を支えたこの「アメリカ主導の世界システム」を、破壊しようとするかのように行動し始めたとの解釈が世界を風靡《ふうび》しつつある。しかし、はたしてこの解釈は正しいのだろうか。「アメリカ・ファースト」を唱え、「ＴＰＰ（環太平洋パートナーシップ）」不参加、「パリ協定」からの離脱、「イラン合意」からの脱退、ＷＴＯ（世界貿易機関）批判、ＮＡＴＯへのクレーム、北朝鮮との首脳会談など、次々に繰り出される従来のアメリカ政府では考えられないような「過激」なトランプ政権の政策を注意深く観察すれば、上記の通俗的解釈とは異なる隠された「底意」を窺うこともできよう。その「底意」とは、第二次世界大戦後に築かれた「アメリカのルール」を「破壊」するのではなく、それを一旦「清算」して、「新たなアメリカのルール」を世界に「強要」することである。トランプは、「米国主導の世界システム」そのものを放棄して、「孤立主義」へ回帰しようとしているのではない。それは第一次世界大戦後、世界の覇権国家となったアメリカの歴代大統領が、それぞれ政策的ニュアンスを異にしながらも、誰一人としてアメリカの覇権的地位を放棄するような政策を取らなかったことからも明白である。

注

（1）さしあたりここでは、一九二一～一九二二年のワシントン会議。一九二四年のドーズ案、一九二七年ジュネーヴ軍縮会議、一九二九年のヤング案などの事例を挙げておく。

（2）ハラルド・クラインシュタット「ブラント政権の東方政策の再検討」『国際政治』No.１０７、一九九四年、六三～六七頁。および J. L. Gaddis, *"We Now Know-Rethinking Cold War History"* (Clarendon Press Oxford, 1997) pp.113～151.

（3）この用語は、永井陽之助『現代と戦略』文藝春秋、一九八五年、五〇～五一頁の定義に依拠している。以下この語は、すべて内容的に同様の意味で用いる。

（4）チェコ事件当時、チェコスロバキア党中央委員会書記ムリナーシの回想録『夜寒――プラハの春の悲劇』（相沢・三浦訳）新地書房、一九八〇年によれば、「プラハの春」をつぶすため、ブレジネフがモスクワにチェコの閣僚を呼びつけた際、ソ連の東欧支配を合理化し、そして「西側はチェコスロバキアを決して助けない」と言い放ったという。（同書、三六五頁）。また小泉直美「東欧の冷戦――ソ連の安全保障認識の側面からの一考察」『国際政治』No.100、一九九二年、一〇四～一二五頁は、ソ連の東欧支配の過程を簡潔にまとめている。ただしアメリカはまったく無関心だったわけではなく、国務省や諜報機関などを通じて、東欧諸国内部の親西欧グループと接触し、内部情報の取得や様々な体制揺さぶり工作を行った。例えば、ポーランド出身のボイチュア枢機卿（後のローマ教皇ヨハネ＝パウロ2世）は、そうしたアメリカの隠れた協力の下で、ポーランドのカトリック教会勢力の「反体制活動」を鼓舞していたといわれる。

(5)『朝日新聞』、『毎日新聞』、『読売新聞』、『日経新聞』の当該記事と『世界年鑑』共同通信社、一九九〇年などから要約。

(6) 柳沢英二郎『戦後国際政治史』Ⅱ、現代ジャーナリズム出版会、一九七七年、二五三頁。

(7) 同書、二五二～二五三頁。なお、この当時の東西両ドイツの貿易実態についての分析は、山田徹『東ドイツ・体制崩壊の政治過程』日本評論社、一九九四年、一六七頁以下参照。

(8) 柳沢、前掲書、二八三～二八四頁。

(9)『国際政治』No.81、一九八六年、一三九～一五六頁。

(10) 同書、八二頁。

(11) 同書、八二頁、傍点は原文。

(12)『国際政治』No.70、一九八二年、一三九～一五六頁。

(13) 同書、一四八頁。

(14)『国際政治』No.99、一九九二年、三七～五二頁。

(15) 同書、三九頁。

(16) 同書、三九～四〇頁。

(17) 同書、四〇頁。
(18) 同書、四〇～四一頁。
(19) 同書、四一～四二頁。
(20) 同書、四二頁。
(21) 同書、四二頁。
(22) 同書、四二頁。
(23) 同書、四三頁。
(24) 一九八〇年のポーランド政変は労働者のストライキで始まったが、この時同国内に蔓延していた状況については、長谷川慶太郎『国際情勢をどう読むか』ＰＨＰ、一九八一年、一〇七～一一七頁を参照。ここにレポートされているのは、当時東欧諸国に蔓延していた事態の典型例の一つであろう。
(25) 柳沢、前掲書、二〇六頁。
(26) 佐藤栄一「米ソ軍拡競争の現段階」、『国際政治』No.80、一九八五年、三三頁。
(27) 柳沢、前掲書、五二～七四頁の要約。
(28) フィデル・カストロ『わがキューバ革命』（池上幹徳訳）理論社、一九六一年。またキューバ革命全体に関する歴史分析としては、Hugh Tomas, *CUBA* ;The Pursuit of Freedom,（New York, 1971）を参照。本書は、キューバの歴史を通して、ラテン・アメリカ全体がおかれた状況がいかなるものか知るうえで有益であった。
(29) 河村特派員『朝日新聞』（夕刊）一面、一九五九年四月二〇日付。
(30) 柳沢、前掲書、一一頁。
(31) 同書、一二～一四頁。

(32) このケネディ政権が陥った錯誤の原因の分析は、永井、前掲書、一三八頁で的確になされている。

(33) 永井氏は同書で、ケネディ政権の失敗に比して、アイゼンハワーの戦略眼を極めて高く評価されている（同書、一四八頁以下参照）。

(34) この点に関する評価については、ヘンリー・A・キッシンジャー『外交』下（岡崎久彦監訳）日本経済新聞社、一九九六年、四四四～四四五頁で簡潔にまとめられている。

(35) 柳沢英二郎『戦後国際政治史』Ⅲ、現代ジャーナリズム出版会、一九八七年、一七二～一七六頁の要約。

(36) 藤村信『中東現代史』岩波新書、一九九七年、一六二頁。

(37) 長谷川慶太郎『総合比較 日本の国防力』NON BOOK、祥伝社、一九八〇年、五〇～一〇四頁。および『世界をホンネで読む』時事通信社、一九八五年、五〇～六〇頁参照。

(38) この年イランでは「ホメイニ革命」が起き、親米のパーレビ王朝が崩壊、イランのアメリカ大使館はホメイニ支持者に包囲されたため、米軍が救援に出動するも失敗していた。

(39) アメリカ政府は一九九五年になって、ようやくルーズベルト政権内部に浸透したソ連のエージェントについての通信盗聴記録を発表した。この内容の信憑性は、ソ連崩壊後の一時期ソ連政府の機密文書が大量に西側へ流出し、これによりアメリカ側の文書の信憑性が裏づけられたことで確認された。John Earl Haynes & Harvey Klehr : *VENONA Decoding Soviet Espionage in America*, Yale University 1999. ジョン・アール・ヘインズ、ハーヴェイ・クレア『ヴェノナ』（中西輝政監訳）PHP、二〇一〇年（扶桑社より再刊、二〇一九年）。

(40) この間の状況については、フレミング『現代国際政治史』Ⅱ（小幡操訳）岩波書店、一九六七年、三～一一頁。参照。またワシントン政界や軍内部を中心とした動向ついては、アルバート・C・ウェデマイヤー『第二次大戦に勝者なし　ウェデマイヤー回想録』上（妹尾作太男訳）講談社学術文庫、一九九七年参照。本書は、アメリカにおける親独団体「第一協会」にもかかわったウェデマイヤー将軍（後に蒋介石の軍事顧問）の「反共の書」でもある回想録（一九五八年発表）。当然「親ソ的」ルーズベルトやニューディーラーに対する反発と、アメリカを大戦に引き込み、かつ戦争の全局面で大きな重荷を負わせようと企む元凶として、チャーチルやイギリス軍首脳部への警戒をむきだしにしているが、今日客観的にみれば、随所に示唆に富む記述がある。

(41) こうした統計は無数の著書にあげられているが、ここでは清水知久「ニューディール」（『世界の歴史――大戦間時代』16 筑摩書房、一九六九年、二〇三～二〇五頁の簡単な記述による。

(42) ロバート・シャーウッド『ルーズヴェルトとホプキンズ』Ⅰ（村上光彦訳）みすず書房、一九五七年、三四頁。

(43) 永井、前掲書、五〇～五一頁。

(44) 野口悠紀雄『一九四〇年体制　さらば「戦時経済」』東洋経済新報社、一九九五年参照。

(45) キッシンジャー、前掲書、四四九頁。

（村山高康）

第二章　ソ連側からみた冷戦史の背景

冷戦の歴史については、今ではもはやそれほど大きな謎や問題は潜在していないように思われる。冷戦後の世界の到来は、ある程度冷戦史全体をまとまった歴史的遠景のなかに概観することが可能となったため、さまざまな事象の連関や隠された問題の意味づけもより広い視野から見通すことができるようになったからである。私はこの点に関して、先にささやかな一文[1]を草したが、そこではソ連側の冷戦にかかわった理由をごく簡単なスケッチで示すに止まった。それゆえ本章では、冷戦史を一九四七年のトルーマン・ドクトリンから一九九〇年～一九九一年のドイツ統一とソ連邦崩壊までの時期として区分する形式には囚われず、その始まりの背景や原因を、主としてソ連の内政・外交政策とその歴史的経過の側面から考察することによりその意味を求めようと試みた。本章の要旨は、次の一点に尽きる。すなわち、ソ連の冷戦へのかかわりは、決して第二次世界大戦や戦後の状況から生まれたものではなく、ソ連邦成立の初期からその遠因が内包されかつそれが「成長」してきたということである。

第一節　トルーマン・ドクトリンと冷戦初期におけるソ連の対応

一九四七年三月トルーマン・ドクトリン発表の直接の動機は、周知のようにギリシャとトルコに経済的・軍事的な援助を行うことをその出発点としていた。第二次世界大戦終了時、ギリシャでは複数の対独レジスタンス組織があり、なかでもEAM（民族解放戦線）はその主力をなしていた。ギリシャ解放とともに、レジスタンス組織は統合され、統一戦線政府を構成した。最大勢力をもつEAMは、同政府内に五人の閣僚をもち、かつこの政府の統制外の武力を自由に行使していた。EAMは事実上共産党の指導下にあり、イギリス庇護下にあったパパンドレウ政府の政権維持は困難であった。しかしギリシャには英国軍が駐留してこの政府の後見をなし、戦後同国にはイギリスの意向に添った新政府樹立が求められていた。当然EAM＝ギリシャ共産党と英国軍との間に軋轢《あつれき》が生まれ、武力衝突から内戦が始まった。共産党軍は次第に英国軍に押されギリシャ北部に後退した。しかし当時ギリシャに隣接したアルバニア・ユーゴスラビア・ブルガリア諸国は社会主義圏となっていたため、ギリシャ共産党軍は、これらの諸国の支援を受け、そこを後方基地および補給基地として活動した。かくしてギリシャの内戦は長期化し、戦後の経済危機に見舞われていたイギリスに大きな負担となってきた。トルーマン政権はこのような状況で、イギリスの要請を受け入れたのである。またトルコは第二次世界大戦では当初中立を維持したが、戦後ソ連はボスフォラス・ダーダネルス両海峡内にソ連海軍基地設置に加え領土割譲までトルコへ要求した。後述のように一九三九年フィンランド戦争のとき、英仏両国はフィンランドを支援し、ソ連領のバクー油田攻撃を計画したため、ソ連は戦後この地帯の安全を考慮して、カルスとアルダハン地方の割譲をトルコに求めたのである。[2] イギリスはギリシャと同様、中東から地中海におよぶ戦略的意味から、トルコにも経済・軍事援助を行ってきた。しかし今やこの両国の支援を、アメリカに要請しなければならなくなった。

こうしてアメリカはイギリスの要請を受け入れ、トルーマンがルーズベルト時代の対ソ宥和政策を放棄し、ソ連の「膨張主義」に「封じ込め政策」をもって対抗すると、スターリンはギリシャ共産党への支援停止をユーゴスラビアやブルガリアの指導者に命令し、トルコに対する要求も引き下げた。その理由はさまざまに忖度されてきたが、例えば、一九四四年一〇月モスクワで行われたチャーチル・スターリン協定（いわゆる百分率協定）で、スターリンがチャーチルの示したギリシャに対する影響力行使＝イギリス九〇％、ソ連一〇％、を忠実に守ったことが推測される。これは、ユーゴのミロヴァン・ジラスの『スターリン会見記』にも、傍証となるスターリンの発言があることからも根拠のある解釈といえよう。[3] スターリンは、西側の強国イギリスやアメリカとの一定の「了解」や「譲歩」があるかぎりにおいて「膨張」した。このことは、なおヨーロッパにおけるソ連の「膨張主義」による西側との対立という危機の継続のなかにおいても、スターリンとソ連指導部がどのような基本的対外政策をもっていたかということを示唆していた。すなわちそれは、西側とくにアメリカとの摩擦を極力避けながらも、可能なかぎりソ連周辺に自国の同盟国＝衛星国をつくり、それにより自国の安全保障体制を強固にするという「防衛的」政策である。この原則は、ソ連との国境に直接接している周辺諸国に限定されて適用されたことも見逃すことはできない。一九四八年六月のユーゴ危機、いわゆるコミンフォルムからのユーゴ追放の時期、ソ連は軍隊をユーゴ国境に終結したが、ついに軍事介入までには至らなかった。一九四五年の大戦終結時から一九五五年ジュネーヴ首脳会談まで、スターリンとその後継ソ連政府は、常にこの基本路線を決して踏み外さなかった。彼等はいかなる危険を冒しても、ソ連の安全保障に必要な地域を確保する試みを推進した。ポーランド(後述)はいうまでもなく、チャーチルのいう「バルト海からアドリア海」に到る地域までこの政策は一貫していた。すなわち「鉄のカーテン」の形成である。そして一九四八年「ベルリン封鎖」にみられるように、東独と東ベルリンへ西側の影響力が浸透し、その結果東独住民の西への流出が進むと見るや、直ちに対抗策を打ち出すこともためらわなかった。またチェコスロバキアで「二月政変」が起きると、迅速にそこへソ連の支配体制を確立した。しかしこれら一連の事件を現在から振り返ってみると、ソ連は必ず一定の限度をもって「膨張主義」を進めていることがみてとれる。すなわち言葉を変えていえば、その「膨張主義」は、西側とくにアメリカの実際的な反撃があると停止したのである。以下このことの意味するものを、順次時代を逆上って検討する。

第二節　不信の醸成――ヤルタとポーランド

一九四五年二月のヤルタ協定は単純にして明快なものだったが、それはあくまで「基本的協定」であったがゆえに、具体的内容は明確には示されていなかった。だがその最も重要な項目が、ドイツの戦後処理案であることは自明であった。ソ連の対日参戦事項は秘密協定であり、ポーランド問題での「意見の一致」、ハンガリー、ブルガリアなどの「民族自決権、民主主義の再建、自由選挙」の主張は、さしあたり文書のうえのことがらにすぎなかった。ドイツの戦後処理に対するスターリンとソ連政府の基本原則は、あくまで米英仏ソ四大国（フランスを主要国に加える決定もこのヤルタで行われた）の軍政による分割統治を歓迎するものであり、スターリンはソ連軍によるドイツ占領地域が、ヤルタでルーズベルトとチャーチルの公式の承認をえてソ連のテリトリーとして確立されたことを第一義的に重視した。軍事占領による地域支配こそ、ソ連にとって最も重要な自国の西部国境を守る障壁であり安全保障体制の根幹であったからである。スターリンは、多国間国際協定よりも真の強国の指導者との約束を重んじていたので、ヤルタ協定の具体化に熱意を注いだ(4)。

ここから東西間の不信の発火点ともいうべき、ポーランド問題が生起した。ポーランド問題は、イギリスとソ連の間に横たわる難題であつた。

そもそも第二次世界大戦の勃発となった一九三九年九月のドイツによるポーランド攻撃は、もちろん前月の「独ソ不可侵条約」の成立を前提としていた。ドイツの攻撃に呼応して、ソ連はカーゾン・ラインまでを占領した。たとえ気乗りがしないものであってもポーランドにたいする保障を実行するために、ドイツに宣戦布告したイギリスとフランスは、ソ連を中立国どころかもはや外交交渉の対象としても認めることはできなくなった。それはドイツの背後に隠れる「敵国」となったからである。イギリス政府は、ロンドンのポーランド亡命政権を真剣に支援していたとは言えなかったが(5)、ソ連に対抗する政治的手駒としての価値を放棄はしなかった。

ポーランドを挟む英ソ間の不信は、いったん芽生えると両国間で生々しい過去の出来事の記憶を呼び起こした。それは第一次世界大戦中、一九一七年のロシア革命にまで溯る。ロシア革命政府は、連合国の一員から離れ、一九一八年三月単独でドイツ・オーストリアと講和条約を結んだ（ブレスト＝リトフスク条約）。これは連合国にとっては、ほとんど利敵行為であった。そもそもレーニンは、亡命先のスイスからドイツ帝国の了解のもとに、いわゆる「封印列車」に乗ってロシアへ帰国し、ロシア帝国を倒して革命を起こした。それはかりかその革命ロシアは、イギリス王室の縁戚ロシア皇帝一家の殺害から始まり、王政も資本主義体制も揺るがす社会主義革命の脅威を広くヨーロッパに蔓延させる「悪」の拠点となった（ロシア革命政府は、この大戦中に英仏露の三国が秘密のうちに結んだ「サイクス・ピコ条約」を、全世界に公開している）。

イギリスが米・日・仏などに率先して、革命ロシアを攻撃する干渉軍を送ったのは、イギリスからみれば当然のことと思われた。これがソ連にとって、これら諸国に対する敵対意識をより強く醸成する原因となったことも必然である。さらに両者の不信は、一九二〇年春から始まったソ連赤軍とピウスツキ元帥指揮下のポーランド軍との戦闘でたかまった。この対ポーランド戦争は赤軍の敗北に終わり、この後ポーランドは、ソ連にたいする敵対国としてイギリスやフランスの庇護下に存続する。この立場を生かして、第一次世界大戦後のヴェルサイユ条約で、ポーランドはドイツからもソ連からも領土を得た。この条約には数々の問題が内在していたが、中でもこのポーランドの得た領土にかかわる問題こそ、ヴェルサイユ条約の抱える最大問題であり、その後のヨーロッパを揺さぶる要因であった。第二次世界大戦は一九三九年九月一日、ヒトラーによる「ポーランド回廊」奪還を目指す軍事行動から始まったが、この機を利してスターリンもロシア帝国当時の領土奪還のため「カーゾン・ライン」まで侵攻した。これはその直前に結ばれた「独ソ不可侵条約」で、独ソ両国がポーランドから領土を取り戻すために、軍事攻撃をも辞さないことを世界に発信したものだが、それを両国が実行したのである。独ソ両国の利害の一致が、戦争への道を開いた(6)。イギリス・フランスは、ヴェルサイユ体制維持の責任国としてポーランド支援のためドイツに宣戦布告したが、軍事的にはドイツやソ連の行動を抑止するには何の効果もなく、ポーランドはわずかな軍事的抵抗もむなしく独ソ両国に占領され、国土は引き裂かれた。

その後一九四一年六月に始まった独ソ戦の渦中、一九四三年四月、スモレンスク近郊カティンの森で、多数のポーランド軍将校の虐殺死体を発見したとドイツ政府が発表した。この発表を機に、イギリスおよびポーランド亡命政権と、ソ連との間に対立が始まった。この「発表」の時期、ソ連は連合国の一員であり、さらにナチス・ドイツの攻撃をほとんど一手に引き受けていた。このソ連の受けている重圧を軽減するため、西側諸国がドイツを「挟み撃ち」にするための西側で第二戦線を構築することをスターリンは繰り返し要求していたが、実際には英米など西側諸国は積極的な態度を見せていなかった。これは西側が、独ソ共倒れをねらっているのではないかという強い不信感をスターリンに植え付ける要因となっていた。しかしカティンの森事件は、ソ連の冷徹な国益を反映した行為であったことは事実である。一九三九年九月独ソ両軍がポーランドに侵入したとき、ソ連側に捕虜となった約一万五〇〇〇名のポーランド軍将校が行方不明となっていたが、ドイツの発掘した死体はその行方不明のポーランド将校であることが明らかになった。なぜソ連はこれらポーランド将校たちを処刑したのか。この将校たちは、エリート軍人や、予備役で召集された弁護士・医師・教師などポーランド社会の中枢を担う人々であり、かつこれらの人々は共産主義ソ連を敵視してきた階層でもあった。これらの人々は、ソ連が近い将来、ポーランド全土を占領したのちに親ソ政権を運営する障害となる。その勢力の一掃を謀るための「蛮行」に相違ないという、ポーランド亡命政府や西側連合国政府の推定には根拠があった（当時のソ連はナチスの陰謀として強く否定したが、一九九〇年四月ゴルバチョフはソ連が殺害したことをようやく認めた）。

ポーランドを巡るこの不信の連鎖は、さらに続いた。一九四四年八月、ソ連軍がドイツ軍を追撃してワルシャワ郊外にまで達した時、これに呼応してワルシャワ市内でレジスタンス勢力が蜂起した。この時まだ市内に止まっていたドイツ軍は、この蜂起を徹底的に弾圧した。苦境に陥ったレジスタンス勢力とロンドンの亡命政権さらにはイギリスはじめ西側連合国は、救援要請をワルシャワ郊外ヴィスワ河対岸に待機するロコソフスキー元帥指揮下のソ連軍に求めた。しかし損害の回復と補給待ちを理由に、ソ連軍はこの要請を拒否した。このためレジスタンス勢力は、ドイツ軍により完全に掃討された。この件もまた、後に親ソ政権をつくるために障害となる強力なポーランドのレジスタンス勢力を、ドイツ軍の手で一掃できる機会をソ連が利用したという西側の不信を高めるに充分な一事であった。(7)

確かにソ連は、このようにして傀儡であるルブリン政権をポーランドに樹立する環境をつくりだした。ヤルタでルーズベルトが、ソ連のポーランド解放の貢献を認め、ルブリン政権に亡命指導者若干をプラスするいわゆる「ルブリン政権拡大案」を示したとき、実質的にスターリンの要望は満たされた。ルーズベルトのポーランド問題処理は、アメリカ外交の巧みさと評価されているが、いずれが利益を得たかはその後の事態が証明している。

さらにソ連は、ルブリン政権樹立に加えて、もう一つのポーランド問題処理事項であるオーデル・ナイセ問題に進む。ヤルタ協定でポーランドの政治的処理とともに暫定的に取り決められたのが、いわゆる地域管理問題である。第一次世界大戦終了まで、プロイセンはドイツ帝国の中心地であった。しかし戦後のヴェルサイユ条約で、この地は東プロイセンを除く大半がポーランドに割譲された。それを先述のように、一九三九年からの戦争でドイツはこれを奪回し、ソ連はカーゾン・ラインまでを領有してポーランドを分割した。その後、独ソ戦の後半ドイツ軍を追撃するソ連軍は、ポーランド西部を越えドイツ領深くエルベ河畔にまで達した。この時点でヤルタ協定に基づく占領地の戦後地域管理権は、ソ連にあるものという解釈が成り立つため、ソ連は西側の意図を越えてこの地域に新たな国境を策定した。その結果ポーランド領はオーデル・ナイセ河まで西に大きく移動し、その代わりポーランド東部はソ連領となり、ここに現ポーランド国が出現した。第二次世界大戦後、ヨーロッパを二分した東西対立と相互不信の象徴的地域である。地政学的にみて、ポーランドこそソ連の安全保障をもたらすための根幹地域であることは自明であった。数世紀にわたり、ポーランドはドイツ・オーストリア・ロシアの各帝国による分割領有の歴史が繰り返された地域である。これらの帝国にとって、ポーランドの位置が地政学的にいかに重要かを物語るものといえよう。一九三九年八月「独ソ不可侵条約」のソ連側からみた利害の要点は、つまるところポーランドをソ連の西側を守る障壁として確保する旧来の地政学的判断からくるものであったことは論をまたない。それから半世紀、オーデル・ナイセ問題は冷戦体制崩壊前まで、西独ブラント政権の新東方政策とドイツ統一時の確認があったとはいえ、東西対立の潜在的要因であり続けた。ソ連（とその後のロシア）は、東独崩壊と統一ドイツ成立を、オーデル・ナイセの確認を前提に受け入れた（またポーランドにとっても念願の、旧ダンツィヒ＝現グダンスクをふくむオーデル河口までの、長大な海岸線を確保した利益を放棄できない）。今ではこの国境を変更する問題をむしかえすことは、大混乱を招くことなくしては不可能である。現ロシア共和国やその周辺国も、現在のこの地域の国境画定に死活的な利害をもつことは当然だからである。ポーランドが、冷戦の始まりを画す最大の地域であったということの意味は、そこにもっとも典型的にソ連の安全保障政策の本質（ポーランドこそ、対西側——とりわけドイツに対する軍事的障壁である）があらわになっていたからにほかならない。

冷戦崩壊後ソ連の支配から離れたポーランドは（バルト三国などと共に）、ソ連邦解体とロシア共和国の弱体化を見て、ＮＡＴＯ加盟（米軍への基地提供を含む）とＥＵへの参加をはたした。さらにソ連支配下にあった旧東欧諸国の大半が、ポーランドと同様西側に入り、かつてのソ連の西側を守る障壁であった「衛星国」は消え、現在ロシアの対西側国境線は、大きく自国の近くまで迫った。プーチン大統領のもと、現在のロシアは、この迫りくる「西側」の東への拡大阻止に懸命である。プーチン氏は、ウクライナ東部地域を事実上軍事支配し、クリミアを自国へ編入することも強行した。二一世紀のヨーロッパの「摩擦」の焦点は、ウクライナからコーカサスのラインにある。現ロシア共和国もまた、ロシア帝国やソ連邦時代と変わらず対西側への「不信感」は消えることなく続いている。

第三節　一九三九年のソ連＝フィンランド戦争

これまでの問題は、ヨーロッパにおける冷戦の直接的背景をほぼ網羅的に列挙したものである。しかしさらに視点を拡大してみれば、このほかにもいくつかの東西不信の原因となる事項がここから遡って連続している。その一つが、ソ連とフィンランドとの戦争である。一九三九年九月から一〇月にかけて、ソ連はバルト三国と相次いで相互援助条約を結び、これら諸国を実質的に支配下においた。ソ連はここに海空軍基地をつくり、さらにレニングラード（現ザンクトペテルブルク）近郊のフィンランド湾南岸一帯を確保した。続いて一〇月五日、ソ連はフィンランド湾北岸およびカレリア地峡の軍事的支配をフィンランドに通告した。当時フィンランド南部国境はレニングラードから三〇キロ強にあり、ここをフィンランドは「マンネルハイム・ライン」（フィンランドのマンネルハイム元帥の名を冠した軍事防御ライン）で守っていた。この防衛線は、フィンランドが当時友好関係にあったドイツ軍の指導でつくられ、かつドイツ軍の訓練を受けたフィンランド軍の守備隊が配置されていた。フィンランド国民の反ソ感情に加えて、ドイツとフィンランドの同盟関係が成立すれば、ソ連の中枢部の一角レニングラード一帯はフィンランド軍の砲撃射程内に入り、またドイツ軍の格好の前進攻撃基地となる。ソ連の受けた脅威感は大きなものであった。ソ連はフィンランドに対して、ハンゴエ海軍基地の租借・フィンランド湾内の五島の割譲・カレリア地峡二七六〇平方キロメートルの割譲およびこの地帯の非武装化を要求した。フィンランド政府は、バルト三国がソ連によりどのような扱いを受けたかを目前にみていたので、この要求を拒否した。そこでソ連は、フィンランドとの不可侵条約を破棄し外交関係を断絶した。さらには、フィンランド人の共産主義者オットー・クーシネンを首班とするフィンランド政権をモスクワに樹立させ、このソ連の「傀儡《かいらい》政権」の要請という形をとって、一九三九年初冬、ソ連は空軍と地上軍を投入してフィンランドを攻撃した。しかし弱体視されていたフィンランド軍は頑強に抵抗し、かつソ連軍そのものが充分な準備をしていなかったため、戦闘はソ連の思惑どおりには進まなかった。フィンランド政府は国際連盟に提訴し、イギリスとフランスが主導する連盟はソ連を除名した。この除名は連盟規約に忠実ではなく、また他の事例——満州事変時の日本やエチオピア侵略時のイタリア、さらにはナチス・ドイツに対する態度よりも性急であった。英仏両国は、ファシズム国家より社会主義国ソ連への敵対意識が強いことを表明した。ソ連がフィンランドを攻撃すると、世界中で反共の声がたかまった。アメリカ議会は三〇〇〇万ドルの援助を可決し、イギリスとフランスは軍需物資をフィンランドへ急送した。ドイツ国内にも、すでに戦争状態にある英仏両国の義勇兵とともにソ連と戦うことを決意した人々が、フィンランドへ赴こうとしていた。さらに英仏両国は、ソ連との戦争準備まで始めた。一九四〇年一月、フランス政府はバクー攻撃および黒海方面での戦闘計画策定を軍首脳部に命じ、さらに二月連合軍最高軍事会議は、軍隊をフィンランドへ派遣することを決定した（フランスは兵員五万、イギリスは六個師団）。もしノルウェー、スウェーデン、トルコが軍隊の自国内通過を拒否しなければ、英仏両国はドイツに加えてソ連とも戦争することになっていたであろう。アメリカでもまたソ連のフィンランド攻撃により、かつてない反ソ感情が高まっていた。マスコミは連日フィンランドに対する同情記事を満載し、上流階級も労働組合も資金カンパを積極的に行った。軍事介入に反対していた前大統領フーバーでさえ（彼はフィンランド救援組織の責任者であった）、武器援助のための資金を受け取ることを認めた。ソ連を承認したルーズベルト政権は、急激に支持率を低下させた。こうして西側主要国では、突然ナチス・ドイツに対するよりも強い反ソ感情の盛り上がりをみた。(8) しかし西側諸国がソ連攻撃の決定に至る前の一九四〇年三月一二日、フィンランド戦争は終結した。ソ連は不充分な準備で戦争に入り、フィンランドの頑強な抵抗で思わぬ苦戦を強いられたため、極東から精鋭師団を呼び寄せようやくマンネルハイム・ラインを突破した。ソ連はフィンランド政府と休戦交渉を行い、かねて要求していた地帯の確保を実現することができた（一九四五年、第二次ソ連・フィンランド戦争が起きたとき、ソ連はさらに大きな地帯の割譲を得た）。フィンランド戦争は、自国の対西側（このときには対ドイツ）防衛のための緩衝地帯を確保するために起こしたものであったが、西側諸国からはドイツに対するよりも強い反発を招いたことで、ソ連の不信感は高まった。独ソ戦の際ドイツの攻撃をレニングラード周辺で長期間持ちこたえたのも、この緩衝地帯のあったおかげであり、またここにドイツの大軍を引き付けていたために、西側連合軍は有利な戦いができたのではないか、というのがソ連側の言い分である。このようなソ連の一連の発想は、一九四〇年夏のバルト三国の強引な吸収、また同年六月のルーマニアのベッサラビア地方獲得とともに、すべてが安全保障のための地政学緩衝地帯確保という論理で一貫している。そしてこのような緩衝地帯の獲得が、熾烈を極めた独ソ戦において、最終的に有効な働きをしたという判断が、ますますこの意識を強化させたのである。(9)

第四節　一九三八年ミュンヘン会談の意味

フィンランド戦争は、ソ連の安全保障体制確保の露骨な利害を示していたが、この問題の背後には、そのような意識を助長せざるをえない出来事があった。それが一九三八年のミュンヘン会談である。このあまりにも有名な会談に、いまさら特別な解釈をほどこす必要はない。ここでは、この会談のもつ性格が、ソ連の対外政策や安全保障意識にどのような影響を与えたかということのみをとりあげる。

一九三八年九月、英仏独伊四カ国首脳会談でチェコスロバキアのズデーテン地方は、ドイツに割譲されることが決定した。問題はいうまでもなく、この会談の全経過において示された四ヵ国のソ連無視の態度であった。すでに一九三八年二月、ソ連外相リトヴィノフは国際連盟でドイツのオーストリア併合の動きに警告を発し、国際連盟（その中心国である英仏）に対しこれを阻止することを訴えた。リトヴィノフはドイツのオーストリア進駐直後にも、記者会見でドイツの脅威にたいする多国間共同防衛の必要を力説した。そもそもリトヴィノフは、すでに一九三六年三月一七日（ドイツのラインラント進駐の一〇日後）連盟理事会で警告を発していた。ソ連では一九三七年から一九三八年にかけてスターリンによる粛正が進み、諸外国の嫌悪と不信のなかで、自国の弱体化を意識せざるをえない状況でもあった。したがってドイツのソ連にたいする脅威は、この段階で極めて高いという認識をソ連はもたざるをえなかった。スターリンは、ドイツのラインラント進駐・オーストリア併合・ズデーテン割譲の動きの背後に、英仏はじめ西側各国が、ドイツの攻撃の矛先をソ連に向ける暗黙の了解があることを疑うに充分な傾向を読み取った。ラインラント進駐、スペイン内戦、オーストリア併合などそのいずれの場合も、英仏をはじめ西側諸国すべてはドイツを宥和しソ連を敵視していた。ミュンヘン協定に至ってこれは確信にまで高まったであろう。ミュンヘンにおいて、英仏にソ連を加えれば、ヒトラーの野望を阻止することが可能であることをリトヴィノフは繰り返し訴えたが徒労に終わった（このときのソ連の態度が、チェコスロバキア国民にとって大国のうちで唯一の友好国ソ連という印象を植え付けた。それが一九四八年のチェコスロバキア政変で、この国がソ連側に組み込まれる雰囲気を生み出す理由の一つとなった）。チェンバレンは、英米仏ソ四ヵ国による対ドイツ抑止策を討議する会議の開催を求めたソ連の要請を拒否した。(10)

一九三九年の春、近づく戦争の危機に備えて、英仏独ソ伊などを中心とする諸国間でいかなる軍事的安全保障同盟を作り上げるかを巡る熾烈な外交戦が展開されたとき、ソ連との同盟交渉に際して、再び英仏とくにイギリスの態度の曖昧さ（ソ連とナチス・ドイツを戦わせ、その共倒れを望むような態度）を見せつけられたソ連は、西側にドイツを含む反共諸国、東にも反共を掲げる日本という状況の中で、ポーランドを巡る利害の一致した独ソがそれまでの対立を捨てて、不可侵条約を締結したのは、社会主義イデオロギーやナチズムなどとは関係なく、他国と同様独ソもまた剥き出しの「国家理性」を働かせた結果であり、特にソ連は当然のごとく自国の安全保障第一主義の姿勢を示したものにほかならなかった。(11)

第五節　一九三七年コミンテルン第七回大会と「反ファシズム人民戦線」

一九三〇年代のソ連の対外政策には、一貫した特徴があった。それはいうまでもなく対ドイツ安全保障である。一九三三年一月ヒトラーが政権の座に着くと、欧州全体の緊張感は一気に高まった。一九三四年ソ連は国際連盟に加盟して常任理事国となるが、ドイツではヒトラーが総統となり第三帝国の成立をみた。同年ドイツはポーランドと不可侵条約を結び東部を固めると、はやくもオーストリア併合の野心を見せ始めた（この年七月、オーストリアのナチスがオーストリア首相ドルフスを暗殺）。英仏もドイツに対する脅威から、伊仏ローマ協定、英仏伊ストレーザ会議、仏ソ相互援助条約など矢継ぎ早に対応策を進めたが、一方では英独海軍協定締結で、イギリスはその後に続く対独宥和政策をみせはじめた。この動きに危機感をもったソ連は、対西欧諸国融和への路線転換に踏み切った。一九三五年七〜八月、モスクワで開かれたコミンテルン第七回大会で決定されたいわゆる「人民戦線テーゼ」がそれである。反ファシズム統一戦線として展開されたこの政策は、一九三六年フランスとスペインで人民戦線政府が成立し成果を挙げた。共産党が展開した反ファシズムのキャンペーンに、労働者・農民・知識人が呼応して、社会党など非共産左翼政党から自由主義勢力までが連合政府を形成した。ファシズムと戦う自由と民主主義の旗印は、イデオロギーとして強い影響力を発揮し、その余韻は現在まで続いている[12]。しかし、この人民戦線戦術は、その高貴なイデオロギー的外皮にもかかわらず、その内実は偽善的であり、明らかにソ連の国益からでた外交戦術の一環でしかなかった。ソ連は、対ドイツ牽制のため、一九世紀以来の伝統的政策――露仏同盟の再現路線を選択したのである。そのもっとも大きな理由の一つは、ドイツにおけるヒトラー政権成立までのドイツにおけるナチス対ドイツ共産党の闘争経過にあった。

一九二九年大恐慌が発生すると、ドイツでは左右の政治勢力の対立が激化した。ドイツ共産党は、ソ連とコミンテルンの指令による闘争方針として、当時政権を握っていた社会民主党に攻撃の矛先を向け、そのため社会民主党を支持する労働者と共産党支持の労働者との間にも深刻な対立を引き起こした。目の前でヒトラーとナチスの対社会民主党政権に対する攻撃が行われているとき、同じ階級的基盤にたつ左翼政党は相互に対立していた（もちろんその背景には、第一次世界大戦直後のドイツ共産党の革命闘争を武力で潰したワイマール共和国社会民主党政権に対する不信があった）。「ナチスに勝利するためには、まず社会民主主義に勝利しなければならない。社会民主主義はファシズムの穏健な翼である」（「社会ファシズム論」）という認識は、大恐慌に襲われた資本主義が没落と崩壊の「第三期」を迎えており、それを社会民主主義が支えているという論理に導かれていた。スターリンとの党内闘争に敗れトルコのプリンキポ島に亡命していたトロツキーは、この方針を厳しく批判し、ナチスと戦うために社会民主党と共産党の統一戦線を提唱した。しかしソ連とドイツ共産党は、トロツキーの方針を否定し、破滅的な第三期政策をいっそう推し進めた。ヒトラーとナチスの政権獲得という決定的な危機のなかで、分裂対立したドイツの左翼勢力は闘争のはずみを次第に失い敗北した。ヒトラーが政権についても、短期間で自己崩壊するであろうというドイツ共産党指導者テールマンの希望的観測も空しく、政権についたヒトラーは、共産党も社会民主党もさらには自由主義者まで直ちに徹底的に拘束、その活動は封じられ、伝統と組織力を誇るドイツ社会民主党と共産党および労働者階級は、完全に粉砕された。ヒトラーの強力な政権基盤は、このことなくしては成り立ちえなかった[13]。破滅的な失敗となった「社会ファシズム論」と「第三期政策」により、ヒトラーに政権獲得を許した結果、ドイツはワイマール時代とは比較にならない強力で危険な軍事国家に成長した。この結果に戦慄したスターリンは一九三四年、狼狽の中でポーランドなど東欧諸国との同盟を模索したが、ドイツに先手を打たれて先述のドイツ＝ポーランド不可侵条約が結ばれた。その行き詰まりを打開するため、一九三五年のコミンテルンによる方針転換が行われたのである。人民戦線戦術は一九三九年前半まで、フランスととりわけスペイン（こちらは人民戦線政府を共産党主導の義勇軍とソ連の武力援助で支えた。また中国における国共合作もその一つ）で継続推進されたが、この年の春以降次第にソ連の熱意は低下した。それはもちろん、この時期に「独ソ不可侵条約」の環境作りが密かに進み始めていたことを意味している。スターリンにとっては、共産主義イデオロギーなどは建前にすぎず、ソ連の防衛こそすべてに優先する課題であった。そこには次節にみるような、ソ連の国内政策の歴史的経緯に基づく危機的要因が、絶えずつきまとっていたからである。

第六節　一九二七年「一国社会主義」と農業集団化――スターリン体制の確立

ロシア革命後の混乱と内戦による荒廃の結果、レーニンの革命政府はそれまでの「戦時共産主義」を放棄して、「新経済政策」(ＮＥＰ)に転換した。これによりソ連では一定の自由化が進み、とくに農業の生産力が復活して農民の所得は増大した。戦前に対して、農業生産は一九二二年から一九二五年にかけて六四％上昇し、重工業生産も一九二四年には四六％、一九二五年には七五％増加した。農民のなかに「富農層＝クラーク」(とはいえ先進国のレベルからみれば、極めてささやかな自営農にすぎない)が生まれ、都市にも自営業者が叢生した。しかし農民はいっそうの価格上昇を期待して、たえず食糧の売り惜しみを行い、都市の慢性的食糧不足は解消しなかった。「富農」に対する風当たりは強くなり、革命政府も党も自らのイデオロギー的立場からして、この動きは資本主義への逆行・反動の兆しとみた。党内ではこの状況をめぐって論争が起き、右派のブハーリンは工業生産の順調な回復(一九二四年の生産高は、一九二〇年の三倍)を前提に、農業生産物のいっそうの販売自由化・課税削減を進めることを強調した。そうすれば農民の農産物売り惜しみはなくなり市場への供給が増大する。それによって農民の所得が増えれば、工業製品とりわけ消費財の生産は刺激され、消費財の生産を担う中小企業の勃興は重工業の発展をうながすと主張した。「新経済政策」は続行されるべきであるというのが、ブハーリンの主張である。一方左派のプレオブラジェンスキーは、社会主義経済建設のために農業の資本主義的育成政策に反対し、工業建設優先政策を主張した。プレオブラジェンスキーによれば、「新経済政策」で工業生産が上昇したのは休止していた在来の設備が復活して活動しているにすぎず、新たな設備投資がなければ、工業生産は早晩行き詰まる。後進国ロシアに近代産業を起こし、社会主義建設に向かうためには、設備投資のための資本の調達をしなければならない。マルクスの『資本論』が説くように、近代資本主義の成立が農村分解により「原始的蓄積」をもって進められたとすれば、社会主義建設もまた農村から「社会主義的原始蓄積」を行わねばならぬ。国家による貿易の独占、工業生産物の価格統制により、余剰農産物の自由販売により富を蓄積している農民から「搾取」する、というのがその主張の根幹であった。

一九二四年レーニンが死ぬと、この論争は後継者をめぐる権力闘争と連動した。レーニンに継ぐ指導者とみられていたトロツキーが、プレオブラジェンスキーなど左派に多くの支持者をもっていたところから、一方の有力者スターリンは、ブハーリンをはじめジノヴィエフ、カーメネフ、ルイコフなど古参党員とともに右派の立場を取り、トロツキー派を排除して権力を獲得した。この過程で、社会主義建設への道をめぐる両派の論争も始まった。左派は社会主義革命が世界への拡大、とりわけ先進ヨーロッパ諸国、とくにドイツへの波及をめざす「世界革命論」の前提から、社会主義革命をロシアのような後進国が社会主義建設を進めるためにも、資本主義段階に止まることなく社会主義段階へ連続的に移行する「永続革命」を主張した。もっともこの理論は、レーニンはもとよりボルシェヴィキ党の公認路線であり、古典マルクス主義より導き出された正統理論である。しかし一九二〇年代中頃のロシアでは、社会主義はおろか資本主義さえも未成熟であった。権力の座についたスターリン派は、こうしたロシアの現実に直面して国内建設第一主義の路線を選択した。これは実際には資本主義育成路線である「新経済政策」の復刻にすぎない。だが左派に対抗するスターリン派は、この路線を資本主義への転換とはいえなかった。スターリン派は、この路線を「一国社会主義」として強引に理論化した。当然左派との論争は激化したが、スターリン派は晦渋なスコラ論議に持ち込んで左派排除をいっそう強化した。「一国社会主義」という概念は、全くの矛盾である。社会主義は国家の止揚＝廃棄のうえに実現されるものであるというのは、古典マルクス主義では当然の前提であったから、この論争はスターリン派に不利であった。事実この「一国社会主義」路線をスターリンが唱導し始めると、それまでトロツキーに対抗するオールド・ボルシェヴィキの中核であったジノヴィエフやカーメネフなどがスターリン派を離れ、トロツキー派と合同左翼反対派を形成した。スターリンは右派の中心ブハーリンと連携し、しばらく「新経済政策」を続けたが、この政策をいつまでも続ければ左派の批判に耐えられなくなるのは明らかであった。スターリンは、左派に先手を打って工業化のための五ヵ年計画を提唱した。一九二七年一二月に始まった第一五回共産党大会で、スターリンは「一国社会主義」実現のために急速な工業化を目指す五ヵ年計画を提案し、重工業三三〇％、銑鉄三〇〇％、石炭二〇〇％、電力四〇〇％、農産物一五〇％（内耕地の二〇％の集団農場化）などを五年間で達成することを掲げた。ソ連を近代テクノロジーに基づく工業国家へ転換するために、重工業の発展・インフラストラクチャーの整備・農業集団化・国防力の強化などを目指すものとした。五ヵ年計画は、形式的には左派の主張を受け入れているものであるが、スターリンにとっては「一国社会主義」の前提で左派を切り捨てて権力を握ったため、かえって左派に対する弾圧を強化することによって推進しなければならなかった。一方ブハーリンなど「新経済政策」継続を主張する右派をも、この段階で切り捨てなければならなかった。左右両派を切り捨てたスターリンは、秘密警察による強権支配と一党独裁体制の強化によって、五ヵ年計画を強行しようとした。この段階ではスターリンには、一切の退路は残されていなかった。こうした中で彼は、一九二九年突然農業集団化への加速を始めた。五ヵ年計画の工業部門は、表向き無理やり計画が達成されたことになったが、農業部門の集団化は遅々として進まず、したがって農業からの「社会主義的原始蓄積」はできなかった。いまや五ヵ年計画の成否は、農業集団化の達成如何という認識のもとに、スターリンの集団化強行は始められた。「新経済政策」によりようやく所得と耕作の安定を取り戻し始めた農民は、度重なる政府の食糧徴発と集団化の強制に抵抗した。党と政府は、「富農」撲滅・社会主義建設をスローガンに、武力によってこれを弾圧した。二〇〇〇万人に及ぶ農民の抵抗は、スターリンの強権をもってしても容易なことではなく、彼は巨大な農民層と四つに組んだまま数年間身動きができなかった。その危機的状況について、後年スターリンは第二次世界大戦の困難より大きなものであったとチャーチルに語った[14]という。

第七節　スターリン体制下の対外政策の特徴

以上のような経過からみると、スターリンの権力獲得以後のソ連の対外政策の特徴が見えてくる。それはなによりも、ソ連の周辺地域との現状維持をいかに図るかという一貫した態度である。何故ならスターリンは自国内で、極めて不安定な立場にあったからである。この「現状維持政策」は、ヨーロッパのみならずアジアにおいても一貫していた。例えばシナ大陸では、国民党蒋介石政府が中国共産党を終始敵視し弾圧してきたにもかかわらず、一九二六年以降スターリンは中国共産党に対して蒋介石との連携を指令してきた。その結果一九二七年四月の蒋介石によるクーデターで中国共産党員は徹底的な弾圧を受け、主要都市の拠点を失ってしまった。毛沢東が江西省井崗山に革命根拠地をつくり、「農村から都市へ」の戦略的転換を図ったのは、スターリンの意志に反して進めたものである。その後もスターリンは、蒋介石との宥和を図ることを絶えず中国共産党に指令して、毛沢東指導部に圧力をかけた。毛沢東がその後の大長征で蒋介石軍の執拗な追撃を逃げ延び、延安に根拠地を確立して、蒋介石との対等な立場を確保し、もっとも有利な時期に初めて統一戦線（国共合作）を組んだのは、周知のようにようやく一九三六年の西安事件後のことである[15]。この後もスターリンは、中国共産党の内戦での勝利が決定的になるまで、蒋介石との妥協の姿勢を変えなかった。

この時期は日本共産党に対しても、「二七年テーゼ」や「三二年テーゼ」を与え、日本革命のプログラムをめぐる日本の歴史的発展段階評価から、当面の目標をブルジョア革命におき、社会主義革命への志向を押さえて、いわゆる「二段階革命論」（これは日本のみならず、世界各国の「後進国」の革命方針としてこの時期に一般化された）を提起した。これらは、日本の歴史的発展段階の性格をめぐる日本国内の論争（講座派と労農派の論争）と切り離してみた場合、共産党の闘争方針は（天皇制打倒は政治的に日本においては過激なものであったとはいえ）、コミンテルンの「世界革命戦略」からは「穏健路線」であり、既存の体制との妥協的・宥和的姿勢を保つものであった（しかしもちろんこの間も、ソ連の日本への諜報工作は極めて有効に続けられた）[16]。ヨーロッパ革命の中核を担うドイツ共産党に対する方針が、一九三三年ナチスの政権獲得まで、「社会ファシズム論と第三期政策」という一見過激なものであったのは、あくまでドイツ社会民主党政権の打倒により、ドイツ共産党が政権を獲得することで、ソ連の西側に安定的な同盟国を築く可能性をみたかぎりにおいてであって、その目論みが失敗すると、直ちにロシア帝国以来の「露仏同盟」の現代版であるフランスとの妥協的な外交政策（「人民戦線戦術」）で、ソ連の安全保障を模索する路線へ転換したのはすでにみたところである。

第八節　むすび

スターリンはその権力獲得以来、自らのよって立つ基盤の保持とソ連の国家理性とを同一化して、ひたすらソ連の体制強化に邁進した。歪められたマルクス主義イデオロギーを、自らの権力保持と国家理性に徹底的に結びつけたことにより彼の立場は強化された。ソ連国民も世界の共産主義者も、ソ連の発展と安定がマルクス主義イデオロギー実現の大義名分に従うことを認める限り、ソ連の実情や指導部の方針がいかに矛盾していても反対することは困難であった。生まれたばかりの史上最初の「社会主義国」を、世界の資本主義諸国の敵意に満ちた包囲の中で崩壊させることはできなかった。トロツキーと彼の追随者たちでさえ、この点ではソ連批判は常に限定的であらざるをえなかった。

シニカルでイデオロギー的欺瞞に満ちた外交路線は、世界革命のための戦略的基本路線として説明されたが、その実それらはソ連の「国益」とスターリン（と形成されつつあった「ノーメンクラトゥーラ」）の「利益」を目指すものであった。スターリン体制の強化には、周辺諸国の安定あるいは現状維持と世界情勢全体の「ルール」の存続が必要であった。スターリンは多国間の国際外交によるルール作りを信頼せず、大国の強力な指導者同士による協定を重視した。力による世界情勢安定の実現には、それが最も有効であると信じていたからにちがいない[17]。それはソ連国内でのスターリンの立場が、常に不安定なものであったことの反映である。すでにみたように、スターリンはその権力獲得の過程で、社会主義建設路線に関するあらゆる論争から理論的合理性を排除してしまった。「新経済政策」の有用性の検討抜きでそれに邁進し、またこの政策のもつ問題点についての左派からの批判を封じながら、政策的行き詰まりをみると一転して右派を切り捨て、極端な左翼路線である工業化と農業集団化に突き進んだ。こうしてスターリンは、官僚機構以外のすべての政治勢力と敵対した。ソ連国家の内包する弱さは、すなわちスターリンの弱さであり、すべての対外政策はこの前提から生み出されていたと言えるだろう。第二次世界大戦中から戦後初期にかけて、西側に不信感を与えたさまざまなこと――カティンの森事件に始まりトルコやギリシャにいたる対応やベルリン封鎖も、一貫して自己防衛とソ連の国益からその意味を解釈できる。それどころか、ソ連政府は、この対外政策の原則を、スターリン死後ソ連崩壊時まで決して変えることはなかった。ソ連の国内体制は、スターリン時代からゴルバチョフ時代まで、一度もその「弱さ」を克服することができなかったからである。冷戦の原因をソ連側の歴史過程からみるかぎりにおいて、それはソ連の自己防衛の政策的反映の結果であり、それが西側に不信感を呼び西側からの対抗政策を呼び起こし、さらにまたソ連の防御姿勢をより強固にかりたてたと言えるのである。

しかし一方ソ連は、自国の安全保障のためには、西側諸国との表面的な外交関係において妥協的な「穏健路線」を取ることも厭わなかったが、それ故かえって一層熾烈な水面下の「諜報活動」を積極的に行っていたことも今や実証的に示されつつある。ソ連は、各国政府中枢へエージェントを送り込み、高度な情報収集・扇動宣伝工作・要人暗殺や破壊工作などにより、ハードな軍事力に勝るとも劣らぬ防衛力を駆使し自国を防衛していたこともまた事実である(18)。

注

（1）「冷戦史再考断章」（本書所収第一章）。

(2) 一九四〇年秋、日独伊ソの四国協商を構想した松岡外相が、ドイツにソ連との交渉を依頼したが、このときの独ソ会談で早くもソ連はこの要求を持ち出している。土門周平『参謀の戦争』PHP文庫、一九九九年、二五一頁
(3) チャーチル『第二次世界大戦』4(佐藤亮一訳)河出書房新社、一九七五年、一八六〜一八七頁。ミロバン・ジラス『クレムリンとのわが闘争』(新庄哲夫訳)学習研究社、一九八〇年、一二五頁。
(4) D・F・フレミング、『現代国際政治史』Ⅱ(小幡操訳)岩波書店、一九六七年、三二六〜三六〇頁。
(5) ポーランド亡命政権の首相シコルスキは、一九四三年七月中東で連合軍の一員として戦っているポーランド兵士を激励の帰途、ジブラルタル上空で飛行機事故のため死亡した。この事件について、ジラスは『クレムリンとのわが闘争』(前掲書、六二頁)で、「シコルスキ将軍を飛行機の中で暗殺した連中だよ。それから、じつに手際よく飛行機を撃墜したんだからね――証拠も目撃者もないわけさ」とスターリンが語ったと記している。シコルスキは、カティンの森事件発覚後ソ連政府を厳しく批判したが、独ソ戦中ソ連との決定的な対立を避けようとしたイギリスの思惑と対立していたため、この「事故」はイギリス側の意図が働いていたとの憶測を生んだ。
(6) ドイツは、いわゆる「ポーランド回廊」によって東プロイセンが本土から引き離されたことを最大の不満としてこれの回復を求めていたし、ソ連は「カーゾン・ライン」までの領土をソ連のものとして主張していた。D・F・フレミング、前掲書、一四九〜一五三頁。
(7) L・J・ハレー『歴史としての冷戦』(太田博訳)サイマル出版社、一九六七年、四四〜五三頁。
(8) D・F・フレミング、前掲書、一六六〜一七八頁、および同書Ⅱ、一六六〜一八一頁。
(9) L・J・ハレー、前掲書、一五〜一六頁。
(10) D・F・フレミング、前掲書、八八〜一三九頁。
(11) 笹本駿二『第二次世界大戦前夜』岩波新書、一九六九年参照。

(12)Ａ・Ｂ・ウラム『膨張と共存――ソヴィエト　外交史１』(鈴木博信訳)サイマル出版社、一九七四年、二七二～二七九頁。
(13)トロツキー『次は何か？　ファシズム論』(山西英一訳)創文社、一九五二年参照。
(14)本節全体の叙述は、アイザック・ドイッチャー『武器なき予言者』(田中・橋本・山西訳)新潮社、一九六四年を基本文献として参照し、個別テーマは以下の文献などを参照した。渓内謙『スターリン政治体制の成立』１・２、岩波書店、一九七〇年、一九七二年。プレオブラジェンスキー『新しい経済』(救仁郷繁訳)現代思潮社、一九六七年、Ｒ・ダニエルズ『ロシア共産党党内闘争史』(国際社会主義運動研究会訳)現代思潮社、一九六七年、E.H.Carr,"*Socialism in One Country* 1924－1926 1～3"(Penguin Books 1970－2)、Ａ・ノーヴ『ソ連経済史』(石井・奥田・村上訳)岩波書店、一九八二年。なおスターリンが、第二次世界大戦より「農業集団化」のときが大変だったとチャーチルに語ったという会話は、Ｗ・Ｓ・チャーチル『第二次世界大戦』３(佐藤亮一訳)河出書房新社、二〇〇一年、一五二～一五三頁にある。
(15)Ａ・Ｂ・ウラム、前掲書、二〇二～二二〇頁。
(16)立花隆『日本共産党の研究』(二)講談社文庫、一九八三年、および江崎道朗『コミンテルンの謀略と日本の敗戦』ＰＨＰ新書、二〇一七年参照。
(17)Ａ・Ｂ・ウラム『膨張と共存――ソヴィエト　外交史２』四六三～四六七頁。
(18)本節では以下の著書を参照。クリヴィツキー『スターリン時代』(根岸隆夫訳)みすず書房、一九六二年、ジョン・アール・ヘインズ、ハーヴェイ・クレア『ヴェノナ』(中西輝政監訳)ＰＨＰ、二〇一〇年(扶桑社より再刊、二〇一九年)、渡辺惣樹『第二次世界大戦　アメリカの敗北』文春新書、二〇一八年。

(村山高康)

第三章　「ホッブス的世界」の中のアメリカ
――ロバート・ケーガン『ネオコンの論理』（*Of Paradise and Power*）を読む

二〇〇一年に始まる第一次G・W・ブッシュ政権時代には、いわゆる「ネオコン」の同政権への影響についてさまざまな論評が加えられた。そうしたなかで、「ネオコン」を論ずる際多くの論者が必ず言及した論文こそ、ロバート・ケーガン（Robert Kagan）の〝*Of Paradise and Power*〟（邦題『ネオコンの論理』[1]）である。

なお、本書の原題は〝*Of Paradise and Power, America and Europe in the New World Order*〟（Random House, Inc. 2003）で『ネオコンの論理』という題名で翻訳出版されているが、必ずしも現在のアメリカにおける〝政治思想を同じくする一団〟たる「ネオコン」の思想表明に止まる内容の書ではない。その内容は、後述で明らかなように一思想流派のものというより、西欧の現状と真っ向から切り結ぶアメリカからの挑戦的議論であり、原題の「オブ・パラダイス・アンド・パワー」には、深い暗喩が込められている。本章の目的もまた「ネオコン論」ではなく、著者ケーガンの提起する現代ヨーロッパとアメリカの対決という論点に対してコメントするものであるから、本論稿のすべての段階において、つねに「原題」を念頭においた議論であることを最初に強調しておきたい。

翻訳書の福田和也氏の解説によれば、本書の原型をなすケーガンの論文「力と弱さ」が二〇〇二年、スタンフォード大学のシンクタンク機関誌『ポリシー・レヴュー』に掲載されるや、批判の対象とされたヨーロッパの外交関係者の間に大きな衝撃を与え、当時のプローディ欧州委員会委員長は、EUの全官僚に必読文献として回覧を命じたという。そして、ケーガンが「力と弱さ」を増補して二〇〇三年、本書『ネオコンの論理』（原題『楽園と力について』）を出版するや、全米のみならず世界各地でベストセラーとなった（もっとも、日本ではベストセラーとはならず一部の話題にとどまった）。このような話題性に富む書物ではあったが、その後これに対する本格的な論評はほとんど目にすることがなかったのは意外であった。この事実には改めて考えさせられるものがあり、そこにはそれなりの理由がなければならない。思うにそれは、この書において著者ケーガンの論ずるところのほとんどについて、誰も特別な反論や批判を加える内容は述べられておらず、それぞれが至極当然の議論であるという事実である。これはもちろん、読者のすべてがケーガンの主張や思想に同調するというものではない。しかし彼の説く内容が、アメリカの建国以来その底流に流れる本質的な政治潮流の極めて率直な表明であり、学問的・思想的表現の「定型的美辞麗句」を剥ぎ取った〝本音〟が語られていることに首肯させられるというのが実際のところであろう。この感想は、すべての読者におしなべて共通する読後感といえるのではないだろうか。とくに直接批判の対象とされたヨーロッパからでさえ、その後とくに注目すべき本格的な反論が出ていないことからも、このことは推測できるといえよう。(2)

本章の目的は、したがってこの書に何故まともな反論や批判が出なかったか、何故それは「当然の議論」なのかを考察するものであり、ケーガンの書に対する書評あるいは論評ではない。それよりも、この本の説くところから触発されたアメリカの底流をなす政治思想の再考であり、二一世紀現代の非・アメリカ的視角からみた「アメリカ論」である。

また、第二次世界大戦後の「冷戦」を戦ったアメリカ側の内在的理由を考察するためにも、さらにアメリカ歴代の大統領では「異形」に見えるトランプ大統領の政策や言動を理解するうえでも、本書の読解は有益であると思われる（なおケーガンは、二〇一八年九月一二日の『朝日新聞』「耕論」でトランプ政権を厳しく批判している）。

第一節　ケーガンの西欧批判の論旨

ケーガンは『ネオコンの論理』の「はじめに」の冒頭から、以下のような挑戦的議論を展開する。二一世紀の現代において、ヨーロッパはもはやアメリカと同じ世界観を共有していない。それはとくに軍事力の有効性、道義性、妥当性についての見方に顕著である。ヨーロッパは、軍事力ではなく、法律・規則・国際交渉や協力などを重視し、歴史の終わり後に訪れるカント的平和と繁栄の楽園の理想実現に向かっている。これに対してアメリカは、「歴史が終わらない世界で苦闘しており、十七世紀の哲学者、トマス・ホッブスが『リヴァイアサン』で論じた万人の万人に対する戦いの世界、国際法や国際規則があてにならず、安全を保障し、自由な秩序を守り拡大するにはいまだに軍事力の維持と行使が不可欠な世界で力を行使している(3)」。このわずか数行の文章に対して、だれしも一瞬唖然とした思いにかられるであろう。〝ホッブス的世界＝万人の万人に対する戦いの世界〟すなわち「自然状態」とは、ヨーロッパ人のみならず、ヨーロッパ政治思想とその政治原理を受け入れた日本を含む先進諸国では、国内・国際社会においてともに「克服」されるべきものであり、とくに近代主権国家成立以後、諸国家・諸国民の平和と共存を目指すことが国際社会の不変の目標とされてきたことは自明の前提である。すくなくとも、「自然状態」を所与のものとして現代国際政治を論ずることは、まったく一七世紀の「ヴェストファリア体制」以前の世界を生きるものの議論である。近代国際法の父グロティウスは、かの『戦争と平和の法』（一六二五年）において、国際社会は「自然状態」として見られるものではなく、国際社会のなかにおける主権国家群は一定の外在的な制約を受けるものであるがゆえに完全な行動の自由をもつものではなく、国家間の合意と契約によって国際秩序を築くことが必要であるという構想を示していたことは、ハイスクールレベルの知識である。それにもかかわらず、ケーガンはあえてその後の多様な国際政治理論、すなわちカント的平和論もリアリズム論とアイデアリズム論も世界システム論も国際レジーム論も、そして最新のグローバル・ガバナンス論も、その他すべての理論構築の試みを振り捨てて、一気に原初の「自然状態」という国際社会認識にまで立ち返ってしまった。

アメリカとヨーロッパの間にある、国際社会の解釈をめぐるこのような相違が生まれる理由をあえて忖度すれば、アメリカが近代社会の草創期を今も脱していないからではないかという「仮説」に至る。西欧に出現した近代社会は、かならずその草創期においては、「暴力的」発展の経緯を持つ。この過程を、主要な西欧諸国（非西欧国家では、日本がその典型例である）は必ず通過した。この「暴力性」は、それを通過した諸国においては、国外に対する「侵略＝植民地獲得」におもむくばかりではなく、その国内においても剥き出しの力の支配として発露した。この事態は実に一七世紀から二〇世紀の第二次世界大戦直後までの長きにわたって続いた後、ついに西欧諸国（や日本）は、その「暴力性」を希薄にした。すなわち、近代社会そのものの「成熟」をみたのである。近代社会は、歴史的に無数の外的・内的要因により、国民的エートスも思想や政治・国家機構なども、「変動・変質・腐敗」あるいは「成熟」をとげることにより、初期の発展に伴う激しいダイナミズムを減殺するのである。これは、近代社会を成立せしめた、基本的な諸要素がそれぞれの国家・民族がもつ歴史的・風土的性格に「侵食」され、ついにはその「歴史性」や「土着的性質」と妥協・共存していくためである。またいわゆる国際間の外交・戦争・植民地支配・経済的交流・人的文化的交流等々は、相互に影響してこれまた、初期の「純粋」な近代社会の要素を変質させる。もし、いわゆる「ポスト・モダン」なる概念の意味を求めるなら、このような状況こそ相応しいものであろう。近代初期のヨーロッパが、いかに「暴力性」に満ちたものであったか、いかに戦争によってその「国家理性」を実現して来たか、この点をケーガンは、「戦略文化」という独自の表現を用いて、以下のように分析する。

「ヨーロッパ人の多くとアメリカ人の一部には、戦略文化の違いがそれぞれの国の性格から必然的に生まれたものだとする見方があるが、この見方は間違っている。ヨーロッパ人は自分たちの戦略文化がアメリカより平和的だと考えているが、この文化は歴史をみると、かなり新しい現象である。ヨーロッパでは少なくとも第一次世界大戦まで数百年にわたって、まったく違った戦略文化が一般的だったが、それが現在の文化へと変化してきた。ヨーロッパ各国の政府は、そして国民は、熱狂のなかで第一次世界大戦に突入するにあたって、権力政治を信奉していた。ヨーロッパ人は強烈なナショナリストであった。ビスマルクのもとでのドイツのように，自国の理想を実現するためには武力の行使をためらわず、十九世紀初めにナポレオンが試みたように、武力によって平等と友愛を広めようとし、イギリスが十七世紀、十八世紀、十九世紀に推し進めたように、大砲にものをいわせて自由な文明の恩恵を広めようとした。一八七一年のドイツ統一によって成立したヨーロッパの秩序は、『それ以前の秩序がすべてそうであったように、戦争によって作られた』（M・ハワード）。ヨーロッパの現在の世界観はその根源を啓蒙主義にまで溯ることができ、欧州連合（EU）も啓蒙主義を受け継いだものだが、三百年にわたって、ヨーロッパの列強が繰り広げてきた権力政治は、啓蒙主義者や重農主義者が掲げた理想にしたがったものではない」[4]。

しかし、アメリカはそうではない。アメリカにおいては、すべてが逆である。ケーガンはいう。アメリカは、

「国際紛争を解決する手段として軍事力に大きく依存する現在の姿勢にも、単独行動主義に傾き、国際法を軽視する姿勢にも、時代を越えた性格という側面はまったくない。アメリカもやはり啓蒙主義の影響を強く受けており、独立後の時期には、啓蒙思想を忠実に受け継いでいた。……この時期のアメリカの外交政策は、実際の行動に一貫性があったかどうかはともかく、主張の面で、啓蒙主義の原則を色濃く反映していた。十八世紀後半のアメリカの政治家たちは、現在のヨーロッパの政治家に似て、国際紛争を和らげる手段として通商の利点を高く評価し、武力よりも国際法

と国際世論で問題を解決しようとした。建国間もない時期のアメリカは、北米大陸内の弱い民族に対しては力を行使したが、ヨーロッパの列強との関係では武力を放棄するよう主張し、十八世紀、十九世紀にヨーロッパの帝国が取り組んだ権力政治を、野蛮な時代への逆戻りだと非難した」(5)。

こうした事実は、アメリカの建国の父たちが現実離れした理想主義者で、権力政治を嫌悪し、国際社会における武力の行使の重要性を理解していない人々という誤解も生んだが、実際には彼らはそれを充分理解し、また能力も備えていた。彼らがそれを行使しなかったのは、その時代のアメリカがひとえに「弱者」であったからにすぎない。「十八世紀から十九世紀初めにかけては、国際法による制約を歓迎しえなかったのは、ヨーロッパ列強の側であった」(6)。それから二世紀後アメリカとヨーロッパの立場は逆転し、それとともに国際社会の見方も逆になった。その理由は、この二百年間に、とりわけこの数十年間にアメリカとヨーロッパの力関係が劇的に変化したからである。「アメリカは弱い国だったとき、間接的な方法で目的を達成する戦略、弱者の戦略を採用していた。いまではアメリカは強力になり、強国の流儀で行動している。ヨーロッパの大国は強力だったとき、政治力と軍事力の栄光を信じていた。いまでは、ヨーロッパは弱いものの立場から世界をみている」(7)。このような立場の変化が、両者の戦略観を変え、脅威に対する手段や評価が変わり、国際法や国際機関の存在理由や価値観が変わったのである（イラク戦争開始前のアメリカと独仏の論争を想起）。しかし力の格差による逆転だけでは、現在のヨーロッパとアメリカの間の溝を説明するには不充分である。そこには「イデオロギー面でも大きな溝ができているからだ。ヨーロッパは過去一世紀の歴史、EUの誕生に結実した歴史を背景に、軍事力の効用と道義性に関して独自の理想と原則を作り上げてきており、この歴史を共有していないアメリカとは見方が違ってきている。アメリカとヨーロッパの間で戦略文化の溝がかつてないほど大きくなり、さらに懸念すべきペースで拡大しているとするなら、それは物質的な力の違いとイデオロギーの違いの複合作用があるからだ。この複合作用によって欧米が分裂する流れは、逆転が不可能かもしれない」[8]。

なぜこのような逆転が起きたのか。それは誰もが想起するように、ケーガンも第一次世界大戦にその原因を求める。史上空前の破壊をもたらしたこの大戦は、進歩と繁栄の頂点に上り詰めていたヨーロッパ世界に、回復不可能なほどの深い傷痕をもたらした。とりわけ、この戦争がもたらしたヨーロッパの進歩と繁栄そして平和への懐疑ほど、ヨーロッパ人の自信と誇りを傷つけたものはない。「なによりも重要な点は、この戦争によってイギリスとフランスで戦う意志と精神が破壊されたことだ」[9]。一九二〇年代から一九三〇年代の後半まで、ヨーロッパとくに大戦後の平和のための抑止力を担う責任国である英仏では、戦争への強い嫌悪感から軍縮と平和主義が主要潮流となった。「大戦間の時代は、ヨーロッパが権力政治を越えて、弱さから理想を生み出そうと試みた第一の時期である」[10]。戦勝国といえども大戦後は、「集団安全保障体制」とそれを実現する国際機関（国際連盟）に平和維持を委ねるというウィルソン構想を受け入れざるをえなかった。アメリカでもまた平和主義が横溢していた。さらにウィルソンの提唱した国際連盟は、アメリカの孤立主義により議会によって批准を拒否されたことで、一九三〇年代前半にドイツでヒトラーが台頭しヨーロッパで唯一軍拡に走ると、英仏は集団安全保障による軍事力抑止政策を放棄し「宥和政策」がとられるようになった。これにはもちろん平和主義だけではなく、一九二九年の大恐慌勃発が大きな要因となったことはいうまでもない。しかしもちろん宥和政策は、ヨーロッパと世界に壊滅的な災厄をもたらした。「宥和政策の洗練された主張は、……ヒトラーを対象に一九三〇年代のドイツに適用したのは間違いであった。しかし、宥和政策は実際には、分析の結果とられたものではない。弱さの結果として生まれたものであった」[11]。第一次世界大戦が、ヨーロッパを大きく弱体化させたとすれば、ヨーロッパの外交戦略と安全保障政策の失敗によって起こった第二次世界大戦は、ヨーロッパ諸国をグローバル・パワーの地位から決定的に引き降ろすこととなったのはいうまでもない。なによりも、ヨーロッパはこの大戦後もはや自らの地域の安全保障さえも手に負えなくなり、アメリカにその肩代わりを求めなければならなくなった。冷戦の開始を告げるトルーマン・ドクトリンは、ギリシャとトルコをソ連から防衛するようイギリスから要請されて発せられたことは、周知の事実である。確かにイギリス・フランス・オランダなどは、戦後東南アジアや中東、アフリカの諸地域で植民地再支配の試みを進めたが、激しい独立運動に、軍事的にも政治的にも対処できず撤退してしまった。その空白地帯を西側世界に確保する役割はこれまたすべてアメリカに委ねられた。冷戦の膠着状態から、「西」ヨーロッパが復活し団結しEUへの長い歩みを完成させたとき冷戦が終結した。ここで再びヨーロッパに軍事的安全保障への意志が確立されるかが問われたのは、一九九〇年代のバルカン紛争（とくに旧ユーゴの内戦）のときである。

「一九九二年のマーストリヒト条約によって、政治的にも経済的にも統合するという歴史的な偉業を達成する方向に動き出したことから、ヨーロッパが新たな政治形態のもとで昔の栄光を取り戻すと期待した人が多い。『ヨーロッパ』が経済と政治の面だけでなく、軍事面でも次の超大国になるとみられた。バルカン諸国の民族紛争など、ヨーロッパ大陸内の危機を処理し、世界政治で一流の立場を取り戻すとされた。……ヨーロッパが一九九〇年代に期待通りの成果をあげていれば、世界はおそらく、今の姿とは違ったものになっていたであろう。……ヨーロッパが世界の安全保障の責任をある程度分担するようになり、アメリカが自国の外交政策を策定するにあたって、ヨーロッパ側の関心と理想をもっと重視するようになれば、どちらにとっても好ましい結果になりうる。しかし新しいヨーロッパはこの期待にこたえていない。……冷戦が終わっても、軍事力がなによりも重要な状況に変化はなかった。そしてヨーロッパは、経済力があれば戦略と地政学でも力をえられるとはかぎらないことに気づかされた」[12]。このことが決定的に明らかになったのは、一九九〇年代の旧ユーゴ内戦時から九〇年代後半のコソボ紛争に至る時期であった。EU諸国は、バルカンの民族・宗教・国境をめぐる紛争を引き金にして、ヨーロッパ各地にわだかまる過去の民族・国境紛争、民族・宗教対立が再燃することを恐れ、NATO域外にもかかわらず、武力によって平和維持に向かうことを決断した。しかし、いざNATO軍が武力介入を行おうとした時、EU主要国はアメリカに武力行動のイニシアチブをまかせなければならなかった。確かにNATO軍の指揮権は、アメリカがもっているが、空陸の実戦部隊をEU諸国軍が担うことは、この場合当然である。それにもかかわらず、バルカン紛争をなんとか軍事的に鎮めたのは、米空軍の爆撃による働きが中心であった。『ネオコンの論理』の第三章には、この時のEU側の軍事的能力不足のため、アメリカ側がすべての軍事行動を担わなければならなかった点について、痛烈な事実の指摘がある。ケーガンはいう。「一九九〇年代前半のバルカン紛争では、ヨーロッパの軍事能力の低さと政治的な足並みの乱れがあらわになった。一九九〇年代末のコソボ紛争では、欧米間に軍事技術にも現代戦の遂行能力にも大きな格差があり、この格差さらに拡大していく方向にあることが明らかになった。……ヨーロッパの役割は平和維持活動に限られており、その前にアメリカがほぼ単独で、軍事任務のうち決定的な部分を遂行し、状況を安定させていなければならない」[13]。しかしアメリカの軍事力が世界最強であり、かつ軍事行動に積極的とはいえ、アメリカに弱点がないわけではない。アメリカの弱点は人的損害に極めて神経質であることである。英独仏政府のほうが、米大統領より自国の軍隊を危険な地域に派遣することにためらいが少ない。ところがこのことがまた、アメリカの軍事力強化を進める一因となる。アメリカは現代戦を遂行するために巨額の投資を行い、ハイテク技術を大規模に導入して、いわゆる「軍事革命（RMA：Revolution in Military Affairs)」を推進している。EUのみならず日本を含む同盟国を巻き込んで進められるRMAによる「変革」で、アメリカの軍事能力はこれらの同盟諸国をはるかに引き離してしまった。いまや「ヨーロッパの軍事力は技術の発達が遅れており、もっと近距離で戦う部隊に依存している」[14]。「ヨーロッパは軍事力で劣ることから、ホッブスのいう万人に対する万人の戦いの世界の冷酷な法則、国の安全保障と成功を決定づける最終的な要因が軍事力である世界の冷酷な法則を否定していき、いずれは根絶することに深い関心をもっているのである」[15]。だがこの状態は、ある意味で当然の帰結である。そもそも戦後冷戦の時から、（西）ヨーロッパはソ連の攻撃を自国地域で防衛する限定的な軍事能力のみを培ってきたのに対し、アメリカは全世界でソ連の軍事力と対決してきたのであるから、冷戦後の状況に対してヨーロッパが直ちにアメリカと肩を並べる軍事大国へ変貌することは不可能である。冷戦は（西）ヨーロッパにとって、ある意味で大いなる「好機」であった。第二次大戦後の痛手をアメリカの援助（マーシャル・プラン）によって癒し、アメリカの軍事力（NATO）によって守られながら、経済的・社会的改革に全力を投入することができたからである。社会民主主義的な福祉政策による手厚い国民保護は、戦争への嫌悪とあいまって決定的な軍事離れをヨーロッパ国民にもたらした。もし地続きの東方にソ連・東欧のワルシャワ条約機構軍が対峙していなければ、（西）ヨーロッパ諸国は、日本と変わらぬ「反戦＝非軍事国家」になっていたかもしれない。いずれにせよソ連崩壊後、アメリカの軍事力は圧倒的なものになり（中国の挑戦が始まりつつあるとはいえ）、世界各地に米軍が展開して「一極支配」の状況をみせている。現在の米軍は、統合部隊・特殊作戦・戦略・輸送の四機能別統合軍司令部と、北方（北米大陸）・南方（南米大陸）・欧州・中央（中東地域）・太平洋の五地域別統合軍司令部をもち、RMAとTransformation により効率化と即応性をはかりながら、常時全世界への軍事介入を用意している。冷戦終結後のいわゆる「平和の配当」も、アメリカにとってはわずかなものにとどまっている。現在に至るも、国防予算は対GDP比三％を下回ってはいない⑯。

軍事力の格差がこれほどまでに拡大したことにより、欧米両者のあいだにはリスクや脅威あるいは安全への意識が異なった様相をみせるのは必然の成り行きとなる。ケーガンはこの点について、本書第二章「強さの心理と弱さの心理」のなかで次のようにいう。「軍事力が強い国は、軍事力が弱い国よりも、国際紛争を解決する手段として軍事力が役立つと考える可能性が高い。……イギリスのある論者は、アメリカが軍事力を行使したがることを批判して、『金槌を持っていると、すべての問題が釘の様に見えてくる』という古い諺をもちだしている。確かにそうだ。だが、強大な軍事力を持たない国には逆の危険がある。金槌を持っていないと、どんな問題も釘のようだとは考えたくなくなりかねないのだ」⑰。冷戦中の西欧諸国は、ほとんどの場合ソ連や東欧にたいして宥和的ではあったが、アメリカとのあいだに対ソ戦略の基本的な対立をみせることはなかった。しかし冷戦後の両者の対立は、戦略の根本にかかわるところにまで至ってしまった。9・11同時テロのあとには、この対立が決定的になったのは周知のことである。そして今ではヨーロッパは、脅威に対抗する能力を欠くがゆえに、脅威を許容することからさらに脅威の存在を否定する場合さえある。「ひとは自らが何もできないことには考えないようになる。……ヨーロッパは、『政治的な関与や巨額の資金によって解決できる可能性が高い問題に……とくに関心をもつ』とエバーツは論じている。言い換えれば、ヨーロッパは自分たちの強みを活かせる『課題』には注目するが、自分たちの弱さのために解決が難しい『脅威』には注目していない」[18]。このような軍事力の軽視と経済や貿易などソフト・パワーの重視にヨーロッパが傾くのは、弱い軍事力と強い経済力にある。一方「アメリカは脅威の存在をいち早く認め、他国が認識していない脅威すら感じ取るのは、脅威に対して何らかの行動がとれると考えられるからである」[19]。例えば、イラク戦争開始をめぐる欧米間の論争があったが、そこでは「ならず者国家」イラクは、ヨーロッパにとってアメリカの受けるほどの脅威とは受け取られなかった。「これは何よりも、ヨーロッパの安全をアメリカが保障しているからである。この状態は六〇年前、ヨーロッパ列強がほぼ兵力を引き揚げた後、東アジアから中東までのはるかに遠い地域で、アメリカが秩序を維持する役割を引き継いだときから始まっており、現在も続いている」[20]。

ケーガンの議論は、ここまでの要約でも充分その趣旨の本筋を見ることができよう。本章冒頭で、ケーガンの著書には、ヨーロッパからほとんど反論らしい反論が見られないと述べたが、それはこれまでの彼の議論の筋道をみれば、当然のことと思われる。ケーガンは、現代ヨーロッパが実はアメリカの庇護のうえにいかに（危うい）繁栄と平和を維持しているか、歴史的事実に即して、ただ坦々とアメリカの立場から述べたにすぎないからである。

第二節　いわゆる「戦略文化」を担うアメリカの国家体制

このようなケーガンのヨーロッパ（「古いヨーロッパ」！）に対する「弱さ」への攻撃は、また非欧州世界のアメリカの同盟国とくに日本にたいしても、そのままあてはまるのは誰もが気づくことである。このような過剰なまでの攻撃的言辞のもつ背後にあるのは、やや大仰にいえば「強いアメリカ」の負わなければならない世界史的宿命の吐露とみることができよう。そもそもアメリカは、建国時から「強国」であったわけではない。それどころかアメリカは、一九世紀半ばまでヨーロッパ列強に対抗するべくもない「弱国」であった。アメリカの軍事力は、南北戦争まで対外戦争ができるようなものではなかった。英米戦争（一八一二〜一八一四年）での危機的状況は、この時代のアメリカの軍事力のレベルがいかなるものかを示していた。この後アメリカがどのような努力を傾注して軍事力強化を進め、今日のアメリカに至ったか、アメリカの軍事文化や軍事制度（ケーガンのいう「戦略文化」）はいかなる社会的背景をもとに育まれて来たかを、長谷川慶太郎『軍事がわかれば世界が見える』（PHP、二〇〇三年、二八〜八八頁）、および藤田嗣雄『欧米の軍制に関する研究』（信山社、一九九一年、二二七〜三〇二頁）を参照しつつ考察する。

英米戦争中、ようやくアメリカは陸軍士官学校を創設し、それまでの「民兵」中心の軍隊から、職業軍人を中心とした指揮命令系統の整備された「連邦軍」をもつことになった。この士官学校では、主として砲兵（観測・測量、冶金・兵器製造、火薬その他化学工業などの技術教育）と工兵（道路・運河・港湾・橋梁・建築などの技術教育）の養成を中心としたカリキュラムが採用された。フランスのエコール・ポリテクニークをモデルにしたものである。当時から今日まで、アメリカ軍人に対する教育の重点は、幅広い視野をもつ専門的な科学・技術者養成におかれ、単なる戦闘教育重視の軍人養成ではなかった。ここで養成された士官たちは学界や実業界への人材供給源ともなっていたのである。こうしたアメリカの軍人養成システムは、あくまで近代工業国家アメリカの建設に向かう人材養成の一環としてとらえられていた。現在まで米軍の将校は、陸軍士官学校や海軍兵学校出身者の比率が低く、大半が後述のようにROTCなどによってリクルートされた一般の学校出身者に担われたため、ドイツや日本のような専門職業軍人による軍部独占支配はおきなかった。一八六一年に始まる南北戦争は、戦争の思いもかけない大規模化によりアメリカ人の戦争観を一変させる出来事となった。開戦当時一万三〇〇〇人にすぎなかった連邦軍（北軍）は終戦時には一〇〇万人に達し、南部同盟軍もまた九〇万人を数えた。両軍の戦死者は合計二八万人にのぼり、第二次世界大戦中の米軍戦死者の総数を上回った。南北両国政府は、戦争遂行のために持てる人的・物的資源を根こそぎ動員して戦った。北軍は南軍の戦力削減のため、港湾封鎖・鉄道破壊など戦略的な軍事行動を行い、また両軍は対ヨーロッパに向けて熾烈な外交・宣伝戦も展開した。このようにアメリカは、「国家総力戦」を世界で最も早く体験した近代国家となったのである。それでもアメリカは、南北戦争後大規模な常備軍を持たず、その後も志願兵中心の小規模な連邦軍しか保有せず軍隊の中心は州兵が担っていた。州兵とは、世界各国にはほとんど見られないアメリカ独特の軍事制度である。アメリカ植民以来、原住民との戦いや、独立戦争、西部開拓時から今日まで常時自力武装しているアメリカ人は、移住の初めから植民者として各地に居留地＝コロニーをつくり、やがてそれらは「州」（state）となった。州は基本的には「武力で征服された領域」から生まれた「武装国家」であり、この性格は現在も変わらない。したがって州は、その成立の最初から軍隊をもっていた。これを州兵（national guard）というが、これは連邦軍とは異なり、各州知事が指揮権をもっている。州兵は、一般市民から募集され、ときにはさまざまな特典（例えば奨学資金供与など）を受けたりしながら、平常は民間の職業人や家庭人として生活している。しかしひとたび自然災害が起き救援活動が必要な時、あるいは民衆の暴動がおきたときの鎮圧活動などには知事の命令で出動する。彼らは普通の家庭生活を営み、仕事の傍ら週末などの休日に軍事訓練を受ける。州内各自治体には、そのために必要な武器・弾薬その他各種装備を保管する「兵器庫」（arsenal）が用意されている。州兵は日常職業軍人のように兵営に詰めていることはないが、大統領命令があると職場や家庭から召集され、州外あるいは国外で活動する。世界大戦やその他の対外戦争で、州兵はつねに重要な戦力として動員される。イラク戦争やアフガン戦争など、中東各地で直接住民と向かい合って、自爆攻撃の危険にさらされながら、治安・警備任務にあたっている米兵の大半はこの州兵たちであった。米軍の総兵力のうち、高度に武装され訓練された連邦軍は、経費節減のため兵員数は削減されつつあり、とくに陸軍の通常兵員業務は州兵への依存度が増大している（さらに近年国防総省は、退役軍人などが作った「民間軍事会社」へ軍の業務を委託することまで行っている）。こうした各州の行政組織に組み込まれた武装市民軍という存在は、アメリカ国民の「軍事文化」あるいはケーガンのいう「戦略文化」を語るうえでの不可欠の要素なのである[21]。

このようなアメリカ独特の軍事的環境にあって、国家の軍事能力を支える重要な改革が行われはじめたのは、南北戦争開始時の一八六一年、（北部）連邦議会で「モレル法」が制定されてからである。同法では北部各州に工学と農学を教育する州立大学開設を求め、さらにこれら州立大学に学ぶすべての学生に軍事訓練を行うことを定めた。これが第一次世界大戦後成立した「国防法」による、予備役将校訓練部隊（ROTC）の創設母体となるものである。南北戦争の体験を有するアメリカではあったが、本格的な海外遠征軍派遣のノウハウも、またヨーロッパの戦場における数百個師団にも及ぶ大規模な作戦・指揮能力をもたなかったために、第一次世界大戦では二四〇万人の米軍に対し、フランス軍から六〇〇〇人の将校と二万人の下士官が派遣され、訓練や作戦・戦闘指揮の援助を受けなければならなかった（ただし短期間に二〇〇万人を上回る軍隊を動員し、これに武器・弾薬・食料・衣類などを整え、さらに海を越えてこれらを輸送する海運力を発揮したことは、アメリカの国家的運営能力・組織力を初めて世界に示したものには相違なかった）。アメリカ政府と軍は、この第一次世界大戦の戦訓から、上記のようにROTCを充実させ、平時における軍の中核となる将校の大量養成を行い、かつ作戦・指揮・動員・補給その他軍中枢を担う高級将校の能力向上や、各州州兵の大量訓練で国家の隅々まで兵力の養成に努め、第二次世界大戦の遂行過程でようやく世界最高の軍事能力を獲得するのである。第一次世界大戦時には、フランス軍の援助を受けなければならなかった米軍だが、第二次世界大戦では米・英・ソ・独・日の主要五ヵ国のうちでも最高の軍事パフォーマンスをみせていた。とくに顕著だったのは、陸海空総計一〇〇〇万人を越える動員兵力の膨大な後方補給業務を、効率的にこなした高級指揮官たちのトップマネージメント能力の高さである。軍事問題全般の調整を担当したリーヒ提督、陸軍を統括したマーシャル参謀総長、海軍全般を統括したキング作戦部長などがルーズベルトを補佐し、複雑で高度な政戦略を推進した。このような軍人たちが、ワシントン中央にいたからこそ、アイゼンハワーも利害対立の錯綜する欧州連合軍を統率できたのであり、太平洋ではマッカーサーとニミッツの両方面軍を巧みに競合させ、日本を圧倒することができたのである。

第二次世界大戦中から戦後にかけて、アメリカは、軍事力の増大とともに、軍そのものの運用や構成を、各国のそれにもましてよりいっそう洗練させていった。まずそれは、なによりもシヴィリアン・コントロールのありかたに顕著に現れている。例えば、最高司令官である文民の大統領には、国家安全保障担当補佐官ほか多数の軍事専門家スタッフがつき、同じく文民の国防長官・陸海空軍三長官にも専門スタッフと文民専門官が補佐している。軍の統帥や指揮・命令にあたっての、大統領や国防長官の判断は、基本的には統合参謀本部議長ほか軍人スタッフの助言によるが、同時に自らのスタッフの判断をも参照することで、より幅広い視点からの判断が可能となるような体制を整備している。さらに軍は、議会からも強力なコントロールを受けている。上下両院議会には軍事委員会がおかれ、その下にはそれぞれ専門化された小委員会があって、陸・海・空・海兵など全軍の業務状況や武器の性能にいたるまで、それらが予算に見合った成果をあげているかを点検・監視している。これら軍事委員会に所属する議員たちは、元軍人を含む高度な専門知識をもつ人々であり、行政府（大統領や軍部）に対するチェック機能を果たしている。また陸軍士官学校や海軍兵学校への入学希望者は、大統領や各州選出議員の推薦状が必要とされ、このようにして職業軍人の国民への忠誠を担保している。また政府は、職業軍人の位階を二種に分け、第一の位階、例えば士官の最下級である少尉を（0－1）とし、最上級の大将を（0－10）として、その将校本来の恒久的なランク（これはその軍人の退役時の年金や退職金の算定基準となるもの）を定める一方、第二の位階として戦時などには、とくに柔軟に恒久的なランクとは別に、その軍人が配属された部隊や部署のランクに応じた位階を与えている。例えば後述のニミッツは、日本の真珠湾攻撃時には恒久的なランクは少将であったが、太平洋艦隊司令長官の地位につくや，その地位に付いている大将の位階を認められている。ただし、もしニミッツが短期間で司令長官の地位を離れれば、彼は恒久的なランクである少将に戻ることになる。恒久的なランクは、長い軍隊生活の中で功績を挙げながらゆっくりとしか上昇しない。かくしてアメリカでは、幾重にも軍に対する統制手段がはりめぐらされ、軍部の「独走」を制約している。しかしこのような厳しい統制を軍に課す一方で、軍人に対する尊厳の保持、政治家や国民の軍人への敬意表明の手段や機会は他国に比して充実している。さらに注目すべきは、その人事任用制度の柔軟さであろう。例えば陸士や海兵の軍専門学校卒業者は、米軍の全将校のうちわずか五％を占めるにすぎず、軍内部の昇進においても出身学校は全く考慮されないという平等性がある。近年の例としては、ＲＯＴＣ出身のコリン・パウエルが軍人の最高位である統合参謀本部議長となったことは周知であるが、さらに彼の後任であるシャリカシュヴィリ将軍にいたっては、貧しいポーランド移民の子として一兵卒から昇進した人物である。米軍は、実業界や学界から必要に応じて人材をリクルートして将校に任用し、また民間人のまま高い地位の将校待遇で軍の任務を遂行させることは日常茶飯事のことである（二〇一九年三月二六日に九七歳で亡くなったアンドルー・マーシャル氏は、一九七三年ニクソン政権からオバマ政権までの四〇年以上、民間人の身分で国防総省の長期戦略を練り上げる「総合評価局長」を務めた）。

とくに戦時においては、軍人の任官年次にこだわることなく有能な人物を抜擢することは、アメリカが最も大胆である。第二次世界大戦がはじまった一九三九年には一介の中佐にすぎなかったアイゼンハワーが、わずかの期間に欧州連合軍最高司令官（位階は大将後に元帥）となり、真珠湾奇襲の責任を問われて解任された太平洋艦隊司令長官キンメル大将の後任は、当時海軍内序列二〇番目の少将ニミッツが抜擢任命されている。もっとも、この逆もまた厳しく、大統領と対立して解任されたマッカーサーの例はもちろん、ミスを犯したり無能と判断された指揮官は容赦なく解任される。アメリカは、政界・実業界・学界などでも有能な人材の登用ルートが幅広く働いているが、軍人の人材登用もまたそれに劣らず機能しており、それら人材を手厚く教育する各級学校も充実している。このことが、今もなお米軍の高い戦力を保持する根幹となっていることはいうまでもない。また米軍においては、軍人とりわけ下士官や兵士への待遇において、巧みな配慮がなされている。中隊・大隊・連隊・師団・軍の各級部隊では、それぞれ一兵卒からたたきあげたベテランの下士官の最先任者を、それぞれ軍・師団・連隊・大隊などの最先任曹長とし、各部隊の司令官と同等の待遇与えることにより、下士官兵への模範となし、かつ司令官や隊長の命令の実効性を支える役割を担わせている。米軍の基地で、司令官の宿舎の隣にこの最先任曹長の宿舎が用意されている光景は、とくに外国からの見学者を驚かせる。このようにアメリカには、「軍事文化」あるいはケーガンのいう「戦略文化」が社会に広く深く根付いており、このうえに強大な軍事力が形成されているのである。もし「軍国主義国家」という言葉の定義を、〝国家の総力を挙げて戦争目的に集中する国家〟とするならば、第二次世界大戦中とその後のアメリカこそ最もそれに相応しいものであるといえよう[22]。

このように強大なアメリカの軍事能力も、一朝一夕で形成されたものではないが、ケーガンのいう「ホッブス的世界」のなかでの軍事的行動は、第一次世界大戦後から顕著になったものではもちろんない。周知のようにアメリカは一九世紀の早くから中南米への軍事行動を繰り返し行い、ついには米西戦争（一八九八年）に至る。そして南北戦争後のアメリカの勢力圏拡大は、フロンティア終焉（一八九〇年頃）後にはアジアにその対象を求め始める。（一八九八年 ハワイ併合・フィリピン領有、一八九九年中国に対する門戸開放宣言）。セオドア・ルーズベルトの日露戦争の調停と、その後の対日強硬政策はその最初の具現例であり、第一次世界大戦に至って、アメリカは自国の経済的発展が、いかにヨーロッパのみならず世界全体の動向と深く結びついているかを深刻に受け止めざるをえないかを痛感する。ヨーロッパのみならず世界へのアメリカのヘゲモニーの確立なくして、アメリカ資本主義の発展はありえないことが明らかになったのである。すなわち、他国がまったく預かり知らぬこととはいえ、世界のいかなる地域の紛争・対立・戦争も、反米国家や勢力の活動も、すべてアメリカにとっては自国の「危機」であることを認識したのである。アメリカは生まれながらにして、「グローバル・パワー」としての性格を内包していた。第二次世界大戦以後一貫して軍事大国への道を進むアメリカの姿は、事実建国以来の国家体制の本質的具現化に外ならなかった。

アメリカの「建国」は、一六二〇年メイフラワー号の人々（ピルグリム・ファーザーズ）の植民に始まるといわれるが、もちろんこれは歴史上の「神話」にすぎない[23]。コロンブス以来、新大陸には多数の植民者たちが渡来してきていたし、まして一七世紀前半にはすでに確固としたコロニーが至るところにできていた。しかし、彼らが建国の祖とされているのは、彼らのいわゆる「メイフラワー盟約」が、合衆国憲法のある意味での「母体」となったという前提をその出発点としたことによる。その後入植したピューリタンたちのコロニーが、それぞれつくりあげた「盟約」は、「メイフラワー盟約」を母体にして次第に収斂され、CountyからStateの「盟約＝憲法」へと発展し、ついにはUnited Statesの憲法へと結実した。アメリカ合衆国憲法は、この草創期に生まれた（独立教会の理念に基づく）ピューリタン的信仰の社会的結合原理と、その後の反王権闘争の過程でその思想的基盤をなした啓蒙思想との結合による西欧近代社会の原則を全面的にかつ本源的に表明したものであって、アメリカの国家体制そのものを表現している。アメリカは、歴史的・民族的要素たるいかなる「夾雑物」もその政治的行動原理に加えることができない。アメリカは、西欧近代社会の成立期そのままの国家・社会の性格を寸分も変えることができない。一七世紀から一八世紀の思想的原理のみが、アメリカをアメリカたらしめる唯一の紐帯である。いわばアメリカは、永遠の「初期」西欧近代社会であり、まるで大人になれないピーターパンのように、〝成熟せざる近代〟のまま二一世紀を生きる国家・社会である。世界のすべての国や地域は、歴史的変遷のなかで社会的変動の影響を受けながら変化するが、ひとりアメリカは〝変化することができない〟。変化すれば、アメリカはアメリカではなくなるからである。[24]このことが、ケーガンのいうアメリカのみが、ひとり「ホッブス的リヴァイアサンの世界」を生きなければならない理由なのであり、嵐の海を永遠にさまよい安住の港につくことのできないあの「オランダ人の船」のような宿命を帯びている理由でもある。アメリカは、近代社会成立の前提となった絶対主義国家の強大な武力に対抗する市民の武装闘争によって独立を達成した。合衆国憲法修正第二条による人民の武装の権利は、単なる一般的原則ではなく合衆国存立の基礎である。人民の武装を今も正当化している国家は、少なくとも他の先進国にはありえない。その国際社会理解において、国民的エートスに相違が現れるのは当然である。アメリカにおいては、行政もビジネスもさらにはスポーツ（ベースボールやアメリカンフットボールをみよ）さえも「軍事的」に運営され、一方で戦争はビジネスのように運営される。[25]

第三節　アメリカにつきまとう「宿命」

アメリカでは、政治家やそれを取り巻くパワー・エリートたちも一般国民も、それ以外の国々における人々の世界認識とは異なるものがある。

まずアメリカ政府の外交政策をみると、民主・共和両党を問わず、つねに全世界レベルの情勢認識のうえにたって組み立てられていることに特徴がある。一九世紀末のフロンティア終焉と中南米の植民地確保以来、アメリカの政治・経済・軍事システムはグローバルに機能することを目的に構成されて来た。それは、中南米を支配しかつ二つの大洋に挟まれたアメリカが、二〇世紀に入るとアジアとヨーロッパの両世界に同時にかかわってきたことにより、その外交政策にはアメリカ固有の特殊性や歴史性を脱却した普遍性・抽象性を持つがゆえである。アメリカの政治家たちは、つねに全世界の動向がアメリカの運命を左右することを前提に政策を立案する[26]。アメリカ外交を両極でリードする基本理念として名高い「理想主義」や「現実主義」も、ともにその根本は同一である。しかしアメリカ政府はこれ程までにグローバルな政策意識をもちながらも、一方ではその政策立案にさいしては決していわゆる「国際世論」に目を向けることはない。アメリカが世界そのものなのである。つまりアメリカは全世界からの移民で成り立つ国であるがゆえに、米国内の世論動向さえ図れば事足りるとしていることから来ているのである。このことは、アメリカ政府にとっての「世界の動向」は、米国内の世論の動向にのみ依拠すればよいことを意味している。この点に関してケーガンは、別の角度からも次のようにいう。「地政学の論理から、アメリカはヨーロッパと比較して、国の行動を規制する一般的な原則として多国間主義を支持する強い理由をもちえない。単独行動の善し悪しは別にして、アメリカは現在の一極構造の世界では、客観的にみてどの国よりも単独行動を禁止することで失うものが多い」[27]。このようなアメリカの地政学的・外交政策的立場は、また国内の経済システムが世界経済とリンクして機能する体制をとくに第二次世界大戦以降強化して来たこととも連動している。ドル基軸通貨体制・IMF・世界銀行などはすべてアメリカの国益と結びついており、アメリカの金融システムがこれらを離れて機能することはできない。さらにドル本位制は、石油産業の戦略的位置づけと分かちがたく結びついている。世界をリードするアメリカの航空・宇宙産業に代表されるハイテク兵器産業やIT産業もまた、これら世界的に組み立てられたシステムと結びついて利益を上げていることは論をまたない。このようなアメリカの経済的立場はまた、二〇世紀の初頭以来の経済発展とともに徐々に進んで来たものであり、第一次世界大戦の参戦と、一九一九〜一九二〇年のパリ講和会議や国際連盟結成、一九二一〜一九二二年のワシントン会議の開催、一九二四年のドーズ案、一九二七年のジュネーブ軍縮会議、一九二八年のパリ不戦条約（ケロッグ＝ブリアン条約）、一九二九年のヤング案等々、すべて第二次世界大戦後の米国主導のシステムの先駆けである。このようなグローバルに展開されるアメリカの政治・経済システムは、アメリカ本来の属性である。米国経済は、商工業から農業まで新大陸への徹底的な拡大侵食を行った後、両大洋を越えて世界の隅々まで、近代西欧の初期資本主義の最も荒々しい性格を純粋に保ったまま同じ発展の論理で展開されるのである。ヨーロッパから来たピューリタンを中心とする移民たちは、一切の歴史的制約を排除した近代西欧の政治・経済的原理を新大陸に「理想的」に植え付けた。この結果、新大陸のスタンダードはそのまま他のすべての世界に対するスタンダードとなった。ただ資本主義が自生的に進展した歴史的背景をもつ西ヨーロッパと（そしてわずかに日本）のみが、これに対抗する地域となったにすぎない。だからこそ、アメリカにおける政治・経済政策は、まずなによりも「抽象的」世界認識から導き出されるが、その外交的意識の内面にはあくまで未知のフロンティアが存在している。アメリカにとってフロンティアは、「征服」しかつ「支配」されるべきものであり、またそれによってのみアメリカの発展は継続できるのである。[28] この場合の「征服」と「支配」ための外交は、黒船外交（砲艦外交）として、つねに「片手に棍棒を持って」（セオドア・ルーズヴェルト）行われてきた。しかし一方、アメリカはこの「外交」の対象をほとんど常に「弱者」たる「第三世界」で展開した。アメリカは、近代的戦力を備えた「強者」たる国家（いうまでもなく英米戦争でイギリスに甚大な損害を被った歴史、また独立戦争で友好国となったフランスがその最大の強国であり、またこの両国を中心とした西欧は、アメリカの母体・文化的先進地帯である）には慎重に対応する「臆病」な国家であった。このことがアメリカを、かの「モンロー主義」をとりながら、その間に強大な軍事大国へと成長させた理由でもある。工業と軍事を結び付け、企業と国家を軍隊のように運営し、すべてを軍事的システムに従属させた国家の構成を目指したのはそのためである。

このビヘイビアは、また著しく古代ローマのそれに類似している。古代ローマは、東に文化的先進地帯であるギリシャをのぞみ、南北に「蕃族」がひしめいていた。古代ローマは、イタリア半島内部の近隣諸族と長い抗争の末これを征服し、慎重に地域を拡大した。第一次フロンティアである。この後の古代ローマの拡大は、まさに「帝国」としてのそれであり、ついには世界帝国への道をたどった。たしかにアメリカ建国の父たちは、その建国時、国家の基本理念として古代ローマの共和制に範をとった（建国以来現在に至るも、アメリカを統治するパワー・エリートたちは、多忙な政治やビジネスの仕事のなかでも寸暇を見つけて、ギリシャ＝ローマの古典を読んでいるという）。しかしそこにはまた大いなる「不安」もあった。カルヴァン主義精神（ピューリタニズム）を源とする建国の父たちには、「神の意志」による人間世界の不可避の試練という思いを振り捨てることはできなかったからである。現代アメリカの歴史家A・シュレジンジャーは、このことを次のように指摘する。

「『神意の歴史』では、俗世の社会はすべて有限で問題を含んでいる、と考えられた。すべての社会は、栄え、衰微し、すべてに始まりと終わりがある、とみなされた。キリスト教徒にとってこの考えの典拠は、ローマの衰退と崩壊の問題を解明しようとしたアウグスティヌスの大いなる努力にあった。その問題は、『神の都』の出現以来十三世紀もの間、西洋の真面目な歴史家たちの心を何よりも強くとらえた問題であった。このように、古代ギリシャ＝ローマ時代の惨事という考えに取りつかれていたことが、アメリカ植民地における神聖なものと不浄なものとの間――キリスト教の教父の教えを読む十七世紀のアメリカ人と、ポリュビオス、プルターク、キケロ、サルスティウス、タキトゥスを読む十八世紀のアメリカ人との間――の絆を提供したのである。……建国の父祖たちは古代ギリシャ＝ローマの運命を逃れる道を探すため、その時代の歴史家をかたっぱしから調べた。……古代の知識の修得は、人生は途方もない危険に満ちており、今はアメリカにとって試練の時である、というカルヴァン主義の判断を補うものであった。古代の歴史は進歩の必然性を教えなかったからである。その代わりに、共和政体の滅びやすさ、栄光のはかなさ、人間関係のうつろいやすさ、を教えた。……建国の父祖たちは自らを神の御意に清められた聖者の一団だとみなしていたわけでもない。彼らは、歴史や神学を無視して途方もなく大きな賭けに没頭している、勇敢な、容易に動かない現実主義者だったのである。……建国の父祖たちはアメリカ共和国を神聖な奉献と見るのではなく、ある歴史の仮説に対する実験とみていた。それでも実験を信じること自体、時がくれば必ず崩壊するという共和制の古典的な定説を拒絶していることであった。『憲法を作った人びとは憲法の手段によって、古代と争うつもりだった』とヘンリー・アダムズは書いた。……実験が、ギリシャ＝ローマ時代の共和国の宿命から逃れる道だったのである」[29]。

このシュレジンジャーの指摘は、ケーガンの書を読む（とくに非アメリカ世界の）われわれに、アメリカに内在する宿命的な国家的性格を考察するときの重要な示唆を与えるのではないか。それはすなわち、カルヴァン主義的神学と近代啓蒙思想の抽象的原理のみによって国家形成をなしとげ、それを維持発展させ続けなければ国家が崩壊するかもしれないという、アメリカの内包する「危うさ」や「脆さ」、あるいは本質的な「弱さ」である。そして、それから逃れるために、アメリカは「国民総武装」国家という、国家本来の成り立ちを変えることなく、強大な武力とカルヴァン主義神学および啓蒙主義思想を掲げながら、それによって「世界支配」に向かうことを止めることはできない。いいかえれば絶えざる世界のアメリカ化＝「自由と民主主義」の拡大を指向しなければならないのである。何故ならば、このことのみがアメリカの未来への生存の保障だからである。

（注）

（1）ロバート・ケーガン『ネオコンの論理――アメリカ新保守主義の世界戦略』（山岡洋一訳）光文社、二〇〇三年。
（2）反論は、イギリスのブレアー政権のブレイン、マーク・レナード『アンチ・ネオコンの論理』（山本元訳）春秋社二〇〇六年が出たが、この「反論」はケーガンの提起した問題と微妙にすれ違っている。
（3）ケーガン、前掲書、七～九頁。
（4）同書、一二～一三頁。
（5）同書、一三～一四頁。

(6) 同書、一六頁。
(7) 同書、一六頁。
(8) 同書、一六～一七頁。
(9) 同書、一九頁。
(10) 同書、二〇頁。
(11) 同書、二四～二五頁。
(12) 同書、三〇～三二頁。
(13) 同書、三二～三三頁。
(14) 同書、三三頁。
(15) 同書、五一～五二頁。
(16) 同書、三四～三六頁（一部要約）。この数字は、オバマ時代にかなり低下し、トランプ政権になって徐々にもどりつつある。
(17) 同書、三九頁。
(18) 同書、四六頁。
(19) 同書、四六頁。
(20) 同書、四六～四七頁。
(21) 以上の記述は、主として藤田嗣雄『欧米の軍制に関する研究』信山社、一九九一年、二二七～三〇二頁、長谷川慶太郎『軍事がわかれば世界が見える』ＰＨＰ、二〇〇三年、二八～八八頁を要約参照。また熊谷直『米軍統合に何を学ぶか』芙蓉書房出版、二〇〇六年を参照した。

(22)藤井非三四『陸軍人事』光人社NF文庫、二〇一三年、二九七〜二九九頁、および長谷川慶太郎『平和ボケした日本人のための戦争論』ビジネス社、二〇一四年、二七〜三四頁。
(23)大西直樹『ピルグリム・ファーザーズという神話』講談社選書メチエ、一九九八年参照。
(24)ヤン・ネーデルフェーン・ピーテルス『グローバル化か帝国か』(原田太津夫・尹春志訳)法政大学出版局、二〇〇七年、二一九〜二二〇頁。
(25)同書、一五二〜一七〇頁。
(26)G・F・ケナン『アメリカ外交50年』(近藤・飯田・有賀訳)岩波同時代ライブラリー、一九九一年、五〜九頁。
(27)ケーガン、前掲書、五四頁。
(28)ピーテルス、前掲書、二〇五〜二一八頁。
(29)A・シュレジンジャーJr.『アメリカ史のサイクル』I(猿谷要監訳)パーソナルメディア社、一九八八年、五〜一一頁。

(村山高康)

第Ⅱ部　第二次世界大戦――日本の教訓

第四章　歴史上にみる日本の安全保障問題
――マルコ・ポーロが招いたコロンブスとペリー

――海外の人々は往古の昔から、ジパングを「黄金の国」・「神秘の島」であるとの《幻想》にとらわれ、この島を探検しかつ征服する欲望に駆られたようだが、一方そこに住む日本人は、「水と安全はタダである」（イザヤ・ベンダサン）という《幻想》を抱いてきた――

第一節　日本の安全保障論議にまつわるアポリア

一三世紀末マルコ・ポーロが『東方見聞録』を口述してから、そこに描かれた「黄金の島ジパング」への憧憬が、ヨーロッパの冒険者たちや征服者たちをして、未知の大洋へと挑戦せしめた原動力となったのは周知のことである。コロンブスはその最初の冒険者でもなければ最後の征服者でもないが、彼のインドからジパングへの道を開拓する努力と勇気には、先駆者の「栄誉」が与えられよう。だが彼の「発見」によって、如何に惨憺《さんたん》たる悲惨が新大陸を襲ったかを、当時の日本人は知らなかった。その後、コロンブスのあずかり知らぬことながら、彼の「発見」した新大陸の一角に生まれた「アメリカ合衆国」なる国家も、Native Americanに対する容赦なき攻撃で、広大な地域を征服しその国土を得たが、さらに中南米諸国の大半を「事実上の植民地」とすることにより、コロンブスの野望の最終的な継承者となった。

　コロンブスの「発見」(一四九二年)から遥か後年、日本法制史の大家で、極東国際軍事裁判(東京裁判)の弁護人の一人である瀧川政次郎博士は、以下のように述べて日米戦争を歴史的に位置づけた。

「嘉永六年アメリカの水師提督ペリーは、軍艦四隻を率いて浦賀に来航した。日本の悲劇は、これより始まる。ペリー来航の目的が日本侵略にあったことは、彼の日誌によって明らかだ。アメリカの侵略は、西方より日本に迫る英仏と北方より日本に迫るロシアの勢力に圧せられ、また国内に南北戦争が起こったために、その目的を遂げなかった。ナポレオン・ボナパルトの偉業を夢見るナポレオン三世は、メキシコにマキシミリアンの傀儡《かいらい》政権を樹立したように、日本にも傀儡政権を樹立せんとして幕府に三十万フランの借款を与え、長州藩を征伐せしめた。フランスの日本進出を阻止せんとするイギリスは、幕府の反対勢力である薩長を助けて維新の政変を起こさしめ、幕府を倒してフランスの勢力を一掃した。戊辰戦争は英仏の戦であって、勤皇のいくさではない。蝦夷ケ島と対馬に日本侵略の橋頭堡を築いたロシアは、英仏の海軍によって北方に押し返された。クリミア戦争は、オホーツク海でも戦われたのである。累卵の危うきにあった日本は、かくして白人の征服から免れ、七つの海を支配するイギリスの半植民地として国を保った。攘夷が達成されたためではなく、列強角逐の焦点となったために覆滅を免れ得たのである。しかし、悲劇の日はついに来た。第一次大戦に漁夫の利を得て驕慢になった日本は、己を測らずしてシナ事変の泥沼に足を突っ込んでもがき苦しんだ。アメリカの秘められたる野望は、鎌首をもたげた。ハル・ノートは突きつけられ、太平洋戦争は戦われた。緒戦に利を得た日本も、満州事変以来連年干戈を動かした疲弊と国内分裂の内的欠陥のために、ついに無条件降伏した。博物館にしまってあったペリーが掲げた星条旗を掲げて、ミズーリ号は東京湾に入ってきた。アメリカの望みは、一世紀ぶりに達成せられたのである。いな、黄金の島ジパングへという白人の望みは、〔コロンブスの「発見年」から〕四五三年の後に初めて遂げられたのである。時間的に視野の狭い政治家、思想家は、太平洋戦争を何と観ているか、私は知らない。しかし、悠久の時の流れに立って世界の動きを眺めている歴史家の眼には、太平洋戦争はかく映ずるのである」(1)。

瀧川博士の歴史観をいま少し拡大すれば、アメリカの日本占領は、コロンブス(一四九二年)以来というより、そもそも「ジパング伝説」を広めたマルコ・ポーロが滞在した「元」による日本侵攻、すなわち一二七四(文永一一)年と一二八一(弘安四)年の「元寇《げんこう》」の失敗以来、七世紀ぶりにようやく実現した「征服」ともいえるのである。日本は昔から、大洋の彼方に浮かぶ「夢の島」であったらしく、シナ大陸では、孔子も憧れ、また蓬莱山伝説といつの間にか混同されたりもして、シナ歴代王朝の関心を引いていた。

だが、関心の対象であり、「征服者」の渇望の的となる側の日本の対外認識(現代風にいえば「対外安全保障認識」)は、それぞれの時代と状況により、実に濃淡様々である。あるときは極度に緊張し、対外情勢に敏感に反応し、情報も怠りなく収集分析し、軍備充実に専念するかと思えば（六六三年白村江の戦の前後、元寇、日清・日露戦争などの前後の時期）、為政者も民衆も外の世界の脅威など存在しないかのように「平和」を謳歌する時代もある。むしろ日本では、こういう時代が歴史的に「常態」といえるかもしれない。

満州事変に始まり第二次世界大戦敗北までの日本は、平和を謳歌するどころか激動の一九三〇年代の渦中にあったのに、実際にはこの当時の政治家も軍人たちも、幕末から日露戦争までの指導者たちのような危機感や警戒心と、広い国際的視野をもって日本を率いたとはとてもいえない。

日露戦争に勝利した後の日本では、朝野を挙げて安堵感に満たされた。江戸時代からの、ロシアや英仏米による永年の脅威を、ようやく除くことができたからである。事実日本はこのときから、米海軍に敗れるまで、西太平洋・オホーツク海・日本海・東シナ海・南シナ海に至る制海権を一度も脅かされることはなく、日本の安全は確立された。これに満足した政治家たちは、外交・軍事・安全保障への関心を失い、自らそれらの能力を磨き情報を分析し、世界の指導者と渡り合う努力を怠った。こうしたことは、外交官や軍人たちなどの「専門家」にまかされた。ところがこの「専門家」たる官僚たち、文官や武官もまた努力と研鑽を怠り、国益よりも省益を重んじ、国家を破滅に追い遣ったのである。そのことは、第一次世界大戦、満州事変、シナ事変、第二次世界大戦における時々の、政治家・外交官・陸海エリート軍人たちの能力が、当時の主要国すべての指導者や専門家たちと比べても、格段に低かったことをみれば明らかである。この時代とくにエリート軍人たちは、外国の軍事的動向を客観的にみながら、攻守両面を備えた戦略を立案することができなかった。彼らは主導権を発動するのは常に日本であり、自らが攻撃されるかも知れない、あるいはすでにされているかもしれないという認識をどうしても持てなかったようである。日本の指導層が如何に「お人好し」であるかの格好の例は、日本の政界・軍部・言論界の大勢を挙げてナチス・ドイツへの親近感とともに、日独同盟を模索し始めた頃、ドイツは積極的に蒋介石を支援し、ドイツ軍事顧問団による指導と膨大なドイツ製最新兵器の供与により、一九三七（昭和一二）年八月一三日上海で日本の海軍陸戦隊に対して、国民党軍の大規模攻撃を教導したことである[2]。このときの政府・軍部の周章狼狽ぶりが、その後の国際情勢判断をあらゆる局面で狂わせた（この時期、日本を戦争へ誘導する「工作」が、政府や軍部の中枢で行われていたという研究が近年出始めている。これらの諸研究は現在、日本を日米戦争へ誘導し、日本を第二次世界大戦の敗北へと導こうとした日本人「エージェント」の存在と、それを外部から操ったコミンテルンの活動の研究にまで広がっている[3]。

日本は一九三六（昭和一一）年一一月、蒋介石政権を軍事援助し日本を「敵国」扱いしていたドイツと「日独防共協定」を結んでいた。防共協定は、当然対ソ同盟の性格を帯びていたはずであるが、一九三九（昭和一四）年八月、「独ソ不可侵条約」をドイツは日本に無断で締結した。日本は、一九三八（昭和一三）年七月「張鼓峯事件」、翌一九三九年五月から八月まで「ノモンハン事件」でソ連と戦っていた。ノモンハンの停戦で日本の軍事的脅威を東方で抑止できたとみたソ連は、「ヴェルサイユ条約」でポーランド領となった「旧ロシア帝国領」を奪還するため、ナチス・ドイツの領土奪還行動と同調して、西方のポーランド攻撃に踏み切る前提となったのが、この「不可侵条約」である。ドイツもソ連も、日本を「手駒」の一部として利用したが、これは国際政治ではごく普通に起きることであり、これに振り回された日本の方が愚かであったに過ぎない。当然この段階で、日本は直ちに協定解除を宣言しなければならなかったのに、「欧州情勢は複雑怪奇」（平沼内閣）と言い、その後これほど愚弄されたドイツと、一九四〇（昭和一五）年に日独伊三国同盟を結んでいる。これまた蒋介石を援助して日本を間接的に「攻撃」していたスターリンのソ連とは、一九四一（昭和一六）年四月「中立条約」を結ぶなど、その外交方針は支離滅裂となった。ソ連は一九四五（昭和二〇）年二月の「ヤルタ密約」で日本攻撃を合意していた。さらにこの情報は、スウェーデン駐在武官小野寺大佐から、東京の参謀本部宛に打電されていたが、参謀本部はこれを握りつぶした。[4]日本の政治上層部や軍部の中枢メンバーは、ソ連が一九四五（昭和二〇）年八月八日「中立条約」を破って日本に宣戦布告するまで、ソ連に和平の仲介を依頼するという不可思議な動きを続けていた。日本は「支那事変」以来、合理的な国家理性に基づく冷静な利害打算による政治・軍事行動ができず、シナ大陸で何のために戦争をしているのかの説明もできないような泥沼に陥り、[5]ついには「ＡＢＣＤ包囲陣」を破るため、国際法上問題視されやすく、軍事的にも合理性のない「真珠湾攻撃」に踏み切り敗戦にまで至ってしまったことは、繰り返し問われるべき歴史的課題である（本書の第五章で論究）。

一九四一（昭和一六）年一一月二六日、アメリカのハル国務長官が日本に手交したいわゆる「ハル・ノート」をアメリカの最後通牒と受け止め、これが開戦に踏み切るきっかけとなったというのがほぼ現在の定説である（そうだとすれば、これは巷間繰り返し言及される、日本を戦争に誘導するアメリカの「ワナ」に落ちたことになる）。東郷外相は、ハル・ノートを読んだとき絶望感に眼もくらむ思いがしたと回想しているから、アメリカの思惑通りに受け止めたわけである。[6]東郷はじめ外務官僚の誰一人として、この「ノート」が外交文書として不完全なものであり、最後通牒としてみるべき必要はないと指摘したものはいなかった。例えばこの文書には、日本軍のシナ大陸やインドシナからの全面撤退を要求し、また日独伊三国同盟の解消と、日・米・英・蘭・中・ソ・タイの七ヵ国の不可侵条約などを求めているが、撤退について肝心の日時の期限はなく、「不可侵条約」締結のための外交的準備の提案もない。文字通りの「覚書」にすぎない。この他にも外交文書としては様々な欠陥がある。もしこれを「最後通牒」として受け止め、開戦の理由にするつもりなら、日本政府は直ちに内外の記者を集めて会見し、この文書の内容を明らかにし、それまでの交渉経過からいかにかけ離れた不当な内容であるかを激しく非難すべきであったろう。ところが「ハル・ノート」は、戦後までその内容が発表されなかった。もし日本政府がこの「ノート」を直ちに世界に向けて公表し、そしてアメリカ政府の無責任な対応により、今後に生起するいかなる事態もその責任はルーズベルト政権にあると強くアピールしておけば、一九四一年一二月八日の奇襲攻撃を少なくとも sneak attack とルーズベルトに言わしめることはなかったはずであるし、それよりも先に、アメリカの朝野でこの「ノート」の内容をめぐって激しい議論が巻き起こったと思われる。「平和主義者」を装うルーズベルトが、窮地に立たされたかもしれない。現にアメリカ下院の共和党ハミルトン・フィッシュ議員は、ルーズベルトの「戦争政策」を厳しく批判し、日本が真珠湾攻撃に踏み切るまで、一貫してアメリカが参戦することに反対していた。(7) もしこの「ハル・ノート」が公表されていれば、米国議会や国内世論の反ルーズベルト傾向は決定的になったであろう。

その後のさらに愚かしい外交上の失策は、開戦通告をワシントンの野村駐米大使に、奇襲攻撃直前ハル国務長官へ文書で手交させようとしたことである。しかもこの文書は開戦通告そのものではなく、交渉打ち切り通告であった。外交慣例上これでも「宣戦布告」といえなくはないが（一四部に及ぶ通告のうち一三部までを、事前に暗号解読文で読んだルーズベルトが「これは戦争を意味する」といった）、しかし公的な場ではルーズベルトは、「これは開戦通告ではなく、単なる交渉打ち切り文書に過ぎず、日本の悪質なだまし討ちである」と主張、これに日本は全く有効な反論はできなかった。ましてそれをタイプ文書に仕上げるのに手間取り、本国より指定された時間から大幅に遅れたというにいたっては、とても専門の外交官のやることではない。開戦通告に文書など必要ではなく、野村駐米大使がハル国務長官に口頭で通告すれば充分である。そもそも開戦通告をするなら、東京で駐日グルー米大使を外務省に呼び、東郷外相自ら口頭で通告すればすむことである。この程度の外交慣例も知らない外交官が日本外交の実務を担っていた（一説では、海軍が奇襲攻撃を確実にするため、わざと通告を遅らせるよう外相に圧力をかけたともいわれているが）[8]。しかしさらに重大な問題は、仮にこうした慣例を正しく踏んだからといって、一九四一年一二月八日の奇襲攻撃が、国際法上からしても、決して世界から認められることはなかったということである。すなはち、「国際紛争の解決は戦争ではなく、平和的手段で行う」とした一九二八年の「パリ不戦条約（ケロッグ＝ブリアン条約）」を批准した日本は、「国際紛争の解決を平和的手段ではなく、武力によって行おうとした」と非難され、卑劣なだまし討ち国家として世界を敵に回してしまうことが確実だったからである。当時閣外ではこの点に懸念を示す人々がいたが、政治の中枢にいた現職の政治家・外交官・軍人たちは、これについて配慮した形跡はない。パリ不戦条約以後の戦争は、一方的に先制攻撃されたとき、これに対する防衛戦争のみが認められるのである。

当時の日本の朝野を挙げての論調は、アメリカを中心にしたＡＢＣＤラインの圧力で、対米英戦争を望んでいるわけでもないのに、日本は強要された自衛戦争（日本がやむを得ず攻撃する）を戦うことは不可避であるというものであった（敗戦後の日本人の歴史観も、この点の解釈に変化はない）。この時全く日本は八方塞の重囲に陥り、戦争以外に出口がないと思い込んでいた。少なくとも戦争回避の有効な選択肢を、当時の誰一人として提示しなかった。しかしほんの少し視野を広げれば、アメリカとの戦争を回避する方法が見えたかもしれないのである。それもごく平凡な情報でその可能性が認識できた。一九四一年は、ルーズベルト大統領が三度目の政権についた年である。この前年、秋の大統領選挙期間中、すでにヨーロッパでは第二次世界大戦が勃発して一年を経過していたが、アメリカは「外見的」には中立を守っていた。しかしルーズベルトは実質的にイギリスを援助し、またアジアでは蒋介石に軍事援助を与え、日本と対立していた。アメリカが世界大戦に参戦することを危惧するルーズベルトの支持者たちは、選挙期間中繰り返しルーズベルトにこの点を質した。ルーズベルトは選挙演説でこれに応え、「私は何度でも皆さんに誓う。アメリカの若者を戦場に送ることはない」と明言した。これは、ラジオでも放送され、また新聞にも大きく掲載された。大統領候補がこのように明言して政権の座につけば、彼は決して自ら戦争を仕掛けることはできない。このような重大な公約違反は、政治生命の完全な破綻を招くことはアメリカでは常識である。この簡単な事実を知るだけで、「日米交渉」は、当時の日本政府が思っていたより遥かに大きなアドヴァンテージを有していたはずである。この認識に至るためには、特別な諜報活動は全くいらない。ただラジオ放送を聴き、日々のアメリカの各新聞記事を読めばよい。一九三九年、第二次世界大戦がヨーロッパで始まり、イギリスが苦境にあるとき、ルーズベルト政権は中立法を改定してまでイギリスを援助し、実質的に戦争へ介入していた。しかし如何にして国民を納得させて正式にドイツとの戦争に入るか、二年以上も苦慮してきた。真珠湾攻撃の一報を聞いたスティムソン米陸軍長官は、「私は日本が奇襲したという、最初のニュースが届いたとき、何よりまずほっとした。この危機が到来したことによって、決断できなかった時が去り、アメリカ国民全員を一致団結できるのだと思って、安堵した」と後に回想している。チャーチルに至っては、「彼ら〔アメリカ政府首脳部〕が長い間の苦しみから解放されたかのようにさえ思われた」と大戦回顧録に記している。(9) いかにアメリカが日本の先制攻撃を待ち望んでいたか、この一事でも明らかである。

日本も同じように、相手の先制攻撃を前提に、政戦略を立てなければならなかった。そもそも日本海軍は、米海軍が日本近海に攻めてきたとき、これを邀撃する戦略（漸減邀撃作戦）に基づき建艦計画も作戦計画も立てていたのであるから、真珠湾への先制攻撃とは正反対の「防衛戦略」をとっていたはずである。石油など南方の資源確保が目的なら、オランダあるいはイギリスとの対立は予想されるが、戦争せずとも確保できた可能性もあった。当時のオランダ政府は、イギリスで亡命政権を維持するのがやっとの状態であり、イギリスもドイツの対ソ戦開始で一息ついてはいたが、まだとてもアジアで新たに戦争を開始する余力はなかった。アメリカの公式参戦がない限り、イギリスの展望はまだ不透明な時であったからだ。もしオランダ領インドシナ（蘭印）へ、日本が石油獲得に出たとき、イギリスやオランダの要請で、アメリカが日本を攻撃したら、その時こそ日本が「先制攻撃」されたことになり、日本は当初の想定通りの戦争計画を発動出来たのである。それよりも、アメリカが先に攻撃することにより、前述のようにルーズベルト政権は米国内で大きな批判に直面し、その政権運営は極めて難しいものになり、一方日本の立場は、国際的に大いに優位になったであろう。日本がアメリカを攻撃する必要は、いかなる角度から見ても、まったくないのである。

以上のような日本の対米開戦に至る経過を見るだけでも、政治家や官僚たちの国際情勢に関する知識や外交感覚の低さを痛感させられる。また戦前の日本の学者やジャーナリストたちのアメリカ研究が、いかに貧しかったかも問われるところであろう。アメリカ政治が常に「世論」に左右されることを日本の学者もジャーナリストも研究不足であった。さらにアメリカを動かしている「パワー・エリート」の実態はどのようなものか、アメリカ人の「戦争観」とはどのようなものか、等々の社会科学的研究は全く不十分であった。それどころか、アメリカとの対立が深まると、日本ではアメリカ研究の排除はもとより、英語を「敵性語」と見立てて教育現場から追放する始末である。

実際第一次世界大戦後、一九二〇年代から一九三〇年代の国際情勢は、極めて不安定な危機的状況の連続であり、この時代の日本は世界の新たな「強国」として、国際政治の安定に重要な役割を課されていたのであるから、世界の主要国の一員として主体的に状況を切り開く外交活動を進めなければならなかった。しかし当時の日本の指導者たちには、このような自覚が乏しかったといわざるを得ない。この問題の分析は、別の機会に譲らなければならないが、両大戦間のいわゆる「危機の二十年」の間、政治家や文武の官僚、学者・ジャーナリストなどのリーダーたちには、緊張感なき「平和ボケ」の思考様式が牢固としてまとわりついていたのではなかろうか。すでにして第一次世界大戦勃発直後から、日英同盟のもと連合国の主要な一国である日本のこの戦争への対応が、どれほど現実感に欠けたものであったか、まるで第二次世界大戦後の日本の議論——例えばベトナム戦争時や湾岸戦争中の日本国内での議論と、ほとんど変わらぬ論争が行われていたことを、平間洋一氏が具体的に描いている。[10] つまりこれらの現象が意味するものは、危機の中にあっても、わが国の政治家・軍人・外交官・言論人たちの主流をなす指導層の多くが、世界の動向を広く認識し、綿密な情勢分析と合理的な判断をなしえなかったことを物語っているのである。

このように「軍国主義国家」などと批判される戦前の日本は、国民全体にはもちろん、国家の指導層にも、国家安全保障に関する基本認識は出来ていなかった。戦後日本では、それが「平和国家」(意味不明の言葉だが）という大前提をうけて、国家の安全保障政策は、非日常的な「異常事態」に対処するためのものと理解されるようになった（もっとも、東日本大震災という「超異常事態」でさえ、当時の民主党菅首相は安全保障会議も開かなかったが）。生物体は一日二四時間、生まれてから死ぬまで、外部からの有害な細菌・ウイルスその他多様な異物に対して、自己防衛のために様々な防御機能を働かせている。同様に国家も、不断の防衛機能を働かせていなければならないのであるが、日本では政治・経済・文化・国民の日常生活など総ての分野と、外交軍事安全保障とは切り離して論じられることが常態である。どうやら現代日本では、特別の事態が起きない限り、本来的に自分たちの住む社会は「安全」であると、根拠はないが信じられているらしい。しかしこの「信仰」を変えようとしても、それが多くの日本人の心の奥底にまで刷り込まれているとなれば、いかにして日本人は、「普通の国」の国民が持つ国家安全保障認識にたどり着くことができよう。地続きの国境を持たない日本には、差し迫った「今そこにある危機」を具体的に実感する事態になって（尖閣や北朝鮮の核・ミサイル問題など）初めて「大議論」になるのである。このような場合、日頃から「安全保障」の基礎的認識を、国民的レベルで積み上げていないので、議論は当面の「対処方法」に偏り、一歩踏み込んだ政策の議論になると、政治家もジャーナリストも学者たちも、すぐに憲法論争を含む抽象的な神学論争に入り込んでしまう。本節冒頭に引用した瀧川政次郎博士の歴史観ではないが、日本が諸外国にとって「黄金の島」であり、長きに亘って外国の関心を惹きつけてきた国であるとの自覚を日本人は持ったことがないのではないか（アメリカは多大な犠牲を払って占領した日本を、今日まで「金の卵を産むニワトリ」であり、かつ最良の「戦利品」とみなしているため、これからも手放すことは決してないであろう。それには、政治的・軍事的に自立していない現在の日本が最も望ましい状態である。このことは戦勝国ではないが、中華人民共和国の対日政策遂行においても同様の前提が成り立ちうる）。日本人は、日露戦争以後、自国が攻撃されるかも知れないとは思わず、攻撃するのは常に日本の主導権によると思い続けてきた（例えば支那事変、つまり今日いうところの日中戦争を、日本が始めたという思い込みは、今も続いている）[11]。だから敗戦後は、「日本が軍隊を持っていたから戦争を起こした。軍隊をなくせば諸外国は攻撃せず、日本の安全は保障される」（新憲法前文と第九条の精神）という瞠目すべき発想で、安全保障問題を異次元の世界へ閉じ込めてきた。敗戦から既に七〇年以上が過ぎ、確かにこれまで日本は、戦争を起こしたことも仕掛けられたこともない。これは新憲法の恵沢なりと賛美する主張があれば、いや日米安全保障条約や自衛隊があったからだとする反論が一方にある。これまでは、どちらの議論にも決定打となる「眼に見える」危機的事態の生起がないため（実際には日本の周辺では、危機的状況は深刻化して「見え始めている」が）、論争は果てしなく続く。この点に関して、日本の「安全保障」論議が神学論争になるのは、現行憲法によるもので、憲法改正（もちろん特に前文と第九条のとくに第二項）をすれば、この隘路《あいろ》は打開されるという議論がある。確かにそれもあるかも知れない。しかし根本的に重要なのは、日本国民が持ち続ける「安全保障は緊急時に考えるもの」、という抜き難い意識の転換であろう。どうやら日本の国民的常識では、国家の危機とは、「白村江の戦い」・「元寇」・「ペリー来航」・「日清・日露戦争」・「第二次世界大戦」など個別の「戦争」の場合をいうのかもしれない。

だが「冷戦」が終わり、国際秩序が流動化した二一世紀の国際社会では、「戦争」はいつも主権国家と主権国家が正規軍を動員し、戦車や大砲・軍艦・飛行機などで攻撃し合うような「分かりやすい」かたちで起きるばかりではない。現代の「戦争」は、第二次世界大戦型の「ハードな戦争」ではなく、日常世界で、外交や宣伝工作（日本の「戦争犯罪」なるものを声高に宣伝するのは、それらの国にとって対日政策が有利に進む攻撃手段である）・諜報工作・サイバー攻撃・テロ攻撃・「難民・移民」の大量移動など「ソフト」な〈対立〉・〈紛争〉・〈社会的混乱〉の様相で陰に陽に起きていると見なければならない。このような現代世界の中における国家安全保障体制とは、戦争に備えて「ハードな軍事力」を整備保有することだけではすまない。「ハードな軍事力」は国家安全保障の必要条件ではあるが、それが全てではない。それにもまして重要なのは、政治・経済・社会・文化に亘る国民生活全体（大災害に対応する体制も含めて）を、いかにしてグローバル化された世界の中で、主体的かつ自立的に維持していくことができるかという国民的合意形成の問題である。もしこのような共通認識が、国民的に深まっていかなければ、恒常的にして基本的な国家安全保障体制のありかたを議論すること自体、神学論争の草叢に一葉を投ずる無用の行いになるのもやむをえない。日本の安全保障にまつわるアポリアは、政治・経済・防衛・（災害を含む）国民生活など、「歴史的危機」に直面している現在もなお不死鳥のように生き続けているのである。

第二節　黒船来航――幕府はなぜ屈服したか

日本が外国から武力による威嚇あるいは攻撃を受けて屈したのは、ともにアメリカに対してであり、幕末のペリー来航（来寇とすべきか）時と、第二次世界大戦における「太平洋の戦い（日米戦争）」の二度だけである。日本の安全保障問題を考えるにあたり、一つの事例として、ペリー来航時の幕府や各藩あるいは当時の「言論界」など、それぞれの対応の様相を振り返る。

まず、なぜ幕府首脳部が、ペリーの「威嚇」に屈して開国を決断したかの問題である。いうまでもなく、幕末の動乱は一八五三（嘉永六）年のペリー来航に始まる。明治維新がそれからわずか一五年後であることをおもえば、その衝撃の大きさを想像できよう。ペリーの開国要求に屈したことにより、二五〇年続いた幕府の権威は崩れ去った。なによりもその権威は、家康以来の軍事的カリスマに依拠していた。ここには、日本の武家政権が、欧米の先進文明、とりわけその強大な軍事力に屈したことが誰の眼にも明らかになったという前提がある。しかし鎖国で世界の文明発展に取り残された日本が、外圧によりついに開国に踏み切らざるを得なかったとしても、なぜペリー来航時だったのかという素朴な疑問を覚える。事実ペリー来航以前のそれほど遠くない時期、繰り返し欧米の船舶が日本のあちこちに来航しており、幕府はその都度対応の硬軟はあれ、これらの船を追い払っている。年表を見れば、主なものだけでも以下のようにある。ペリー来航の前年、一八五二（嘉永五）年ロシア船が下田に来航。一八四九（嘉永二）年イギリス船浦賀に来航。一八四六（弘化三）年米国東艦隊司令官ビドルが戦艦二隻を率いて浦賀に来航。同年フランスのインドシナ艦隊司令官セシルが琉球に来航。一八三七（天保八）年アメリカ船モリソン号日本人漂流民を伴い浦賀に来航、のごとくである（この間一八四〇年にはアヘン戦争が起きている）。モリソン号来航に先立つおよそ八〇年以上も前から、幕府は応接に暇がないほど来航する外国船を追い払い、あるいは時に交渉したりもしたが、結局のところは、この間の開国を断固拒否し続けてきた。最も頻繁に接触してきたのはロシア船で、一七三九（元文四）年安房沖に来航、一七七一（明和八）年阿波に漂着、そして一七七八（安永七）年ロシア船が蝦夷地に来航して通商を求める。一七九二（寛政四）年ロシアの使者ラクスマン、伊勢の漂流民大黒屋幸太夫を伴い通商を求める——のように極めて頻繁かつ執拗に来航していた。ロシア帝国は、ロマノフ朝の一六二八年にシベリア遠征軍を派遣して以来、東に領土を拡大しシベリアから沿海州に至り、ついでカムチャツカを占領（一七〇七年）し、さらにはアラスカ（一七八四年）にまで進出した。清国はすでにロシアとの対立・摩擦を起こしていた（一六五二年松花江の戦い、一六八五～八六年アルバジンの戦い、一六八九年ネルチンスク条約）。江戸期の国防論の嚆矢をなす、林子平の『海国兵談』（寛政三年：一七九一年出版、翌年禁書）は、寛政四（一七九二）年ロシア使節ラクスマンの根室来航に危機感を募らせた人々に大いに読まれ、以後の国防論に影響を与えた。北方から迫るロシアに、日本の朝野を挙げて脅威を覚えたためである。しかしこの時からペリー来航までの六〇年余りの間、ロシア以外にも、イギリス、アメリカ、フランスなどの船舶が頻繁に日本に来航しており、幕府はその都度何とかやり過ごしてきた。このようにペリーは何の前兆もないところに、突然現れたわけではない。それどころか、西欧諸国のうち唯一日本との長い国交を続けるオランダは、アメリカのみならず広く国際情勢の概要を定期的に幕府へ報告していたことは、「阿蘭陀《オランダ》風説書《ふうせつがき》」の記録で周知のことである。とくに幕府の関心を引きそうな重大情報は、「別段風説書《べつだんふうせつがき》」といわれ一八五〇（嘉永三）年のそれには、「アメリカ議会では北太平洋で操業する捕鯨船主らのロビー活動によって日本を開国しろという議論」が起こっていること、一八五二（嘉永五）年のものには「翌年の春以降にアメリカの蒸気軍艦がペリーに率いられて江戸にやってくること」、さらにそこには、艦隊の構成、艦名と乗員数や艦載砲など武装の具体的内容まで記載されていた。[12] この経過から言えることは、つまるところ幕府首脳部が、「今回の」ペリー艦隊には対抗できないと「初めて」認識したこと、つまりペリーがこれまでの各国の「武力による明確な意思表示を曖昧にしたまま」の「穏健な」姿勢ではなく、軍事力を背景にした強硬姿勢で来ることも知っていた。幕末から明治初期に通訳として活躍したイギリスの外交官アーネスト・サトウも、以下のように述べていた。「アメリカ人の目は、当時世界の一大産金地として有名になっていた自国のカリフォルニア州と太平洋を隔てて相対している日本に、多年向けられていた。彼らは、この「神国」を取り囲んでいる障壁を破ろうと試みた、従来のあらゆる計画がみな失敗に帰したことを知っていたので、今度は武力を示してこの日本を開国させようと決心した。日本の国民は物わかりはよいが、近代の砲術を知らない。こういう国民には大砲の威力を見せつけることが、四海同胞説や国際的義務を説くよりも強力な談判の下地となりうるからである」[13]。では幕府は、具体的にどのような武力の実態を認識したのであろうか。

一八五〇（嘉永三）年九州遊学の途についた二一歳の吉田松陰は、『西遊日記』一一月朔日の項に次のようなことを記している。フランスの「砲将百幾撤私〔ペキサンス〕ハ、ホンヘカノン〔ポンペカノン砲＝炸裂弾を発射するカノン砲〕、柘榴カノン〔榴散弾を発射するカノン砲〕ヲ用ユ、云々。一八廿二年、此書大ニ世ニ行ル」[14]。ペキサンスとはフランスの砲兵将校 Henri-Joseph Paixhans（アンリ＝ジョセフ・ペクサン）のことで、彼は一八二二年、カノン砲（長砲身で低い弾道による遠距離射撃に適する砲）で炸裂弾を使用することを主張した著作を発表し、かつ一八二三年にかけて炸裂弾を発射できる艦載砲を設計した人物である。（「シェル」といわれる炸裂弾そのものは、この時期フランスで開発されていた）。ペクサン砲の情報は、アヘン戦争が勃発した一八四〇年（天保一一）年には日本で知られ、同年一一月鍋島藩武雄の砲術家平山醇左衛門が「ペキサンス大砲絵図」を長崎で発注、一八四五（弘化二）年鍋島藩主がペクサンの原書を購入、長崎のオランダ通詞に翻訳させている[15]。松蔭が読んだのは、オランダ語に翻訳されたものから、小山杉渓が和訳したものの筆写本であろう。

蔭は続いて、この書から多くを引用し、欧米諸国が備える大砲の具体的な威力を記録した。以下現代文に直して引用すると、「四八ポンドや八〇ポンド口径の榴散弾ばかりか、一五〇ポンドや二〇〇ポンドの大型ポンペ砲で巨弾を発射しても、水平に直射してなかなかその威力は減殺しない」。欧米の大砲は日進月歩であり「砲弾の重量はいよいよ増し、砲身は益々長くなり、火薬の威力もさらに増大し、砲身の内径と砲弾の外径はより精密に一致し、従って射程は益々長大になる」[16]。松蔭すら知るこのような大砲は、もちろん幕府首脳部以下諸藩とも熟知していた。米海軍は、当初八インチのペクサン砲を一八四五年以降艦載砲に採用し、その後一〇インチ砲に換装した。ペリーが日本遠征時に率いたミシシッピー号には一〇門、サスケハナ号には六門のペクサン砲が搭載されていた。ペリー来航時、艦上でアメリカ側と交渉した浦賀奉行所の与力中島三郎助は、いち早くこのペクサン砲を認め、アメリカ側を驚かせている。もちろん大砲はペクサン砲だけではない。ペリーの率いた四隻の艦隊（実際この時の「黒船」は、全てが鋼鉄製の蒸気軍艦ではなく、蒸気船は二隻で残りの二隻は帆船）には、合計六三門の艦砲が搭載されていた。「ペリー艦隊第一次来航時の大砲は全て三二ポンド砲（三・八貫目）以上であり、（中略）対して日本の三貫目砲以上の合計数は三十二門で数量的にかなわない」[18]。しかしこれだけで幕府首脳部が白旗を揚げたわけではない。幕府側が重視したのは、大砲の数だけではなく、その射程距離であった。アメリカ側の大砲の射程距離は、江戸湾沿岸を防備する日本側の大砲のそれを大きく上回っていた。一八三七（天保八）年モリソン号事件の頃、浦賀の台場に配備されていたのは一貫目筒など四種類の和筒で、これらの射程距離はおよそ一〇〇〇メートル、砲弾は六〇ミリ径に満たない鉛製中実弾であった[19]。これに加えて、さらに重大な弱点が日本側にあった。吉田松陰もすでに指摘しているが、さきの『西遊日記』一一月三日の項には、「カノン砲を搭載した蒸気船は、風がどの方向から吹こうと、また無風の時でも、何時でも意のままに港に出入りすることができる。〔また蒸気船は〕暗礁や沿岸に設置された大砲の射程範囲を離れて安全に航行できる。水深が浅くとも〔安全な航路を意のままに選んで〕航行でき、またマストを建てて帆を張ることもないので遠方からは見つけにくい。それ故〔この蒸気船に〕炸裂弾を発射するカノン砲を搭載して攻撃すれば敵は不意打ちを食らうであろう」[20]。まさにこの蒸気船の発達と大砲および砲弾の技術的進歩が同調して、最も頑強な閉鎖国家の扉をこじ開ける武器になったのである。炸裂弾は砲弾の内部に炸薬を充填し、目標に着弾すると同時に弾頭の着発信管が働いて、砲弾そのものが破裂し無数の弾片を飛散させるものである。この弾丸はまた破裂と同時に、艦艇も陸上の家屋や施設も発火炎上させることができる。そしてこの炸裂弾を発射する大砲が搭載された蒸気船から攻撃を受ければ、江戸の町は艦砲射撃による大炎上を免れないことが明らかであった。江戸城でさえ、周辺の街区を炎上させれば容易に類焼することは、かの「明暦三年の大火（振袖火事）」（一六五三年）などで明らかであった。そして蒸気軍艦は、松蔭の言うように、風にも潮流にも影響されず、暗礁や浅瀬にさえ注意すれば、江戸湾奥深く侵入することもでき、また状況に応じて直ちに湾外に退却することもできるのである。狂歌「――上喜撰（蒸気船）たった四杯で夜も眠れず」は、蒸気船の持つこうした本質的な脅威を言い当てている。このように蒸気船と炸裂弾を装備した艦載砲の出現が、幕府の屈服した最大要因だが、前述のように、何よりもこのときの彼我の大砲の射程距離の差が決定的であった。侵入者の艦砲がどれほど強力でも、幕府側の大砲が侵入者側の艦砲の射程距離を上回っていれば、砲の破壊力において多少劣っていても侵入者を撃退できる可能性はある。しかしこの時期幕府側の配備した大砲の射程は二〇町から二五町、すなわち二〇〇〇メートルから二五〇〇メートルしかなかった[21]。対するアメリカ側の艦砲は、一一インチ砲弾を最長八〇〇〇メートル先の標的に撃ち込むことができ、一八四四年にはすでに装備されていたという[22]。

海の防衛で幕府の最重要地区は言うまでもなく江戸湾であるが、この湾への侵入を防ぐには、神奈川の三浦半島最東端の観音崎と、房総半島西部中央で西に細く張り出す富津岬の間の最も狭い両岸に砲台を築くことであり、幕府は当然そのような体制をとっていた[23]。しかしこの両岬間の距離は七キロメートルあり、幕府の沿岸砲ではこの海峡中央幅二キロメートルは射程外であった。侵入者は、この中央二キロメートルの水路を簡単に通り抜け、江戸湾奥深くまで侵入出来た。侵入者側の大砲の射程が、防御側のそれを二倍以上も凌駕する以上、陸上からの如何なる対抗手段も虚しいものであった。このような場合の唯一の対抗方法は、侵入者と同等以上の武器を搭載し、かつ相手を上回る数の軍艦をもって海上で撃退することである。

さらに幕府側には別の弱点があった。江戸湾入り口で敵対国あるいは非友好国の軍艦を追い払うことができず、その軍艦が湾口近辺に居座り、江戸に出入りする必要物資を積んだ廻船がブロックされ海上封鎖されてしまうことである。人口一〇〇万人とも称される世界最大の都市江戸は、何よりも政治の中心であり、いわば巨大な消費都市であった。江戸には、江戸城の住人はもとより、多数の旗本・各藩の江戸詰武士や郎党・小者・町人などが集中し、町人はこの武士階級の建築・土木に関連するあらゆる業務、食料や衣類の運送・配達・販売などに従事し、かつ町人自身の日常生活に関する膨大な消費活動も行われていた。しかし、巨大都市江戸周辺の近郊農村の生産性は低く、かつ都市生活者の多様な商品需要に応えるほどの生産活動は未発達であった。江戸の巨大な需要を満たすためには、多くの主要商品が遠く西国からの海上輸送によってまかなわれており、陸上輸送は、全く役に立たなかった。従って、もし敵意ある外国軍艦が江戸湾口を封鎖すれば、短日時のうちに江戸の町は飢餓に苦しむことは明らかであった。このような事態は、幕府統治の根幹に危機をもたらすことは確実である[24]。

　また別の問題もあった。仮に海からの侵攻に屈して「敵」が上陸した場合でも、幕府側は旗本や諸藩の武士を動員して陸上戦闘に持ち込めば、数の上では圧倒的に有利になるはずであった。事実旧暦の嘉永六年六月九日（一八五三年七月一四日）、ペリー以下アメリカ側兵士が浦賀の久里浜に上陸、アメリカ大統領の国書授受に際して、ペリーに随伴した武装兵士はわずか三〇〇人であったのに対し、日本側は総勢五〇〇〇人の警備陣を動員した[25]。このときには無論戦闘はなかったが、幕府側はこの間、それまでの警備体制全般を様々に検討して、以下のような問題に気づいたはずである。ペリー艦隊の武装兵士三〇〇人が持っていた銃は、まだ先込め式単発銃で[26]、日本の当時持っていた火縄銃より性能は優れていたが、例えばそれに五倍する一五〇〇人の銃士隊で対抗すれば、敵の艦砲の射程距離から充分離れた内陸なら、簡単には敗北しないであろうと推定できた。ところが、この一五〇〇挺の銃を集めて銃士隊を編成することが、当時の幕府の軍事体制では容易にできなかったのである。江戸城にさえ、この程度の銃も用意されてはいなかった。旗本や諸藩の武士を集めて火縄銃を与え、相当数の銃士隊を編成するためには、長い時間がかかりそうであった。たとえ集めることができたとしても、「敵」はそのような所から蒸気軍艦で素早く退却し、こちらの防衛体制が用意できていない地点へ軍艦を進め、そこを随意に攻撃できるのである。江戸以外にも、日本の重要な都市は多数あり、しかもそれらは大半が海岸の港湾都市であった[27]。

　上述のような、軍事面を中心とした様々な検討の末に、ペリーの開国要求受け入れやむなしを決断した老中筆頭阿部正弘初め幕府首脳部の冷静な判断は、武家政権として家康以来の軍事的カリスマを損なうことにはなったが、当面の混乱を回避することはできた。この時ペリーの要求を拒否し、何らかの武力衝突が起きていたら、その後にどのような事態が発生していたであろうか。例えば攘夷派の急先鋒である、水戸の徳川斉昭は「我が槍剣の長技をもってすれば、陸戦において彼を皆殺しにすることは容易である。また艦内に入って対談するごとく見せかけ、将官どもを突き殺さば、少人数をもって全艦員を屠ることもできる」[28]などと強硬論を唱えた。もしこの案が実行され、仮にペリー艦隊が全滅していたら、アメリカ政府が行ったと予測される報復行為の一例がある。一八三一年、スマトラ島北西部のインド洋に面した港クアラバッツーに碇泊していたアメリカの帆船フレンドシップ号をマレー人が襲撃し、数名の乗組員を殺害して積荷の貴金属コインやアヘンなど合計二万ドル相当（現在の価格で五〇万ドルにあたる）を略奪した。時の米大統領アンドルー・ジャクソンは、五〇門の大砲を装備する帆船フリゲート艦ポトマック号（艦長ジョン・ダウンズ）を、積荷の奪還と略奪行為の賠償を求めてスマトラへ派遣した。事件の起きたクアラバッツー港に上陸した海兵隊は、港近郊の村々を焼き払い、婦女子を含む二〇〇人に及ぶ村民を殺害した[29]。このような報復は、この事件から九年後のアヘン戦争の際のイギリスの例が顕著であるが、遠く大航海時代のポルトガル・スペイン以来イギリス・オランダ・フランス・ロシア・アメリカなど、全ての植民地支配帝国共通の対処である。日本が斉昭の強攻策を実行していたら、無論アメリカは報復攻撃を行ったはずである。そして報復のため来航した艦隊（おそらくペリーの率いた艦隊を大きく上まわる数の艦隊）は、幕府首脳部が想定したように、江戸湾奥深く侵入し、砲撃により江戸の町を焼き払ったことであろう。上陸部隊も、ペリー来航時の数倍になったことは確実で、場合によれば江戸城まで占領される事態が起こりえた。そうなれば、幕府の支配体制は一気に崩壊したであろう。その後日本側の「ゲリラ攻撃」が起き、米軍との血腥い戦闘が果てしなく続いたかもしれない。一八五二年イギリス人によってニューヨークで出版され、ペリーが日本遠征計画を立てるに当たり、最も参考にしたといわれる著書には次のような一節がある。

「二百年以上続く平和の中で軍人魂のようなものは失われたはずであるが、それでも軍人は栄誉ある職業である。（中略）彼らは武士であることに強い誇りを持っていて、侮辱に対しては毅然として決闘に訴える。ときには侮辱されるよりも腹を切って死ぬことも選ぶ。もしこれが本当なら、日本の兵士は強力で激しく戦うであろう。アメリカが侵攻した場合、まずこの国は敗れるにちがいない。アメリカの兵隊は、かつてメキシコに進軍したときのようにこの国を打ち負かすだろう。ただ、その過程でどれだけの死者が出るかは想像さえつかない」[30]。これはまるで、第二次世界大戦における日米戦争の様相を予言しているかのようだ。

ただこれによって日本全体が、容易にアメリカの「植民地」になったであろうと、短絡的な結論を導くことはできない。というのも、当時の日本は、世界の列強諸国が最も注目する「閉ざされた黄金の国」であり、アメリカ一国が独占的に日本を植民地化することを許すような国際政治状況ではなかったからである。例えば『ペリー提督日本遠征記』には冒頭で、この遠征計画が発表された直後から、如何に各国の注目を引いたかが強調されている。「合衆国が日本へ探検隊を派遣することに決定したという報が伝わると、世界中の文明諸国からその仕事に参加する許可をえたいと志願してきた。国内のみならず、欧州からも、文学者や科学者〔かのシーボルトもこの時参加を希望し拒絶されている〕、旅行家などが遠征隊に随行したいと熱望した」[31]。このようにペリーの日本遠征は、世界の主要国の注目を浴びていた。一方江戸幕藩体制は、「絶対王政」ではなかったから、中央政府たる「幕府」を屈服させても、多くの雄藩は喜んで幕府の支配から抜け出し自立してしまうため、簡単には日本全国を支配することはできない。この体制こそ、大航海時代以来西欧諸国が「ジパング」征服を困難にした最大の理由の一つである。江戸時代でさえ困難であった「征服」が、戦国大名の割拠する時代に来航した、ポルトガルやスペインにとって如何に困難であったかが理解できよう。このときの「幕藩体制」なるものは、武力を持った「諸侯」の連合体であり、日本全体を支配するためには、占領国は膨大な兵力を駐留させなければならず、当時これのできる軍事力や補給能力を持つ国は存在しなかった。最終的にペリー艦隊が、日本開国計画に用意した戦力は、米海軍の四分の一に相当していた。一八五〇年度アメリカの現役兵員数は、将校・兵士合計それぞれ、陸軍：一万九二九人、海軍：八七九四人、海兵隊：一一〇一人と極めて少数であった(32)（しかしこの後の南北戦争で急激に増大する）。従って、もしアメリカが幕府政権を支配下に置いたとしても、イギリス・フランス・ロシアなどは必ず薩摩や長州などの有力諸藩に働きかけ、アメリカの支配を牽制し、さらにはアメリカ攻撃を誘導したであろう。日本は列強諸国の「代理戦争」の場となり、長い戦乱が続いた可能性もあった。あるいは日本は、この時泥沼の戦乱を潜り抜けて、どの列強の植民地にもならなかったかもしれない。しかしその場合、やむをえざることに、近代統一国家の形成は遥かに遅れたことは間違いない。現実の歴史においては、幕府はフランスの援助を受け、薩摩や長州はイギリスなどから支援を受けて「内乱」を戦ったが、外国の介入が「深化」する前に明治政権が成立した。そして皮肉なことに、日本を開国させたアメリカはその後南北戦争により、維新前後の日本へ関わる機会をしばらく失うのである。

さて幕府は、ペリーの要求を「冷静な判断」で受け止め、ついに開国に踏み切った。外国との戦乱を回避し幕藩体制を維持することが、幕府首脳部に課せられた使命であったから当然の選択である。しかしこうした場合、「冷静な判断」は必ず国内で強力な反発を招くものである。戦わずして屈服したことに対する怒りの感情は、外国に対する場合には一段と高まる。このことは、政権中枢にいるものが、いくら国家全体の利害をみる立場からの判断であるといっても、部外者からみれば、自己の体制維持を図ることを第一にした発想として受け止められる（国益を第一にした冷静な合理的決定といえども、そこには自己の体制維持を前提に行っているのだから、そのように受け止められるのもやむをえない）。実際ペリー来航以来、幕府首脳部の対応が毅然とした一貫性を示しえず、開国の最終決定に朝廷の勅許を持ち出し、かつ対応の如何を広く諸藩や有識者に求めることで、一挙に政権の権威を相対化させてしまった。「決定できない政治」、「決断できない指導者」、などの評価が首脳部に対して下され、かえって国論は甲論乙駁、政治勢力の対立抗争を激化させた。政権基盤が強固で国情が安定している場合の政権運営は、調整型の首脳の下に前例踏襲を基本に進められる。そしてこのような体制は、次第に腐敗し弛緩する。国際情勢の激動が日本を襲い始めた江戸時代後期は、まさにそうしたときであった。ペリー来航に対応した老中筆頭阿部正弘は、おそらく当時の幕府首脳部のなかで最良の人物であったであろうが、無能と優柔不断にして死の床にあった一二代将軍家慶を戴く体制では、将軍の支援は全く当てにできなかったので、摩擦を生むような大胆な決定を迅速に下すのは難しく、時間と労力を費やす調整型の政策決定しかできなかった。

日本の朝野は騒然となったが、このときの政情は薩長など反幕勢力との単純な権力闘争や勢力抗争ではなく、江戸期を通じて「大日本史」・「日本外史」などに象徴される、国学思想によるイデオロギー闘争の様相を帯びていたことが事態を複雑にした。すなわち何世紀もの間眠っていた朝廷の権威を呼び起こしてしまったのである。これが幕府の権威と権力基盤を決定的に弱体化する原因となった。しかし本章の主題は日本の安全保障問題の議論と、現実の政治動向の実態との歴史的過程を考察するものであるから、ここで視点を変え別の問題に焦点を当てなければならない。

開国に決し、一八五三（安政元）年に日米・日英・日露の各和親条約が結ばれると、国内の攘夷運動は倒幕運動と連動し、以後の幕府政権崩壊は急速であった。この幕末動乱期に、反幕勢力の二大雄藩である薩長が、ともに欧米列強に対する周知の「攘夷事件」を起こした。最初は一八六二（文久二）年、薩摩藩主島津久光の藩士が、大名行列の前方行路を横切ったイギリス人一行を斬撃死傷させたいわゆる「生麦事件」であり、いま一つは一八六三（文久三）年五月、長州藩が下関海峡を通過する欧米の船舶を砲撃した「下関事件」である。被害を受けた関係国は、この両藩にそれぞれ報復攻撃を行った。この二つの戦争に通訳として随行したアーネスト・サトウが、その様相を記録している。まず通称「薩英戦争」といわれる、イギリス東洋艦隊が鹿児島湾で薩摩側と砲戦を繰り広げた事件である。

一八六三年八月艦隊は鹿児島湾に入り、薩摩藩に犯人の引渡しと賠償金二万五〇〇〇ポンドを要求したが薩摩側が拒否、イギリス艦隊は賠償金代わりに薩摩藩の汽船天佑丸ほか三隻を拿捕した。これに対し、薩摩側は天保山砲台はじめ各砲台が発砲を始め、そのうちの一弾は旗艦ユーリアラス号艦橋に命中し、ジョスリング艦長と副長ほか水兵七名戦死、六名が負傷した。一方イギリス側も鹿児島の町を砲撃、市街地を焼き払った。「わが方は鹿児島の町を焼き払うため火箭（ロケット）をも発射したが、これは実際うまく行きすぎたほどであった。烈風が吹きつのっていたので、火炎を消そうとする町民のあらゆる努力も無益であったに違いない」。[33] このときのイギリス艦隊の戦闘行動は拙劣で、薩摩側の砲撃による損害が大きかった。結局英国艦隊は戦死一三名、負傷者五〇名を出し、さしたる成果もなく、食料・弾薬・石炭などの補給と船体の補修のため横浜へ引き上げた。「われわれが去るとき、日本の大砲はまだわれわれ目がけて発砲をつづけていた。弾丸は一つも、わが艦隊のところまで届かなかったのであるが。しかし、このようにわれわれを追い撃ちしたので、わが方が数か所の砲台を破壊し、また鹿児島の町を廃墟と化せしめたにもかかわらず、薩摩側では自分の力でイギリス艦隊を退却の止むなきに至らしめたと主張するのも無理ではなかろう」[34]。とはいえイギリス艦隊に搭載されたアームストロング砲の威力は絶大で、その射程距離は薩摩藩の大砲の四倍に達した。後の戊辰戦争などでイギリスから官軍が導入し、幕府側を圧倒した大砲である。

薩英戦争に続くのが「下関事件」であり、こちらは四国連合艦隊の軍事的威力が、サトウにより具体的かつ詳細に記述されている。長州藩の砲撃で「外国船は従来長崎に寄港してから、風波の高いチャコフ岬〔鹿児島県大隈半島先端の佐多岬〕を避けて、愉快に楽に瀬戸内海を通って横浜へ回航するのを常としていたが、今や一隻も下関海峡を通ることができなくなったのだ。これでは、ヨーロッパの威信が失墜すると思われた。日本国内の紛争に頓着なく、如何なる妨害を排除しても条約を励行し、通商を続行しようとする当方の決意を日本国民に納得させるには、この好戦的な長州藩を徹底的に屈服させて、その攻撃手段を永久に破壊するほかはない」[35]というのが欧米諸国の意思であった。英国公使オールコックは、攘夷の急先鋒である長州藩の行動に対し、欧米列強の軍事力の「実力」を誇示して、日本全体にその政治的効果を示そうとした。ときあたかも太平天国の乱を鎮圧した英国陸軍を日本へ転用することも可能となり、これを横浜に集結させた。一八六四（元治元）年八月、イギリス九隻・フランス三隻・オランダ四隻・アメリカ一隻の計一七隻の軍艦に兵員五〇〇〇人を乗せ下関に集結した四国連合艦隊は、まず艦砲射撃によって長州側の砲台を徹底的に破壊、その後陸戦隊を上陸させ長州軍を撃破した[36]。サトウは、ここでも連合艦隊の艦載砲の優越を強調する。「〔艦隊の一部は〕、前田村にある砲台の中央群から約二千五百ヤードの間隔をとって、敵の砲台の着弾距離外のところに投錨した。これは前甲板の百十ポンド、後装式アームストロング砲をもってすれば、充分に弾が敵に達する距離であった」[37]、「ユーリアラス号の発射した最大距離の砲弾は四千八百ヤードのところに達して、砲台の一つにうまく命中した。〔午後〕五時十分までには主要な砲台がみな沈黙してしまったので、撃ち方止めの信号が出た」。この後陸戦隊がいっせいに上陸し、長州側の部隊を撃破、各砲台の大砲をことごとく破壊した[38]。

この二つの事例に共通しているのは、薩長両藩とも強力な欧米列強諸国と、短日時とはいえ実際に戦闘し、手痛い損害を受け、その後攘夷を捨て開国に藩論を転換させたことである。薩摩藩にいたっては、この後イギリスに賠償金（この金は幕府が立て替えたもの）を払って和解し、なんとイギリスと友好関係を結ぶ最初の藩になった。つまり両藩は、ペリー来航時の幕府首脳部が想定した通りの敗北を蒙って、同じ認識に到達したわけである。国家安全保障というテーマに即してこの成り行きをみると、極めてパラドキシカルな政治動向の中にその本質の一端を看取できよう。冷静かつ客観的に彼我の戦力を分析し開国を決断した幕府の決定は激しい反発を招いたが、実際に戦ってその威力を体感した薩長両藩はその後一八〇度転向する。この「転向」により幕藩体制は崩壊し、薩長が勝者となり維新を主導したのである。あるいはこうもいえよう。幕府の「冷静で客観的な判断」は遅きに失したと。

幕府が一八三七（天保八）年、米国船モリソン号の打ち払いを決定したとき、これを知った渡辺崋山が『慎機論』（天保九年頃、未定稿）で、幕府首脳部の世界情勢を見ようもしない「井蛙の管見」を批判し、西欧への認識を改めて対外政策（鎖国政策）の改変を求めた。しかし幕府はこれを許さず崋山は逮捕された（天保一〇年、「蛮社の獄」）。崋山と相前後して、徳川公儀の学問所に勤める儒官の古賀侗庵も蘭学者との交流から海外情報を得て、内密のうちに積極的開国論を構想していた。『海防憶測』（天保九年～一〇年）と題されたその書は、アヘン戦争直前の東アジアに欧米侵略の危機が迫っていることを見抜き、鎖国前には遥か天竺《てんじく》・シャム・安南までも進出していた日本の海洋進出時代を復活して、貿易により国を富ませ、海軍を充実させてこの危機に対抗すべきことを論じた。もし幕府が崋山や古賀の議論に代表されるような開国論を受け入れ、一八四〇年「アヘン戦争」前後の頃、「冷静かつ客観的な判断」をもって開国に踏み切り、貿易による経済発展と海軍力の強化に邁進していたら、その後の歴史はどのような方向に進んだかは興味ある仮定の問題となろう。いずれにせよ「賢者は歴史に学び、愚者は経験に学ぶ」とはいうものの、少なくとも国家安全保障政策の実行に際しては、賢者は愚者に敗北することが多々あることは否めない。ただしこの「愚者」も、「強攻策」の失敗による敗北からよく学ばなければ、後の「勝者」にはなれないのもまた真実であろう。薩長を中心とした勢力は、薩英戦争や下関戦争の敗北によく学び、それによって「勝者」になったといえよう(39)。

ところで「臥薪嘗胆《がしんしょうたん》」という言葉は、日清戦争後の「三国干渉」に対して国民へ隠忍自重を促した明治政府のメッセージであったが、こと国家安全保障政策についての明治政府の基本理念は、その成立以来「臥薪嘗胆」を旨としていたことは明らかである。まず政府は、幕末に結んだ各国との「不平等条約」を改定するため、岩倉使節団を欧米に派遣、「先進国」に学び、これに近づくために涙ぐましい努力をした。さらに近代法治国家たる体制をつくるため、民法や刑法の制定から憲法制定まで拙速を厭わぬ意思で邁進した。無論本来は憲法を先に制定してから各種法律を定めるのが当然であるが、この「場当たり的」ともいえるやり方にもその不退転の意思は現れている。そして行政機構の整備・殖産興業・教育制度の確立など各種近代化の推進は、つまるところ「強兵策」である陸海の軍事力を欧米の水準にまで強化することに尽きたともいえよう。そして、ついには日清・日露の両戦争の勝利により、一八世紀末の江戸期に始まる対露脅威論以来、念願の「海防の基盤」を築いて、ようやく日本の国防体制が確立されたのである。

江戸時代後期から、ロシアの脅威は深刻であった。もしロシアが、樺太や千島から北海道を目指し、同時に朝鮮半島から九州へ侵攻するという、日本の北と西の二方向より攻撃すれば、日本の防衛体制は危うくなる。江戸時代にこのような侵攻があれば、日本はロシアの植民地になるような事態を迎えたかもしれない。しかし日本にとって幸運なことに、二〇世紀初頭まで、ロシアが北方から日本を攻撃するには、シベリア・沿海州・樺太・カムチャツカなどの諸地域は、まだ余りにもインフラが未整備で、日本を征服する後方支援体制はできておらず、ましてや朝鮮半島への進出も行われていなかった。明治になり、日本の陸海軍が整備されると、ロシアにとってはますます北方からの攻撃は難しくなった。そこでロシアは二〇世紀の初頭、ウラジオストクに艦隊を派遣して軍港整備を進め、かつこの港までシベリア鉄道を延伸した。そのうえチタからハルビンを経由して大連・旅順への支線を建設、旅順にも軍港を設けて艦隊を置き、ウラジオ艦隊と両方面から日本海軍を牽制しようとした。さらに鴨緑江河口の朝鮮領内にある龍岩浦に海軍基地を作り始め、朝鮮半島南端まで勢力下におく態勢を見せた。これにより日本を西方から圧迫するロシアの意図は明瞭となった。日露戦争が朝鮮半島をめぐる主導権争いから始まったのも、この半島全体がロシアの勢力圏に入れば、その後ロシアが北方地域の軍事力を強化する日が来たとき、日本は悪夢の北・西二方向からの攻撃を予測しなければならなくなる。日本が明治の初めから日清戦争にかけて、朝鮮半島の動向に極度に敏感になり警戒してきたのもここに理由がある。日露戦争当時の日本海軍は、一方向からの侵攻に対抗する艦隊しか用意できておらず、陸軍も日本北部と西部を同時に守る戦力はなかった。ポーツマス条約交渉のとき、（千島列島はすでに一八七五年の「樺太・千島交換条約」で領有していたので)、日本は樺太の南半分と南満州鉄道の管理権を獲得し、その五年後韓国併合によってその弱点を最終的に克服しようとした。ここに至るまでに維新以来四三年を要したが、その淵源をたどれば、そこには、このような体制をつくらなければ、真の国家安全保障の基盤は確立しないという、江戸時代以来長きに亘ってわだかまり続けてきた日本のトラウマがあったといえよう(40)。

そもそも日本の国防論は、一八世紀帝政ロシアがシベリア・沿海州へ東進し、征服地を広げて、さらに樺太・カムチャツカ・千島などから北海道(蝦夷地《えぞち》)に来航し始めたことによる危機感から興ったのは周知のことである。工藤平助『赤蝦夷風説考』(天明三年:一七八三年)や、林子平『開国兵談』(寛政三年:一七九一年)にはじまる「海防論」の系譜は、後にいわゆる「富国策」、すなわち国防を経済開発と結び付けた本多利明『西域物語』(寛政一〇年:一七九八年、カムチャツカ進出による開発)や杉田玄白『野叟独言』(文化四年:一八〇七年、ロシアとの交易による経済発展を国防との関連で論じる)などの論考へと進展した。そして、ロシアのみならずイギリス船の来航も頻繁になる文政期、会沢正志斎は『新論』(文政八年:一八二五年)を著し、国体論や尊王攘夷論を打ち出すことで、日本の「ナショナリズム」を目覚めさせるための先鞭をつけた。この火種はペリー来航で国内を揺るがす大火となったが、吉田松陰はその火(ナショナリズム)を維新回天のエネルギーへ教導した。彼の弟子たちが起こした明治政府は、渡辺崋山や古賀侗庵の構想した西欧型近代国家を建設し、江戸期以来の「海防論」は、明治の終り近くにようやく一つの解答をみた。

しかしこの後すぐに日本の国防理念は、宿命的ともいうべき深刻な問題を引き起こす。一九〇七(明治四〇)年、政府は日露戦争後の新たな国防・軍事の基本方針として「帝国国防方針」を策定した。この「方針」はその後一九一八（大正七）年、一九二三（大正一二）年、一九三六（昭和一一）年の三度に亘って改定されたが、いずれの場合も陸海両統帥部の主張が対立し、真に国家全体を視野に入れた国防方針にまとめることができなかった。軍部官僚が軍事政策を占有し、政治家による「政治主導」の不在が招いた禍根である。陸軍はロシア（後にはソ連）を、海軍はアメリカを仮想敵国に想定し、ついに日本は統一的な国防方針を持たぬまま、第二次世界大戦に突入した。この間陸海両軍は、作戦行動はもとより、予算の配分から物資の割り当て、軍需工場の監督・発注まですべて独自に行い、極端なところでは飛行機の部品のネジ一つに至るまで別規格にするという事態になり、ついには明治以来営々として築いてきた成果を一挙に失う大敗北を招いたことは記憶に新しい。これを上述の論旨に沿って、いささか「歴史的」に遠望すれば、日本はロシア＝ソ連（大陸から迫る脅威）とアメリカ（ペリー以来の海から迫る脅威）の〝軍事的危機〟に余りにも深く囚われ、「軍事政策」全体を軍官僚の手に委ねるという過ちを犯したことである。「戦争は他の手段による政治の延長である」（クラウゼヴィッツ）という金言を忘れ、「政治主導」を実現できぬまま、日本は米露二つながらの呪縛を、一九四五年の敗戦時まで、ついに振り払うことができなかったといえよう。(41)

第三節　「元寇《げんこう》」から「大航海時代」の〝ジパング〟
——日本はなぜ征服されなかったのか

帝政ロシアに反抗し革命家として長く亡命生活を送ったメーチニコフ（一八三八〜一八八八年）は、数奇な運命の導きで維新直後の日本を訪れ、ロシア語の教師となった。彼はわずか一年半しか滞在しなかったが、西欧とは異なる独自の革命を成し遂げた日本に魅せられ『回想の明治維新』を著してユニークな日本史論や文化論を展開した。この本の冒頭メーチニコフは、フランス郵船の老朽船で日本へ航海する途次、台湾海峡を過ぎ日本近海に入って、目的地を目前にしながら、四日間も激しい時化《しけ》に見舞われる苦しい航海の様子を描いた。この体験がよほど辛かったのか、彼は日本の海洋の様子を次のように描いた。「われわれは日本沿岸を温水で温めてくれるはずの黒潮、つまり〝黒い潮流〟の波間を航行していた。だがそれはあまりに人を寄せつけることを嫌い、気まぐれだった。ほんのわずかな逆風や横風でも、堪えがたいほどの波濤《はとう》が生じ、この海域のほとんど熱帯を思わせる太陽ですら、海面にいつまでも漂う霧と闇をその光線でつらぬくことができなかった」。そしてこれに続く小節「侵略を知らぬ日本」の要因にこの海の存在をあげていう。

「そもそも小国日本がその永遠の内訌と戦乱のなかでも、外国の侵略を一度も受けずにすんだのは、この人を寄せつけぬ岸のおかげだったのだ。この誇り高い島民を服従させようとして、フビライ汗が二度までも大艦隊をさしむけたにもかかわらず、この極東の島民だけは、勇敢にも彼に服従せず、逆にイギリスに刃向かったフェリペ二世の無敵艦隊のように悲惨な運命を嘗めさせたのである。（中略）十六世紀に、スペインとポルトガルが、〝未来の地中海〟ともいうべき太平洋のこの部分を支配しようと躍起になった時でさえ、彼らは無防備なフィリピン諸島のように、日本をも力で征服しようなどとは思いもしなかった。（中略）現代でも、香港－横浜間の航海は、世界中の海事関係者にとって、もっとも困難かつ危険なルートと考えられている。日本南岸の岩礁や珊瑚礁で難破する帆船の数は、毎年かなり多い」[42]。

メーチニコフのいうように、四囲海に囲まれた日本の地政学的位置や気象条件、とりわけその海洋性気候は、本当に外敵を寄せ付けない難関の第一要素なのであろうか。

当たり前のことながら、航空機が発達するまで、日本の出入国は全て船によった。そして相当な荒天でも、安定した航行ができるような大型軍艦や貨客船は、ようやく二〇世紀に入って就航しはじめたから、それまで船舶の日本近海での航行は、頻繁に発生する低気圧による強風（夏の台風のみならず、秋から冬、冬から春の季節の変わり目ごとに吹き荒れる風）と荒波、黒潮などの激しい潮流、多数の暗礁などに悩まされ、難破の危険は常にあった。確かに明治の頃まで、日本を訪れる外国人（日本訪問の記録を残しているのは、大半が欧米人である）の訪問記には、日本近海で荒れた海に遭遇する体験を綴ったものも多い。しかし、冷静に考えれば、海自体が外敵を寄せ付けぬ障壁になるというのは、いささか速断であろう。なぜなら海は、時に陸上よりヒトやモノの移動が容易であり、かつ陸上より大量にそれらを運ぶことができるからである。このことは、太古の昔から地球上各地への人類の移動――特に太平洋の島々への移動を見れば分かることである。日本にも先史時代から、多数の人間が海を越えてきて定住したという単純な事実がその証明である。そもそも大航海時代というのは、あらゆる気象条件や海象条件を克服するために開発・建造された帆船と、天体観測に航海図を組み合わせた操船法により、航海術を高度に発達させることで、全地球的航海が可能になったのであるから、日本が海の障壁によって、常に外敵を撃退してきたかという問いはあまり意味がない。日本に侵攻するのが何ゆえ困難なのかということを問うならば、当然以下のような前提のもとになされるべきである。まず日本に「国家」といえるようなものがあり、そこに権威と権力をもつ「政権」が有効な統治を行うことにより、それに帰属意識を持つ住民がいるところへ、これを攻撃しかつ征服の意思を見せる「外敵」が侵攻したとき、「国家意思」をもって「軍事的」に対抗する日本の征服は、容易か否かという問いである。

日本の歴史上明確に征服の意思を持って外国勢力が来寇したのは、いうまでもなく「元寇」が最初である。そしてこの「国難」のとき、日本の海の利点とそれにともなう気象条件が、敵の侵攻撃退の最たるものとされてきたのは周知のことである。二度の元軍撤退の最大要因は「神風」のお陰という「伝説」は、当時から広く信じられていたらしい。というのは、鎌倉幕府の軍事的努力に加えて、朝廷を中心に全国の神社・寺院も挙げて外敵撃退の祈祷をおこない、元軍撤退後、自らの功績を宣伝するために広く信徒に吹聴したからである。この「伝説」はその後日本人の「共同幻想」となり、第二次世界大戦の敗北まで続いた（現在もまだなんの根拠もなく、日本は海に護られた「安全な国」と思っている日本人が数多いる。そうでなければ日本の安全保障論議がこれほど長く「神学論争」として続いているはずがない。もし日本列島が大陸側に「移動」して、アジア大陸東岸と陸続きになったら、その時われわれはどのような安全保障論議をしているだろうか。このように仮定すれば、やはり「海」の存在が日本人の「安全神話」の意識下に潜んでいるのかもしれない。もちろん今では「核弾道ミサイル」の出現で、「海」はまったく「安全」を担保する要因ではない）。メーチニコフが来日した明治初期の日本では、「神風伝説」は大いに吹聴されていたに相違ないから、自身の航海体験とも相俟って、彼はこの「伝説」を素直に受け入れたに違いない。

しかし「元寇」は、「神風」が撃退したのではない。一二七四（文永一一）年の第一次来寇は、旧暦一〇月二〇日（新暦一一月二六日）であり台風の季節は過ぎていた。ただ秋の終わりから初冬にかけて、玄界灘に低気圧が発生するのは稀なことではない。二〇日に元軍が博多湾へ押し寄せ、赤坂・鳥飼浜合戦、二四日頃大宰府合戦、そして二七日までに船に戻り、その夜南東から北西に吹いた強風にのって、元の艦隊は退却したというのが、最初の侵攻の実態である。なぜ彼らは退却したのか。理由は明白、元軍が日本側の武力抵抗を受けたからである。博多湾に殺到した一万人以上の元軍は、本船から手漕ぎの小船で、兵員のみならず、膨大な武器・弾薬・馬匹・糧食その他、戦闘に必要なあらゆる資材を陸揚げしなければならず、したがって最初に上陸した兵士たちは、武器や糧食など最低限の携行品で戦闘を始めなければならなかった。一万人を超える兵員すべての装備を陸揚げし、完全な戦闘態勢を整えるには、到底一日でできることではない。ところが元軍は、最初の部隊が上陸するなり、日本側の反撃を受け不十分な態勢のままに戦闘を強いられた。小船で小集団ごとに敵前上陸するのは、いつの時代でも困難である。この時元軍は日本側の反撃になかなか予定通りの戦闘を始められなかった。もちろん日本側も、初めて見る大陸騎馬民族の戦闘方式に戸惑い苦戦を強いられたが、決して退却せず、さらに戦場には九州各地からの増援部隊が急速に集結し始めた。結局元軍は、海岸に孤立し殲滅されるのを恐れて日暮れには母船に退却、たまたま吹き始めた東南の追い風に乗って去ったのである。一二八一（弘安四）年二度目の侵攻は、はるかに大規模で一〇万人を超える軍勢が二手に分かれて来寇したが、日本側も博多湾岸の上陸予定地一帯に長大な石造の防塁を築き、特に騎馬軍団の攻撃を有効に防ぎ、頑強に抵抗してふたたび撃退した。このときも元軍は、上陸した海岸での戦闘に手間取り、内陸へ進撃することができなかった。仮に当初の戦闘に勝利して博多湾岸を占領しても、結局元軍は早晩退却することになったであろう。なぜならこのときの元軍には、（食料は現地調達したとしても）次々に攻撃してくる日本軍と戦うための武器など大量の戦闘用物資の補給を続ける能力はなく、さらに重要なことは、自分たちが乗ってきた多くの大船を、絶え間なく攻撃してくる日本船から守るため博多湾岸から離れることができず、内陸への進撃距離が限定されるという点にあった。いずれにせよこの侵攻は、元軍が最初の攻撃部隊に続いて、次々に後続部隊を本国から送り込まない限り、九州北部の占領さえ覚束なかったというのが実情であった[43]。

この経緯から、われわれが受け取るべき教訓は単純だ。それは日本側に、元軍と戦うに必要な戦力を持つ「軍隊」があったということである。しかしただ「軍隊」が存在すればよいわけではない。そのためには、「特定の質を持つ軍隊」がなければならない。

いまこの問題を考えるため、反対の事例となる一つの事件を取り上げよう。それは「元寇」から二五〇年余り後、ペルーで起きた事件である。これをベスト・セラーとなった、ジャレド・ダイアモンドの簡潔な記述でみる。

「ヨーロッパ人とアメリカ先住民との関係におけるもっとも劇的な瞬間は、一五三二年一一月一六日にスペインの征服者ピサロとインカ皇帝アタワルパがペルー北方の高地カハマルカで出会ったときである。アタワルパは、アメリカで最大かつもっとも進歩した国家の絶対君主であった。対するピサロは、ヨーロッパ最強の君主国であった神聖ローマ帝国カール五世の世界を代表していた。（中略）そのときピサロは、一六八人のならず者部隊を率いていたが、土地には不案内であり、地域住民のこともまったくわかっていなかった。（中略）一方、アタワルパは何百万の臣民を抱える帝国の中心にいて、他のインデアン（インディオ）相手につい最近勝利したばかりの八万の兵士によって護られていた。それにもかかわらず、ピサロは、アタワルパと目をあわせたほんの数分後に彼を捕らえていた。そして、その後の八ヶ月間、アタワルパを人質に身代金交渉をおこない、彼の解放を餌に世界最高額の身代金をせしめている。しかもピサロは、縦二十二フィート、横十七フィート、高さ八フィートの部屋を満たすほどの黄金をインディオたちに運ばせたあと、約束を反故にしてアタワルパを処刑してしまった」[44]。

わずか一六八人のスペイン人が、一人の犠牲者も出さず何千人という敵を殺害し、五〇〇倍の人口を持つインカ帝国を征服した。ダイアモンドはこの本のなかで、なぜこれほど容易にスペイン人はインディオを征服できたかについて次のように説明している。「スペイン人のインカ征服において、銃器よりもずっと重要だったのは、スペイン側が鉄製の剣や槍や短剣などを持っていて、ほとんど武装していなかったインディオたちをそれらの武器で惨殺できたことである。（中略）インディオ側の武器である棍棒は、スペイン側の兵士や馬を殴って怪我を負わせることはできても、殺すにはいたらなかった」。またスペイン人は鉄製鎧や鉄兜・鎖帷子などで棍棒から効果的に身を護ったのに対し、インディオたちの刺し子の鎧は、鉄製の武器から身を護れなかったことを指摘し、その上で、（このことは、どの関係書にも書かれているように）、スペイン人が騎馬隊を持っていたことの利点を強調している[45]。

遍く知られているように、大航海時代以後ポルトガルやスペインによって、中南米をはじめアジア・アフリカなど広大な地域が征服された。その征服の様態は地域によっていくらかの相違はあっても、ほとんど少数の冒険者・征服者たちがそれらを攻撃・占領・統治している。その征服はダイアモンドの指摘するように、鉄製の武器・防具や騎馬隊による「軍事的優越」によって行われた。征服された地域には、軍隊はもちろん武器さえもろくに持たない住民のいたところもあるが、インカ帝国のように王の下に大規模な軍隊が組織されているところもあり、また強力に武装した原住民がいる地域も無数にあった（マゼランはフィリピンで、クックはハワイで、ともに原住民との戦闘で殺害されている）。ポルトガルやスペインに続いて、イギリス・フランス・オランダ・アメリカなどがさらに征服地を拡大した。いずれも少数者が、多数者の住む広大な地域を植民地にしている。なぜこのようなことが可能になったのか。

ここでもう一度、上述の「元寇」の問題に戻り、これを撃退した日本側の「軍隊」の「質」の問題に立ち返らなければならない。

結論から先にいえば、日本の当時の政治体制が、西欧中世と似かよった「封建制」であり、この体制に基づく武士たちの「軍隊」が存在していたこと、これが決定的に重要であったということである[46]。「元寇」の時代は鎌倉幕府成立後八〇年を超え、その体制は成熟していた。「封建的土地所有」の定義はともかく、鎌倉武士（独立自営の武装農場主）たちは、自らに「安堵」された土地を、文字通り

「一所懸命」に保持育成した。この過程で土地所有者（封建領主たる武士）を頂点とする「一族郎党」の主従関係が堅固に築かれ、この土地に帰属する農民もそれに組み込まれる。この場合重要なことは、こうした社会関係には一定の「法的規範＝上下の双務的社会契約」が働いていたことで、いわゆる「専制的領主」が恣意的に家来や農民を支配したのではないということである。土地に堅く根を下ろし、社会的な規範によって緊密に結ばれた「武装せる自治的人間集団」が、鎌倉武士の基盤であった。このような地方小権力の集合体の上に、幕府は「武家の棟梁＝征夷大将軍」の権威と権力をもって全国を統治した。日本に侵攻した元軍は、それぞれ「自立した」武装集団の「連合体」と対峙したのである。鎌倉武士はまったく異なる異民族との戦闘で、火薬や短弓の大量集中使用などにより、最初は大いに戸惑い不利な態勢に陥ったが、すぐにこれを克服し粘り強く戦った。鎌倉武士が、伝統の一騎打ち戦法で苦戦したと言われるのは「伝説」であり、事実有名な「蒙古襲来絵巻」などには、武士が集団で戦闘している様子が描かれている。[47]この時、なによりも重要であったのは、この戦いに馳せ参じた全ての武士およびその一族郎党たちが、当時の幕府と朝廷を一丸とした、「異民族撃退という統一的国家意思」のもとに戦っていたことである。武力を基盤として成立した鎌倉時代の「封建社会」は、源平の戦い以来の戦闘で鍛えられ、この間複雑な「規範」による濃密な人間関係を形成してきた。このような社会は、異民族の攻撃にもなかなか崩れることはない。

　巨大な騎馬軍団を主戦力に、ユーラシア大陸の西も東も疾風迅雷の勢いで征服した「モンゴル帝国」は、一二四一年、当時神聖ローマ帝国の東端「リーグニッツ（ワールシュタット）の戦い」でドイツ・ポーランド連合軍を敗走させたが、その後ドイツ各地の封建諸侯や自治都市との戦いでは大きな損害を出し、戦力を消耗して退却した。こうしてモンゴル軍は、（異教徒との戦いという「統一意思」を持った）ヨーロッパの「封建制」が確立していた地域（他にはエジプトのマムルーク朝）でその攻勢終末点を迎えたが、東の日本においても、その侵攻は頓挫したのである。

このような歴史的前提に立って大航海時代以後の世界をみれば、地球上の大半が欧米諸国の植民地にされてしまった理由が見えてこよう。すなわち堅固な「封建社会」を持たなかったところが、大半征服されてしまったのである。一方大航海時代に日本へ来航したポルトガル人やスペイン人は、鎌倉時代とは比較にならない長い戦乱で鍛えられた、戦国時代の社会と向き合った。本章冒頭にも記したように、そもそも大航海時代を誘発したのはマルコ・ポーロの「ジパング伝説」ではなかったか。一五四三（天文一二）年（異説では一四五二年）は、最初のポルトガル人が種子島に漂着、わが国では「鉄砲伝来」として名高い年であり、西欧人から見ればついに「ジパング」へ到達した年である。ポルトガルやスペインの世界征服を担う尖兵たる「イエズス会」のフランシスコ・ザビエルが日本を訪れたのは、それから六年後の一五四九（天文一八）年のこと。中南米などでは、イエズス会士によって住民たちをキリスト教徒に改宗させた後、植民者たる「コンキスタドール」たちがやってきて、徹底的な略奪・殺戮・破壊がその地で起きたが、日本では植民地をつくるどころか、後には秀吉によって逆に追い払われてしまった。

ところで本章では、これまで「海」が日本を護ったのではないことを強調してきた。しかし日本の社会構造そのものが、「外敵」を排除する基本的要因を備えていることを論じた〝後〟では、「海」が（核弾道ミサイルが出現する以前の）日本にとって重要な「安全障壁」であったということは許されよう。「元寇」の場合、すでにその「利点」は明らかにみえていた。元軍が日本に侵攻するには、大軍を船に乗せて遠征させなければならない。それにはまず遠征用の軍船を建造して兵士を乗せ、日本への航海に熟達した多数の船員を徴用し、武器・食料・馬匹なども積み込むため、莫大な費用が必要だった。とくに馬は元軍の「主要兵器」であるから、もちろん多数を船に乗せたが、航海の途中で多くが死んだり衰弱したりした。騎馬軍団の大量運用なくしては、世界帝国の元といえども、簡単に日本を征服できるものではなかった。また大陸国家である元帝国が「海軍」を運用するには、東シナ海や高麗の「海の民」に命ずる以外にはない。陸上戦闘ではおそらく当時最強の元軍も、この場合帝国内の被征服海洋民を先に立てて侵攻したはずである。そしてこれらの被征服民の兵士たちは、はじめから戦意を欠いていたため、この「代用戦力」では攻撃成功はおぼつかなかった。また先述のように、元軍の海からの侵攻には、兵士も軍用物資もすべて本船から小船に移し変え、（戦闘をしながら）各個に陸揚げしなければならなかった。機械力のない時代、これは途方もない時間と手間のかかる作業である。侵攻する先に、相手の部隊がいないか、いてもすぐに降伏しない限り、やはり海からの侵攻は困難なのである。

これに関連してみるべきは、日本と深い交流の歴史を持つ海洋国家オランダのケースである。オランダは、一時インドから東南アジアにかけて広大な植民地を領有していた。しかし日本にとってオランダは、鎖国時代の世界への窓であり、江戸期を通じて日本人の科学・思想・文化の形成に常に刺激を与え続けた唯一の国であった。オランダの存在なくして、近代日本の成立は考えられない。かようにオランダは、江戸時代の日本に「好意的」な国であった。それゆえ日本では、オランダは西欧近代の模範国であり、史上初めて近代ヒューマニズムに基づく国家を築き、世界との交易商業で繁栄する「平和国家」と見られている。国際法の父グロティウス、絵画の巨匠レンブラントなどの存在が、この評価をより押し上げた。しかしひとたび眼を東南アジアに向ければ、そこではオランダの長きに亘る苛烈な植民地支配の実情が見えてくる。例えば「蘭印」すなわちオランダ領インドシナ（現在のインドネシア）では、一八三〇年、ファン・デン・ボッシュ総督の下に、「強制栽培制度」なるものが実施された。この制度は、植民地政府が現地農民にコーヒーや砂糖黍、藍、煙草、胡椒などを強制的に栽培させるもので、オランダはこれらの熱帯作物を大量にヨーロッパへ輸出して莫大な富を築いた。藍や砂糖黍は水田を転用して栽培されたから、当然コメ（この地では二毛作ができるため、もっとも収穫量の多い穀物）の生産は激減した。

「この強制栽培制度の特色は、農産物の種類を制限し、欧州市場で利益を挙げ得るもののみを栽培したことである。特に珈琲は重要視した。島民は今まで主要食物であるところの米の栽培に時間と労働を費やしてきたが不馴れな珈琲、砂糖、藍などの栽培に多大の犠牲を忍ばねばならなかった。（中略）米作ならば二毛作が可能であるが、砂糖、甘藷は十ヶ月、十一ケ月を要する。砂糖、甘蔗は米よりも安価な上に時間と労力を要するのである。（中略）この強制栽培制度は生活必需品であるところの米の生産低下となり、凶作、飢饉の形にも表れ、チエリボン、デマックなどでは丘に珈琲が豊かに稔り野に甘蔗が立派に成熟していながら、農業者は食を求めて餓死した。デマックなどでは二ヶ年の間に人口は三分の一になったといはれている」(48)。

これはほんの一例に過ぎず、この西尾編『GHQ焚書開封2』第四章に収録された「オランダのインドネシア侵略史」には、さらに残虐な支配の実態がオランダ人の学者によって描かれている(49)。

つまりここでみるべきことは、ヨーロッパで最初の近代共和国を築き、信仰の自由と人権に基づく市民社会を生み出したオランダも、植民地支配では悪辣をもってなる他の西欧諸国と異なるところはなかったということである。そのオランダが、江戸期を通じて日本を植民地化する気配を見せなかったということが、日本支配の困難さを証明している。オランダ船が日本に初めて来航したのは、一六〇〇（慶長五）年豊後臼杵湾に漂着したリーフデ号（船長カーケルナック、ウイリアム・アダムスやヤン・ヨーステンなどが乗り組む）であるが、船長カーケルナックは徳川家康から通商許可状を受け、一六〇五年タイのパタニにあるオランダ東インド会社に帰還した。これに応えて東インド会社は、一六〇九（慶長一四）年平戸にオランダ商館を開設。その後家光の鎖国政策により、一六四一（寛永一八）年オランダ商館は長崎の「出島」に移された。以後一八五九（安政六）年の商館閉鎖まで、彼らは実に二五〇年もの間、この「出島」で日本との交易を続けるのである。日蘭交易の歴史をオランダ側から見れば、まったく屈辱的な低姿勢で行われたといえよう。オランダ人は、わずか四〇〇〇坪にも満たない「出島」に閉じ込められ、商館長は定期的に江戸へ上り将軍に謁見しなければならなかった。日本でこのような待遇に甘んじたのも、交易の利益が莫大であったためだが、東南アジア植民地での横暴な支配者の立場とは天地の格差に、オランダ人が何の「違和感」も持たなかったはずがない。もちろん彼らは、日本も東南アジア植民地のように支配したかったであろう。いずれにせよオランダは、日本と交易を始めた最初から、あらゆる努力を傾注して日本を調査していた（オランダのライデン大学のシーボルト・コレクションの徹底ぶりは、西欧人の飽くなき好奇心と探求心を物語るが、これこそ彼らが異国を根こそぎ搾取する精神と通底している。シーボルトは、伊能忠敬の『日本地図』まで持ち出した）。一七世紀のオランダは、海洋帝国として最盛期にあり、軍事的に可能なところはことごとく植民地化した。しかしこのオランダの海軍力と富をもってしても、日本攻略は困難との判断を下したのであろう。蒸気船が発明され、強力な大砲が出現し、欧米の武力が世界を圧倒し始めた頃、徳川幕府の力が衰え始めた。この実態を最もよく知っていたのはもちろんオランダであったが、そのときオランダの国力は低下し、欧米列強から脱落していた。したがって、オランダは日本への強圧姿勢を取らず、むしろ幕府への「助言者」として、最後まで「従順な交易国」の立場を取り続けたのである。

第四節　むすび——海洋国家日本の「幻影」

このようにその長い歴史において、日本は外国に征服され植民地として支配されることがなかった。第二次世界大戦で史上初めて敗戦国となり、アメリカの「事実上の植民地」になるまでは、元寇の失敗以来日本に侵攻しこれを植民地にするような国は現れなかった。そのアメリカですら、太平洋の戦い、例えばペリリュー島や硫黄島の苦戦はもちろん、沖縄攻略戦ではどれほど大きな戦力を投入し、かつ多大の損害を出してようやく占領できたか、アメリカの戦史が繰り返し強調している(50)。しかも、これらの戦闘が起きた時期の日本は、もはや戦力が枯渇し敗戦目前の、気息奄々たる時であった。海洋国家日本が、いかに攻略するに困難な国であるかを示している。

しかし、ここで再び議論は反転する。この海洋国家日本の「神話」は、先の大戦で「幻影」と化していたことも明らかであった。この戦争における日本の敗因を挙げれば、決定的なものだけでも十指に余るが、なかでも必ず指摘されるのが、アメリカの潜水艦による、日本の海上輸送路破壊作戦の打撃である。日本海軍の作戦家たちは、「日本海海戦」の再現を夢見て、華々しい艦隊決戦ばかりを構想し、現代戦が補給の戦いであることを理解しようとはしなかった[51]。戦後来日したアメリカの「戦略爆撃調査団」は、米潜水艦による日本の輸送船撃沈による補給路の遮断が、日本の戦力を奪った最大の要因であると報告している[52]。この問題にはすでに、第一次世界大戦時のイギリスに重要な先例があった。この大戦でイギリスは、ドイツの潜水艦攻撃により、海外からの補給物資を積んだ大量の輸送船が撃沈され、戦争継続が危ぶまれる重大な事態となった。ところが、戦艦中心の艦隊決戦しか念頭にない英海軍首脳部は、この問題の対処に一貫して消極的であった。英海軍首脳部は、その長い栄光の歴史の中で、艦隊決戦の勝利こそ「海上権力」維持の要諦であると確信していたからこの態度は当然であった。この伝統に挑戦することは容易ではなかったが、時の首相ロイド＝ジョージは、目前の危機を打開するため首相命令を発し、海軍首脳部に輸送船団を護る護衛艦隊の編成を命じた。そして、これが功を奏してようやくイギリスは危機を脱したのである[53]。第二次世界大戦でもイギリスの輸送船団は、さらに激しいドイツの潜水艦攻撃を受けたが、大規模な護衛艦隊の随伴や、航空機による空からの監視と攻撃、O・R・システムの開発と運用、ドイツの暗号解読などの対策を総動員して乗り越えている[54]。

日本は、政治家も軍人もこの教訓を全く学ばず、日米戦争を戦った。戦時・平時を問わず、海洋国家は海の輸送路を絶たれれば、たちまち国家存亡の危機となる。海洋国家に強力な海軍が必要であることは、日本も幕末の危機から学び、海軍建設に邁進して日露戦争を乗り切った。しかし第一次世界大戦によって、現代戦争の様相は決定的に変化した。すなわち、戦争の長期化と国家・国民のすべての資源を動員する「総力戦」である。このような戦争においては、勝敗の鍵は国外から本国へ大量の軍用・民生物資を調達し、一方戦場へは兵員とともに大量の武器・弾薬・食料などを輸送して補給を続けなければならない。勝敗の帰趨は、このような後方補給能力をいかに効率的に維持するかにかかってくる。これには多数の輸送船を建造し、その輸送船団を守る強力な護衛艦隊を随伴させなければならなかった。実際の歴史では、護衛艦隊を随伴しない日本の輸送船団は、アメリカの潜水艦にことごとく撃沈されてしまった。日本は第一次世界大戦後、特にイギリスの戦訓から、そのことを学ばなければならなかったはずである。[55]だが日英同盟のもとでもそれを学ばず、日露戦争時代の艦隊決戦にこだわり続けたのは、日本の海軍軍人の無能の故だが、日本の政治家に、「政治主導」でこれを打開しようとする一人の「ロイド＝ジョージ」も出なかったことのほうが、さらに大きな問題であろう。このような政治家を持てないのは、戦争の歴史から目を背け「ダチョウの平和」を謳歌するわれわれ国民の意識の故であり、現代日本の安全保障問題は、つまるところこの点に帰着する。

（注）

（1）瀧川政次郎『東京裁判を裁く』慧文社、二〇〇六年、三～四頁。〔 〕内は引用者の補足。以下同。
（2）阿羅健一『日中戦争は中国の侵略で始まった』悟空出版、二〇一六年参照。
（3）江崎道朗『コミンテルンとルーズベルトの時限爆弾』展転社、二〇一二年参照。
（4）岡部伸『消えたヤルタ密約緊急電』新潮選書、二〇一二年参照。
（5）田中秀雄『日本はいかにして中国との戦争に引きずり込まれたか』草思社、二〇一四年参照。
（6）東郷茂徳『時代の一面――大戦外交の手記』中公文庫、一九八九年、一五二頁、この時の東郷の外交能力に問題があったことは、佐藤元英中央大学政策文化総合研究所所長が、「東郷外相は日米開戦を阻止できた」文藝春秋、二〇〇九年三月号で具体的に論じている。
(7) ハミルトン・フィッシュ『ルーズベルトの開戦責任』（渡辺惣樹訳）草思社、二〇一四年参照。
(8) 当時の外交の重鎮たち、重光葵・吉田茂・佐藤尚武などは、東郷に辞任して内閣を倒し、開戦を阻止するように説いたという（佐藤、前掲論文）。
(9) 小室直樹『日本の敗因』講談社、二〇〇〇年、および別宮暖朗『誰が太平洋戦争を始めたのか』ちくま文庫、二〇〇八年を参照。
(10) 平間洋一『日英同盟』角川ソフィア文庫、二〇一五年、一〇八～一一七頁。
(11) 別宮、前掲書、一四～一八頁。
(12) 松方冬子『オランダ風説書』中公新書、二〇一〇年、一六四～一七八頁、渡辺惣樹『日本開国』草思社、二〇〇九年、一八二～一八五頁。
(13) アーネスト・サトウ『一外交官の見た明治維新』上、岩波文庫、一九六〇年、四九頁。
(14) 吉田常吉・藤田省三・西田太一郎『吉田松陰』〈日本思想体系54〉岩波書店、一九七八年、四三一頁。
(15) 佐賀県武雄市図書館の資料館蔵。
(16)『吉田松陰』、前掲書、四三一頁。
(17) 渡辺、前掲書、一八四～一八六頁。
(18) 同書、一八三頁。
(19) 浅川道夫『江戸湾海防史』錦正社、二〇一〇年、四一頁。
(20)『吉田松陰』、前掲書、四三二頁。
(21) 渡辺、前掲書、六八頁。

(22) 同書、一一二～一二四頁。
(23) 浅川、前掲書、五一頁。
(24) 三谷博『ペリー来航』吉川弘文館、二〇〇三年、一一七頁、北原進『百万都市江戸の経済』角川ソフィア文庫、二〇一四年参照。
(25) 三谷、前掲書、一二二～一二四頁。
(26) 欧米では、小銃の弾丸装填を後装式に改良し、また薬莢とそれに尖頭弾をつけた弾丸使用が始まるのは一八四〇年代初め頃であり、すぐに連発式も開発されている。幕末から明治初頭にかけては、欧米で小銃や機関銃が急速に発達した時期である。金子常規『兵器と戦術の世界史』中公文庫、二〇一三年、一〇一～一二〇頁。
(27) 兵頭二十八『日本の戦争Q&A』光人社、二〇〇六、二八～三〇頁。
(28) 渡辺、前掲書、一八六頁。
(29) 同書、四八頁。
(30) チャールズ・マクファーレン『日本――地理と歴史』(渡辺惣樹訳) 草思社、二〇一〇年、二一〇頁。
(31) 合衆国海軍省編『ペリー提督日本遠征記』(大羽綾子訳) 法政大学出版局、一九五三年、二〇頁。
(32) 加藤祐三『黒船前後の世界』ちくま学芸文庫、一九九四年、九六頁。
(33) アーネスト・サトウ、前掲書、一一〇頁。
(34) 同書、一一一頁。
(35) 同書、一一六頁。
(36) 同書、一二四～一六三頁。
(37) 同書、一二八頁。

(38) 同書、一二九〜一三八頁。
(39) 三谷、前掲書、三六〜三七頁、入江隆則『敗者の戦後』文春学芸ライブラリー、二〇一五年、二五四〜二五六頁。
(40) 兵頭、前掲書、二〇〜二四頁。
(41) 別宮暖朗『帝国海軍の勝利と滅亡』文春新書、二〇一一年参照。
(42) メーチニコフ『回想の明治維新』（渡辺雅司訳）岩波文庫、一九八七年、三一〜三四頁。
(43) 今谷明『封建制の文明史観』ＰＨＰ新書、二〇〇八年、二六〜四八頁。
(44) ジャレッド・ダイアモンド『銃・病原菌・鉄』上巻（倉骨彰訳）草思社文庫、二〇一二年、一二一〜一二三頁。
(45) 同書、一三八〜一三九頁。
(46) 以下「鎌倉封建制」と「元寇」問題の記述については、今谷、前掲書に依拠している。
(47) 新井孝重『蒙古襲来』〈戦争の日本史7〉吉川弘文館、二〇〇七年参照。
(48) 大江満雄「蘭印・仏印史」、西尾幹二編『ＧＨＱ焚書開封2』徳間書店、二〇〇八年、八九〜九一頁。
(49) デ・クラーク「蘭印侵略史」前掲書所収。
(50) 米国陸軍省編『沖縄　日米最後の戦闘』光人社ＮＦ文庫、二〇〇六年参照。
(51) 大井篤『海上護衛戦』学研Ｍ文庫、二〇〇一年参照。
(52)『現代史資料（39）太平洋戦争（五）』みすず書房、一九七八年参照。
(53) Peter Clarke "*Hope and Glory*" (The Penguin History of Britain 1996) pp. 87-88.
(54) Ｗ・Ｓ・チャーチル『第二次世界大戦』３（佐藤亮一訳）河出書房新社、一九七五年、七〇〜八〇頁。
(55) これこそ、現在の日本人が何度でも学ばなければならない「補給」を巡る「戦訓」である。今日この点についての指摘は、少数の有意な研究者によって進められているが、国民的常識に定着していない。なお、この問題についての最初の実証的な数字に基づく重要研究文献は、前掲の大井篤『海上護衛戦』である。この書は、一九五三年に日本出版共同から出された後は長らく入手困難となっていたが、一九九二年に朝日ソノラマから出版された。しかしこの出版社の倒産で再び本書は入手困難となっていたところ、二〇〇一年二月に学研M文庫から発行された。ところが、この学研M文庫も今や店頭から姿を消している。この書に続く補給を主要テーマにした著書には、森本忠夫『魔性の歴史――マクロ経済学からみた太平洋戦争』文藝春秋社、一九八五年、(後に文春文庫に収録)がある。

(村山高康)

第五章　第二次世界大戦と「日本の戦争」を考える
――書評による試み

第一節　序　文

「第二次世界大戦と『日本の戦争』」というタイトルには、いくらかの説明が必要であろう。一見この自明ともいえる先の大戦と日本の関係も、少し掘り下げれば必ずしも単純ではないからである。日本国政府は、一九四一（昭和一六）年の対米英宣戦に際して、この戦争を「大東亜戦争」と称したが、敗戦後はアメリカ側の呼称にしたがって「太平洋戦争」という場合が多い。しかし当然のことながら、「大東亜」も「太平洋」も、この「大戦」の〈一部〉をなしているに過ぎない。また近年ではこの点を補うつもりなのか、「アジア・太平洋戦争」なる呼称を用いる論者もいるが、それとてこの「大戦」の総体を表しているわけではない。一九四一（昭和一六）年一二月八日、ハワイと香港・フィリピン・マレー半島などへの攻撃により、日本が米英へ宣戦布告し、独伊もアメリカに宣戦布告して、「第二次世界大戦は世界に広がった」と日本の高校の教科書などには書かれているが、一般的に日本人はこのような記述で先の大戦を認識しているのであろう。戦後七〇年を越えた現在、われわれはこうした「単純」な歴史観をもって、先の大戦を回顧するだけで事足りるのであろうか。

日清・日露・第一次世界大戦から第二次世界大戦まで、独自の分析で独創的な戦争史を書き続けている歴史家の別宮暖朗氏は、『誰が太平洋戦争を始めたのか』(1)の第一章で、第二次世界大戦を「五つの戦争」の複合体とみることを提唱している。すなわち、①一九三七（昭和一二）年八月、「第二次上海事変」での蔣介石軍の攻撃に始まる「支那事変」：今日いうところのいわゆる「日中戦争」、②一九三九年九月ドイツのポーランド攻撃：「ポーランド戦」、③一九四〇年五月からのドイツのフランス・ベルギー・オランダなどへの攻撃：「電撃戦」と対英航空戦：「バトル・オブ・ブリテン」、④一九四一年六月ドイツのソヴィエト連邦攻撃：「独ソ戦」、⑤一九四一年一二月、日本の対米英戦：「太平洋戦争」である。確かに第二次世界大戦は、様々な局面で複雑な対立・連合が錯綜し、最終的にアメリカの参戦により連合国と枢軸国の対立構図が生まれたが、それでも日ソ間は一九四五（昭和二〇）年八月七日まで「中立状態」にあった。こうしてみれば、別宮氏の提唱のように、この「大戦」を大きな枠組みに「分類」して、この戦争の重層的で立体的な様相を把握し、それを多角的に解明することが必要となろう。上述のような理由で、日本の「先の大戦」への関わりを解明するためには、第一に日本と満洲・シナ大陸における込み入った歴史を念頭におかなければならず、それゆえ別宮氏も第二次世界大戦考察の冒頭に、「支那事変」を取り上げているのは当然といえるのである。

ただし別宮氏の著書における考察の主眼はこの点についてではない。表題にあるように、『誰が太平洋戦争を始めたのか』をつきとめることである。というのも先述の五つの戦争を開始する明確な政治決断を「誰が」下したのかといえば、すなわち第一の戦争は蒋介石が、第二から第四まではヒトラーが下したことは明確であるにもかかわらず、第五の「太平洋戦争」つまり日本の対米英戦は、誰がどのように決定したのかは極めてあいまいだからである。別宮氏の著書で、独創的な分析が際立つのはこの点をめぐってであるが、本章後半の鳥居民著『山本五十六の乾坤一擲《けんこんいってき》』[2]についての筆者（村山）の論評は、まさにここに焦点を当てたものである。

ところで、別宮氏の前掲書にいう第一の戦争である「支那事変」について、その第一章における重要な指摘は、一九三七（昭和一二）年八月一三日のいわゆる「第二次上海事変」を、今日いうところの「日中戦争」の真の始まりとしたことであろう。七月七日の「盧溝橋事件」は、定説のようになっている発火点ではないという。そのうえでこの戦争勃発の背後に、一九三〇年代初期からナチス・ドイツの蒋介石政府支援があった点を重視している。蒋介石はワイマール時代のドイツ軍部とすでに交流があったが、ナチス・ドイツ成立以後さらに関係を深め、一九三六年四月には、「クライン条約」（通称「ハプロ条約」、一九三四年ドイツ軍のクライン大尉が設立したハプロ社＝工業製品製造会社の名目で作られた、実際は秘密の武器製造会社）を極秘の内に結んだ。ナチス・ドイツ政府は、ワイマール時代に引き続き軍事顧問団を送り、彼らの軍事指導とドイツ製武器の供与により、蒋介石を日本との戦争に誘導する工作をしていた[3]。第二次上海事変に動員された二〇万人を超える蒋介石軍の作戦行動、ドイツ製最新兵器の装備、大規模で最新技術を駆使した陣地構築など、すべてドイツ軍事顧問団の働きによる。中華民国政府は、ナチス・ドイツと「同盟」を結んでいたが、今日「日中戦争史」を日本の「侵略」として描く論者はこの事実をほとんど無視している。もちろん、日本の中高生が学ぶ日本史や世界史の教科書にも出ていない。しかし、南京陥落で蒋介石軍の敗北が決定的になると、ドイツ大使トラウトマンが日中和平工作に動いたことは全ての本に書かれている。なぜここに突然「ドイツ大使」が登場するのか、その不可思議さは語られない[4]。

日本のその後の蒋介石軍との泥沼の戦争状態は、大戦終了の一九四五年八月まで続き、対米英戦死闘中にもかかわらず、この間日本陸軍は大軍をシナ大陸に張り付けていた（後述の、一九四四年四月から始まった、いわゆる「大陸打通作戦」に関する第二節を参照）。陸軍に関する限り、日本は「片腕」で米英と戦っていたようなものである。日本はそれだけ満洲やシナ大陸に拘ったともいえるが、一方連合国側から見れば、日本の大軍を最後まで大陸に挽きつけた蒋介石の役割が大きかったともいえるのである。日本は戦争において、最も禁忌とされる「二正面」に敵をつくって戦った。それも太平洋や東南アジアでは、世界最強の米英軍と戦ったのであるから、その「無謀」ぶりを非難されてもやむをえない。この日本の「暴走」は、計画的「侵略」というにはあまりに「不可思議」な問題が随所に散在している。そこには、いまだ日本国民共通の歴史認識には至っていない歴史の「暗部」がある。

先の大戦の問題解明には、まず別宮氏の指摘されるように「支那事変」に至るまでの日中関係史の細部に亘る解明と、シナ大陸での戦争の時系列的で詳細な解明が必要である。別宮氏は、「支那事変」を〈プレ第二次世界大戦〉と位置付けられているが、それはこの戦争にドイツ・イギリス・アメリカ・ソ連という、第二次世界大戦の主要国すべてが関わっていたからである。さらにいえば、世界大戦への最終的な引き金を引いたことになる日本の対米英宣戦は、日本の側からの理由づけの主要なポイントの一つとして「支那事変解決」への「糸口」にしようとする「願望」さえもあったのである[5]。

結局日本（特に戦争の主導権を海軍と競った陸軍）は、この大戦の最後までシナ大陸や満洲から離れることが出来なかった。この日本の大陸への「深入り」は、単なる「行き掛かり」とはいえない問題であった。日本政府と陸軍首脳部は、「支那事変」勃発以来敗戦まで、さまざまな局面で蔣介石との「和平」を模索していたことは事実であり、当時の政府・軍部の意識の底では、対米英戦争への重視の「度合」が、大陸に比して本当に大きかったのかということさえ疑われるほどである。また「不可思議」にも、蔣介石との「和平」が進みそうになると、その都度それを阻害する動きが現れ、ついに「和平」は実現しなかった。これは、陸軍軍人たちが陸軍の「利権」や自分の「勲章」をもらう機会がなくなるなどという卑小な理由で、「和平」をつぶそうとしたためともいわれるが、決してそれだけに留まらないより大きな「動き」が、交戦国や日本国家中枢の「深部」にあったともいわれる。戦後も七〇年以上が過ぎ、徐々にではあるがこれまで公開されていなかった戦前・戦中の資料が現れ始めた。この時期の日本国内では、内外から対中対米英を問わず、「和平」への動きを止めようとする「力」が働いていた状況も次第に浮かび上がりつつある。後述の鳥居民氏による、未完に終わった長大な日本近代史『昭和二十年』(6)は、まさにこの問題に取り組んだ先駆的労作であろう。

いずれにせよ、蔣介石の国府軍と毛沢東の共産軍へは、米英ソが絶えることなく支援を続けていたのであるから、「和平」などこれらの連合国が認めるはずもなかった。「支那事変」を解決できないいまま米英と戦争するという「決断」こそ、日本の敗北を決定づけたといえよう。

第二次世界大戦後の日本では、「善い戦争」と「悪い戦争」の対比が繰り返し論じられ、この戦争を「悪い戦争」として「反省」する姿勢が強調される「論考」や「映像作品」などが多数発表されてきた。これは先の「戦争」の歴史的評価と重ね合わせて議論され、戦前・戦中の日本のあり方に「倫理的決着」をつけることが、「戦後七〇年」のわが国の「国のかたち」に合致するという立場から生まれたものである。一方このような「決着」に反発し、戦前・戦中の日本を「倫理的」に「断罪」する歴史認識への反論や反証も多数発表されている。わが国の戦争とその歴史問題に関するこうした議論は、戦後七〇年このかた飽くことなく繰り返されてきた。それらはすべて無意味であるとはいえないが、ただ「わが国は、戦前の一時期国策を誤り，他国を『侵略』した」（戦後五〇年の一九九五年村山富一首相談話の趣旨）というような内容で、戦前の日本の歴史的過程を「総括」するだけでは、歴史の教訓を日本国民全体の「資産」として定着させるには何の役にもたたない。なぜなら、現在の日本国民が学校で教えられる戦前・戦中に対する「歴史的知識」は、極めて「貧弱」かつ「定型的」で底の浅いものでしかなく、特に「日清・日露戦争」以後の東アジア大陸との関係史の複雑な経過については詳しく教えられていないからである。自社さ政権時の村山首相談話は、特に東アジア大陸への日本の「侵略」を「反省」したものというが、彼はこの談話を発表した時の記者会見で、「日本はどの時点で、どのように国策を誤ったのか」と記者から問われても、内容のある答えができなかった。これは村山首相が、戦前の日本の「誤り」を糾弾はするが、自国および世界の近現代史をほとんど勉強しないまま、中高生の歴史教科書の内容を表面的に鵜のみにした程度の知識しか持ち合わせていない人物であることを物語っている。このことは、彼が現在の日本国民の平均的な「歴史知識」を代表する人物であることの証明でもある。だが一方で、村山氏レベルの「知識」で日本を「断罪」することは、広くマスコミにも定着しており、ひとたびこれに異議を立てると、かえって批判・攻撃される風潮が続いている。一方的に日本が断罪されることに、なんとなく疑問を覚える日本人でも、正確な歴史知識で反論できないため口をつぐみ、戦勝国アメリカやそれに追随して「利益」を受ける諸国からの「糾弾」には感情的な反発を内攻させている。これは不健全な「ナショナリズム」を醸成させる原因となる。

日清・日露戦争後の日本が、東アジア大陸に足場を築いてから一九四五（昭和二〇）年の敗戦まで、どれほどの複雑な国際的利害関係がこの地域を巡って錯綜していたことであろうか。そこは単に東アジアに留まらず、世界政治を揺るがす「震源地」でもあったのである。

「国策を誤った」としたら何時どのように誤ったのか、その時々の時代状況にまでさかのぼって細部に亘る検討が必要であろう。幸いにして、近年ようやく連合国側の機密資料も徐々にではあるが開示され始めた。例えば、ソ連崩壊後の一時期大量に持ち出された機密資料や、二〇〇五年に開示されたアメリカの『ヴェノナ』文書[7]などを、改めて参照しなければならない。

そもそも近代主権国家の行う諸政策について、「善悪」の価値判断をもって判定を下そうとするような「学問研究」は、マックス・ヴェーバーを持ち出すまでもなく、社会科学の正統的な研究姿勢とは言えない。戦後七〇年を過ぎた現在、戦前・戦中の日本近現代史および国際政治史を論ずるなら、「倫理感」や「価値判断」を離れて、日本は「その時」どのような事態の中にあったか、国策としてどのような「選択肢」がありえたのか、誤った国策とは「どのような誤り」であったのか等々について、客観的に分析しなければならない。多くの災厄をもたらした「戦争の歴史」を論ずるならなおさらのことである。そうすることによってのみ、日本国民が今後の国際社会において、「国策の誤り」を避ける「知恵」を蓄積できるであろうし、またそれによって「成熟した日本」の世界への「貢献」も可能となるであろう。

第二節　歴史家鳥居民の遺産——未完の大著『昭和二十年』

幾多の珠玉の作品を遺して、二〇一三（平成二五）年一月四日、鳥居民氏が急逝された。享年八四歳。鳥居氏は、友人の加瀬昌男氏が創立した出版社「草思社」への企画や助言を行い、自らも『毛沢東五つの戦争』（一九七〇年）を同社より出版、以後『山本五十六の乾坤一擲』（文藝春秋社、二〇一〇年）を除いて、自身の著書はすべて草思社から上梓した。

鳥居氏が、とりわけ「中国近現代史」や「昭和史」の史家として、他の数多の同業者たちと決定的に異なるのは、一九八五（昭和六〇）年より発表され始めた比類なき作品、『昭和二十年』を著したことにある。この長編は、先の大戦最期の年である昭和二〇年を生きた多くの日本人の記録——日記・備忘録・伝記・自伝・新聞や雑誌記事その他現存する多数の記録——をもとに、昭和史のみならず明治以降の日本近現代史の全貌を描こうとした野心作である。勤労動員で工場に働く高等女学校生徒の日記から、言論人の備忘録や重臣の日録まで、あらゆる階層の人々が、昭和二〇年の一日一日を記録していた。鳥居氏は、これらの記録に語らせながら、日本近現代史を描いたのである。『昭和二十年』は第一三巻で中断したが、これら全一三巻には「第一部」と銘打たれている。つまり「第一部」は八月一五日まで、それ以降の昭和二〇年が「第二部」となったのであろう。いずれにしても、完成すれば国民的歴史書の一大金字塔が生まれたにちがいない。惜しみても余りある急逝であった(8)。

鳥居氏の膨大な業績の全てを評価することは、到底短時日のうちにできることではない。それは、いずれ多くの後続する研究者たちが果たさなければならない責務である。しかし筆者（村山）がここで鳥居氏の仕事の一端を論ずるのは、日本近現代史の「通説」にはなっていない氏独自の歴史解釈に対するものであり、その創見に満ちた「解釈」に強い刺激を与えられたからである。例えば、氏の著作から受けた「刺激」の数例をあげると、

①一九四四（昭和一九）年二月末から翌年にかけて、日本陸軍が実施した、シナ大陸の北から南まで一万キロを越える軍事作戦である一号作戦――通称「大陸打通作戦」の意味するところを、全く独自の視点から分析した論稿。

②近衛文麿《このえふみまろ》の戦後における低い評価に鳥居氏が敢然と挑み、大胆に疑問を呈した論考。

③連合艦隊司令長官山本五十六が、開戦直前に取ろうとした行動に対する鳥居氏の高い評価。

などである。

本章では、上記①を「第三節　鳥井民の史眼」、③を「第四節　鳥井民の解釈」の項で取り上げ、②の近衛に関する鳥居氏の見解への評価（『近衛文麿「黙」して死す』[9]）は、本章では見送ることにした。近年鳥居氏の近衛研究と相補・相反する著書、工藤美代子『われ巣鴨に出頭せず　近衛文麿と天皇』（日本経済新聞社、二〇〇六、後に中公文庫）、中川八洋『近衛文麿の戦争責任』（PHP、二〇〇八年）、大野芳『無念なり　近衛文麿の闘い』（平凡社、二〇一四年）などが出版されており、さらに近衛を影の主役のように描いた加藤康男『昭和天皇「七つの謎」』（WAC、二〇一五年）も刊行された。戦後に書かれた有馬頼寧・風見章・矢部貞治・岡義武など多くの「近衛論」から上記諸作まで、近衛を巡る評価は全く「捉えどころのない」多様さであり、近衛の全体像についての評価は、未だなかなか定めがたいのが現状である。

ただし、筆者が鳥居氏の「近衛論」に大きな刺激を受けた一点についてだけは、ここに注記して

おきたい。それは、世間で近衛の「盟友」と戦前も戦後も思われていた木戸幸一に対する評価である。近衛と木戸はいうまでもなく近代日本の貴族階級の頂点に位した人物であり、学習院から京大まで青年時代をともに過ごし、長じてはともに政治の世界の中心で働く有力者であった。しかし近衛が首相として日本の政治を動かし、木戸が内大臣として宮中を取り仕切るころから、両者の間に微妙な溝が生まれ、戦争末期から敗戦後にはそれが修復不能になり、さらには木戸が戦争責任をめぐる罪状に関して、自らのものは軽く、重い責任は近衛に負いかぶせ、その結果木戸が近衛を自殺に追いやった、と鳥居氏が論及した点である。しかも、この間近衛は木戸の自分に対する「反感」に気づいておらず、戦後憲法起草など自らの出番を確信した近衛が木戸に心のうちを示して、木戸に裏切られたという。木戸は実弟の和田小六（後の東京工業大学学長）の女婿都留重人や、その友人でGHQに勤務し日本の戦犯指定に働いていたE・H・ノーマンの援助で、自らの戦争責任を軽くし、近衛の責任を最大にする工作を進めたと言うのが鳥居氏の近衛論の核心である。終戦直前、近衛は「上奏文」で日本が共産革命の危機にあることを天皇に訴えた。第一次近衛内閣以来、近衛の周辺には公然非公然の社会主義者や共産党員などが取り巻いていた。そして、敗戦も間近になって、近衛は自らが日本の敗北をもたらすことになった「トロイの木馬」を引き入れたこと、すなわち多くの工作員を自分の側近やブレーンとして、政治の中枢に引き入れていたことがなにをもたらしたかに気づきはじめる。そして、それを工作していた大きな謀略のワナの構図に思い至る。一方木戸は、近衛の「上奏」を天皇の脇に侍立して聞きながら、自らが取るべき「敗戦後」の立ち位置を考える。そして、義理の甥にあたる都留重人（E・H・ノーマンを友人にもつ）の線を考えたに違いないと鳥居氏は推定する。そして近衛が、共産主義者の工作を世間に明らかにすれば、木戸の頼る都留重人の線は危うくなる。「ニュー・ディーラー」や、その背後に動くコミンテルンのエージェントの活動をここで妨害されないように、近衛の口を封じなければならないと木戸は思ったにちがいない、というのが鳥居氏の推論であった。近衛を論じることで、その裏側に潜んでいた、戦争責任を近衛とともに負うべき陰の「主役」の一人ともいうべき内大臣木戸幸一の実像を、白日のもとに引き出そうとした鳥居氏の追及に、筆者（村山）も様々な教示を受けたことは記しておかなければならない。そしてこの木戸への追及は、後述の『山本五十六の乾坤一擲』のなかでも容赦なく行われている。

鳥居氏は自らの歴史記述を展開するに当たり、いわゆる学者風の資料に基づく「禁欲的」記述を忌避し、膨大な資料の背後に潜むリアルな人間の行動や思惑に光を当てることをためらわなかった。この点につき谷沢永一氏が鳥居氏との対談の冒頭で、以下のように鳥居氏の歴史家としての態度を賞賛している。「鳥居さんが『昭和二十年』第八巻で珍しく、歴史家としてのご自分の態度を明確にされています。公文書や日記、回想録など、書き残されたものを案内役とする研究者は、文字にはけっして残されなかったもっとも重大なことは何もわからない、と。残された秘録などだけにこだわり、あるいはそれをいかにも絶対の証拠であるかのように振りかざして議論する人たちを鳥居さんは問題にしない。あらゆる目に見えない脈絡を突き合わせ絞り上げて、事実を洞察し表現する。これがたくさんのご著書の基本線になっていて、そこには六〇年後、百年後の人々に真実を語り掛けるのだというお気持ちがある。僭越ですが、これこそが真の歴史家だと私は思います。非常に説得力がありました」[10]。この一節に、歴史家鳥居民の人間像が集約されている。

第三節　歴史家鳥居民の史眼――「一号作戦」(通称「大陸打通作戦」)の隠れた意味

一九四四(昭和一九)年春から一九四五(昭和二〇)年にかけてシナ大陸で行われた日本陸軍の「一号作戦」(通称「大陸打通作戦」)は、今日ではおおむね無意味な作戦との評価が定着している。例えば広く一般に流布している安直な戦史本は、以下のように述べている。

「大陸打通作戦は、一言でいえば、北京から漢口などを経て、広西省(今の広西チワン族自治区)を通り、ベトナム(当時はフランス領)に達する鉄道を打通(一貫して通す)させる作戦だった。……日本と中国や南方占領地域(マレー、シンガポール、ビルマなど)との鉄道連絡網の完成をめざしたわけである。もう一つのねらいは、そのような作戦を実施することで、沿線付近の飛行場を制圧し、あるいは破壊することである。当時は、アメリカのスーパー・フォートレスB29(「超空の要塞」長距離重爆撃機)の開発が着々と進んでいたことがわかっていたから、それらが東京をも爆撃圏内におく中国大陸の飛行場が非常に危険だと考えられていたのである。しかしこの作戦は、大陸各地で一定の成果を挙げたが、昭和十九年六月にはアメリカ軍はサイパン島に上陸し、続いてグアム島からテニアン島を占領、十一月には東京空襲を始めると全く無意味なものになった。マリアナ諸島からのB29による東京空襲が始まったころ、中国の日本軍はまだ大陸打通作戦を行っており、ちょうど桂林と柳州の占領を終わったところであった。ここにも飛行場があり、日本軍はそれを爆撃して破壊したが、あまり意味のない作戦ではあった。大本営にも作戦中止の声があがったが、強く押しとどめた作戦課長・服部卓四郎大佐の〝実力〟がまさり、続行されたのである」[11]。

日本陸軍はこの作戦に、兵員約五〇万人、馬匹約十万頭、自動車約一万五〇〇〇輛、火砲約一五〇〇門を投入した[12]。これは、当時の支那派遣軍総兵力の八五％に相当する戦力である。太平洋方面の対米戦では、日本海軍は壊滅状態になり、南太平洋の各島嶼に置き去りにされた守備隊が、次々に玉砕しているときである。この作戦の評価が、すべての戦史本でほぼ全面否定されているのも当然である。

ところが、この誰もが無益と断じた悪名高い「一号作戦」に、鳥居氏は思いもかけない角度から光をあてて見せたのである。筆者の知る限り、鳥居氏がこの問題に言及されたのは、雑誌『諸君』一九七四年五月号から一九七五年四月号まで連載された『周恩来と毛沢東』（後に単行本として草思社から一九九九年一〇月に刊行）であり、このときはごく短い指摘であった。そして氏はこの問題の重要性を、その後主著『昭和二〇年』第一部２で、以下のように論じた。

蒋介石は、延々と続く対日戦争を国民党が多大の犠牲を払って続けているのは、日本陸軍の主力を大陸に引き止め、それによって連合国とりわけアメリカの対日戦争に大きな側面支援になっているからだと主張し、そのことを理由にアメリカやイギリスから多大の援助を受けてきた。一方で蒋介石は、自分が日本軍より大きな「災い」と考える中共軍が、連合国から多大の援助を受けることがないよう絶えず連合国側を牽制してきた。そのための最も有効な手段に利用したのは、繰り返し日本側から打診された「和平提案」である。

「蒋介石は、こうした〔日本側の〕執拗な和平の働きかけを巧みに利用してきた。アメリカとの交渉における切り札として使ったのである。蒋介石と夫人の宋美齢、彼女の弟で外交部長の宋子文は、重慶へやってくるアメリカの高官に向かって、日本から新しい和平提案がきているのだといった話を披露するのがつねであった。日本との和平を望む者は増加している、かれらの動きは活発になっているのだと語り、私がしっかりがんばっているからこそ、中国は連合国の側に立って戦っているのだと言わんばかりの態度をとりもした。そして本題に入れば、自分の要求をアメリカに押しつけ、相手の主張を脇へ押しやることになったのである。

はじめから脅しにでて、アメリカが約束どおりの援助をよこさないなら、われわれは日本と単独講和を結ぶぞと脅迫することもあった。

ところが、蒋の側のこうした弱者の恐喝は、昨十九年七月〔この引用文は昭和二〇年三月一六日から一九日を扱った箇所から引いている〕に小磯内閣が登場し、緒方竹虎が重慶との和平交渉を考えるようになったときには、使うことが出来ないようになった。

それより以前、昨十九年の四月に日本軍の大攻勢がはじまった。それこそ、宋子文が矢継ぎ早に援助の要求をアメリカへ突きつけ、最後通牒だとわめきたて、単独講和をするぞと脅しにでて不思議のない局面となった。それができなかった。なぜ、それができなかったのか。延安の共産政権の存在が大きくなっていたからだ。中共党とその軍隊は、もはや無視できない力をもつようになっていた。

昭和十九年四月に支那派遣軍が開始した一号作戦が、重慶と延安の明暗を分けることになった。利益を得たのは延安の側だった。日本軍が京漢鉄道の沿線を前進し、つづいて湘桂鉄道と粤漢《えっかん》鉄道の沿線を進撃するのを、延安はなんの危機感を抱くことなく、高みの見物をきめこむことになった。

それだけではなかった。延安にとって、六年ぶり、二度目のチャンスとなった。昭和十三年、日本軍が漢口作戦をおこなったことが、延安にとって計り知れない利益となったように、この一号作戦も延安にとってとてつもない大きな利益となった。日本軍はその作戦をおこなうための兵力を華北から引き抜いた。そのために華北の戦力は半分以下に減ってしまい、中共党にとって、山西省から江蘇省までの支配地域を拡大強化する絶好の機会となった」。[13]

太平洋戦線でも、ビルマ戦線でも、日本陸海軍はいたるところで米英軍に連戦連敗している時期に、日本陸軍はシナ大陸ではかつてないほどの大作戦を展開し、このため蔣介石の国府軍は大きな打撃を受け重慶まで陥落するかもしれないとの不安が広がった。一方これによって、延安の中共軍は願ってもないほどの利益を得た。[14]いずれにしてもこの事態は、支那事変のみならず第二次世界大戦とその後の国際政治の様々な局面に微妙な影響をもたらすことになった。

以下、鳥居氏の考察を辿ろう。

まず、蔣介石を支援する米国政府の態度の変化が明らかになってきた。アメリカから派遣されたスティルウェル将軍は、国府軍の参謀長（蔣介石にとっては軍事顧問でしかない）であったが、日本軍の大攻勢に押し捲られる国府軍の醜態に、かねてからの蔣介石に対する不信感をますます募らせ、次第に延安の中共軍のほうへ好感を寄せるようになった。在重慶米大使館の二人の書記官は、スティルウェル将軍の政治担当幕僚となっていたが、「かれらは重慶政府の腐敗と無力ぶりを批判し、延安政府の士気の高さと活動的なことを評価した。そして、重慶、延安双方の軍隊が全力をあげて日本軍と戦うことができるようにしなければならないと説き、国共間の対立要因を除くべきだと述べた。そしてかれらは、つぎのような進言書を提出していた。スティルウェルが指揮をとる最高司令部をつくり、中共党を加えた連合政府を樹立しなければならない、そのためには蒋介石に圧力をかけるべきだと主張」した。[15]これが、蒋介石とスティルウェルの対立をあらわにした。この対立の根本にあるのは、ルーズベルト政権の一部にある親ソ派あるいは親中共派が、腐敗した蒋介石政府と戦意のない国府軍から延安の中共軍に支援の重点を移し、その軍事力を日本軍に振り向けることにより、その後のシナ大陸における主導権を延安政権に誘導しようとしていたことにあり、一方蒋介石はルーズベルトと側近ホプキンスの支持を受けながら、アメリカとソ連の戦後秩序に、中華民国が加わることで中共勢力を排除しようとしていたのである。そしてルーズベルトは、スターリンとは協調していたが、毛沢東一派の実態には重きを置かず、あくまで蒋介石を、戦後秩序を築くパートナーと考えていた（またスターリンも、毛沢東派が戦後のシナ大陸で主導権をもつことに反対であり、彼は一貫して蒋介石を支持してきたのである）。この対立はワシントンでの、蒋介石派と親ソ派とのロビー合戦になり、ホプキンスの支持を得た蒋介石派が勝利し、スティルウェルは更迭され後任にはウェデマイヤー将軍が任命される。[16]

しかし日本軍の一号作戦は、ルーズベルトの願望が実現される見込みを打ち砕いた。黄河を渡河した北支方面軍一四万人が、京漢鉄道線沿いに南下を始めてから数日後、米第一四航空軍の偵察機は、地上で戦闘らしきものが起きている気配を探知できなかった。河南省に駐留する湯恩伯と蒋鼎文の指揮する四〇万人の国民党軍は、日本軍の攻撃に四分五裂状態となった。一方日本軍の脅威から解放された毛沢東軍は、華北の支配地域を急速に拡大し始めた。日本軍の進撃は、さらに南へ進み、このままでは重慶の安全まで脅かされる恐れがあることについて、現地の外交団のあいだで議論されるようになった。

ここで鳥居氏の歴史を探求する活動は、これまで大半の歴史研究者が明確には説明してこなかった動きに一歩踏み込んだ解釈を、以下のように展開する。「ルーズベルトは、蔣介石の国民党が腐敗、堕落しているといった批判、それと比べて共産党は清潔で、統治下の住民に敬愛されているといった話を聞くことがあった。だが、ルーズベルトはテヘランでチャーチルとスターリンに向かって、カイロでは蔣介石に向かって、『四人の警察官』による世界の秩序維持のための組織をつくるのだと説き、中国を四大国の一つとして英国とソ連に認めさせた直後であっただけに、陸軍きっての中国通である将官と、国務省のこれまた有数の中国通の二人が語った中国の未来についての予測は、かれの楽観的な展望に暗い影を落とすことになった」[17]。ルーズベルトが恐れていたのは、日本が敗北した後、毛沢東が日本軍の占領地を支配下に置こうとすることと、国民党との戦いに踏み出すことが予想され、内戦は不可避になり、ソ連が毛沢東を支援して米ソ間の関係は悪化し、蔣介石の下で中華民国が東アジアの安定基盤になるというルーズベルトの希望は潰え、米英ソ中の「四人の警察官」が世界秩序を護るという彼の構想も瓦解してしまうということであった。

日本との戦争が長引けば、国民党の力は低下し、共産党の勢力はより拡大する。蔣介石の力がまだ毛沢東に勝っている間に、ドイツ降伏後できるだけ早期に日本を降伏させることへとルーズベルトが方針転換したと鳥居氏はみる。そこで長らく駐日大使を務め、日本に幅広い人脈を持つジョセフ・グルーを、急遽国務省の対日政策立案の担当官に起用し、日本に「寛大な条件」による早期降伏の希望をもたせる工作を命じた、というのがグルー起用に関する鳥居氏の解釈である[18]。

なおこの『原爆を投下するまで日本を降伏させるな』では、ルーズベルトの急死により、後任のトルーマンが、原爆開発の実態を知ったため、急遽方針を転換し、グルーの日本早期降伏政策を取り下げ、原爆投下まで日本を降伏させないように謀ったと鳥居氏は分析している[19]。

実は日本陸軍が蒋介石を攻撃することで、毛沢東の窮地を救ったのはこれが二度目になると鳥居氏は言う。

その最初のケースは一九三八（昭和一三）年の春、首都南京で敗北した蒋介石が漢口に撤退し、日本との和平交渉が国民党政府の高官により進められ始めた頃のことである。このとき日本では日中問題の専門家として近衛首相の信任厚かった尾崎秀実（先に朝日新聞記者を退職）が、「漢口を攻めよと説き、武漢作戦を行えと内閣主要幹部、陸軍幹部に言ってまわった。彼は熱心に説き、講演をし、雑誌に書き、研究者仲間に署名運動をするようもちかけもした。彼がそんなキャンペーンをしなくても、陸軍は漢口、武昌を攻略したであろう。だが当代切っての中国の専門家の熱心な主戦論は陸軍幹部を大いに勇気づけたことはまちがいのないところであった。尾崎はなにを考えていたか。……ゾルゲがかかわり、尾崎とゾルゲの共通の友人、そのときに漢口にいて、中共党の軍隊の支援に懸命だったスメドレー、そして同じように漢口にいた中共党代表の周恩来が関与していたことは間違いなかろう。そのとき周恩来の耳にも入っていたことがあった。南京から漢口に撤退していた国民政府の高官は、蒋介石の暗黙の承認のもと、日本側と和平交渉をおこなっていた。和平が成立すれば、国民政府のつぎの敵は共産党になる。尾崎が大車輪の活動をはじめたのは、和平の動きを潰してしまうためだった。和平なんかできはしないと主張し、漢口を占領することこそが平和解決には欠かせないと説いてまわったのは、日本のためではなく、中共党のためだったのである。陸軍に漢口攻略の作戦をさせることは、共産党にさらに大きな利点があった。陸軍は華北を占領している軍隊を漢口作戦のために南下させせなければならなかった。こうして延安の共産党は自己の支配地域を河北省、山東省に『解放区』を拡大できることになるのだった」[20]。毛沢東は、一九五〇年代、当時上海市常務副市長の藩漢年を逮捕し無期懲役に追いやったが、藩漢年は支那事変の最中に毛沢東の命を受けて、延安と南京の汪精衛政府および日本の支那派遣軍総司令部の三者共同で蒋介石政権を打ち破るための秘密交渉役を担っていた。政権獲得後に、毛はこの都合の悪い事実を知る人物の存在を消したのであろうと陳破空は述べている[21]。

「一号作戦」が、「漢口作戦」と同じように蒋介石を窮地に追い込み、毛沢東に希望を与えたとすれば、ここでもなにかの意思が働いていたのではないか。鳥居氏の追及はさらに意外な方向へ進む。「尾崎のあとを引き継いだのが服部卓四郎〔一号作戦を立案した大本営陸軍部作戦課長〕である。服部は一号作戦の計画をたてた。獄中の尾崎が服部の新作戦を聞くことができたら、どれだけ喜んだことであろう。……蒋介石の野戦軍の半分を撃破するのだと知ったら、かれはこれで中国共産党の最終的な勝利は確実だと思ったことだろう」[22]。

もちろん尾崎と服部が直接連携していたと鳥居氏が述べているわけではないが、ともに毛沢東の勝利に「貢献」したのではないかと読者に問いかけているように思われる。

以上のことについて、鳥居氏がわれわれに伝えたいのは、日本の近現代史を現在の通説で表面的に解釈することへの戒めであり、またとくに闇に隠された秘密工作や諜報活動を、歴史記述の表舞台へ引き出す作業を怯まず進めることの重要さである。戦後も七〇年が過ぎ、近年ようやく連合国側の機密資料も徐々に（部分的とはいえ）公開され始め、これまで状況証拠や推定でしか書けなかったことも裏づけられるようになった。例えば、すでに紹介したアメリカ政府の機密文書をまとめた著書『ヴェノナ文書』は、ルーズベルト政権の内部に浸透したソ連のエージェントたちのスパイ活動を明らかにした（この文書の信憑性は、一九九一年のソ連崩壊当時クレムリンから大量に流出した機密文書で確認されたことによる）。また近衛と木戸との問題で、戦後の戦犯摘発に中心的な働きをした、E・H・ノーマンのコミンテルンとのかかわりや、彼の共産主義への傾倒を記録したイギリスのMI5やMI6の記録が公開され、ノーマンの人物像も解明され始めた。さらに、一九三〇年代から第二次世界大戦を経て戦後冷戦期までの、中華民国や中国共産党あるいはコミンテルンの工作活動を克明に追跡した研究なども出版され、アジアの現代史にも、これまで闇に隠されてきた動きに、ようやく実証研究の光が当てられ始めたことは歓迎すべきことである[23]。

日清・日露戦争後、東アジア大陸に足場を築いた日本の行動には、「植民地獲得のための《帝国主義的侵略》」という「評価」や「断罪」で一件落着のような歴史記述がなされていることが多い。世界の列強諸国が、《帝国主義的侵略》に邁進していた一九世紀後半から二〇世紀初頭に近代国家建設を始めた日本が、列強諸国の「植民地支配」を回避するには、自らも「殖産興業」による「富国強兵」国家となり、列強に伍して「植民地支配」のための軍事行動へ進んだと「周辺国」からみられているかもしれないが、しかし近代日本の大陸進出の背景には、日本列島の置かれた地政学上の状況と、幕末から維新の時期に、日本と東アジア周辺で渦巻いた欧米列強の主導権争いという「国際関係」から、「防衛的」に発想されたことも事実である（この問題の考察については第二章を参照されたい）。その結果が大陸に「深入り」した日本の「国策の誤り」として分析されるなら、その時々の状況と、なによりこの東アジア全域にわたって展開された列強主要国の複雑な思惑や行動も同時に考察しなければならない。この点については第二次世界大戦前、二人のアメリカ人外交官が書いた以下の二著、ラルフ・タウンゼント『暗黒大陸　中国の真実』（芙蓉書房、二〇〇四年、原書は一九三三年公刊）と、J・A・マクマリー原著、アーサー・ウォルドロン編著『平和はいかに失われたか』（原書房、一九九七年、一九三五年に書かれた「メモランダム」）、およびアメリカのジャーナリストであるジョージ・ブロンソン・リー『満洲国建国の正当性を弁護する』（草思社、二〇一六年）などが広く参照されるべきであろう。外国、とりわけ当時日本を「敵視」していたアメリカにも、外交官やジャーナリストの中には客観的な視点で実態を多角的に観察していた人々がいた。これらの人々の著作も検討されなければならない。

さもなければ近現代日本の国家的動向の歴史解釈は、単に日本の「主体的侵略行動」か、「いつの間にか」国際的な「敵役」として孤立していく「悪しき日本」や「愚かな日本」という単眼的評価だけに終始してしまうであろう。再びここで強調しなければならないのは、歴史のそれぞれの局面で「何が起き」、その時そこで「どのような多国間の利害行動が展開されたか」、そこで日本は「いかなる国策の選択肢」がありえたのか、どのような「情勢判断の誤り」を犯したのか等々を、「倫理的評価」を離れて分析することによってのみ、真に「歴史の教訓」を国民の共有物とすることができるのである。

第四節　歴史家鳥居民の解釈——『山本五十六の乾坤一擲』

『山本五十六の乾坤一擲《けんこんいってき》』における鳥居氏の「山本五十六論」は、もっぱら開戦直前の山本の言動を探索することから始まる。ここで鳥居氏が山本を高く評価するのは、とくに開戦直前まで戦争を回避しようとした努力の一事に対してである。山本は、開戦直前の一九四一（昭和一六）年一一月も押し詰まってから、なんと戦争を停止するよう天皇に働きかけたと鳥居氏はいう。そして氏の探索は、高松宮日記の読み込みからその作業を進める。[24]

まずは、『山本五十六の乾坤一擲』と前掲評論集『昭和史を読み解く』をもとに、鳥居氏の山本五十六「評価」をみよう。

一九四一（昭和一六）年一一月三〇日、この日海軍中佐にして軍令部部員の高松宮は参内し、昭和天皇に「今艦隊発動の御裁可ある事は非常に危険です。実は軍令部の計算に大きな錯誤のあることを発見しました」と言上した。天皇は非常に驚き、その後内大臣木戸と図り及川海軍大臣と永野軍令部総長を急遽呼び出し、海軍の準備に遺漏がないかと質し、両者の確信の言を取り付けた。この出来事は、もちろん『昭和天皇独白録』にも記されている。[25]実は高松宮の参内の目的は、山本連合艦隊司令長官自ら天皇に戦争回避を直訴するため、その許諾を天皇から得てほしいと言う願いを高松宮が受けて行ったものだというのが、鳥居氏の解釈である。しかし翌日一二月一日には、すでに一一月二六日に択捉島の単冠湾を出撃しハワイまでの行程半ばに達している空母機動部隊ほか、各方面に展開した陸海軍部隊に対し、御前会議で開戦を決定し、作戦実施の大命を下すことが既定の事実になっている直前、ハワイ攻撃自体を構想し、かつその実現に邁進した連合艦隊司令長官自身が、突然やめたいと言い出し、上司である軍令部総長を飛び越えて、天皇へ直訴したいというのは異例である。当然天皇は不信感やさらには不快感を抱き、高松宮と口論になり、最終的には山本の拝謁を拒否したと鳥居氏は推定する。開戦決定直前に、山本が高松宮を通じて天皇への「直訴」の願いを出したという事実は、この時期それぞれの立場で動いていた宮中・政府・陸海軍首脳部、その他要路に近い財界・言論界・学会などあらゆる人々がどこにも記していないことである。鳥居氏は、「高松宮日記」を手がかりに、この時期の全ての関係者の記録と、とくに戦後になってからの関係者の言動を注意深く分析して、そこから読み取れる隠された事象を絞り出し、山本の天皇への「直訴」の願いはあったと結論づけた[26]。

鳥居氏は、『山本五十六の乾坤一擲』の「プロローグ」で、山本の人間像を次のように描いている。「山本五十六は普通の人間ではありません。……山本五十六は歴史のどのような舞台に自分が立っているのかをつねにはっきり意識し、周到に考えをめぐらし、大胆に行動しました。かれは自分が平和な時代に身を置いていない、差し迫った大きな危機のなかにある国の運命を担っているのだという強い自覚を持ちつづけました。……ところが、かれの生涯がどれほど悲劇的であったのかは本当はなにも知られていないのです」[27]。これを読めば、鳥居氏が山本を同時代の陸海軍人のなかでの傑出した人物として、高い評価を与えていることは明らかである。そしてその高い評価を与える理由は、鳥居氏が著作のあちこちに書かれ、また単行本にまでまとめた山本論の要諦、すなわち、戦争の開始を、開戦決定日直前に、高松宮はじめ幾人かの協力者の助けを借りて、最終的には天皇に自ら直訴し停止命令を求めたところにあるようである。鳥居氏の著作を見渡しても、山本評価の根本はこの一点に尽きるといっても過言ではない。高松宮日記を分析し、戦後の保科善四郎（戦後自民党衆議院議員、戦争中は海軍軍令部員）の「証言」までつき合わせ、一九四一（昭和一六）年一一月末天皇と高松宮の対立（激しい口論があったといわれる）の背後に、山本五十六の「天皇へ海軍は実際には対米戦争ができないことを直訴」の動きを、眼光紙背に徹して読み出した鳥居氏の歴史眼には学ぶところが多い。

そしてここでも、木戸幸一の果たした役回りに鳥居氏は注目する。天皇は高松宮との会見の後大いに動揺し、そのいきさつを木戸に打ち明け、その後の対処方を相談した。天皇は高松宮との会見の後大いに動揺し、山本の意向を事前に知っていた木戸は、天皇に対し海軍大臣と軍令部総長を呼び、海軍の戦争態勢を問いただすことを提案した。急遽呼び出された海軍両首脳は、それまで海軍が主導してきた対米戦を、開戦の公式決定がなされる予定の前日に、天皇の前で否定できるわけもなく、二人は天皇の危惧を払拭した。これは陸海首脳とともにすでに開戦へ踏み切る決断を進めていた木戸の思惑どおりとなった、というのが鳥居氏の分析である。このような人間の細部に亘る観察を通じて、歴史の暗部に迫る手法こそ、鳥居氏の面目躍如たるところであろう[28]。

しかし筆者は、山本五十六に対する鳥居氏のこうした高い評価には疑問を抱かざるをえなかった。なぜなら、はたして山本がそのような高い評価を受けるに足る行動や実績を残したのかという問に対する答えは、少数ながら優れた在野の戦史研究者によってすでに明らかにされていると思うからである。以下それらの著書に依りながら、山本五十六評価の問題点を見ていくことにしよう。

確かに戦後早くから、山本に対する厳しい批判は存在した。例えば零戦のエース坂井三郎氏は、山本が連合艦隊司令長官在職中、日本の爆撃機搭乗員六名が捕虜になり、その後日本軍に帰還した後、彼らが如何に冷酷に扱われ、そして無理やり死地に追いやられたかを、怒りをこめて告発している[29]。

さらに作戦面や人事面を含む様々な視点からの山本批判については、多数の著述（それらは元海軍軍人によって書かれたものも多い）をあげることができる。とくにハワイ攻撃の不徹底、南雲忠一中将に司令官を任せるという人事の誤り[30]や、その後の連合艦隊司令長官としての戦争指導の意欲の低さ、ミッドウェーの敗戦責任等々については、枚挙に暇がないほどであろう。しかし一方、こうした批判は、山本が主導した緒戦のハワイ攻撃やマレー沖海戦の華々しい成果を覆すまでには至らず、なにより日独伊三国同盟に体を張って反対し、「平和主義者」として「戦争回避」に努力しつつ、連合艦隊司令長官の職責上、対米戦の先頭に立たなければならない苦衷に悩む「悲劇の提督」としての姿が、山本の評価を高めていることは、現在でも否定できない事実である。山本五十六は、戦後流布したいわゆる「海軍善玉論」の象徴であった。二〇一四年八月一一日、NHKのBS1で放送されたドキュメンタリー「山本五十六の真実」、同八月一五日のBS-TBSのTHE歴史列伝「山本五十六」などは、すべてこの視点からつくられていたし、これまでの多数の伝記や映画に描かれた山本像もほとんど同様である。このような「山本人気」はいまも衰えることなく続いているが、鳥居氏の高い評価はこうした表面的なものではなく、歴史の背後に隠された山本の行動に対してであって、いわば怒涛のように押し寄せる戦争への潮流を、身を挺して押しとどめようとする「救国の英雄」という扱いである。いま一度『山本五十六の乾坤一擲』の「プロローグ」を読めば、鳥居氏の山本評価が尋常のものではないことがわかる。「山本五十六は普通の人間ではありません。……山本五十六は歴史のどのような舞台に自分が立っているのかをつねにはっきり意識し、周到に考えをめぐらし、大胆に行動しました。かれは自分が平和な時代に身を置いてはいない、差し迫った大きな危機のなかにある国の運命を担っているのだという強い自覚を持ちつづけました」[31]。これは、阿川弘之氏や半藤一利氏に代表される山本五十六評価を、究極的にダメ押ししたものであろう。

この「評価」は果たして正当なものなのか。鳥居氏の数々の業績に賛辞を呈することでは人後に落ちない筆者も、この点には先述のように疑義をもたざるを得なかった。なぜならこの問題でも、すでに本稿で取り上げてきた別宮暖朗氏の諸著作に啓発されたからであり、また以前から独創的な戦史研究を発表してこられた故小室直樹氏の論にも蒙を啓かれていたからである。別宮氏も小室氏も、従来の山本五十六論を根本的なところから見直し、まったく新たな視点から山本批判を展開した。

以下に別宮氏の論考のうち、主として次の三点、『誰が太平洋戦争を始めたのか』(筑摩文庫、二〇〇八年)、『太平洋戦争はなぜ負けたか』(並木書房、二〇〇九年)、『帝国海軍の勝利と滅亡』(文春新書、二〇一一年)、および小室氏の著作『大東亜戦争ここに甦る』(クレスト社、一九九五年)、『太平洋戦争、こうすれば勝てた』(日下公人氏と共著、講談社、一九九五年)、『日本の敗因』(講談社、二〇〇〇年)などを中心にして考察することにより、たとえ開戦の直前に山本の行った努力が、鳥居氏の言われるような高い評価ができたとしても、なお残る山本評価への様々な疑念を提示してみたい。

まず鳥居氏の山本評価への最初の素朴な疑問は、なぜ山本が開戦直前になって戦争反対に動こうとしたのか、という点である。あまりにも周知のことであるが、そもそも開戦劈頭に米太平洋艦隊をハワイの真珠湾に奇襲攻撃する作戦案を考えたのは、当の山本本人である。山本は一九三九(昭和一四)年九月に、海軍次官から連合艦隊司令長官に補せられているが、山本の伝記作者阿川弘之氏によれば、この構想は一九四〇(昭和一五)年の「あるときの戦技演習で、如何に回避しても戦艦が飛行機にやられるのを見ていて、山本は『フーム』とうなり、研究会のあとで、参謀長の福留に、ぽつんと、『あれで、真珠湾をやれないかな?』と、洩らしたことがあった」というあたりから芽生えたらしい(32)。阿川氏によれば、山本は長官就任直後の一九三九（昭和一四）年一〇月、日向灘で行われた演習で、雷撃機が放った魚雷がことごとく戦艦に命中するのを見ており、また、これよりさらに昔の一九二九〜一九二八（昭和二〜三）年頃、後にハワイ攻撃時の第一航空艦隊参謀長となる草鹿龍之介が少佐のとき、航空機で真珠湾を叩くという案を文書にして海軍中央に提出したことがあり、山本もこの文書を見たはずだという[33]。いずれにせよ、航空母艦によるハワイ攻撃という構想は、山本が連合艦隊司令長官に就任するまでは、海軍部内で具体的な作戦計画として検討されたことはなく、山本の「独創的」な発想から現実性を帯びたものになったことは間違いない。ヨーロッパで第二次世界大戦が始まって一年三ヵ月を経た一九四〇年一一月、イギリスの雷撃機スウォードフィシュが、イタリアの軍港タラントを攻撃し、伊戦艦三隻を魚雷で撃沈したというニュースが伝わったことも、山本の構想に一層現実感を与えたであろう。彼は周知のように、日本の海軍航空戦力充実化の中心人物の一人であることから、その構想も一定の「重み」を持って、海軍部内で受け止められたはずである。

一九三〇年代半ば、無条約時代に入った世界の主要海軍国（とくに日米英三国）は、相変わらず「大艦巨砲主義」思想に囚われてはいたが、第一次世界大戦以来の航空機の発達により、艦隊戦力の一部として航空機導入の動きを進め始めた。それは主として、戦艦中心のいわゆる「艦隊決戦」に勝つための「補助的役割」として位置づけられていた。例えば、戦艦の砲撃をより正確に測定するための観測機や、敵艦隊をいち早く発見するための索敵機としての運用である。洋上で航空機を発進させるための「航空母艦」は、英米日の海軍が第一次世界大戦後に開発を競うようになる。日本海軍は一九二一（大正一〇）年、イギリスからセンピル大佐を長とする教師団を招き、彼らの教育を受けて、パイロットの育成と航空母艦の運用を学び、次第に本格的な航空隊を育成した[34]。

山本五十六が、航空本部技術部長として海軍機の開発にかかわり、さらには空母赤城の艦長などを歴任して、海軍航空戦力運用の権威として見られていたことも、彼がハワイ作戦の構想を推進するのに役立った。世界の海戦史に革命をもたらした空母機動部隊による攻撃システムの開発は、山本の存在なくしては日本海軍に生まれ得なかったものといってよい。本来は戦艦中心の艦隊決戦における「補助艦艇」であった航空母艦を、攻撃システムの主力に転換するための準備には、高度な技術的革新と、多種多様な要員の養成、そしてなにより複雑な艦隊運用ソフトの蓄積が必要であった。航空母艦そのものの建造もさることながら、空母搭載の多様な航空機（対艦爆弾を搭載する急降下爆撃機・艦上爆撃機、対艦魚雷を搭載する雷撃機・艦上攻撃機、これらの航空機を護衛しかつ自軍の艦隊上空を護るための戦闘機、また広大な海上を索敵する偵察機など）を開発し、その搭乗員を養成・訓練し、さらには空母内でこれらの各種航空機の整備やその運用を行う多数の要員も養成しなければならなかった。また対艦爆弾や対艦魚雷の開発も進めなければならず、なかでも魚雷の開発は、高度の職人的技術によるもので極めて高価なものであった[35]。もちろん、これら機動部隊を運用するための陸上におけるバック・アップ体制、つまり艦艇・各種航空機・武器などを生産供給する企業の育成なども、当然長い努力が必要であったのはいうまでもない。一九三〇年代末までに、世界でこのような空母機動部隊の攻撃システムを保有していたのは、日本海軍と米海軍のみであった。

遍く知られているように、日本海軍の戦略は、米海軍を「仮想敵」として、戦時米艦隊が太平洋を渡り長駆日本近海へ攻め寄せるのを迎え撃つという「漸減邀撃作戦」に基づいていた。これはもちろん、「日本海海戦」をモデルにしたものである。一九〇七（明治四〇）年日露戦争後の日本の国防政策の基本方針が「帝国国防方針」としてまとめられると、陸軍はロシア（後にはソ連）を、海軍はアメリカを「仮想敵国」に想定し、毎年度の軍備計画（予算案）を競って提出した。これ以後「帝国国防方針」は、一九一八（大正七）年、一九二三（大正一二）年、一九三六（昭和一一）年の三度に亘って改定されたが、陸海両軍の「仮想敵国」の想定や、その仮想敵と戦う戦略思想は、ますます硬直的に「定型化」された。陸軍は、満洲における対ソ戦の構想を敗戦の年まで捨てず、一方海軍も対米艦隊決戦の戦略を革新することはなかった。

ここでなぜ山本が真珠湾攻撃を構想したかという、冒頭の疑問にもどる。その答えは、戦後知られるようになった山本の及川海軍大臣宛書簡にあるというのが、前掲書の別宮氏の判断である。これは「戦備に関する意見書」として一九四一（昭和一六）年一月七日に送られた。その冒頭で山本は、「日米戦争において我の第一に遂行せざる可からざる要項は開戦劈頭敵主力艦隊を猛撃撃破して米国海軍及米国民をして救う可からざる程度にその志気を阻喪せしむることこれなり」と述べ、続いて開戦劈頭において採るべき作戦計画を以下のように列記した。

「我等は日露戦争において幾多の教訓を与えられた。そのうち開戦劈頭における教訓は左の如くである。

（一）開戦劈頭敵主力艦隊急襲の好機を得た。

（二）開戦劈頭における我水雷部隊の士気は必ずしも旺盛ではなかった（例外はあった）。その技量は不充分であった。この点が最も遺憾で大いに反省を要する。

（三）閉塞作業の計画並びに実施はともに不徹底であった。
我等はこれら成功並びに失敗の事績を記憶して日米開戦の劈頭においては極度に善処する

べきである。而して勝敗を第一日において決する覚悟を必要とする

山本五十六のハワイ作戦についての思考がここに全て出ている」と別宮氏はいう。(36)

一九四一（昭和一六）年は、日露戦争終結から三六年後であるが、この戦争に海軍少尉として参戦し負傷した山本には、日露戦争こそ最もリアリティーのある「直近」の規範とすべき戦争であった。いや日本海軍全体が、日露戦争の「戦訓」にとり憑かれていたといえよう。仮想敵国アメリカの艦隊が日本近海に押し寄せたとき、「漸減邀撃作戦」でこれを撃破することは「日本海海戦」の再現でなければならなかった。山本が及川海軍大臣へ提出した『意見書』にいう、日露戦争における開戦劈頭の水雷部隊の戦果に不満を示しているのは、未だ開戦に備えていなかったロシア旅順艦隊を奇襲攻撃し、これを全滅させる絶好の機会を得ながら、不徹底な攻撃でロシアの主力艦多数を打ち洩らしたことにたいしてのものである。確かにこの「失敗」は、その後の東郷平八郎率いる連合艦隊に大きな負担となった。周知のように、もしバルティック艦隊が極東に回航され旅順艦隊と合流すれば、数に劣る日本艦隊は敗色濃厚と予測される。連合艦隊はバルティック艦隊の極東来援までの間に、旅順艦隊を撃滅するため長い苦悩の時を過ごさなければならなかった。陸軍もわざわざ乃木第三軍を編成して、旅順攻撃を陸上から行う「負担」を負った。この苦悩の最大の問題点は、来るバルティック艦隊との決戦の前に、自国の艦艇の損害を最小にしつつ、ロシア旅順艦隊を殲滅するという、およそ不可能事に立ち向かわなければならなかったことである。(37) 主力艦艇同士の艦隊決戦に働く「二乗均等の法則」（例えば、ほぼ同じ性能を持った敵味方の戦艦五隻と三隻が洋上で対戦した時、その戦力比は五対三ではなく、五の二乗対三の二乗つまり二五対九になるという法則）からして、バルティック艦隊と旅

順艦隊の合流は、日本の敗北を意味していた。敵艦隊を、自国艦隊と対抗可能な数的比率にすることに、最大の努力を傾けた日露戦争時の連合艦隊の苦悩を身にしみて知る山本五十六は、さればこそ開戦劈頭のハワイ太平洋艦隊の主力艦（戦艦群）殲滅にこだわったのである。山本は東郷と同様、事前に少しでも敵主力艦の数を減らし、来るべき艦隊決戦に有利な状況をつくりだすことを考慮した。

さらに山本には（そして日本海軍全体にも）、もう一つのトラウマがとり憑いていた。それはいうまでもなく、かの「ワシントン海軍軍縮条約」（一九二二年）締結以来、日本海軍を悩ませてきた日米主力艦比率の難題である。日本海軍は対米七割ならなんとか対抗できるが、対米六割では勝ち目がないと考え、かつ公言もしてきた。そして日本海軍は、ワシントン条約締結以後、このハンディキャップを克服するために全ての努力を傾注してきた。つまり、数的劣勢を艦隊運用の猛訓練と艦艇の火力や速力の増強などで補おうというのである。日米開戦ともなれば、太平洋を東から押し渡ってくる米艦隊に対し、連合艦隊はこれを小笠原諸島付近の日本近海で迎え撃ち、「日本海海戦」のように艦隊決戦を行い勝利できるとした唯一の戦略が、「漸減邀撃作戦」であった。「漸減」とは、艦隊決戦までに潜水艦などの攻撃で、少しでも米主力艦に損害を与えておくことをいう。これを成功に導くため、例えば主力艦の建艦計画でも火力や速力を重視し、短期決戦を前提に航続距離や居住性を犠牲にした。潜水艦の建造も、敵の後方補給路破壊のための輸送船団攻撃という戦略的発想からではなく、もっぱら艦艇攻撃用に設計された（潜水艦が、敵国の補給路破壊にどれほどの威力を発揮したかは、すでに第一次世界大戦時のドイツUボートの活躍をみれば明らかであったのに、日本海軍はこの点に目を向けなかった）。

山本が航空戦力の充実に努力したのも、艦隊決戦の前に少しでも航空攻撃によって、敵主力艦艇を

「漸減」しておくことを目論んだものであったとみるべきである。阿川氏によると、山本は、潜水艦による漸減能力をあまり信用していなかったらしい[38]。そして、海軍航空戦力の生みの親とも育ての親ともいわれる山本は、爆撃機には注力したが、戦闘機は「無用」との論調に賛同していたことはあまり知られていない。このため、日本海軍航空隊は、対米英戦争開始後、戦闘機および熟練したパイロットの決定的な不足に苦しんだ。これは、その後の戦争遂行に重大な障害となった。この点に関する具体的で実証的な分析は、坂井三郎『零戦の真実』にある[39]。つまり山本は、こうした点からも海軍戦力を「大艦巨砲主義」から、いわゆる「航空主兵主義」へ向けた先導者と無条件では言えないことが分かる。

さて先述のように、山本は一九三九(昭和一四)年秋に連合艦隊司令長官に就任すると、対米戦の先鋒を担うことが当然視されている連合艦隊の責任者として、その具体的な作戦内容の点検を行ったであろう。歴代の長官も一応は検討したであろうが、ほとんどは形式的であったと思われる。しかし山本着任の時期は、ポーランド戦争が始まり第二次世界大戦の火蓋が切られていたことから、形式的では済まなくなっていた。この状況変化による危機感が、空母機動部隊によるハワイの米太平洋艦隊奇襲攻撃の発想を山本に促したとみるべきであろう。海軍軍人のみならず、当時国民全てに嫌になるほど刷り込まれた対米戦の劣勢を、どのように解決するかは答えの出ない難題であった。先述のように、演習を見た山本の脳裏に閃いた機動部隊による「真珠湾攻撃」こそ、スフィンクスの問いに対する、遂に発見された「解答」であると思われた。これは日本海軍全体(とはいえ、もちろん限られた首脳部の認識ではあったが)を揺るがす出来事であったに違いない。一九四〇(昭和一五)年、それまで強硬に反対してきた「日独伊三国同盟」に海軍が不承不承の外見で承認したのも、この対米戦への「解答」を持ったからではないかと別宮氏はいう。[40] このほかにも近衛内閣成立直後、アメリカは「第三次ビンソン・プラン」を成立させ、主力艦の大増設に踏み切ったが、これによりアメリカとの艦隊比率が更に不利になる前に、対米開戦もやむなしとする海軍の意向も反映していた。

「三国同盟」が成立したのは、この同盟に反対する米内内閣の総辞職と近衛内閣の成立による。米内内閣退陣の引き金は畑陸相の辞職表明であったが、この裏には、不可思議な状況が隠れていた。別宮氏はこの問題を、東京裁判における米内光政尋問時の「滑稽」なやり取りと、米内内閣当時の陸相畑俊六の後年の回顧談から以下のように推定をした。畑俊六の戦後の回想によると、畑はこのとき陸相として辞職表明をするが、米内がそれを受け取らず慰留してくれれば、自分はそれに従い辞意を撤回して、米内内閣で三国同盟反対を貫くということを内々で米内に伝え、米内もまたそれを了承していたというのである。ところがいざ辞表を出したら、案に相違して米内はあっさり辞表を受け取り、結果として米内内閣は倒壊したという。そして畑によれば、後日米内はこのことについて謝りに来たが、ただ「すまぬ、すまぬ」というだけで一切理由を言わなかったという。この点について畑は、その回想で以下のように述べている。「米内君が誰によってどのような圧力をかけられたか、米内君自身の変心によるものか否か、自分は陸相辞表以来本人にこのことに関しては一切聴きもしなかったし、その実情は判らぬままである」。[41] 確かに米内内閣を倒したのは、三国同盟を推進したい陸軍と近衛や木戸などの働きであることになっている。それならなぜ米内は、東京裁判のときウエッブ裁判長から“stupid”と言われるほど徹底したトボケぶりで米内内閣崩壊の真相を語らなかったのか。[42] 連合国側が、三国同盟に反対していた米内を「敵視していなかった」ことは明らかであったし、米内内閣倒壊時の日本国内の新聞論調もまた陸軍の「横暴」が原因であることを報道していた。それなのに米内が、東京裁判でも一切内容ある発言をしなかったのは、まったく別の理由があるというのが別宮氏の推定である。つまり山本が、米太平洋艦隊を、機動部隊で真珠湾に奇襲攻撃することにより、アメリカの主力艦をあらかじめ何隻も撃沈することで、その後の日米艦隊決戦時の艦艇比率を日本に有利にするという日本海軍宿年の難題を解決した「作戦案」を、一九四〇（昭和一五）年七月の時点で既に海軍首脳部は受け入れていたとことと関係があるという。「連合艦隊司令部と軍令部でハワイ作戦について検討が続行されたが、絶対条件は〔日露戦争時と同様〕奇襲であった。海軍首脳部は作戦を秘匿しながら、日米の空母バランスが有利なのは昭和十六年しかないと認識し、日米戦に賛成＝三国同盟に反対せずとする方向で動き出した。米内光政に対し、政局の際にかかった〔陸相畑の感じた〕圧力とはこの海軍の総意だったのである」(43)。

海軍首脳部積年の「懸念」は、陸軍が対ソ戦を想定して「北進」し、ソ連との戦争に入れば、日本の政治体制は一層陸軍主導の「戦時統制経済」体制が強化され、海軍の予算削減や、政治的発言権の低下は免れないということにあったのは確実である。その「懸念」を払拭しかつ海軍が主導権を持つためには、海軍が対米戦への勝算の根拠を持たなければならなかった。そして山本がその答えを得たように思われたことにより、「南進」＝海軍主導の日米戦志向を政治路線に定着させることが可能になると考えたのであろう。米内辞任の不可思議な状況は、このような海軍首脳部の思惑を想定することで初めて理解できる、というのが別宮氏の解釈である。

戦後日本の官僚機構ももちろんであるが、戦前の陸海両軍の「省益あって国益なし」の対立もまた一段と激しかった。支那事変が泥沼化し始めた一九三八（昭和一三）年以降、陸軍主導の国家統制経済体制は進み、このまま大陸で戦争が続けば、明治以来陸軍と予算も権限も常に「同等」という海軍の「権益」は急激に損なわれる。これを打破する唯一の方策は、日本国民の目を海軍の「仮想敵」であるアメリカ（海軍）に向けさせることであった。ときあたかも支那事変の長期化で国内の物資は不足し、これを打開するには、南方資源地帯を目指す「南進論」が魅力をもたらす。また「ノモンハン戦」（一九三九年）以降とくに顕著になった陸軍の軍事技術の後進性——これを打開するには、「日独同盟」によるドイツの先進技術導入が必要視される——なども、「南進論」と「日独同盟」を結びつけることが現実的とみられるようになった。

繰り返しになるが、山本はいわゆる「航空主兵」論者ではなく、彼はあくまで艦隊決戦論者であり、山本にとって空母機動部隊は、艦隊決戦を有利に導くための「補助的戦力」（ただし遂に発見された、決定的な「補助的戦力」）とおもわれたのである。このようにみれば、開戦前の山本の種々の言動にも納得がゆく。例えば、山本は先述の、一九四一（昭和一六）年一月に提出した及川海相宛の書簡冒頭で、「日米戦争において我の第一に遂行せざる可からざる要項は開戦劈頭敵主力艦隊を猛撃撃破して米国海軍及米国民をして救う可からざる程度にその志気を阻喪せしむることこれなり。かくの如くにして始めて東亜の要障に占居して不敗の地歩を確保し、依て以て東亜共栄圏も建設維持し得べし」(44)と述べていた。これを見ると山本は、敵主力艦隊を殲滅すれば、相手国海軍も国民も、それだけで戦争の継続意志を喪失してしまうほどの打撃となると信じていたらしい。つまり艦隊決戦の勝敗とは、それほどの衝撃を国家国民にあたえるものとの思い込みがあったといえよう。この思い込みは、もちろん「大艦巨砲主義」が国家の国力の大前提であった時代の考え方であり、ワシントン条約以来のトラウマがしみ込んだ戦略思想であった。

このようにみれば、これまで様々に忖度されてきた、日米開戦後の不可解な山本の行動の理由も解きほぐされてくる。まず山本は、司令長官として開戦後の在任中一度も座乗する旗艦（最初は戦艦長門、後には戦艦大和）で戦場に出撃したことはなかった（もちろんミッドウェー作戦では、機動部隊の「後詰」として戦艦部隊を率いて出撃してはいるが、ミッドウェーから六〇〇カイリも後方に出ただけで、これは機動部隊以外の連合艦隊将兵にも出撃実績を与えるための形式的なものであり、軍事的にはなんの意味もないものだった）。山本は彼の死を招いたブーゲンビル島等の前線視察まで、終始瀬戸内海の柱島かトラック島に停泊する旗艦にいた。この間、東京の軍令部と連合艦隊司令部の間は、無駄の多い遠隔・間接統制にならざるをえなかった。いずれ日米艦隊決戦の時が来れば、旗艦長門あるいは大和艦上で、東郷提督にならい陣頭指揮をとるつもりであったのであろうか。東郷平八郎は明治天皇の前で、バルティック艦隊撃滅を誓ったが、山本は近衛の前で東郷とは正反対に、対米戦では半年や一年は暴れるが二年三年となれば勝ち味がないという「悲観主義」を披歴した。事実山本は、原田熊雄との会話で、自分は長門艦上で討ち死にすると語っている[45]。これもまた、日本の劣勢にある日米艦隊比率に囚われながらの艦隊決戦を前提にした言動としか思われない。東郷は「必勝の信念」をもって連合艦隊を率いたが、山本は「必敗の信念」で連合艦隊を率いたとは小室直樹氏の指摘である[46]。

さてハワイ奇襲攻撃は「大成功」となったが、実際の作戦遂行には、当時から現在まで様々な批判があるのは周知のことである。なかでも最大の批判は、米空母を撃沈するまでハワイ海域に留まることなく早々に引き揚げたことであろう。この点に関するほとんどの批判の矛先は、南雲司令長官の判断ミスか、あるいはアメリカ側の反撃を恐れた「臆病」ぶりに帰せられてきた。南雲が真珠湾攻撃の撤収を決めたのは、第一次攻撃から帰艦した攻撃隊長淵田中佐の「戦艦四隻撃沈、戦艦四隻撃破」という戦果報告を聴いた直後である。南雲が淵田の報告を途中で遮ってまで尋ねたことは、「アメリカ艦隊が今から六ヵ月以内に真珠湾から出てくる可能性があると思うか？」という点である。淵田が「アメリカ太平洋艦隊の主力が六ヵ月以内に出てくることはできないだろうと思います」と答えると南雲は満足し、その後第二次攻撃続行を主張する淵田や源田参謀の意見を退け撤収を命じたという[47]。確かにこの判断は、後の日本の戦争遂行に大きなマイナスをもたらした。米空母を撃ち漏らしたことにより、ウェーキ島の奇襲攻撃や、珊瑚海海戦、東京空襲、その対応に立案されたミッドウェー作戦、これらが後の日本の敗北の原因に連なったことはいうまでもない。石油タンク（四五〇万バレルの石油が失われていれば、アメリカといえども、これを本土から補充するにはそれこそ半年間はかかったはずである）やドックを破壊しておけば、たとえ戦艦や空母を打ち漏らしても、燃料がなければ艦艇は動けずまた修理もできず、実際には艦艇を破壊するのと同じ効果があった。あるいは、艦艇は残しておいたほうが日本にとってより大きな「効果」があったかもしれない。というのは、奇襲攻撃の責任を問われ解任されたキンメル米太平洋艦隊司令長官の後任に着いたニミッツは、後の回想録で以下のように述べているからである。「我々は旧式の戦艦群をこの際一旦整理し、その戦艦群のすでに十分訓練された乗組員多数を、新たに編成した機動部隊に配属する決断ができたこと。また戦艦アリゾナを除く、大半の撃沈・撃破された旧式の戦艦群は、真珠湾の浅い海底から引き揚げられた後、大々的に改修され空母機動部隊を護衛するために随伴できる高速戦艦として、また日本の太平洋に展開する島嶼基地を攻撃する際の、護衛と艦砲射撃による敵前上陸援護に強力な役割を果たした」[48]。

このニミッツの言葉どおり、日本海軍の真珠湾攻撃、および英戦艦プリンス・オブ・ウエールズとレパルスを航空機のみで撃沈した「マレー沖海戦」の戦訓をすばやく徹底的に学んだアメリカは、海軍戦略のパラダイム転換を真剣に受け止めた。すなわち航空機を搭載した空母を主戦力におき、戦艦はそれを守る補助戦力とし、ただし戦艦を無用の長物視はせず、強力な艦隊護衛戦力へ転用することで勝利への道を見出したのである。この空母機動部隊は、二一世紀の現在も依然としてアメリカの「海上権力」保持を担う中心戦力であることからみれば、山本を主導者とした日本海軍の革新がいかに大きな発想の転換であったかが分かる。

第二次世界大戦で出現し、二一世紀の現代まで継続している攻撃システムは、陸上ではドイツ軍が開発した「機甲部隊」であり、海上では日本海軍が編み出した「空母機動部隊」である。「機甲部隊」とは、戦車や装甲車およびそれらを敵の歩兵の肉薄攻撃から護る歩兵を載せた兵員輸送車の集団を、戦闘機と急降下爆撃機で援護しながら高速で敵陣に突入させ蹂躙《じゅうりん》を図るシステムである。戦車や装甲車の集中使用は、敵歩兵の肉薄攻撃による弱点のほかに、集団をなす味方戦車群への敵砲兵隊による集中砲撃にも弱かった。この問題は、航空攻撃で空から敵砲兵隊を殲滅した後、戦車が敵陣を突破するシステムを編み出すことで克服された。一方日本海軍が編み出した多数の空母を集中して運用する「空母機動部隊」の弱点は、味方の飛行機が攻撃に出払っている時、敵の巡洋艦（戦艦は速力で空母に追いつけないが、巡洋艦は空母を撃沈できる砲力と空母に対抗できる速力がある）に攻撃されると、空母はひとたまりもなく撃沈されるという点にある（一九四一年ドイツの巡洋戦艦ビスマルクに撃沈された英空母イラストリアスの例がある）。これを克服するために日本海軍は、巡洋艦の速力に対抗できかつ砲力で上回る高速戦艦四隻（巡洋戦艦とも言われた）の配備をいち早く実現したことでその運用を可能にした。陸上の「機甲部隊」や海上の「機動部隊」が「革命的な発想」と言われるのは、共に航空機の運用を組み合わせた戦闘様式を編み出したことにあり、従来の陸上・海上の「二次元的平面」での戦闘を、「空」を加えた「三次元空間」へ拡大したことによるイノヴェーションの故である。[49] こうしてみると、もし米太平洋艦隊の旧式主力戦艦群が大量に残っていれば、かくも素早くニミッツが戦略転換の実行を推進できたかどうかまで問いかけてみる必要があろう。つまりそれほどハワイ作戦は、敵に塩を送る〝有害〟なものであったということになる。

再び先述の問題に戻れば、あらゆる意味で後の戦局までも左右するほど重要な第二次攻撃であったが、南雲はそれを行うことなく帰途についた。この謎の根源は、やはり山本の戦略思想にあったといわねばならない。つまり山本もまた敵の主力戦艦の撃破こそ、勝利の要諦だと考えていたからである。そうでなければ山本は、ハワイ攻撃の作戦構想の初めからハワイ太平洋艦隊の空母（山本が航空主兵論者なら、当然空母を最重点攻撃目標に指定していなければならない）も、石油タンクやドック等の完全な殲滅も命令していたはずである。

山本は、先に引用した及川海軍大臣宛の書簡で、日露戦争時東郷艦隊の行った緒戦の奇襲攻撃が不徹底であったことを批判していた。それなのに、彼もまた緒戦のハワイ奇襲攻撃を不徹底のまま終わらせてしまった。結果として、その時打ち漏らした米空母が、以後の山本の作戦を大きく狂わせた。東郷は失敗を乗り越えて日本海海戦で勝利したが、山本は自ら編み出した新戦術をアメリカに逆用され、それによって日本に敗北をもたらした。なんという歴史の皮肉であろうか。

さらに山本の立てた作戦には、もっと重大な問題があったことを小室直樹氏は指摘する。それは山本が、ハワイ攻撃に機動部隊を送り出した際、六隻の空母群を護衛する中心戦力たる高速戦艦を霧島と比叡の二隻しか随伴させなかったことである。一方ハワイ作戦と同時進行するマレー半島攻撃作戦に送り出した陸軍第二十五軍を護衛するために、いわゆる南遣艦隊をつけたが、この艦隊の主力も二隻の高速戦艦金剛と榛名であった。シンガポールには英東洋艦隊の主力プリンス・オブ・ウエールズとレパルスがいることは周知の事実なのに、この両艦に装甲や砲力で劣る金剛と榛名をつけたのは全く非常識である。航空攻撃で撃沈できたからよかったというのは、たまたま僥倖に恵まれた結果論にすぎない。このとき日本海軍の航空隊は、九七式攻撃機や一式陸攻という双発の爆撃機であり、もしイギリス側に艦隊を護衛する戦闘機がいれば、日本の攻撃は失敗した可能性が高かった。英艦隊に戦闘機の援護がなかったのは、海軍と空軍の連携のまずさの故であり、事実イギリスの戦闘機は、両艦撃沈の三〇分後に戦闘海域に駆けつけている。したがって日本の航空攻撃が、初めから戦闘機の護衛なしの（ここでも日本海軍は、戦闘機の不足に悩まされている。先述の戦闘機無用論はこの時もっとも深刻に影響をもたらした）、爆撃機のみで行われることが分かっている以上、これの失敗の可能性を前提とした船団護衛システムを用意しておくのが正道である。そのシステムとは、日本の柱島に留まっている六隻の戦艦――長門・陸奥・扶桑・山城・伊勢・日向を護衛艦隊主力として随伴させることである（この時はまだ大和・武蔵は未完、但し長門や陸奥はプリンス・オブ・ウエールズやレパルスを上回る火力と装甲を備えていた）。そして金剛と榛名は柱島に残る多数の重巡洋艦とともにハワイ作戦に随伴させるべきであった。ハワイには重巡も利根・筑摩のわずか二隻が随伴しただけである。もしこのとき高速戦艦を二隻ではなく四隻、重巡洋艦も二隻ではなく八隻を機動部隊に随伴させれば、南雲はもっと腰を落ち着けてハワイ近海で攻撃継続の判断ができたはずだといったのは、戦後モリソンのインタビューに答えた三川軍一提督の見解だという。山本は開戦劈頭から、「戦力の小出し」をしたのである。(50)

ここで問題を整理しよう。開戦劈頭のハワイとマレーの二大作戦に、山本連合艦隊司令長官は主力戦艦や重巡洋艦を「出し惜しみ」したこと、これが問題のポイントである。この両作戦のどちらか一方でも失敗すれば、その時点で日本は始めたばかりの戦争に即時敗北を覚悟しなければならないほど、これは「賭博性」の高い作戦であった。それほどの作戦にも、山本は主力艦の出し惜しみをしたのはなぜか。理由は明らかである。上述のように「出し惜しみ」したのは主力戦艦群と重巡洋艦群である。この点から見ても山本は、やはり大艦巨砲の「艦隊決戦主義者」であったことがみてとれる。これは、一九四二（昭和一七）年六月のミッドウェー作戦でもさらに明瞭に現れていた。先にも記したが、山本は主力戦艦群と重巡洋艦群を、戦列に参加させると言いながら、実際には機動部隊の後方六〇〇カイリに配置しただけであった。機動部隊の「後詰め」というが、いったい機動部隊が危機に陥った時、これほどの後方からどのように援軍として駆けつけるというのか。実際には、機動部隊にすべてを預け、主力艦隊の将兵には戦闘海域出動の「実績」を与えようとしたにすぎない。山本が主力戦艦や重巡洋艦を使いだしたのは、ミッドウェーで空母四隻を失い、さらに同年一〇月南太平洋海戦で「勝利」（この段階で、アメリカ側は実働空母がゼロになった）しながら、一方で日本は多数の熟練パイロットを失い、機動部隊の戦力が磨滅してからである。ガダルカナルをめぐるソロモン海戦では、空母機動部隊を消耗した日米両海軍とも、戦艦・巡洋艦・駆逐艦による「伝統的」海戦を繰り返した。このとき日本海軍は、米海軍に対し「判定勝ち」ともいえる戦績を残したが、戦力の消耗を回復する能力において劣勢となったことはいうまでもない。なんのために、ガダルカナルでこれほどの消耗戦を繰り返したのか。ここでは山本の「艦隊保全思想」との整合性が問われるところである。

空母機動部隊という、二一世紀の現在でも海上における最強の攻撃システムとして運用されている最も革新的なシステムを開発主導し、それを実際に運用して驚異的な実績を示しながら、なお山本の意識の内には海軍戦略のパラダイム転換は起きず、依然として機動部隊は主力艦を守る補助的戦力という考えが牢固として抜けなかったのである。南雲機動部隊司令長官が、米太平洋艦隊の戦艦群を撃沈したことで、自分の使命が遂げられたと考えたとしても、彼を非難することは出来ない。非難されるべきは山本である。上述のように、もし本当に山本が、航空戦力中心主義者ならば、当然ハワイの空母二隻の撃沈や石油タンクおよび修理ドックまで徹底した攻撃をするよう、あらかじめ南雲に命令していたはずである。多くの戦記では、第一次ハワイ攻撃が成功したとの報告を受けた連合艦隊司令部内でも、第二次攻撃により戦果拡大を図るべきとの意見が参謀たちから出たが、山本は「南雲はやらないだろう」とつぶやいたという。[51] これはまったくおかしな話である。南雲が「やらない」とわかれば、なぜ山本は直ちに第二次攻撃の実施を命じなかったのであろうか。実際は、山本にとっても戦艦撃破の後のことは「付け足し」であったとしか思えず、主力戦艦の撃破に満足して、南雲と同様この段階で機動部隊の保全に意識が向いたのではないか。そもそも第一次攻撃の成功後、当の機動部隊の司令部内で、第二次攻撃の是非を議論していること、源田参謀や淵田攻撃隊長が第二次攻撃を進言し（山口第二戦隊司令官も第二次攻撃準備完了の信号旗を揚げていた）、南雲や草鹿参謀長が思い悩むなどということからしておかしなことであろう。[52] 山本がハワイ攻撃を構想してから、長い時間をかけて練り上げた作戦計画である。この作戦の目的は連合艦隊の全指揮官・参謀まで意思統一されていたはずであり、もちろん海軍軍令部も同様である。大半が山本と大同少異の考えであったと言うしかない。事実この時の連合艦隊参謀長宇垣纏は、早くから航空主兵論を唱える大西滝治郎に対し「本件（大西の航空主兵論）なお研究の余地ありと認む。広漠たる大洋上基地航空兵力の使用は困難なり。航空を前進せしむるため航空母艦のみにて足れりや」（『戦藻録』）と述べ、また軍令部第一部長（作戦）

福留繁も、「空母機動部隊が開戦後縦横に活躍して大戦果をあげたが、この空母機動部隊は有力な補助部隊であって、主兵はなお戦艦である」というような見解が大勢であった[53]。それ故に、ハワイ作戦を終えて日本へ帰還途中の機動部隊に対し、ウェーキ島占領にもたつく第四艦隊のため、途中「寄り道」して支援することを命ぜられた機動部隊司令部内では、この命令に「横綱を破った大関に、帰り道でちょっと大根を買ってこいというようなもので失礼だ」と憤懣を漏らす声が上がったという有名なエピソードの説明もつく[54]。その意味するところは、機動部隊とは、虎の子の戦艦を出さなくとも、海軍の先鋒を担う「使い勝手のよい」ついに実証された有力な「補助戦力」である、という海軍内部に定着した認識であった。

再び山本が開戦前の一九四一（昭和一六）年一月、及川海軍大臣宛に出した書簡『戦備に関する意見書』の内容を振り返ってみよう。彼はそこで次ように述べていた。「日米戦争において我の第一に遂行せざる可からざる要項は開戦劈頭敵主力艦隊を猛撃撃破して米国海軍及米国民をして救う可からざる程度にその志気を阻喪せしむることこれなり」。ここでいう「主力艦隊」とは、いうまでもなく米戦艦群である。山本は、米海軍も政府・国民も、戦艦中心の主力艦隊が撃滅されれば、志気阻喪してしまい、日本は「東亜の要障に占居不敗の地歩を確保」できると述べていた。つまり、山本はハワイの戦艦・巡洋艦を中心とした、米主力艦隊を撃沈破すれば、アメリカは戦意を喪失するというのである。確かに、南雲機動部隊は米太平洋艦隊の主力戦艦群を撃破した。この時点で、太平洋における日米の主力艦比率は、アメリカがほぼゼロになり、日本は完成間近の大和・武蔵を含めて戦艦八隻、高速戦艦四隻、重巡一八隻を保有しているから、両者の主力艦比率は日本の絶対的優位となる。したがってこの時、米海軍も政治家も国民も「救うことができない程度にその志気を阻喪」する、と山本は思っていたとしか考えられない。だからこそ山本は、開戦劈頭ハワイとマレーの二大作戦に主力戦艦と重巡洋艦を出撃させなかったのである。何度でも繰り返さなければならないが、つまり彼は、こうして日米主力艦比率が圧倒的に日本に優位に傾けば、アメリカ政府も海軍も国民もその戦意を喪失すると考えていたとしか思えないのである。主要国の「大艦巨砲」中心の艦隊こそが、戦争の帰趨を決定するという、日露戦争や第一次世界大戦以来の思い込みが、山本はじめ日本の海軍首脳部には牢固としてわだかまっていた証左である。そして「ワシントン会議」で負わされた日本海軍のトラウマを、ハワイ作戦で払拭したことにより、今度は艦隊比率で決定的な劣勢に陥ったアメリカが敗北感に囚われ、講和を申し出るというシナリオを山本が描いていたとしても不思議はない。日本海軍が、「緒戦の勝利」、とくに対米戦「勝利」を得たのち、山本の動きが全く不活発になったことには、ここに理由がある。

　山本のみならず、日本陸海軍とも日本が資源小国だということを骨髄まで刷り込まれていたためか、戦艦や航空機さらには一丁の小銃に到るまで武器を異常なまでに大切にしたが、人命を武器より大切にしたとはいえない。しかしアメリカは人命の損傷を何よりも恐れる一方、武器などいくらでも作ればよいと考える国である。そういう国の戦艦を多数破壊したら、アメリカが本当に和平を申し出るとでも思っていたのであろうか。アメリカ駐在武官として、「知米派」と言われた山本のアメリカ認識が問われるところである。

　ここまで見れば、山本は親英米派の「平和主義者」でもなければ、「国際法」を重視する「条約派」ともいえないことがわかる。これまでの経緯からして、日米戦争は山本のハワイ攻撃によって始まったのは明らかであるが、「平和主義者」なら無通告の奇襲攻撃を前提にするような、作戦計画を立案推進することは理屈にあわず、親米英派で「条約派」なら、パリ不戦条約（いかに「骨抜き」にされていたとはいえ）を無視する戦争行為に走るのは不審である。ここで山本擁護論者が、山本は「平和主義者」であり、この戦争に「反対」しながら立場上やむなく対米英戦争を始めたのであり、「最小の犠牲」で短期間に戦争を終結できるという見通しを持っていたからだという主張をするかもしれない。しかしそれは、とくに対米戦争において根拠のある「見通し」とはいえないであろう。

日米戦争勃発の原因には、もちろん複雑で膨大な歴史的経緯と問題があることは当然である。しかし近衛、松岡あるいは東條がどれほど対米英強硬論を主張したところで、（彼らは皆親独主義者にして反米英主義者かもしれないが）、そのまま短絡的に対米英戦争を望んでいたとはいえない。戦争となれば、日本の「統帥機構」からして海軍が合意しなければ不可能である。その海軍は、支那事変の長期化により、ますます政治の主導権を高めつつある陸軍に何とか歯止めを掛けたいと思っていた。海軍が政治的主導権を取り戻すためには、陸軍の「北進論」から「南進論」へ、政府も国内世論も誘導しなければならない。「南進」は日に日に高まる経済制裁を打開する決め手になるかもしれないという国民の「願望」と同調した。しかし海軍が「南進」を呼号すれば、当然対立が予想される対米英戦争へ、海軍としての「勝算」を示さなければならなかった。なぜなら、まだ日独伊三国同盟の可否が政府で議論されている頃、時の海軍大臣米内光政は、「日本海軍は、米英両国の海軍を同時に敵に回して勝つようには作られておりません。ドイツやイタリアの海軍に至っては問題にもなりません」(55)と公言していたから、この発言を覆して、米英両海軍と戦っても「勝算あり」ということへの決定的な解答を示さなければならない。そして、その解答をもたらしたのが山本であった。

上述のような発想を持って連合艦隊を指揮した山本五十六は、はたして鳥居氏の言われるような、戦争を回避して日本を救うため、身を挺して動いた人物なのであろうか。高松宮は一九四一（昭和一六）年一一月三〇日、天皇に謁見した際「軍令部の計算に大きな錯誤のあることを発見しました」と言上したと言うが、「軍令部の計算」とはどのようなものだったのか。鳥居氏は『山本五十六の乾坤一擲』でその問題を以下のように述べている。

「昭和十八年二月、半年にわたってつづいたガダルカナルの戦いは終わりました。わが海軍が存分に戦った戦いは、前年十一月十二日から十五日までの四日間にわたった第三次ソロモン海戦でした。だが、その島〔ガダルカナル島〕の奪回はできず、わが海軍が主導権を握っての戦いはその海戦が最後になりました。そしてそのガダルカナル攻防戦のあいだに、海軍は一千機以上の航空機を失い、空母一隻、戦艦二隻、巡洋艦五隻、駆逐艦十六隻を失い、なによりも、かけがえのない優秀、老練な搭乗員、乗組員を失ってしまいました。それでもそのときには、こちらの正規空母は二隻、アメリカ側も二隻でした。ところが、その年〔昭和十八年〕の秋にはアメリカは新たに正規空母六隻、軽空母五隻、戦艦十二隻を揃えた巨大な陣容になります。同じとき日本側に新たに竣工した空母、戦艦はありませんでした。高松宮が昭和十六年十一月三十日に天皇に言上した海軍の大事な問題とはこういう予測だったのです」[56]。

しかしこの予測は、もちろん開戦前から日本側にはできていたのではなかったか。一九四〇（昭和一五）年六月米国議会は、エセックス級空母二四隻を建造する権限を大統領に与える法案を可決した（第三次ビンソン・プラン）が、この法案に衝撃を受けた第二次近衛内閣の海相吉田善五は、重度のノイローゼに陥って海相を辞任している。さればこそ山本をはじめ海軍首脳部は、日米艦隊比率の優位がアメリカへ決定的に傾く前の一九四一（昭和一六）年という年を開戦年に選んだのである。戦争が進み、双方に主力艦艇の損害が続出すれば、国力に勝るアメリカの優位は必ず生まれるからこそのハワイ奇襲攻撃であった。それを、「軍令部の計算に大きな錯誤があることを発見しました」と言って、戦争全体の作戦計画が御前会議の議を経て決定された後に停止できるであろうか。そもそも山本は海軍の実戦部隊の最高責任者ではあるが、海軍全体の作戦行動は天皇に直隷する軍令部の責任であり、さらに海軍省は海軍大臣のもとで内閣の政策に責任を負っている。まして戦争の陸軍側作戦計画の発動に、海軍の一司令官が容喙できるはずもなかった。

もし山本が鳥居氏の言われるように、開戦直前攻撃を天皇に直訴してまで阻止しようとし、結果的に失敗したとすれば、海軍積年の難問に山本が自ら発案した革新的アイデアの「解決案」がもたらした「陥穽」に自ら落ち込んだといえよう。日独伊三国同盟の黙認以来、海軍首脳部は陸軍に対抗して国内政治の主導権をとるための政治行動を着々と進めてきた。先述のように、その海軍側首脳の「自信」の根拠が山本の「対米戦勝利」のアイデアであったのである。もし山本が対米戦の不可を確信していたなら、一九四〇（昭和一五）年の時期に、明瞭に海軍首脳部へ「計算の誤り」を示していなければならない。事実は山本もまた海軍の「省益」から、陸軍の大陸における「暴走」に歯止めをかける政策的「切り札」として、対米戦戦略を考えていたのではないか。それが、一九四一（昭和一六）年には国策となって対米英戦への「切り札」となり、山本も自らの引いたレールの上を走る暴走車に乗って破滅の淵へ向かったのである。

「誰が太平洋戦争を始めたのか」の問いは、別宮氏の探求により、「空母機動部隊による真珠湾攻撃」

を考えた山本五十六という一人の海軍軍人に行きついた。

第五節　むすび——戦争の教訓から何を学ぶべきか

「戦争は、軍人たちにまかせるには、余りにも重大な問題である」（クレマンソー）

鳥居氏に限らず日本の近現代史家の著述では、陸海両軍の中枢部にいる「政治的軍人」の発言・行動・意向などを、その時々の政治的局面における重要な要因として取り上げることが多い。現実にそうであったから当然のことといえばそれまでだが、日本の近現代史家に往々にしてみられる傾向は、軍人の政治に対する関与を常に批判的にみる視点を欠いたまま歴史記述を行っていることである。それどころか、山本五十六を政治的重要人物として、とくに「昭和史家」（半藤一利氏など）たちは称揚してきた。戦前の日本は、国民の選挙の洗礼を受けていない高級軍人を含む官僚たちが、そのまま各省大臣や陸海軍大臣になり、さらには首相（元老による「大命降下」）にまでなるということに、政治体制の最大の欠陥があったことはいうまでもない。日本の政治体制の決定的欠陥が、政治家の軍人官僚に対する統制力の欠如にあったことは言を俟たないが、軍人以外の政治家たちも選挙の洗礼を受けない官僚出身者が多々あれば、軍人を統制することは困難である。それ以外の政党政治家も、こと軍事に関しては「統帥権」を振りかざす軍部に「素人」として口出しできない政治風土があった。第二次世界大戦を戦った主要国の中で、戦争という国家最大の命運を決定する政治の場に、日本ほど軍人が関わりかつ容喙する悪弊が見られた国は他にはない。彼らは『軍人勅諭』のいう、「世論に惑わず政治に拘らず只々一途に己が本分の忠節を守り」という戒めを、本気で受け止めてはいなかったに違いない。彼らは官僚制特有の無謬・無責任・前例踏襲・人事権の専有などにより、国政を壟断して国家を敗北に陥れた。小室直樹氏は、これを腐朽官僚制の弊害と断じ、国策を誤った最大の原因をここに認めている（前掲書『日本の敗北』：この本の目的は、腐朽官僚制が日本を滅ぼしたことを論証するもの。また本章で挙げた別宮氏の諸著も、小室氏と同様の結論である）。この傾向は、日露戦争を指導した明治維新の元勲たちが、政治の第一線から退場していく明治末期から大正前期にかけて次第に顕著になってくる。陸軍官僚の「横車」はあらゆる論者の指弾するところであるが、海軍のエリート官僚もこれに劣らず様々な局面で政治に容喙した（かの統帥権干犯《とうすいけんかんぱん》問題はその最悪例）。日本の敗戦責任を問う歴史研究を進める場合には、我々日本人は、絶えずこの問題へ立ち返ることを忘れないようにしなければならない。日本の戦争を「侵略史観」で描く論者たちも、米内光政・山本五十六・井上成美らを「日独伊三国同盟」阻止に抵抗した「反独親英米」の「反戦平和主義者」として評価する傾向がある。まして阿川弘之氏・半藤一利氏などの米内・山本・井上評価は、この三者の「政治的言動」を「平和志向」・「英米流の国際協調」・「西欧近代合理主義思想」などを備えた、当時の政治家や陸海軍人中の重要人物として取り上げているが、鳥居氏の『山本五十六の乾坤一擲』も同様の視点から描かれている。

しかしあらゆる意味において、このような視点は誤っていることを、とくにわれわれ日本人は繰り返し確認すべきである。軍人が、国政に関わることを当然視するような、歴史記述は改めなければならない。軍人が政治の主役の一端を担ったことが日本の政治機構の最大の欠陥であり、ここにいまだ明確な批判的視点を持てないのは、戦後日本人が戦前の問題に対する教訓を得ていない証しである。戦前の日本政治史は、戦争問題を抜きには語れないが、それを記述する歴史家は、現実に行われた軍人たちの政治介入を常に批判的にみながら政治過程の「主流」扱いせず、その当時の政治状況総体を描くなかで、いかなる政治的選択がありえたかを問いかける作業を繰り返さなければならない。そのことによって見えてくる政治家による「政治主導」の不在こそ、日本人の根底から受け止めるべき課題であることが示されよう。

第二次世界大戦を戦った主要五ヵ国のうち、アメリカのルーズベルト、イギリスのチャーチル、ソ連のスターリン、ドイツのヒトラーは、それぞれ全権を行使して戦争を指導した。しかし日本では、東條が首相・陸軍大臣・参謀総長まで兼務しても、最後まで海軍の作戦に介入できなかったばかりか、海軍側から正確な情報さえ知らされなかったのが実情である。それどころか東條は一九四四（昭和一九）年七月、サイパン失陥の責任を問われる形で首相を更迭されてしまった（形の上では岸信介商工大臣の辞任による総辞職）。軍部もまた、政治に容喙して事態を混迷させることはできても、このように軍人首相が生まれるといかなる意味でも政治的全権は行使できないという現実に直面した。一九四〇（昭和一五）年海軍大将米内光政首相は、日独伊三国同盟阻止を図ったが、この時三国同盟推進を求める陸軍の要求を抑えられず、畑陸軍大臣の辞任で簡単に内閣は倒壊した。

戦前の日本の政治機構は、天皇が全権を行使する建前ではあったが天皇はそれを行使せず（行使できず）、権限は各省・あるいは陸軍参謀本部・海軍軍令部などに「分有」され、各自ばらばらに己の「利益」を守りつつ、国家最大の危急時である戦争中においても国家的統一行動が取れないできた。「大日本帝国憲法」体制最大の欠陥である。

もちろん、軍人たちの政治への容喙という一事をもって、日本が敗北したような結論はあまりにも単純である。問われるべきことは、日本国民全体の国際社会に対する認識であり、これは政治家・官僚のみならず、国民の知的レヴェルの練磨を担う学者やジャーナリストをはじめとする言論界の責任にも帰着する。戦前の国際社会に対するわが国の対応は往々にしてナイーヴであった。このことはもちろん現代にも通じる日本の「体質」である。日本が国際社会において、主要国の位置を占めはじめたのは、日露戦争の勝利以後、特に第一次世界大戦前後からであろうが、この時期こそ後の日本の敗北への道が視界に現れたことを、当時の日本人がどれほど意識していたことであろうか。そして現在に至るも、この時期のもつ重要性は、国民共通の歴史認識に定着しているとはいえない。

別宮氏の著作には、一九二一（大正一〇）年から一九二二（大正一一）年の「ワシントン海軍軍縮会議」に関する極めて重要な指摘がある。もちろんこの「会議」については、現在もあらゆる歴史書が様々に論じており、とりわけ、米英日の主力艦保有比率五対五対三への削減をめぐる問題は必ず取り上げられている。日本海軍が仮想敵とする米海軍との主力艦艇比率を六割に限定されたことへの不満は、日本の対米不信感の底流をなすものとして、日米戦争の遠因とする点に記述の重点を置いた議論も多い。さらには、この「会議」で日英同盟が解消されたことや、「九ヵ国条約」のもつ意味についても研究はされてきた。

しかし、以下のようなことについては、どれほど論じられたであろうか。

第一次世界大戦のユトランド沖海戦で巡洋戦艦隊司令官を務め、海軍軍縮会議では英海軍を代表した提督「ビーティー」は米英日、五－五－三・五（対米七割）という日本の主張を五対五対三でまとめようとした。この数字の前提は、アメリカの東太平洋と西大西洋、イギリスの東大西洋とインド洋、日本の西太平洋支配であった。結果として一番もめたイタリアとフランスの一・六七は、地中海支配をめぐるものであった。……ワシントン軍縮会議は全世界の海洋分割を決定した。ペリー来航以来ついに大日本帝国は、西太平洋の国際条約上の制海権を得た。これ以後、西太平洋に面して軍港をもつ英米仏とオランダは、戦艦や巡洋艦（軽巡を除く）をこの海面に配備することはなかった」[57]。

　この別宮氏の一文は、ワシントン海軍軍縮会議において、一七世紀以来「七つの海」を支配してきた海洋帝国イギリスがついにその座を降り、新興の海洋国家アメリカと日本に「制海権」を分け与えた、歴史的な「会議」であったことを指摘する重要な箇所である。（現在中華人民共和国が、世界の海を支配するアメリカに対し、「西太平洋」の「制海権」を譲るよう求めているのは、彼らの単なる「国威発揚」のためではない）。

　もし日本政府や海軍のみならず日本国民全体が、ワシントン軍縮会議の結果を、別宮氏の指摘するような視点から受け止めていれば、その後の日本の行く末は、実際の歴史とはずいぶん異なった状況になったであろう。別宮氏の指摘からいえば、日本の主力艦保有比率は（三）ではなく、（二・五）でも米英とのバランスは保たれている。米英はそれぞれ二つの大洋を管轄しなければならないが、日本は西太平洋のみである。このような見方なら、対米英比率（三）は、むしろ日本が「優遇」されたという受け止め方もできるのである。

「ところが日本国民の間には、いったん第一次大戦で戦時同盟国になったため消えたアメリカへの警戒感が再び頭をもたげた。アメリカはコンサートオブヨーロッパを認めず、国際連盟にも加入せず、移民政策を含めて全て国内世論と国内政局に支配される傲慢な国家にみえた」[58]。

日本にとってのワシントン会議は、アメリカの日本封じ込めの意図のみが突出しているように思われ、「仮想敵国アメリカ」があたかも真の敵国のようにみえはじめる。また永年続いた日英同盟が解消された時の、イギリスの「冷淡」な態度にも日本は不信感を覚えた。確かにアメリカは、第一次世界大戦後の日本の強大化に脅威を感じ、日本を抑えることに様々な外交攻勢をかけてきたことは事実である。日英同盟解消は、アメリカにとってその最大の成果であろう。またアメリカは、東アジア大陸での権益をめぐる主導権争いでも、中華民国内で反日運動を使嗾《しそう》して日本を牽制したことにより、日本国民の反感をよび、さらに日米対立が深まった。この国家的・国民的感情が、日本海軍の米海軍への対抗意識を高める背景をなしていた。日本海軍が対米主力艦比率七割にこだわり始めたのも、海軍予算獲得の口実はもちろんあろうが、国民感情の後押しから「仮想敵」と「真の敵」がいつのまにか合一して、それが海軍の作戦計画を硬直化させ、対米七割なら互角に戦えるが六割では勝ち目がないという意識を固着させてしまった。事実作戦を統括する海軍軍令部では、長年かけて練り上げた対米海戦戦略「漸減邀撃作戦」に関し、毎年定例の図上演習を何度繰り返しても勝ち目が出なかったという[59]。したがって山本が「発見」した新戦術で、この隘路の打開策が見えた時、海軍首脳部がこれを受容したのも自然な成り行きであったといえよう。この点で、開戦へのレールを引いた中心人物は山本五十六かもしれないが、ワシントン条約の「トラウマ」を解消しようとする衝動は、海軍全体に漲っていたものであり、それはまた国民全体の意識の底にも潜在していたからこそ現実のものとなったということができる。

「漸減邀撃作戦」ならば、「攻撃してくるアメリカ」に対して、「防衛・自衛する日本」という前提に立った戦略である。これなら「パリ不戦条約」以来の国際法上の立場を維持できるのにたいし、ハワイ攻撃は日本の「先制攻撃」という正反対の「国際法違反」になる。さらには、この大戦へ参戦するためルーズベルト政権が様々な世論工作をしても、圧倒的多数が参戦反対であったアメリカ国民を、この「奇襲攻撃」で一致して参戦へ意識転換させてしまったことこそ最大の誤算であった（アメリカ国民の大半が戦争反対であるという世論調査は、当時の新聞で容易に知ることができた）。こうした諸点への配慮が政治家・外交官はもちろん、山本をはじめ「条約派」といわれる海軍軍人たちにもなかったというところに、当時の日本の国際政治感覚の低さがみられる。また別宮氏のような少数の歴史家を除いて、国際法的リテラシーを持つことの重要性を厳しく問わない現代史家たちが今も多いのは、先の戦争に対する真の「教訓」が国民的意識に定着していないことの証左でもある。

アメリカの敵意があろうと、イギリスの冷淡さが感じられようと、明治維新以来わずか半世紀で三大海軍国の一角に入り、世界の海上権力を三国で分有するという第一次世界大戦後の日本は、国際社会からみればまさに「大国」である。日本が、もしこのような自覚を持つ国家としてワシントン会議後の世界に対していれば、第一次世界大戦後の国際秩序再編に揺れる一九二〇年代や、世界恐慌から戦争への危機が高まった一九三〇年代の国際社会で取りえた国策の選択肢も、現実に起きた日本の行動とは異なるものになったかもしれない。この時期にこそ、政治家も軍人も言論人も、国際社会における日本の立場について、深くかつ広範に意を尽くして国民的議論をしなければならなかった。

この両大戦間の時代とそこにおける日本の状況を、今もわれわれが繰り返し研究しなければならない所以である。

(注)

(1)別宮暖朗『誰が太平洋戦争を始めたのか』ちくま文庫、二〇〇八年。
(2)鳥居民『山本五十六の乾坤一擲』文藝春秋、二〇一〇年。
(3)蔣介石の軍事顧問には多数のドイツ国防軍軍人が入れ替わりやってきたが、中でもフォン・ゼークト将軍とフォン・ファルケンハウゼン将軍は、ドイツ国防軍最高レベルの軍人である。阿羅健一『日中戦争は中国の侵略で始まった』悟空出版、二〇一六年の第二章「中国のドイツ軍事顧問団」参照。
(4)この間の経緯については、阿羅前掲書を参照。また北村稔・林思雲『日中戦争の不都合な真実』PHP文庫二〇一四年では、この戦争が蔣介石の主導権で始まったことを明らかにしている。さらに、この日中間の戦争が、なぜ蔣介石の主導権で始まったのかという合理的説明は、別宮『誰が太平洋戦争を始めたのか』(前掲書、一四～一六頁)、同じく同氏の『帝国陸軍の栄光と転落』文春新書、二〇一〇年、二二六～二二八頁、および別宮・兵頭二十八『大東亜戦争の謎を解く』光人社、二〇〇六年、五一～五七頁などを参照。
(5)今井武夫『日中和平工作』みすず書房、二〇〇九年参照。
(6)鳥居民『昭和二十年』十三巻未完、草思社、一九八五～二〇一二年。
(7)ジョン・アール・ヘインズ、ハーヴェイ・クレア『ヴェノナ』(中西輝政監訳)PHP、二〇一〇年(扶桑社から再刊、二〇一九年)。
(8)この鳥居氏の著作については、雑誌「文藝春秋」八月臨時増刊号(二〇〇五年八月一五日発行)『戦後六十年企画』特集「昭和と私」で、丸谷才一・井上ひさし・鳥居民による特別鼎談『「昭和二十年」を語ろう』を参照。
(9)鳥居民『近衛文麿黙して死す』草思社、二〇〇七年。
(10)鳥居民評論集『昭和史を読み解く』草思社、二〇一三年、二八一頁。

（11）太平洋戦争研究会『日中戦争がよくわかる本』ＰＨＰ文庫、二〇〇六年、三一八〜三一九頁。ちなみにこのタイトルはまったくの羊頭狗肉で、この本をいくら読んでも日中戦争は「よくわからない」。

（12）藤崎武男『歴戦1万5000キロ』中公文庫、二〇〇二年参照。

（13）鳥居民『昭和二十年』〈第1部2〉草思社、二八六〜二八七頁。引用文中の〔　〕内は引用者による。以下同。

（14）一九六四年七月、旧日本社会党の佐々木更三委員長（当時）が訪中し毛沢東と会見した際、「日本はご迷惑をおかけした」と佐々木が言うと、毛沢東は「そんなことはありませんよ、われわれは日本軍のお蔭を受けているのです」と言ったのは、あながち毛の冗談ではなかったかもしれない。この話は、相当知られているらしく、陳破空『赤い中国消滅』（扶桑社新書、二〇一三年、一一四頁）にも紹介されている。ただし佐々木の訪中年が誤って一九八六年となっている。

（15）注（13）の前掲書、二九〇頁。

（16）アルバート・Ｃ・ウェデマイヤー『第二次大戦に勝者なし』下（妹尾作太男訳）一九九七年、講談社学術文庫、参照。

（17）鳥居民『原爆を投下するまで日本を降伏させるな』草思社、二〇〇五年、三三三頁。

（18）同書、三四頁。

（19）同書、一六八頁。以下参照。

（20）『昭和史を読み解く』前掲書、一四八〜一四九頁。

（21）陳破空、前掲書、一二二頁。

（22）『昭和史を読み解く』前掲書、一四九頁。

鳥居氏は触れていないが、阿羅健一氏の著書『秘録・日本国防軍クーデター計画』講談社、二〇一三年によれば、服部は敗戦直前に赴任した会津若松歩兵第六五連隊の連隊長として、揚子江中流域の湖口で敗戦後の引揚げを待っていたが、終戦から七ヵ月後突然服部一人に帰国命令が届いた。その後服部は、GHQの戦史編纂の中心メンバーとして重用された。かれは自分が戦犯に問われることも覚悟していたのに、どういうわけか戦争中から連合国側に「使える人物」としてマークされていたらしい。連合国側といっても、服部の能力を具体的に知ることができたのは、国府軍や中共軍であろうから、米軍当局の人物評価もこの筋を通したものかもしれない。

(23) 岡部伸「日本の敵はやはりソ連のスパイだった⁉――英秘密文書が決定づけた共産主義者E・H・ノーマン」『正論』二〇一四年九月号。鬼丸武士『上海「ヌーラン事件」の闇』書籍工房早川、二〇一四年。

(24) 高松宮は一九八七（昭和六二）年二月の逝去。日記はその後、一九九五～一九九七年にかけて中央公論社から刊行された。

(25)『昭和天皇独白録』文春文庫、一九九五年、八九～九一頁。

(26)『山本五十六の乾坤一擲』前掲書、二一七～二一八頁。

(27) 同書、八～九頁。

(28) 同書、二四二～二七四頁。

(29) 坂井三郎『零戦の真実』講談社α文庫、一九九六年、三五二～三六二頁。

(30) 当時、海軍航空部隊運用経験のある最高位の提督は小沢治三郎中将であったが、機動部隊の司令長官には、艦隊運用の名手と言われた南雲中将が任命された。そして小沢は、ハワイ作戦と同時進行するマレー半島攻略任務を帯びた陸軍第二五軍（山下奉文司令官）の輸送船隊護衛を担う「南遣艦隊」の司令長官に任命された。艦隊運用に優れた南雲を不慣れな空母機動部隊司令官にし、航空部隊運用の経験者小沢を「南遣艦隊」司令官にしたのは、ただ南雲が小沢より序列が一期上という理由からだと言われている。小室直樹・日下公人『太平洋戦争、こうすれば勝てた』講談社、一九九五年、八八頁（本書は現在『大東亜戦争、こうすれば勝てた』と改題されて講談社α文庫に収録されている）。
(31)『山本五十六の乾坤一擲』前掲書、八頁。
(32)阿川弘之『山本五十六』上、新潮文庫、二〇一一年、四六八頁。
(33)同書、四五四頁。
(34)伊藤正徳『大海軍を思う』光人社NF文庫、二〇〇二年、三五三～三五六頁。
(35)兵頭二十八『パールハーバーの真実』PHP文庫、二〇〇五年参照。
(36)別宮暖朗『帝国海軍の勝利と滅亡』文春新書、二〇一一年、二四〇～二四一頁。
(37)この点を具体的に分析しているのは、小室直樹・日下公人（前掲書、二七～四三頁）における小室氏の発言。
(38)阿川、前掲書（上）四六八頁。
(39)坂井、前掲書、三三二～三五一頁。
(40)別宮『誰が太平洋戦争を始めたのか』前掲書、一一六頁以下参照。
(41)同書、八九～一〇〇頁。
(42)この間のやり取りの一部始終は、同書、九〇～九六頁。
(43)同書、一一四頁。
(44)別宮『帝国海軍の勝利と滅亡』前掲書。
(45)阿川、前掲書（上）四五二頁。
(46)小室直樹『大東亜戦争戦争ここに甦る』クレスト社、一九九五年、一八二頁。
(47)ゴードン・プランゲ『トラトラトラ』（千早正隆訳）並木書房、一九九一年、三三九～三四九頁。
(48)チェスター・W・ニミッツ、エルマー・B・ポッター『ニミッツの太平洋海戦史』（実松譲・富永謙吾訳）恒文社、一九七三年、二二三～二二四頁。

(49) 小室直樹『日本の敗因』講談社、二〇〇〇年、一〇〇～一〇二頁。この軍事的イノヴェーションは、もちろん戦闘局面の「戦術的」革新である。第二次世界大戦における最も重要な「戦略的」軍事イノヴェーションは、ドイツが開発したV－1号とV－2号であり、アメリカが開発した核兵器である。V－1号は、現代の「巡行ミサイル(cruise missile)」の原型であり、V－2号は「弾道ミサイル (ballistic missile)」の原型であることからして、これに核兵器を搭載した「戦略兵器」が現代戦争の様相を決定したことはいうまでもない。なお、日本の航空機による「特攻攻撃」を、現代の「誘導ミサイル」の先駆けであると言ったのは、アメリカの軍事史家ハンソン・ボールドウィンである『勝利と敗北――第二次大戦の記録』朝日新聞社、一九六七年、四三六頁。

(50) 小室『大東亜戦争ここに甦る』前掲書、三一六～三二六頁。

(51) 阿川、前掲書（下）一三四頁。

(52) 同書、一三〇～一三三頁。

(53) 池田清『海軍と日本』中公新書、一九八一年、六～七頁。

(54) 阿川、前掲書（下）一三六頁。

(55) 別宮『帝国海軍の勝利と滅亡』前掲書、二〇八頁。

(56) 鳥居、前掲書、二六～二七頁。

(57) 別宮『帝国海軍の勝利と滅亡』前掲書、一五六～一六三頁。傍点による強調は引用者による。

(58) 同書、一六三頁。

(59) 別宮『誰が太平洋戦争を始めたのか』前掲書、一一三頁。

（村山高康）

第Ⅲ部　敗戦後の日本が抱える「重荷」

第六章　自衛権と日米安保の現実
――憲法前文の「正しい」読み方

第一節　戦後占領体制の本質を憲法からみる

冷戦が終わり、終戦から七〇年以上を経過した今日、日本の戦後体制は、「曲がり角」にさしかかっている。戦後日本社会の繁栄を支えてきたシステムは、今や「制度疲労」をきたし、これからの新しい環境にもはや適応できなくなっている。そして、戦後の日本社会の根幹と考えられてきた諸制度の見直しが、ようやく行われようとしている。独占禁止法改正による持ち株会社制度の解禁がその端的な例であろう。

これまで、直接税を中心とする税体系、食料・農業政策、学校制度など、私たちは、戦後の新制度を金科玉条のように考え、手を触れようともしなかった。だが戦後七〇年余りを経て、これらの制度にも、冷静な評価が下されようとしている。

これは、日本人が、これまで無意識のうちに縛られてきた「占領改革」というマインド・コントロールから解き放たれようとしている表れではないだろうか。

この小論は、この「占領改革」というマインド・コントロールを日本国憲法、（「一九四六年憲法」ともいう）から解きあかそうとする試みである。すなわち、国家の根本的権利である自衛権を題材に、この七〇年余り、私たちが無意識的に目をそむけ続けてきた戦後体制の本質に迫り、読者諸氏に重大な問題を提起しようとするものである。ここでいう自衛権とは、国家の安全保障を軍事的手段により確保する権利をいう。

さて、憲法第九条により戦争を放棄し軍備の保有を禁じられているにもかかわらず、現実に日本は自衛隊という軍隊をもち、アメリカと日米安全保障条約（以下「安保条約」と呼ぶ）という軍事同盟を結んでいる。憲法と現実のこの明白な矛盾が、これまで数々の論争を引き起こしてきた。この日本の安全保障に関する不毛ともいえる神学論争の根本的な原因は、つまるところ自衛権をめぐる幻想と誤解にあったといって間違いない。

一体どこがおかしかったのか？　憲法と現実がここまで食い違っているのはなぜなのか？　日本に自衛権はあるのか？　安保条約の意味は何か？　そして安保条約は、冷戦後どうなるのだろうか？

これらの問題を解く手がかりは、現行憲法の中にある。実は、私たちが憲法に抱くイメージと、現実の憲法との間には、深い断絶がある。それは憲法制定過程における特別な事情に帰因する。

それでは、今まで私たちは、憲法と自衛権の関係をどうとらえてきたのだろうか。

第二節　現行憲法における自衛権

安全保障問題を考えるときに、誰でも日本には自衛権があるものとして話を進める。当然のことながら、自衛権がなければ、安全保障論議は成り立たない。

しかし、自衛権があるという政府見解にもかかわらず、憲法の前文および条文を読むかぎり、普通の国語力では、そこに自衛権の存在を読み取ることはできない。事実、憲法制定当初の政府見解を見ても、第九条の戦争放棄は、自衛戦争も含まれるとされていた。

新憲法下での日本の防衛論議は、この自衛権完全否定から始まったのである。そして米ソ対立のはじまり、朝鮮戦争、冷戦の激化という国際情勢の変化に応じて、防衛政策は少しずつ変化していった。すなわち、最初は自衛権すらなかったものが、海上保安庁の創設や警察予備隊の発足によって事実上の軍隊をもつようになり、後者はやがて保安隊を経て自衛隊という正式の軍備を保有する組織に発展した。つまり、なし崩し的に自衛権はあるということになったのである。

今日、多くの国民は自衛隊や自衛権を認めている。そこには、いかなる社会も自己否定を容認することはなく、従って、社会の根本的な法規範である現行憲法も、そのような自己否定的内容を含むことは無いという常識論があると考えられる。つまり、軍隊によって自らの安全保障を確保できない国家は国家とは言えないという考え方である。

自衛権がなければ、外国からの侵略に対して抵抗することができず、その社会および憲法自身の滅亡を招来する。それ自身を滅亡させてもよいとする法があるわけはないから、当然自分を守る権利はあるというわけである。これは独立した社会の法律であれば当然のことであるといえよう。

しかしこれまで見てきたように、現行憲法の条文の中には、この当然あるべき自衛権が明記されていない。当たり前のことを書くのが憲法ならば、当たり前の自衛権の規定もあってしかるべきであり、それがないということは、自己否定を容認するものと取られても仕方がないことになる。それでは、このような自己否定を内包する憲法がなぜできたのか。

第三節　ポツダム宣言と現行憲法

現行憲法成立の契機となったのが日本の降伏条件を記したポツダム宣言である。日本はこれを受諾して降伏した。戦後、このポツダム宣言に基づいて実施された占領軍の政策は、その頭文字をとって、3D（非軍事化、民主化、非集中化）政策と呼ばれている。戦争直後における連合国の占領目的は、日本が再び戦争を引き起こすことのないように、日本の政治・経済・社会体制を変革することであった。このことは、アメリカの「初期対日基本政策」に「日本が再び米国または世界の平和と安全の脅威とならぬよう」にすると明記されているとおりである。

周知のように、現行憲法は、この占領目的に従って、「民主化」という大義名分の下に、占領軍が日本政府に強要したものである。

憲法は通常の場合、その国の最高法規であるが、その国に主権がない場合には、当然ながら憲法よりも、占領軍の命令が優先することになる。占領下での日本の最高法規は憲法ではなく、当時GHQ

と呼ばれた連合国軍最高司令官総司令部の指令であった。占領下において憲法上の規定が、しばしば無視されていたことはよく知られている。すなわち、占領軍は「超憲法的」存在であったのである。

そもそも、主権を奪われた国民が制定した憲法にどんな意味があるのだろうか。特に、占領状態という異常な状況の下で制定された憲法は立法行為としては無効ではないのか。例えば、フランス憲法を見れば、領土が部分的でも侵害されているときに行われた改憲手続は無効であり、また共和政体は変更不可能であると規定されている。日本の自衛権にとって、この憲法制定時の特殊事情は重大な意味をもっている。

現行憲法を強制したアメリカは当然のことながら、日本社会に対して最終的な責任を負っていない。すなわち、日本社会が滅亡しようがしまいが、アメリカの関心事ではない。アメリカに、日本社会の滅亡を防止する責任や義務を負ういわれは全くない。

日本にこの憲法を強制し、占領改革を実施したアメリカの意図は、日本を二度と安全保障上の脅威とならぬような存在にすることであり、民主化や非軍事化はそのための手段にすぎなかったのである。このアメリカが日本に自衛権を否定した憲法を強制してもなんら不思議なことではない。

そう考えると、現行憲法には自衛権はないといわざるをえない。日本は自衛権を持たない国なのである。これまで不戦条約などの国際法で自衛権は認められているとか、いわゆる芦田修正によって、侵略戦争は禁止されているが、自衛戦争は認められると主張されてきた。だが、冷静に見れば、これらの解釈は自衛権を認めさせるためのこじつけに過ぎない。現行憲法の条文と前文をそのまま読めば、そして憲法制定経過を考えれば、日本には自衛権がないことは明らかなのである。

この憲法は普通の憲法ではない。この憲法には、「国家として自衛権は当然、あるはずだ」という常識論は通用しない。日本は今なおポツダム宣言に呪縛されているのである。

第四節　アメリカにとっての安全保障条約の意義

このような自己否定的な憲法ができたのも、制定当時の状況では、憲法自体が最高法規ではなく、それ故、憲法としていかに致命的欠陥があったとしても全く問題はなかったからである。戦争に負け、武装解除され、軍事占領下にあった国が自ら自衛権を否定した憲法をいただいても何等不都合はなかった。憲法制定当時、アメリカにとって日本は武装解除の対象でしかなく、戦時賠償の対象であったに過ぎない。

ところが、冷戦の開始によって状況は一変する。アメリカの安全保障にとって日本は重要戦略拠点となり、日本の安全保障がアメリカの国益上死活的重要性をもつようになる。日本は単に除去すべき脅威としての存在から、重要な同盟国に格上げされるのである。この戦略環境の変化により、アメリカの対日占領政策も変化する。その結果、戦時賠償の棚上げ、再軍備、非集中化の緩和等々のいわゆる「逆コース」なる政策転換が行われるのである。

しかし、こうしたアメリカの占領政策転換によって、日本の脅威の除去という当初の占領目的が捨て去られたわけではない。政策転換以降は、ポツダム宣言の実施という既定路線に、冷戦遂行という新たな目的が、付け加わえられただけに過ぎない。冷戦後は、これら二つの占領目的から、占領政策が決定されていく。

やがて、日本はサンフランシスコ講和条約を結び、独立することになる。そしてこの講和直後に、この両目的を達成する手段として結ばれたのが、安保条約であった。在日米軍「ビンのふた」論を持ち出すまでもなく、日本は今日でもポツダム宣言履行のための米軍による保障占領下にあるということができる。まさに、白川静氏のいうように、首都圏に外国の軍港と空軍基地を認める安保条約とは、「城下の盟《ちかい》」でしかないのである。

日本にとり安保条約は、憲法によって自衛権を放棄した日本が、講和後の安全保障をはかる必要不可欠な装置であったわけであるが、同時に、この安保条約は、冷戦という新たな状況の中でアメリカには、極東における対ソ橋頭堡の確保という意義をもっていたのである。

つまりアメリカにとって、安保条約は、ポツダム宣言履行保障のための装置であると共に、冷戦におけるアメリカの国益にもかなう取り決めでもあった。

安保条約によって、アメリカは日本の実質的な武装解除を保障するとともに、冷戦状況の中で日本に代わって日本の安全保障を確保するという役割を負った。だがここで注意を要するのは、ポツダム宣言が、日本の軍事的侵略から連合国を守る取り決めではあっても、日本を他国からの侵略から守るためのものではないということである。

ポツダム宣言それ自体は、日本の安全保障には言及していない。これは、安保条約による日本の安全保障の枠組みが、アメリカの政策転換によって、ただちに危殆に瀕する恐れをもつことを意味する。アメリカが日本を守るのは、そうすることがアメリカの国益にかなうからであり、なにも日本に義理や恩義があるからではない。日本のもつ戦略的価値が低下して、防衛に値しないとアメリカが判断すれば、いつでもアメリカは日本の防衛から手を引くことが出来るのである。

第五節　自衛隊はあっても自衛権はない

日本の防衛論議は、主権を剥奪され、外国軍による占領という異常事態の下で、外国から押しつけられた自己否定的性格をもつ憲法を、あたかも日本が自主的に制定したかに装い、自己否定部分を無視したところから出発した。この第一歩の誤りが、以後の防衛論議に不毛なる神学論争を巻き起こす原因となった。

これまで日本の防衛論議は、自衛権があるかないか、また自衛隊は合憲か否かという入り口のところで議論が紛糾してしまい、そこから先へは一歩も進まなかったのである。そのため、現実的な安全保障政策や外交政策が省みられることなく放置されてきたのである。

日本の防衛政策は、常人の目から見て不思議なことが多い。一九九七年時点での日本の防衛支出は、その平和主義にもかかわらず、アメリカ、ロシアに次ぐ大きさであった。しかしその内容たるやお寒いかぎりで、当時世界第三位の防衛費の四割以上は、世界一高い人件費と食料費で占められ、正面装備も、あくまで国産兵器に固執しているために、世界価格の数倍のコストを支払い、かつ実戦でどれだけ役に立つか疑問の兵器を数多く保有していた（二〇一八年の軍事費ランキングではわが国は世界第九位となっている）。

これだけ大金をかけて作った自衛隊ができることといえば、せいぜい米軍の補助なのである。このことは、海上自衛隊のもつ世界随一の対潜哨戒能力を見れば明らかである。日本には分不相応ともいえるこの戦力はいうまでもなく、旧ソ連原潜をチェックするためであった。これは日本の海上自衛隊が、アメリカの軍事戦略に組み込まれていることの証左である。海上自衛隊が収集したデータは、米軍に送られているので、まさに海上自衛隊は米軍の下請け的存在となっている。

有事の際はどうだろうか。よくいわれることだが、自衛隊は正面装備は最新鋭でも、継戦能力がない。兵頭二十八氏の指摘するように、自衛隊は、戦争に突入したとき、米軍の武器・弾薬の補給がなければ戦えないようになっている。これは日本の自衛隊が、完全に米軍に依存せざるをえないことを意味している。つまり、日本の自衛隊は、独自の作戦行動が絶対にとれないようになっているのである。また、自衛隊の航空基地の脆弱性はよく指摘されるところである。もし敵から先制攻撃を受ければ、空母をもたぬ航空自衛隊は、脆弱なレーダー・管制システムと共に、戦う前に壊滅してしまうであろう。

そしてとどめとして、日本は本書第八章の注（1）にあるように、有事法制が整備されたとはいえ、自衛隊は有事の際に作戦行動がとれないのが実情である。

つまり現在の自衛隊は、平時には機能するようになっているが、有事には全く機能しないようなシステムになっており、アメリカもそれをよく承知しているのである。日本の軍国主義化の危険性は社民党や共産党にいわれなくとも、アメリカが一番よく知っており、自衛隊が軍隊として機能しないような手を打っているのである。

すなわち日本には、自衛隊はあっても自衛力はない、すなわち自衛権は事実上ないのである。このように日本という国には、憲法上、また実体上においても、自衛権は存在しない。これまで、多くの日本人は、この現実を見ようともしなかったし、また認めようともしなかった。この現実を七〇年余りにわたってごまかせてきたのは、安保条約がこの現実を覆い隠してくれたからである。

第六節　行き詰まりを見せる日本の安全保障政策

自衛権を否定されている以上、日本が安全を確保するためには、とりあえず米軍に依存するほかはない。それがこれまでの日本の安全保障政策であった。安保条約を結んだ吉田茂は、アメリカからの再軍備圧力にあくまで抵抗した。その結果、現在のような「軽武装国家」日本ができた。このような「わがまま」が許されたのは、冷戦状況下で、日本の戦略的価値が高まり、アメリカが自国の利益のために、日本を守らざるを得ない状況にあったのを見越してであった。

つまり日本は、自らのもつ戦略的価値をアメリカに高く売りつけることができたのである。アメリカは日本のもつ戦略的価値のために、日本の防衛努力のいかんにかかわらず、日本に基地を保有し、日本の安全を保障することがアメリカの国益にかなうと判断したのである。そのため、日本国内では、日本の安全保障に関して真剣に討議する必要性が生まれず、のうのうと神学論争に明けくれることが出来たのである。その中で、革新陣営は平和主義という空想的教義に走り、他方、保守陣営は、ありもしない自衛権という自己欺瞞《ぎまん》に満足してしまったのであった。

だが、状況は今日大きく変化している。冷戦終結によって、日本の戦略的価値は低下してしまった。近年にアメリカが、駐留軍費用の肩代わり、いわゆるホスト・ネーション・サポートを要求したり、自衛隊との積極的な協力を求めてきたりしているのは、経済大国として、日本に応分の負担をせよという理由もあるが、根本的には、日本が相当の貢献をしない限り、アメリカとしては安保条約を保持する意味がなくなっていることを示している。アメリカとしては、単に、日本に基地を維持するだけでは安保条約を保持するだけの価値はないと考え始めているのである。

それでは、日本はこのアメリカの同盟政策の変化に対応できるのであろうか。事態はまさに逆方向に進んでいるといわざるをえない。独立した防衛政策策定のためには、改憲が必要不可欠であるにも関わらず、改憲は進んでいるとはいえない。かつて自民党は、村山政権時代の一九九五年三月に策定した「新宣言」で、結党以来の「自主憲法制定」というスローガンを棚上げしてしまった。

さらに、一九九七年の「運動方針」では、「新しい時代にふさわしい憲法のあり方について、国民と共に議論を進めている」と後退する始末である。現在、安倍晋三首相は改憲を口にはしているが、具体的な動きをしているわけではない。日本の非軍事化という占領方針のもとで押しつけられた平和主義や自衛権という欺瞞《ぎまん》を七〇年余りも続けているうちに、欺瞞を欺瞞と感じなくなっているのが現在の日本なのである。

政治家たちは、日本があたかも独立国であるかのような擬制に基づいて、防衛・外交問題を論じてきたが、それは根本から誤っている。これまで自民党政権は、なし崩し的に防衛力を整備することで、あたかも日本が普通の独立国として外交・防衛政策を追求できるようなイメージを内外に示すことに成功してきた。だがその内実は、今見たような、防衛力とは言えないような防衛力しかもたず、外交政策は、アメリカの後を追うだけの外交であったのである。

もっとも、自衛権を持たぬ国としてはこれは当然のことであった。この憲法のもとでは、日本は、アメリカとの安保条約を堅持し、アメリカに安保ただ乗りを許してもらう代わりに、アメリカの軍事・外交戦略に従い、そこで軍事以外の援助・協力を最大限に行うしか有効な安全保障政策はなかったのである。

ところが、冷戦の終結によって、安保条約をとりまく状況は根本的に変化してしまった。いま平和論者達がいうように、冷戦の終結によって安保条約の第一義的な意義はなくなったことは間違いない。しかし同じ事はアメリカにもいえるのである。冷戦の終結によって、アメリカにとっての日本の戦略的価値は大きく低下し、日本の安全保障を確保する必要性は大いに減じたのである。「ジャパンパッシング（日本無視）」は、安全保障でも起こりうることなのだ。

日本の平和論者が脳天気にも安保条約破棄を主張しているが、安保条約が破棄されて困るのはアメリカではなくて日本なのである。ほとんどの日本人は、冷戦の中でアメリカの保護を一方的に享受していたことから、安全保障に対して全く鈍感になっている。そのため、安保条約がなくなれば、どのような事態になるかも考えようとはしない。安保条約の前提条件であった冷戦が終わり、安保条約の基礎がなくなってしまったというのに、日本国民は肝心の安保条約の意味を忘れてしまったのである。

冷戦が終わったからといって、日本の安全保障上の脅威が未来永劫になくなるわけではない。安全保障環境はこれからも変化し続けるのであり、それがどのような結果をもたらすか誰も予測することはできない。試みに、今から八〇年前の日本がどんな状況にあったかを考えればよい。一九三七（昭和一二）年、盧溝橋事件によって、日本は、中国と全面戦争に突入していたのである。

その時に八〇年後の現在の状況を誰が想像し得たか。同じことは、これからの八〇年にも言えるのである。確実なことはただ一つ、その時私たちが、今日想像できないような戦略環境に直面していることである。

冷戦が終わったからといって、国家間の戦争や対立がなくなるわけではない。冷戦後も、安全保障の枠組みの重要性はいささかも減じることはないのである。

つまり安保条約の意義は日本ではまだ残っている。ところが、肝心のアメリカにとって、安保条約の役割は終わろうとしている。

もちろん、だからといって安保条約がすぐさま破棄されるわけではない。アメリカとしては、日本を利用するだけ利用した方が得策である。そこで当面は、日本の安全を保障しておき、都合のよい時に同盟関係を破棄して、日本を捨ててしまえばよい。アメリカは、いつでも日本から手を引くことができる。用済みの日本がどうなろうともアメリカはなんの痛痒も感じないであろう。

アメリカに見放された日本、安保条約がなくなって、憲法だけが残った日本の安全保障は一体どうなるのか。安保条約のない自衛隊は、先程も述べたように、軍隊としての機能を発揮し得ない。その場合日本は事実上、非武装同然になってしまうのである。

実は、これが憲法に規定された日本の道なのである。「平和を愛する諸国民の公正と信義に信頼して、われらの安全と生存を保持しようと決意した」との憲法前文からは、主体的・能動的な安全保障政策を放棄し、ひたすら諸国民の慈悲にすがるがよいという連合国の冷酷な意図が読みとれるのである。

軍事的・非軍事的手段を含むいかなる安全保障政策もとれないというのがこの前文の正しい解釈なのだ。自衛権を放棄させられた民族、それが、日本人なのである。この占領憲法に縛られている限り、その終点が滅亡であっても、それはやむを得ないことになる。

人がそれを「平和主義」と呼ぼうと、何と呼ぼうと問題ではない。滅亡した民族にとって、それは何の意味も持たないからである。

「序文」の初出一覧に示すように、本章は一九九七年に書かれたもので、二〇年以上前の時点での国内・国際状勢を念頭に置いている。従って、中国の台頭、北朝鮮の核・ミサイル開発問題、韓国との外交摩擦などは考慮されていない。トランプ発言を含め、この二〇年間にまさに予想もしなかった状況の変化に私たちは見舞われている。

いかに状況が変化しても、この章に書かれている主張の骨格にはいささかの変化もない。そのため収録に当たっては若干の辞句を修正するにとどめた。

（望月和彦）

第七章　日本国憲法にみる政治性（1）

「これにつけても覚えておきたいのは、民衆というものは頭を撫でるか、消してしまうか、そのどちらかにしなければならない。というのは、人はささいな侮辱には復讐しようとするが、大いなる侮辱にたいしては報復しえないのである。したがって、人に危害を加えるときには、復讐のおそれがないように、やらなければならない」（マキアヴェリ『君主論』）[2]。

「戦争に伴う昂奮と激情と、勝てる者の行過ぎた増長と、敗れたる者の過度の卑屈と、故意の中傷と、誤解に本づく流言蜚語と、是等一切の所謂与論なるものも、いつかは冷静を取戻し、正常に復する時も来よう。其の時初めて、神の法廷に於て、正義の判決が下されよう」（近衛文麿）[3]。

第一節　はじめに

敗戦後、日本はアメリカを中心とする連合国軍の占領下におかれ、一九五二年に独立を回復するまで、主権を剥奪された。その間、最高権力は連合国軍最高司令官が握り、連合国軍最高司令官総司令部（GHQ／SCAP、以下「GHQ」と記す）による指令が日本政府に下されたのである。ダワーが述べているように、日米戦が三年余りの期間でしかなかったのに対して、アメリカによる日本占領はその二倍の七年弱にも及んでおり、戦勝国による占領としては異例の長期にわたる。[4] さらに、最盛期の一九四八年に約六〇〇〇人のスタッフを抱える大組織にまで成長していたGHQは、占領期間中に、憲法の制定をはじめとして、各種の社会制度の変革を断行した。[5] そしてこれらの制度の多くは、日本が独立を回復した後も維持され、今日に至っている。

戦勝国による征服・併合という形を取らず、保障占領下で戦敗国の社会制度を根本的に変革したという例は、未曽有の社会実験であるということができる。その意味で、日本占領は、歴史的大事件であったということができよう。本国アメリカですら革新的ともいえる制度が東洋社会に移植されたのである。それはまさに「木に竹を接ぐ」ようなものであったといえよう。私たちは、その「偉大な実験」の実験台になったのであった。

このような非常に特殊な状況の中で、現在の憲法が成立した。憲法は公権力を規定・制限し、基本的人権を含む国民の権利・義務を定めるという意味で、通常の法律とは質的に異る国の根本法である。しかるに日本国憲法は、敗戦後の占領軍による占領状態の中で、主権のない国民が制定したという極めて特殊な経緯をもっている。

このような経緯が憲法の内容に何の影響も与えない筈はない。憲法制定に限らず、すべての歴史的事件は、それまでの歴史的経緯が影響しているといえるが、特に日本国憲法の場合、その理念の背後に当時の国際政治の思惑が働いているのである。それが象徴的に現れているのが、憲法第九条である。

敗戦直後の民間の憲法論議で中心となったのは、天皇制をどうするかであり、戦争放棄などはほとんど議論の対象になっていなかった。もちろん、占領軍によって武装解除されている状態では、大日本帝国憲法の軍隊に関する条項は削除されるのは当然のことであったが、将来にわたって武力を持たず、戦争を放棄するという考えはなかった。ところが、占領軍によって提示された憲法草案には、戦争放棄条項が挿入されていたのである。

日本国憲法の根本原理の一つである平和主義はこの第九条によって具現されている。この平和主義を人類の到達した偉大な理念として賞賛することもできよう。だが他方で、この平和主義はその理念的装いとは裏腹に、戦勝国による対日占領目的の産物でもあったのである。そしてこの条項が再独立後の日本の安全保障政策に致命的な混乱を引き起こしたのであった。

本章は、当時の国際情勢を考慮に入れながら、日本国憲法の制定の経緯を振り返ることにより、崇高な理念から組み立てられているように見える日本国憲法のもつ政治性を明らかにすることで、これまでの安全保障論議のもつれを断ち、新たな出発点の形成を目指すものである。

第二節　拡大解釈されたポツダム宣言

一九四五年八月一四日、日本は、自らに「無条件降伏」を要求するポツダム宣言を受諾することにより、連合国に和を請うた。連合国は、このポツダム宣言の条項により、四三万人余の占領軍を進駐させ、[6]日本社会の大改造に取りかかったのである。

九月二日の降伏文書調印直後、当時横浜に総司令部を置いていたマッカーサーは、GHQ布告第一号から第三号の写を鈴木九万《ただかつ》公使（横浜連絡事務部長）に手交する。そこには「行政、司法及立法の三権を含む日本帝国政府の一切の権能は爾今本官の権力下に行使せらるるものとす」、「軍事管理期間中に英語を以て一切の目的に使用せらるる公用語とす」、「占領軍の発行する『B』の記号を付したる軍用補助通貨を以て一切の公私の円貨債務の支払を為し得る日本法貨とす」という条項が含まれていた。[7]占領軍は、直接軍政を敷き、英語を公用語とし、軍票（軍用通貨）まで発行するというのである。これを知った外務大臣重光葵《まもる》は翌日、総司令部に赴き、次のような日本政府と日本国民の決意を述べたのである。

「終戦は国民の意思を汲んで、天皇直接の決裁に出たもので、ポツダム宣言の内容をもっとも誠実に履行することが天皇の決意であって、その決意を直接実現するために、とくに皇族内閣を樹てて総ての準備をなさしめた。これがポツダム宣言を遂行するにもっとも忠実なる方法である。ポツダム宣言には明らかに日本政府の存在を前提とし、日本政府に代うるに軍政をもってすることを予見してはいない。日本の場合はドイツの場合と異なるものである。連合軍が、もしポツダム宣言の実現を期し、且つこれを以て満足するにおいては、日本政府に拠って占領政策を実行することが最も賢明の策と考えられる。これに反して、占領軍が軍政を敷き、直接に行政実行の責任をとることは、ポツダム宣言以上のことを要求するもので、日本側の予期せざりしところなるのみならず、日本政府の誠実なる占領政策遂行の責任を解除し、ここに混乱の端緒を見ることとなるやも知れぬ。その結果に対する責任は、日本側の負うところではない。」（重光葵『昭和之動乱』下巻、中央公論社、一九五二年、三〇二頁）。

話を聞いたマッカーサーは軍政を敷くことを中止し、以後占領軍は、日本政府を介して支配する間接統治方式を取ることになった。この背景には、正式に降伏が行われたとはいえ、日本政府はまだ強大な軍事力を保有しており、日本政府の協力なしには日本軍の武装解除を行うことができないという事情があった。当時の進駐軍の兵力で日本軍と事を構えるのは明らかに無謀だった。

従って、日本政府の要請を受け入れたとはいっても、それはあくまでも占領行政の便宜のためであって、占領軍が日本政府を支持することを意味していた訳ではない。日本に民主主義革命が起きた場合でも、それが占領軍部隊の安全を脅かさない限り、それは許容されることが表明されていた(8)。連合国軍最高司令官であるマッカーサーは、一九四五年九月六日に以下の通達を受け取っていた。

一　天皇および日本政府の国家統治の権限は、連合国最高司令官としての貴官に従属する。貴官は、貴官の使命を実行するため貴官が適当と認めるところに従って貴官の権限を行使する。われわれと日本との関係は、契約的基礎の上に立つものではなく、無条件降伏を基礎とするものである。貴官の権限は最高であるから、貴官は、その範囲に関しては日本側からのいかなる異論をも受けつけない。

二　日本の管理は、日本政府を通じて行われるが、これは、このような措置が満足な成果をあげる限度内においてである。このことは、必要があれば直接に行動する貴官の権利を妨げるものではない。貴官は、実力の行使を含む貴官が必要と認めるような措置を執ることによって、貴官の発した命令を強制することができる。

三　ポツダム宣言に含まれている意向の声明は、完全に実施される。しかし、それは、われわれがその文書の結果として日本との契約的関係に拘束されていると考えるからではない。それは、ポツダム宣言が、日本に関して、また極東における平和および安全に関して、誠意を持って示されているわれわれの政策の一部をなすものであるから、尊重され、かつ実行されるのである。

（佐藤達夫『日本国憲法成立史』第一巻、有斐閣、一九六二年、九三～九四頁）。

これにより、マッカーサーは日本政府や天皇を超越した権限をもつことになった。しかしながら、当初日本政府の側は、ポツダム宣言における無条件降伏とはあくまでも軍隊に対するものであり、日本国全体に適用されるものではないと考えていた。それが国際法上の通常の理解であった。ポツダム宣言に先立つカイロ宣言では、「日本国の無条件降伏」という文言は出てくるが、ポツダム宣言を仔細にみても、軍隊に対する無条件降伏は書かれているものの、日本国政府に対する無条件降伏という文言はない。そこで降伏後、日本政府は占領軍に対し、自らは政治的にはポツダム宣言に述べられている条件を受諾するという形で休戦したわけであり、これはいうならば「有条件降伏」であると主張した。ドイツのように、国家組織が全面崩壊し、全国土が連合軍によって軍事的に占領された状態になれば、そこにおける占領管理はデベラチオ(Debellatio)的性格を持つ全面支配になるかも知れないが、日本の場合には、政府および軍隊がなお存続しているという点で、ドイツとは異なるというのである。

その上で日本政府は、占領軍による政治や立法に対する介入は、ハーグ陸戦法規違反であると主張した。ハーグ陸戦法規第四三条は、「〔占領地の法律の尊重〕国の権力が事実上占領者の手に移りたる上は、占領者は、絶対的の支障なき限、占領地の現行法律を尊重して、成るべく公共の秩序及生活を回復確保する為施し得べき一切の手段を尽すべし」となっており、占領軍は、占領目的の達成のために、現地の法律を変えることは認められているが、それは必要最低限にとどめられるべきであり、況んや占領軍が憲法制定することなど、この条文の精神からすれば論外ということになる。

だがこれに対し、占領軍は、これは政治的にも無条件降伏であり、日本政府には否定する権利を認めないと主張したのである。[9]それによれば、ハーグ陸戦法規はかかる占領には適用されないと言うのである。これを中村のように、「世界史上にも類例のない新しいタイプの占領であった」と賞賛するものもあり、[10]芦部のようにハーグ陸戦法規の精神から見て合法とするものもいる。[11]が、江藤は、これを国際条約違反と見る。[12]また猪木も「ポツダム宣言は歪曲といって良いほど拡張解釈された」と述べている。[13]

このどちらの主張が正しいかはここでは論じないが、軍事的に占領されている日本政府には、これ以上抗議することは不可能であり、事実上「力の正義」が支配したのである。降伏文書調印時点で、六九八万余、本土だけでも二五七万余を数えた帝国陸海軍兵力も、そのわずか一ヵ月半後の一〇月一六日には完全に武装解除された[14]。同日、マッカーサーは日本全土の武装解除が完了したことをラジオ放送で告げた。そのなかでマッカーサーは次のように述べた。

「海外諸領域にあった将兵を含めて約七百万の日本武装兵員は降伏した。史上無比ともいうべき異常に困難にしてかつ危険多き日本の降伏完遂に当り一弾をも撃つ必要なく、連合軍将兵の一滴の血すらも流されなかった。ポツダム決定の擁護は完璧である。この降伏ほど意気消沈し、みじめであり最終的なものは他にあり得ない。それは外形的に徹底的な破壊をもたらしたのみでなく、日本人の精神にも同様破壊作用を及ぼした。」（江藤淳『忘れたことと忘れさせられたこと』文春文庫、一九九六年、一〇〇～一〇一頁）。

まさにこれはマッカーサーによる最終勝利宣言であり、日本から武力を奪った占領軍はその要求をいよいよエスカレートさせ、その本性を露わすことになる。すなわち、ポツダム宣言を踏み越えるような行為を始めるのである。それは一〇月二五日のＧＨＱによる日本の外交権剥奪指令に見ることができる。

さきに連合国は、ポツダム宣言の無条件降伏条項を利用して日本から外交権を取り上げようとした。すなわち一九四五年八月一五日、アメリカは中立国および交戦国にある日本の在外公館、財産、文書の連合国への引き渡しを要求したのである。これに対し、わが外務省は外交権はポツダム宣言に規定されていない以上、外交権を停止するのはポツダム宣言違反であると抗議した。

すなわち、ポツダム宣言により、「降伏の時より　天皇及日本国政府の国家統治の権限は降伏条項の実施の為其の必要と認むる措置を執る連合国最高指揮官の制限の下に置かれる（be subject to）ものとす」ことは認めながらも、「然るに帝国の対外的主権即ち外交権に関しては『ポツダム』宣言中に特に明示的に規定せられ居らず。従て『ポツダム』宣言の内容より必然的に演繹せらるべき事項例えば陸、海軍武官の廃止の如きを除きては帝国従来の外交権には何等の変更も加えらるることなく従て帝国が中立国と依然外交関係を継続することは右四国に依り認められるべきものなり」とあくまで外交権の存続を主張したのである。[15] ところがソ連はこれに対して強制的にアフガニスタンの日本公使館を閉鎖した。これに日本政府は抗議したが、先に触れたように一〇月二五日には、連合国最高司令部から「外交並に領事機関の財産及び文書引渡に関する指令」が出され、「日本政府は中立国に存る外交並に領事代表を即時召還し…爾後《じご》外国政府との関係を終止」するようにとの命令を受けるのである。[16] そしてさらに一九四五年一一月四日には「日本政府と中立国代表の正式関係に関する指令」が出される。

これにより、日本の外交権は、連合国最高司令官のコントロールに置かれることになり、かくしてわが国は外交権を喪失したのである。第一次世界大戦後のドイツでも中立国との外交権は認められていたので、この外交権の喪失は、それに比べても過酷であると言うことができる。[17] 外交権の喪失は、日本が国際社会から完全に隔絶された状態に追いやられることを意味した。敗戦により、日本は、民族の基本的権利である主権を喪失し、一種の植民地状態となった。まさにポツダム宣言受諾は、「城下の盟《ちかい》」となったのである。

第三節　日本側による憲法改正の動き

日本はポツダム宣言を受諾したことで、民主化・自由化を行う義務を負った。ポツダム宣言第一〇項には「吾等は、日本人を民族として奴隷化せんとし又は国民として滅亡せしめんとするの意図を有するものに非ざるも、吾等の俘虜《ふりょ》を虐待せる者を含む一切の戦争犯罪人に対しては厳重なる処罰を加えられるべし。日本国政府は、日本国国民の間における民主主義的傾向の復活強化に対する一切の障害を除去すべし。言論、宗教及思想の自由並に基本的人権の尊重は、確立せらるべし」とあり、また第一二項で、連合軍の撤収条件として、「日本国国民の自由に表明せる意思に従い平和的傾向を有し且責任ある政府が樹立」されることが挙げられていた。

しかし敗戦直後の時点では、これらの条件が憲法の改正につながるとは考えられていなかった。その時の首相であった東久邇宮稔彦《ひがしくにのみやなるひこ》もその後継首相の幣原喜重郎も憲法改正の必要があるとは考えていなかった(18)。戦前天皇機関説で弾圧を受けた美濃部達吉ですら大日本帝国憲法を部分的に改正すれば、十分民主的改革は可能であると考えていた。ポツダム宣言受諾の際に、日本政府は、「國體《こくたい》の護持」を条件にしていたこともあり、國體の根本的変革につながる憲法の改正に消極的であったのは当然といえよう。だが、降伏後、日本に進駐してきた占領軍の政策が明らかになるにつれ、日本政府の見通しの甘さが露呈していく。

一九四六年一〇月二日に、GHQが発足したが、その二日後に、マッカーサー司令官と元首相である近衛文麿の会談が行われた。この時マッカーサーは初めて近衛に憲法改正を示唆した。細川護貞によると近衛とマッカーサーの会見は次のようなものだったという。

「近衛公は、去る四日、再びマックアーサー元帥を訪問せる処、取次ぎは、『今日はマックアーサー元帥は逢われぬ』と答え、暫時待つ中、マックアーサー元帥は、サザランド参謀長、アチソン顧問を随えて会見し、公に対し改まりたる態度にて、『今日はデフイニットのことを申し上ぐ』と前提し、『公がリベラルを集めて、帝国憲法を改正せらるべし。而も此の改正は出来得る限り急速に、一刻も早く為し遂げらるることを要す、而して是が公の国家に対する唯一のサーヴィスなり。公は世界を知り、コスモポリタンにして、且つ年齢も若し』と語りしと。公は、『我国の憲法改正には、陛下の発意を必要とし、議会四分の《（ママ）》三の賛成を要する』ことを述べ、『斯の如きも亦改正せらるべきか』と問いたる所、此の問いには避けて答えず。マックアーサーが待たせたるは、恐らくアチソン顧問を呼び寄せたるべく、此の発言が偶然のことに非ざるを証すべし。又元帥は、『その案を新聞に発表すべし』とも云いたりと。公は是によりて、一大責任を負われたる次第なり。」（一九四五年一〇月七日、細川護貞『細川日記』下巻、中公文庫、一九七九年、四四六～四四七頁）。

この近衛に対する憲法改正のサジェスチョンについて、これが単なる通訳上のミスであったという説もあるが[19]、その後の近衛たちとGHQとの交渉を見ても、GHQ側が憲法改正に積極的であったことは明らかであり、単なる偶発的な事件であったとみなすことは出来ない。一九四五年一〇月七日に近衛と会見したアチソン政治顧問は、私案という形であるが、改正のポイントを示唆し、近衛の憲法改正作業に手を貸していた。アチソンの背後には米国務省があり、憲法改正は国務省の意向でもあったのである。

だが、大日本帝国憲法はその制定以来一度も改正されたことはなく、明確な改正手続があったわけではなかった。大日本帝国憲法の第七三条では「将来此の憲法の条項を改正するの必要あるときは勅令を以て議案を帝国議会の議に付すべし　此の場合に於て両議院は各々其の総員三分の二以上出席するに非ざれば議事を開くことを得ず出席議員三分の二以上の多数を得るに非ざれば改正の議決を為すことを得ず」と規定されており、憲法改正は天皇が発議することになっていた。そこで近衛は一〇月一一日に内大臣府御用掛という役職に任命され、天皇より「ポツダム宣言の受諾に伴い大日本帝国憲法改正の要否、若し要ありとすれば其の範囲如何(20)」を下問されて、実質的な憲法改正の作業に取りかかることになる。

木戸幸一の日記によれば、一〇月八日に、近衛文麿、高木八尺《やさか》、松本重治、牛場友彦の四人が木戸の所に集り、アチソン顧問との面談の様子を語ったが、そのとき、「此侭となし荏苒時を過す時はマ司令官より改正案を突付けらるるの虞《おそれ》あり、之は欽定憲法としては堪え難きことなる故、速に善処の要ある旨交々論ぜらる(21)」とあり、この時点で占領軍より憲法が提示される可能性について、これらの人々の間に危機感があったことが窺われる。

また近衛の内大臣府御用掛任命と同じ日に、幣原首相とマッカーサー司令官との会見も行われ、この席でも憲法改正が示唆されるのである。もっとも幣原はマッカーサーから出された自由主義化の諸要求が直ちに憲法改正につながるものではないと考え、とりあえず、憲法改正の必要の有無を含めて憲法問題を調査することにし、一〇月二五日、松本烝《じょう》治《じ》国務相を中心に憲法問題調査委員会を作ることを閣議了解したのである。これは憲法改正は国務であるが故に、内閣が着手すべきだという意見が閣議で強く主張されたためである。憲法改正手続が不備であったために、政府と宮中で異なる見解が出てきたのである。これによって、憲法改正は、内大臣府と政府の二つの機関によって独立に進められることになった。

ところが、戦前首相を三度にわたって務め、日本を戦争に追い込んだ近衛が憲法改正に携わることは不適切ではないかという批判を浴びるや、一一月一日に、占領軍は掌を返したように近衛に対する支持を取り下げてしまう。

これまでの近衛と占領軍の関係を考えれば、占領軍の声明は一種の裏切り行為であると言わざるを得ない。近衛が後に戦犯として逮捕リストに挙げられていたことを考えれば、この時点で占領軍は戦犯となる近衛と手を切ることを決断したということができよう。さらにこの背後には、憲法改正について国務省の影響力が及ぶことを嫌ったマッカーサーの意向が働いていた[22]。当時東京で近衛と接触していたジョージ・アチソンは、マッカーサーの命令により、近衛との接触を禁じられてしまうのである。

このような逆境の中で、近衛は自らの憲法草案を書き上げ、一一月二二日に上奏する。また、近衛とともに憲法作成に臨んだ佐々木惣一もその二日後参内して、佐々木案の進講を行う。この日はまさに内大臣府廃止の日でもあった。

その直後、一二月六日に近衛は、GHQによって戦犯に指名され、逮捕直前の一二月一六日に自殺してしまう。本章冒頭に引用した近衛の言葉は、彼の遺書に記されたものである。

これによって、公的な憲法改正のための準備機関は、政府の憲法問題調査会いわゆる松本委員会だけになってしまう。だが松本委員会の討議内容は一切秘密にされ、一九四五年一二月に議会で「松本四原則」なる指針が発表されただけにとどまっていた(23)。ところが、この松本委員会での議論が煮詰まり、試案が作成された段階でその内容が新聞にすっぱ抜かれてしまうのである。

第四節　マッカーサー草案

この『毎日新聞』による松本試案（実際には宮沢案）のスクープがマッカーサー草案作成のきっかけになったといわれている。つまりここでリークされた松本試案を見たGHQ上層部は大いに失望し、日本政府に任せても満足な憲法草案がまとめられる見込みはないと判断し、そこで自分たちで憲法草案を作成しようということになったというのである。これがマッカーサー草案の誕生にまつわる表向きの歴史である。

だがこの経緯については、納得のできない点が残されている。まずマッカーサー草案のきっかけになった松本試案のスクープが『毎日新聞』に掲載されたのが、極東諮問委員会訪日団が離日した当日の一九四六年二月一日であり、まさに絶妙のタイミングであった。当時、事前検閲制がとられていたわけであるから、真の意味でのスクープなどはありえず、すべて占領軍によってコントロールされていた。それ故、このスクープのタイミングに占領軍が絡んでいなかったと考える方がおかしい。事実GHQは極東諮問委員会のメンバーがワシントンへの帰路の船の中にいる間に憲法草案を作成したのである。つまり二月三日にマッカーサーは占領軍民政局（GS）のホイットニー准将に、いわゆる「マッカーサー・ノート」を示して、憲法改正案の作成を命じ、これを受けてホイットニーが、部下のケーディス大佐に憲法制定の命令を下すのである。[24]

一方、マッカーサー自身は、極東諮問委員会のメンバーと会見した際、憲法改正について一言も触れていない。ケーディスもフィリピンの委員トーマス・コンフェソール上院議員からGHQが憲法の研究をしているのかと問われて、憲法制定は極東委員会の管轄事項であるとして明確にそれを否定している。[25] それではGHQは憲法改正について事前に何もしていなかったかといえばそうではなく、ラウエル文書で明らかなように、当時民間で発表されていた憲法改正試案を翻訳し、内容をつかんでいたのである。

また占領改革に関して日本政府にこまかい注文を出していたGHQが、憲法改正についてほとんど容喙しなかったというのも奇異に思える。アメリカ側は松本案を見て失望したというが、彼らは既に「松本四原則」を知っており、大日本帝国憲法とさほど変わらない案が出てくることは予想済であったはずである。もし松本四原則が不満であるというならば、直ちに松本委員会を呼出して、指令を出すことができたはずなのにそれをしていない。そこで到底松本案がアメリカにとって飲める代物ではないことを承知で、あえて松本案を出させたのではないかという疑問が残る。そして『毎日新聞』のスクープはマッカーサーによる憲法作成のゴーサインの役割を果したのであった。

そしてこのスクープの出た二月一日には、民政局からマッカーサー司令官に対して、「憲法の改革について最高司令官のためのメモ」が提出されている。そこではマッカーサー司令官が連合国および統合参謀本部から憲法改正問題を処理する権限を与えられており、極東委員会がこの問題について自ら政策決定をした場合を除いて、実質的に制限を受けないことが述べられている。さらには今憲法改正をしなければ、対日理事会によってマッカーサー自身が拘束されることになると述べられている。[26]

ウィリアムズはGHQは松本案を受け取るまで帝国憲法の改正案を起草することは考えていなかったと主張しているが[27]、このようなメモが短時間で作成できるはずはなく、民政局内で憲法改正の可能性について検討が行われていたに違いない。GHQとしては極東諮問委員会のメンバーが訪日するまでは憲法改正作業に入ることは機密保持上好ましくなく、憲法を制定するとすれば、メンバーが離日した後、極東委員会が発足するまでのわずかの隙を狙うしかなかったと考えられる。

他方、占領改革の一環として行われるべき憲法改正の内容については、すでに米国政府によって決定されていた。それがSWNCC228（「日本統治制度の改革」）である。そこには天皇制、選挙権、行政府や立法府の権限、予算制度、基本的人権、地方自治について改革の内容が盛り込まれていた。そして「最高司令官は、日本政府当局に対し、日本の統治体制が次のような一般的な目的を達成するように改革されるべきことについて、注意を喚起（indicate）しなければならない」と書かれていたのである。つまり原則として、あくまでも日本政府の自発性を尊重するという指示だったのである。そしてこれを「命令するのは最後の手段としての場合に限られなければならない」とも書かれていた[28]。ところが実際には、マッカーサーは、日本政府に対して、何のサジェスチョンもせず、いきなりマッカーサー草案を提示したのである。

このような経緯から明らかなように、日本国憲法が、本国の指示によってではなく、マッカーサーとその部下たちによる「独走」のもとで作り上げられたのであった。つまりかつて満州事変において関東軍が独走し、満州国を作り上げたように、出先の機関が本国の指示を仰ぐことなく、勝手に憲法を作成し、日本政府に押しつけたのである。当時、国務省日本課長代理であったヒュー・ボートンは「一九四五年一二月下旬、極東諮問委員会は海路日本へと旅立ったが、その時点ではまだアメリカ合衆国はポツダム宣言で発表された連合国の目標にかなう形で日本の憲法改正を行うべきかどうか決断していなかった(29)」と述べている。

なぜこのような行動をマッカーサーがとったのかは明らかではない。理由として考えられるのは、当時マッカーサーが一九四八年の大統領選挙に出馬する野心を持っており、日本の占領統治でポイントを稼ぎたいという「色気」があったことがある。この時点では、日本占領が長期にわたるとは考えられていなかった。一九四七年三月にはマッカーサー自身が平和回復への条件が整ったという声明を出している。早期講和に成功し、アメリカに凱旋することは、大統領への野心を持っていたマッカーサーにとっては是非とも必要な条件であっただろう。

また極東委員会が発足すれば、憲法制定問題が、自分たちの手を離れてしまうことが分かっていた。他人の指図を受けるのを極端に嫌ったマッカーサーが、自分たちの権限の唯一の例外となる憲法問題を事前に解決することによって、極東委員会の干渉を排除しようとしたとも考えられる。

一九四五年一二月のモスクワ会議で対日占領政策の最高決定機関としての極東委員会の設置が決定された。これはGHQの裁量権に掣肘《せいちゅう》が加わることを意味した。とくに、極東委員会と米国政府とのあいだの関係を規定した《極東委員会および連合国対日理事会付託条項》(Terms of Reference of the Far Eastern Commission and the Allied Council for Japan) の第三項は次のようになっていた。

「アメリカ政府は、委員会のすでに決定した政策にカバーされていないような緊急事態が発生したときは、委員会が行動をとるまでのあいだ、最高司令官に対して暫定指令 (interim directives) を発することができること。ただし、日本の憲政機構 (constitutional structure) または管理制度の根本的変革を規定し、あるいは、全体としての日本政府の変更を規定する指令（directive）は、極東委員会における協議および意見の一致のあったのちにおいてのみ発せられること」（佐藤達夫、前掲書、七三～七四頁）。

さらに最高司令官の諮問機関として設置された対日理事会の規定でも同様の規定がおかれていた。

「五　日本国の管理制度の変革、憲政機構（constitutional structure）の根本的変更および全体としての日本政府の変更に関する極東委員会の政策決定の執行について、理事会の一員が最高司令官と意見が一致しないときは、最高司令官は、極東委員会で意見が一致するまで、その問題に関する命令の発出を留保しなければならない。ただし、日本政府の個々の大臣の進退については、最高司令官は、理事会の他の連合国代表者との事前の打ち合わせののち決定をすることができる。」（佐藤達夫、同書、七八～七九頁）。

つまり極東委員会発足後は、GHQは憲法改正をはじめとする國體《こくたい》の変革を独自に行うことはできなくなるのである。その極東委員会の第一回の会合が一九四六年二月二六日にワシントンで開かれることになっていた。そのため、GHQとしても、極東委員会が正式に活動を開始するまでに、憲法制定作業を早急に進めなければならない事情にあった。それがマッカーサー草案が大急ぎで作成された理由なのである。

当時の外務大臣は、後に五度内閣を組織し、戦後日本政治の中枢を担った吉田茂であった。吉田は、前任者の重光葵が、東久邇宮内閣がアメリカの占領政策に十分対応できないとして内閣総辞職を迫り、それが受け入れられず辞職した後、重光に代わり外務大臣に就任していた。

さて一九四六年二月一三日水曜日、外務大臣官舎では、吉田茂外相が、松本案を作成した松本烝治国務相、吉田の懐刀である白州次郎終連事務局次長そして長谷川元吉通訳官とともに、ホイットニー民政局長一行を待っていた。その日は、二月八日にGHQに提出した松本案についてのGHQのコメントを聞くことになっていた。ところが、会談の冒頭、ホイットニー局長は、松本案は全く受け入れられないとして、それに代わる憲法草案を四人に提示したのである。この会談に同席したラウエル中佐によれば、ホイットニー局長は、この憲法は天皇制の存続と引換えになることを強調した後、最後にこういったと伝えられる。

「マッカーサー将軍は、これが、数多くの人によって反動的と考えられている保守派が権力に留まる最後の機会であると考えています。そしてそれは、あなた方が左に急旋回〔してこの案を受諾〕することによってのみ、なされうると考えています。そしてもしあなた方がこの憲法草案を受け入れるならば、最高司令官があなた方の立場を支持することを期待されてよいと考えております。この憲法草案が受け入れられることがあなた方が〔権力の座に〕生き残る期待をかけうるただ一つの道であるということ、さらに最高司令官が日本国民はこの憲法を選ぶかこの憲法の諸原則を包含していない他の形の憲法を選ぶかの自由を持つべきだと確信されていることについては、いくら強調しても強調しすぎることはありません。」（江藤淳編『占領史録』第三巻、講談社学術文庫、一九八九年、一八四～一八五頁、かっこ書きはオリジナル）。

つまりこの憲法が受け入れられなければ、天皇の身体（The person of the Emperor）も、吉田たちの政治生命も保障しないと言うのであった。前者についてはともかく、後者については、これが単なる脅しではないことは、後に戦前自由主義者として有名であった石橋湛山ですらパージにあったことから明らかとなる。そしてパージは、政治家の運命をも大きく変えてしまうのである。当の吉田すら、総選挙後に自由党党首の鳩山一郎がパージにあうことにより、首相の座が「棚からぼた餅」式に回ってくるのである。これがその後の吉田の運命を決定づけたことはいうまでもない。だがそれは後の話である。

外相公邸におけるホイットニーたちからの全く唐突なGHQ案提示、この予想外の展開に加えて、この脅迫を受けた四人は色を失い、その場でGHQ案では一院制になっていることを指摘しただけで、吉田は、この会談の内容を秘密にするように要請したのである。(30) 日本国憲法をめぐる日米間の運命的会談は、わずか一時間一〇分で終わった。(31)

このGHQ案に対して松本はあくまで抵抗しようとした。しかしGHQは松本の再説明を一顧だにせず、一九四六年二月二〇日までに回答しなければ、総司令部案をGHQ自身が発表すると迫った。これで万事休すとなった幣原首相は、GHQの憲法草案を二月一九日になって初めて閣議で報告した。そして二月二二日に天皇の聖断を仰ぎ、同意を得た後、GHQ案を受け入れたのである。GHQ案の原文が英語であったので、政府は翻訳に着手し、さらにその翻訳と原文の照合・修正がGHQ内で徹夜で行われた後、三月五日の閣議で憲法草案が了承された。

芦田均《ひとし》は、このとき幣原首相が次のように述べたと日記に書いている。

「斯る憲法草案を受諾することは極めて重大の責任であり、恐らく子々孫々に至る迄の責任である。この案を発表すれば一部の者は喝采するであろうが、又一部の者は沈黙を守るであろうけれども心中深く吾々の態度に対して憤激するに違いない。然し今日の場合、大局の上からこの外に行くべき途はない。」（進藤栄一・下河辺元春『芦田均日記』第一巻、岩波書店、一九八六年、九〇～九一頁）。

これを聞いて芦田は涙したという。そして松本案から急転直下、一九四六年三月六日に政府の「憲法改正草案要綱」が発表された。佐々木惣一はこの間の経緯について「〔松本委員会は〕昭和二一年二月始に至り、漸くその試案を決定して上奏したと伝えられた。右の憲法改正試案が、その後如何に取扱われたか、これについては世間に何等の消息も伝わらなかったが、三月六日に至り、政府は、突如、『憲法改正草案要綱』を発表した。その内容は、前記政府の決定上奏した試案として伝えられたものとは、似ても似つかぬ、根本的に全く異なったものであった」と書いている[32]。その当時でも、「従来政府案として巷間に伝えられて居ったものと懸隔余りに甚だしき為奇異なる感情を抱き且つ草案成立の経緯に関しても一種の好奇心とも云うべきものを抱いている」と報告されていた[33]。やはり多くの人が一種のおかしさを感じていたのである。

後の帝国議会の審議において、吉田首相は、この「懸隔」について次のように弁明している。

「松本案を見られて、そうして新憲法を御覧になると如何にも其の懸隔の甚だしいことを御感じになりましょうが、其の茲に至った所以は、そう云う国際情勢を考慮に入れてのことであります。此の点は各位に於かれて深く国際情勢に付て御研究下されることを切望致します。」（佐藤達夫、佐藤功補訂『日本国憲法成立史』第四巻、有斐閣、一九九四年、五一三頁）。

この中で、吉田自身、この「懸隔」の背後に国際的圧力があったことを認めている。

一方アメリカでは、三月六日に新憲法の草案要綱が発表されたとき、ボートンは次のような手紙を極東局長ジョン・カーター・ヴィンセントに送っている。

「二月の初め、国務省は日本政府から提示された憲法草案を入手できるかどうか政治顧問局に問い合わせた。私たちが受け取った返答は、公表された草案などなく、憲法起草の仕事ははかどっているが、何一つ確実なことは決定されていないという内容のものであった。私の知る限り、ワシントンでは入手できる草案の完全原稿はないし、ＧＨＱから陸軍省に何も提出されていない。

憲法改正草案が日本の報道陣に渡され、マッカーサー元帥による承認の声明とともに発表されたという三月六日の東京からの報道は、極東委員会の付託権限に照らし合わせて、新憲法に対するマッカーサー元帥の立場に疑義を呈せざるをえないものであった。」（Ｈ・ボートン『戦後日本の設計者――ボートン回想録』（五百旗頭真監修、五味俊樹訳）朝日新聞社、一九九八年、二二六頁）。

ここから、ＧＨＱが松本案を握りつぶしたこと、さらに国務省でもマッカーサーの独走が問題になっていたことがわかる。このように日本政府も米国務省もマッカーサーのＧＨＱ独走に振り回されたのである。

第五節　議会における憲法審議

憲法制定議会（第九〇帝国議会）の選挙は一九四六年四月一〇日に行われたが、新憲法の政府草案の全文が発表されたのは、選挙後の四月一七日であった。確かにこれに先立って、三月六日に「憲法改正草案要綱」は発表されていた。これは内容的にはほぼ後の政府草案と同じであるが、条文化されていないものであった。国民は、この不完全な「要綱」に基づいて投票を急きたてられたのである。古関は、この制憲議会選挙で憲法草案はあまり争点にならなかったと述べている(34)。

発足直後の極東委員会も、一九四六年三月二〇日に、マッカーサーに対して、四月一〇日という選挙日程では、日本国民は草案を検討する時間がほとんどないことから延期すべきだとする見解を述べている(35)。当時のGHQには選挙日程を変える権限があった。四月一〇日の総選挙にしても、もともと一月二〇日に予定されていたものをパージの実施に伴い、延期させたのである。だがマッカーサーは、極東委員会の意見に全く耳を傾けようとはせず、不十分な情報のまま総選挙を行わせたのであった。

さらにマッカーサーは、当初この憲法が日本政府によって審議されることを意図していなかった。つまり原案通りに公布することを日本政府に強いていたのである。このような意図であったために、憲法草案要綱という不十分な案のもとで総選挙を行ったのである。これは松本国務相がこの憲法案は「政府としては原案を修正し得ず」、六月下旬に公布され、年末には施行されると枢密院で述べていたことからも明らかである。[36]

なぜこれほどまでに憲法制定を急いだのかについて、吉田首相は枢密院での質問に答えて次のように述べている。

「急ぐ理由については、マ元帥は内容はともかくだが時間が大切であり、いい憲法でも時機を失しては何もならない。二月二六日の極東委員会の開会前後に発表したい、これは、日本が再軍備を企てているとか、その民主化は偽装だとかいうような空気を緩和するためにも必要だ、また日本に理事会も来る、その到着前にすべてを解決しておきたい・といった。また、本国の与論もどうかわるかも知れないし、他国軍が進駐することになるかも知れない。総選挙前に発表して選挙の題目にもしたい・ということであった。」（佐藤達夫、佐藤功補訂、前掲書、第三巻、四二三頁）。

さらに、審議を急ぐ理由について、以下のように説明している。

「自分としては、日本はなるべく早く主権を回復して速やかに占領軍に引き揚げてもらうことが第一と思う。占領軍側の軍人やその家族にもこういった声は強い。G・H・QはGo Home Quicklyの略語だなどという者もいる。それについては、日本は再軍備のおそれなく、また、民主化も徹底したという感じを早く世界に与える必要がある。そのためには、これらのことを確立した根本法たる憲法が一刻も速やかに実現することが望ましいと考えている。」（佐藤達夫、同書、四二四頁）。

つまり、占領状態を速やかに終わらせるためにも早急に憲法を制定する必要があるというのである。その後、極東委員会からの強い抗議によって、憲法草案は議会で審議されることになった。[37] すなわち、枢密院での審議の後、一九四六年六月二〇日に開かれた第九〇回帝国議会に上程された。このときの憲法改正案には、以下のような天皇の勅書が付けられている。

「朕《ちん》は、国民の至高の総意に基づいて基本的人権を尊重し、国民の自由の福祉を永久に確保し、民主主義的傾向の強化に対する一切の障害を除去し、進んで戦争を放棄して、世界永遠の平和を希求し、これより国家再建の礎を固めるために、国民の自由に表明した意思による憲法の全面的改正を意図し、ここに帝国憲法第七三条によって、帝国憲法の改正案を帝国議会の議に付する。」(佐藤達夫、同書、四二〇~四二一頁)。

これによって、形式上天皇が大日本帝国憲法の改正手続に従って憲法改正を発議されたことになった。この勅書の中に、憲法案やポツダム宣言の文言が含まれているのが見て取れる。

帝国議会開会に伴って、六月二一日にはマッカーサーが憲法審議についての声明を発表する。その中で、彼は三つの原則を示した。すなわち、①憲法の規定を討議するための十分な時間と機会が与えられること、②新憲法が大日本帝国憲法と完全な継続性が保障されること、③この憲法の採択が日本国民の自由なる意思を表明することを示すべきであること、である。[38] そしてこの憲法の内容について十分審議を尽くすように求めたのであった。

ところが、衆議院での審議の中で、片山哲が「民主主義、平和主義に更に徹底せしむると云う趣旨でありますするならば、相当広範囲に修正されなければならないと思うのであります（拍手）。政府は之に応ずるの用意ありや否や」と憲法案の大幅修正を求めたのに対して、吉田首相は、「憲法改正案に対しましては、理論的には広く議会に於て修正権を認められて居ることは勿論であります。併し此の憲法草案に付きましては、政府は内外の各種の事態を考慮に入れまして、慎重審議茲に至ったものであります。随て各位に於かれても、現在の国際状況及び国内の事情等を能く御判断下さって、慎重に修正なり考慮をして戴きたいものだと考えます」と答弁したのである(39)。

これは、猪木によると次のような意味を持っていた。

「〝日本国憲法草案〟ができあがるまでの過程をふり返れば、さきにもふれたように憲法改正案は国際条約案に似た性格を持っている。わが国を国際社会に復帰させるための条件をととのえるのが、憲法改正の目的であった。社会党や共産党などの野党はもちろん、与党の自由党や進歩党も、それぞれ違った立場から憲法改正案には不満を持っている。国際条約案に近い性質の憲法改正案が大幅に修正できないことは、一部の議員には理解できなかった。また仮に理解していても、やはり議会で修正の可能性を確かめる必要があると考えたのであろう。そこで、吉田首相は右のような答弁を行わなければならなかったのである。」（猪木正道『評伝吉田茂』第四巻、ちくま学芸文庫、一九九五年、一〇九頁）。

ここで猪木は、新憲法が「国際条約」的な性格を持つものであることを強調する。すなわち新憲法制定は、ポツダム宣言受諾に基づいて発生した日本政府の責務なのである。その意味ですでに日本には自主決定権はないことになる。つまり憲法制定自体が他律的なのである。そしてその内容についても他律的に決定されており、マッカーサーの声明にもかかわらず、審議はできても、修正には大きな制約が課されていたのである。この意味で、マッカーサー声明は欺瞞《ぎまん》に満ちたものであった。吉田は後年、新憲法が押しつけではなかったとしきりに強調しているが、その彼自身、憲法公布直後、高知の酒席で「新憲法たなのだるまも面赤し――素淮」という川柳を詠み、新憲法に対する不満をぶちまけている。(40)ちなみに「素淮」とは吉田茂のイニシャルS・Yをもじった彼の雅号である。だが大局的見地からこの憲法を制定したとはいうものの、(41)その真の目的である早期講和は、結局は実現しなかった。その意味で吉田のもくろみは見事に外れてしまったのであった。

第六節　自衛権問題の根源

占領下において実行された民主化のための諸改革の多くは、憲法すら強制できる連合軍によって「超憲法的に」なされたのであり、皮肉を込めて言えば、なにも憲法を変えなくても、つまり従前の大日本帝国憲法のもとでも、民主改革を実行することは可能であった。ではなぜわざわざ大日本帝国憲法を廃棄し、別の憲法を作らねばならなかったのか。先程も述べたように、大日本帝国憲法でも、民主主義を強化することもでき、基本的人権をより明確に規定するように改正できたはずである。また何よりもおかしいのは、このように憲法を制定したときのわが国は、自決権のない状態におかれていたことである。主権を否定された国民が、国民主権を原理とする全く新しい日本国憲法を制定したのであった。

日本国憲法制定が、一応大日本帝国憲法の改正の手続をとっているものの、両者の間には断絶といってよいほどの違いがあり、特に主権者が天皇から国民に移ることで「國體《こくたい》」すらも変化したと言うことができる。このため、実質的には大日本帝国憲法は破棄され、新たに日本国憲法が成立したと言う主張もしばしばなされてきた(42)。だがそのような革命的な変革が主権のない国家においてなされたことは大きな矛盾であるといわざるをえない。このような矛盾がなぜ生じたのか。その原因もまたポツダム宣言にある。

日本降伏後の占領軍の政策は、ポツダム宣言に明記されており、それは縮約されて3D政策（非軍事化、民主化、非集中化）と呼ばれている。これは戦争直後において、連合国としては、日本が再び戦争を引き起こすことのないように、日本の政治・経済・社会体制を変革することが占領の目的であったことを表している(43)。このことは、アメリカの「初期対日基本政策」に「日本が再び米国または世界の平和と安全の脅威とならぬよう」にすることが占領目的であると明記されているとおりである(44)。

このような政策が打ち出された背景には、第一次世界大戦の戦後処理の失敗が第二次世界大戦を招いたという反省がある。だからこそ、ルーズベルトは日独に対して「無条件降伏」を求め、敗戦国を軍事占領し、国家・社会を徹底的に変革することで、戦争の芽を摘もうとしたのである。

ポツダム宣言第六項では、軍国主義勢力の除去が、第九項では軍隊の解体が、さらに第一一項では、「日本国は、其の経済を支持し、且公正なる実物賠償の取り立てを可能ならしむるが如き産業を維持することを許さるべし。但し、日本国をして戦争の為再軍備を為すことを得しむるが如き産業は、此の限りに在らず。…」とあることから、日本の再軍備はポツダム宣言で許されていなかったと解釈できる。すなわち、降伏条件として、軍隊の一時的な解体が要求されているのではなく、日本が再び軍隊をもつことは永遠に禁止されていたのである。つまりポツダム宣言の目的達成のためには、社会存立の基盤である「自衛権」は否定されても致し方ないということである。これは占領自体が、「対日膺懲《ようちょう》政策」であったことを意味する。ポツダム宣言をこのように解釈すれば、その現実性はともあれ、日本に自衛権は認められないことは明らかなのである。

　これはそれまで熾烈《しれつ》な戦争を戦っていた当事国として、相手の武装解除を行うのは当然であったからであるが、これが長期的な視野に立って構想されたものではないことは明らかである。それは爾後《じご》の歴史的事実が証明するとおりである。一国存立の根幹となる安全保障の問題を等閑視し、ひたすら武装解除を行ったのが初期対日方針であった。ところが、事態が第二次世界大戦から冷戦に移り変わることによって、このような方針がナンセンスであることが明白になる。だが、憲法が起草された時点ではそのことはまだ認識されていなかった。後に、日本の安全保障の枠組をどうするかで、米国防省と国務省の意見が対立し、それが早期講和への障害となり、対日占領が不必要に長引く原因となった。

　憲法のアウトラインを定めたマッカーサー・ノートを見ても、自衛権は明確に否定されていた。従って、後に自衛権を容認する憲法解釈が生まれてきたが、それはあくまでも便宜上の苦肉の策であり、憲法本来の解釈からは自衛権などどこからも出てこないのである[45]。

《初期の基本指令》の中にも、マッカーサーに対して、「占領終了後日本の再軍備を防止する統制を立案し、かつ、統合参謀本部に勧告すること」という条項があり[46]、マッカーサーはそれに従って、指令を出したと考えられる。またこの条項を挿入することにより、ソ連をはじめとする他の連合諸国からの反対を封じ込める意図も働いていたであろう。それ故、戦争放棄条項は、松本試案をはじめとする官民の憲法草案には存在しなかったにもかかわらず、ＧＨＱの強い意向で挿入されたのである。外相公邸で吉田たちがマッカーサー草案を突きつけられたのち、幣原首相は二月二一日、マッカーサーを訪ねる。芦田均は、そのときマッカーサーは次のように述べたと伝えている。

「軍に関する規定を全部削除したが、此際日本政府は国内の意向よりも外国の思惑を考える可きであって、若し軍に関する条項を保存するならば、諸外国は何と言うだろうか。又々日本は軍備の復旧を企てると考えるに極っている。
日本のために図るに寧《むし》ろ第二章（「戦争の放棄」）の如く国策遂行の為めにする戦争を放棄すると声明して、日本が Moral Leadership を握るべきだと思う」。

これに対して、幣原が「Leadership と言われるが、恐らく誰も follower とならないであろう」と答えたところ、マッカーサーは、「follower が無くても日本は失う処はない。之を支持しないのは、しない者が悪いのである。…此際は先ず諸外国の Reaction に留意すべきであって、米国案を認容しなければ日本は絶好の chance を失うであろう」と述べた(47)。はやこの時点で、日本は、諸外国の思惑を右顧左眄するように運命づけられたのである。

後にマッカーサーは、戦争放棄条項は、当時の幣原首相の発案であったと主張したが、その後幣原内閣によって承認された松本試案にこの条項が含まれなかったことから見ても、マッカーサーの主張には信憑性はない。当時の状況から見て、戦争放棄条項がマッカーサー自身の意向であったことは明らかであり、それはあくまでもポツダム宣言の精神に沿ったものであった。[48]ところがこの条項が冷戦勃発後、政治的に問題となったため、マッカーサーはその責任を回避するためにこのような主張を行ったのだと考えられる。

この戦争放棄条項が当時の政治家や日本国民の意思ではなかったことは明らかである。その背後には、これを受け入れなければ、憲法制定を初めとする戦後体制の再編成に、ソ連の意向を強く反映した極東委員会の影響力が強まり、それは天皇の戦争責任追及にまで至る可能性があるという、GHQ当局の「脅し」があったといわれる。[49]

天皇制の廃止の可能性は、ある時点までは存在していたと考えてよい。イタリアでは、一九四六年五月九日にヴィットーリオ＝エマヌエーレⅢ世が退位し、ウンベルトⅡ世が即位した直後、六月二日には、国民投票で王制廃止が決定され、ウンベルトⅡ世が退位し、共和制が宣言されている。さらに一九四五年一一月三〇日に、統合参謀本部はマッカーサーに対して、天皇は戦犯として起訴されることを免れないと伝えていた。[50]このようにある時点までは、日本がイタリアと同じ運命をたどらなかったという保証はどこにもなかったのである。

天皇の取り扱いについては、米国自身の方針が揺らいでいた。もともとポツダム宣言の原案では天皇制を認める文言が含まれていたが、アメリカが原爆開発に成功したことを受けて、この部分は正式のポツダム宣言から削除されてしまった。[51]このため、國體《こくたい》護持に執着する日本政府はこれを「黙殺」するという挙に出ることとなり、原爆投下、ソ連の参戦という事態を招いたという苦い経験をもっている。

大戦終結後も、米国政府として天皇制存廃に関して明確な方針を出した訳ではない。GHQが近衛文麿に憲法改正を依頼していた時期に、国務省は近衛と接触していたGHQのエマーソン(J.K.Emmerson)に対して天皇制容認を含む指令を出していた[52]。またアチソンが近衛に示した私案でも、国民主権も天皇制の廃止も含まれていなかった[53]。SWNCC228でも天皇制の存廃についてはその両方の可能性を考慮して書かれていた。

他方、天皇自身は、一九四五年九月二七日のマッカーサーとの会見の席上、全ての責任を負うと言明していた。ついで一九四六年元旦には、天皇の「人間宣言」が出され、天皇の神格が否定された。すなわち「朕《ちん》は爾等《なんじら》国民と共に在り、常に利害を同じうし休戚を分たんと欲す。朕と爾等国民との間の紐帯は、終始相互の信頼と敬愛とに依りて結ばれ、単なる神話と伝説とに依りて生ぜるものに非ず。天皇を以て現人神とし、且日本国民を以て他の民族に優越せる民族にして、延て世界を支配すべき運命を有するの架空なる観念に基くものにも非ず」と天皇自ら、その神格を否定したのである。これは國體《こくたい》護持のための一つのステップであったと考えることができる。そしてこれに対するマッカーサーの声明も「天皇はその詔書に声明せるところにより、日本国民の民主化に指導的な役割を果さんとしている」と歓迎したのであった[54]。

マーク・ゲインによれば、マッカーサー・ノートをめぐるGHQ内部の議論の中で「主権は国民に帰属せしめられ、天皇は国家の象徴と記述されること」は、天皇は戦犯として訴追されないことを意味するのではないかという質問に対して、ホイットニーは「天皇が連合国に対してなしたあらゆる奉仕にもかかわらず、もし戦犯として裁判に付せられるのだとしたら、私はそれは信義へのはなはだしい裏切りだと考える」と述べたという[55]。つまりGHQ憲法制定の前提条件としてすでに天皇の不訴追が決定されていた。事実マッカーサーは、憲法作成に取りかかる直前の一九四六年一月二五日に、アイゼンハワー陸軍参謀総長に対し、天皇を裁判にかけることに反対する旨の電報を打っている[56]。

従って、憲法九条と天皇の不訴追をバーターしたというのは、ありえないことではない。それは占領軍にとって大きなメリットがあったと考えられる。天皇を裁判にかけたり、天皇制を廃止するようなことをすれば、国内に大騒乱が起こり、共産革命の危険が高まって、これを抑えるために「少なくとも百万人の軍隊と数十万人の行政官と戦時補給体制の確立を必要とする[57]」というリスクを考慮しなければならなかった。大統領選を意識していたマッカーサーにとってそれは避けられるものなら避けたいリスクであったに相違ない。だが他方で、國體《こくたい》護持を絶対条件としていた日本政府は、天皇の安全と引き換えに戦争放棄を受諾するように追いつめられたのである。さらに、自らの保身に汲々としていた政治家達が、自らの地位保証と引き換えに、この憲法を受け入れたのであった。

このようにしてわが国は、国家・社会の存立基盤である自衛権すら奪われることとなった。われわれはこの憲法が存在する限り、自主独立はありえず、永遠に他国に従属することを運命づけられたのである。

第七節　主権のない「主権者」

以上の経緯によって、日本国憲法はマッカーサーから日本政府に押付けられた。護憲論者から「不磨の大典」扱いされ、まさに「神聖にして侵すべからず」的存在となっている現行憲法のもととなったGHQ案はわが国の国情に疎いアメリカ人スタッフによってわずか九日間で仕上げられたものなのである。そして占領軍はこの草案を日本政府に対して単に「示唆」したのではない。後に日本政府がこのGHQ案の邦訳を持ってきたとき、細部にわたってその内容をチェックしている。そしてこのチェックはこうしてできた政府案が国会審議にかけられたときまで続いていた。この経緯を考慮すれば、これが押しつけでなかったと言い切ることはできない。単にいくつかの部分で日本側の主張が通ったからこれは押しつけではないという議論は「詭弁」に過ぎない。

もとより、占領状態という異常な状況の下で制定された法律は立法行為として致命的な瑕疵があるといわざるをえない(58)。マーク・ゲインは、この憲法制定について次のように批判している。

「このアメリカ製日本憲法は、それ自身悪い憲法ではない。日本の役人どもの不誠実にもかかわらず、それは人民に主権を賦与し、人民の自由を保証し、政府の行為を抑制する道も規定している。」「悪いのは——根本的に悪いのは——この憲法が日本の国民大衆の中から自然に発生したものではないということだ。それは日本政府につかませた外国製憲法で、そのうえ高等学校の生徒でさえちょっと読んだだけで外国製だということに感づくのに、国産品と称して国民に提供されたのだ。」（マーク・ゲイン『ニッポン日記』（井本威夫訳）筑摩書房、一九九八年、二一〇頁）。

わが国の徹底的な民主化を推進しようとしたニューディーラーたちを熱烈に支持したゲインすら、国家の基本法である憲法を押しつけたことに対して、そして押しつけられた事実を隠蔽し、あたかもこれが自ら制定したものであるかのように装ったことに対して、このように辛辣に批判しているのである。

吉田首相は、帝国議会の審議において、吉田安議員の日本は独立国なりや否やという質問に対して、独立国であると答え、ただし統治権の行使が連合国軍最高司令官の権限によって制約されているだけだと述べたが[59]、それが大きな嘘であることはその当時の状況から見て明らかである。占領軍によって主権を奪われ、外交権を奪われた国を独立国と呼ぶことはできない。そして新憲法が日本の独立回復のための手段であることを吉田自身が後に認めているのである[60]。

このように見れば、日本国憲法の成立状況は大変異常なものであったことが分かる。憲法は通常の場合では、その国の最高法規であるが、その国に主権がない場合では、当然ながら憲法であっても占領軍の命令が優先することになる。占領下の日本の最高法規は憲法ではなく、当初は占領軍総司令部、後には極東軍事委員会の決定であった[61]。日本国憲法の場合、現在でも、最高法規の章で憲法とともに国際条約も最高法規とされており、憲法と条約の優劣は明確に規定されていない[62]。これもまた日本国憲法が他律的であることの証左となっている。この憲法第九八条第二項は、当初の憲法案にはなく、国会での審議の過程で外務省の発案で付け加えられたものだが、これが連合国の利害に沿ったものであることは明らかである。

占領下の日本では、それがあからさまになっていた。その証拠に、日本国憲法では、検閲は禁止されているにもかかわらず、占領軍が厳しい検閲を行っていたのは周知の事実である。また武力行使は禁じられているにもかかわらず、朝鮮戦争では、日本は元山沖の機雷掃海に従事し、死者すら出している。

また占領軍は憲法解釈でも最高決定権を有していた。例えば、衆議院の解散について、占領軍は憲法第六九条以外の解散を認めなかった。第二次吉田内閣の時、少数与党状態を解消するために、吉田は衆議院の解散を行おうとするが、野党およびＧＨＱは不信任決議のない解散を認めず、その結果、野党側から不信任決議を提出させ、それを可決させた上での解散を行うのである。これが世に言う「馴れ合い解散」である。だが、日本が独立を回復した後、吉田は誰に気兼ねすることなく、不信任決議なしに、憲法第七条に基づく解散、すなわち「抜き打ち解散」を行うのである[63]。

さらに占領中行われたパージ（公職追放）は、明白な憲法違反である。しかしながら、憲法でその独立が定められている司法権もＧＨＱの命令の下にあった。例えば、一九四八年二月、平野力三前農相が彼自身の公職追放処分に対して東京地裁に追放停止仮処分を申請し、同地裁が平野前農相の主張を認めて仮処分を決定し、政府に通告した事件で、裁判所の管轄をめぐって政府と地裁が対立したが、結局は、ＧＨＱが最高裁判所に対し、「最高司令官はパージ指令の実行を首相に委任しているが、「介入する固有の権利」は保留しており、裁判所はパージに関する裁判権を持たない」と通告することで決着がついたのである[64]。この件に関して民政局次長Ｃ・ホイットニー准将はその談話の中で、「日本政府は総司令部が決定するいかなる措置にも従わねばならない。追放令は裁判所の解釈の外にある」と述べ、司法権もＧＨＱの命令に従わねばならないことを明らかにしたのである。これに従って最高裁判所は、東京地裁の仮処分の無効を宣言した[65]。すなわち、占領期においては、ＧＨＱは「超憲法的」存在であった。

芦部は、憲法的決断が真正の制憲権の決断として憲法の基礎となるための条件を三つあげている。すなわち、その決断が少数の者によるのではないこと、被治者の参加、充分な熟慮すなわち言論・集会の自由の下での決断である[66]。芦部自身は現行憲法の制定は合法的だとしているが、芦部によるこの三つの基準に照せば、現行憲法は真正な憲法的決断によって定められたものではないことになる。すなわち、現行憲法の作成が日本国民とは関係のない密室の中で行われ、本質的な修正が許されないまま形式的に国会の審議にかけられたことは既に述べた。この事は先の三つの条件のうち最初の二つが満されていないことを示す。では三番目の条件についてはどうだろうか。当時の日本に自由な言論があったのか。現実は正に逆である。当時の日本はパージの嵐が吹き荒れ、厳しい検閲が行われていた。

パージは、ポツダム宣言第六項の「日本国国民を欺瞞《ぎまん》し，之をして世界征服の挙に出づるの過誤を犯さしめたる者の権力及び勢力は、永久に除去せられざるべからず」に基づいて実行された。パージの対象となったのは以下の人々である。

A　戦争犯罪人
B　職業陸海軍職員、陸海軍省の特別警察職員および官吏
C　超国家主義的、暴力主義的、秘密愛国的団体の有力分子
D　大政翼賛会、翼賛政治会、大日本政治会の活動における有力分子
E　日本の膨張に関係した金融機関および財界
F　占領地の行政官
G　その他の軍国主義者および超国家主義者

特に最後のG項により、占領軍は恣意的にパージ対象を拡大することができた[67]。占領軍によるパージは、一九四五年一〇月に約六〇〇〇人の特高や司法省の思想統制関係者の罷免を中心とするいわゆる特高パージを嚆矢とし、さらに、翌四六年一月からは、七〇〇〇人に及ぶ軍国主義的教員の追放

が始まり、そして日本国憲法が国民に発表される直前の二月二八日には第一次公職追放が開始された。このパージによって、新憲法審議時には多くの保守派政治家は国会から追放されていたのである。さらに四七年一月には拡大公職追放令が出され、パージが地方・経済・言論（文化）の領域に拡大されたのである。これらのパージによって総計二〇万八七七八人が公職から追放されたのであった。[68]このように、新憲法が施行されるまでの時期は公職追放の嵐が吹き荒れた時期と重なっている。

また占領中は占領軍による検閲が行われていた。検閲は、新聞、雑誌、放送から個人の信書に至る広い範囲にわたって行われていた。当時の検閲で、次のような項目は発行禁止処分にされていた。

一、SCAP（連合国軍最高司令官または連合国軍総司令部）批判
二、極東軍事裁判批判
三、SCAPが憲法を起草したことに対する批判
四、検閲制度への言及（以下略）[69]

占領軍による検閲は、第四項目に見るように、検閲制度の存在自体を秘匿するという陰湿なものであった。戦後日本で、憲法論議がながらくタブーとされたのはこの検閲制度のためである。このような検閲とパージの圧力にさらされた状況では「物言えば唇寒し」となるのは当然の成りゆきである。当時の日本に自由な言論があったということは到底できない。

また国民の多くは敗戦後の未曽有の社会的混乱からくる生活苦にあえいでいた。一九四六年五月には「飯米獲得人民大会」いわゆる「食糧メーデー」が開かれ、人々の関心は政治ではなく食べ物に向

いていた。細川護貞も一九四六年七月二五日の日記に「最近、無意味なること。一、憲法論議。二、東京裁判」と書いている[70]。このような社会状況で、国家の根本法規である憲法が制定されていったのである。

第八節　「押しつけ」の是非

このように日本国憲法は、ポッダム宣言に基づくという形を取りながらも、占領軍により、日本国民の意思とは関わりなく押しつけられたものであった。だがこの主張に対しては、批判も多い。批判の多くは、たとえ日本国憲法が押しつけられたものではあっても、そのもともとの原因が日本による軍事侵略にあり、そしてその結果できた日本国憲法を戦後七〇年以上にわたって守ってきたことから、現在の憲法は国民に浸透しており十分な支持を得ているというものである。つまり日本国憲法を既成事実として認めよという論法である。

例えば、加藤は最初は押しつけられた憲法ではあるが、それが熱狂的に受け入れられたという事実を一種のねじれとして捉え、その結果、「わたし達は、最初からこの平和憲法を実質的には自分で欲したのだと考えるか、最初からこの平和憲法を欲していないし、いまも欲していないのだと考えるしかなくなる」と述べている[71]。つまりここで加藤は私たちに二者択一を迫り、憲法改定自体を否定しているのである。これは明らかに現行憲法を不磨の大典として自己欺瞞《ぎまん》を迫る一種のドグマであるといわざるをえない。

このような日本憲法定着論は、法理論としては許容できない。制定経緯の重大な瑕疵を無視して、既成事実が法を構成するというのなら道義や法理は必要なくなる。民主主義を規定する憲法が民主的手続きを踏まずしてできあがったという事実は、正当な手続きをその中心的価値とする民主主義の精神に完全に反している。

また日本国憲法に描かれた理念自体は先進的であり、優れたものであるという理由から擁護しようとするものもある。彼らによれば、GHQの提案した憲法は当時の日本国民の圧倒的支持を得ており、それ故に、もしこのGHQ草案を日本政府が受け入れない場合には、「総司令部（GHQ）案を公表し、日本国民に直接訴える」という強硬手段をとると脅かすことができたのだというのである[72]。つまりこうすれば、日本政府の面目は丸つぶれになってしまうだろうというのである。もちろん、当時のGHQの権力をもってすれば、この憲法草案をGHQからのものとして日本国民に無理矢理押しつけることは可能であっただろう。

だが、事実として、全能の存在であるはずのGHQは、自ら憲法草案を国民に発表することなく、秘密裏に政府に押しつけ、その事実をその後もひた隠しにしたのである。日本国憲法が占領軍によって作られた事実は検閲によって特に秘せられていた。憲法に対する批判は検閲の対象であった。なぜこのことを隠さねばならなかったのか。先に触れた「日本の統治体制の改革」と題されたSWNCC228には次のような文章が含まれていた。

「最高司令官がさきに列挙した諸改革の実施を日本政府に命令するのは、最後の手段としての場合に限られなければならない。というのは、前記諸改革が連合国によって強要されたものであることを日本国民が知れば、日本国民が将来ともそれらを受け入れ、支持する可能性は著しくうすれるであろうからである。」（古関彰一『新憲法の誕生』中公文庫、一九九五年、一一一頁）。

この文章に反映されているアメリカの判断は、常識的とも言える。米国自身、自ら日本に憲法を押しつけることのおかしさに気づいていたのである。もしかりに、これが当時の日本人の意向を反映したものであると強弁してみても、それが民主的なプロセスによって制定されたのではないという事実は残る。だからこそ、いくら内容が優れていると考えても、新憲法が占領軍によって押しつけられた事実をその後も言論統制によってひた隠しにしたのである。内容の優越性が手続き上の瑕疵に勝るというのであれば、このような言論統制は必要なかったであろう。そしてこのSWNCC228自体が秘密にされることもなかったはずである。

朝鮮戦争の作戦をめぐって、トルーマンがマッカーサーを解任するまで、米国政府自身、マッカーサーの独走を抑えることができなかったことを考えれば、日本国憲法が、GHQの独走によってできたとしても何ら不思議はない。従って、GHQとしては、自らの独走を糊塗するため、何としてもこの憲法が日本政府の提案として提起されることが必要だったのであり、そのために天皇制の存続という条件を出したのであろう。おそらくこの憲法草案をGHQ案として提出すれば、GHQの独走が明らかになり、重大な国際問題となることが予想されるので、GHQがこの案を直接提起することなど現実にはあり得なかったと考えられる。だが、国際社会から完全に遮断された当時の日本側に、GHQの内部事情が分かるはずもなく、このGHQの謀略にまんまと引っかかってしまったのではないだろうか。まさに日本国憲法は、マッカーサーをはじめとするGHQの都合で作らされたという意味で、

「マッカーサー憲法」なのである。

従って、日本国憲法が占領期に制定されたという批判に対する吉田茂の反論、「外国の憲法制定を見ても、戦時とか非常時とかに生まれたものが多く、普通、平常の場合というのは案外少ないようである。故に制定当時の事情にこだわって、余り多く神経を尖らせることは妥当でないように思う。要は、新憲法そのものが国家国民の利害に沿うか否かである」(73)は、やはり利害関係人の弁として考えられるべきであろう。戦時や非常時と占領時では本質的な相違がある。それは主権の有無であり、それを抜きにした議論は立法行為としてナンセンスというべきである。

日本国憲法の出生の「非正常」性は何人もそれを否定することはできない。このような出生の政治性を無視し、理念だけを語ってきたことがわが国の憲法論議に対する説得力を大いに減じ、空理空論を弄ぶことになった大きな要因である。その典型例が、憲法の平和主義に傾倒し、この理念を絶対視し、自衛権を否定するという自殺的な態度である。このような考え方が、憲法制定時のアメリカをはじめとする連合諸国の利害に沿うものであることは言うまでもない。

さらにこの平和主義を受け入れたとしても、この平和主義と国家主権である交戦権の否認とは、一心同体ではない。平和主義を受け入れたからといって、交戦権まで否定する必要はないのである。つまり平和主義と交戦権とは別の次元の問題なのであり、平和主義の下で交戦権まで否定するような憲法には、平和主義とは無関係な意図が底に込められていると解釈せざるを得ない(74)。江藤淳のいうように、憲法第九条は「主権制限条項」なのである(75)。

いずれにせよ、護憲派の中心ドクトリンである平和主義の根拠となっている憲法の戦争放棄条項が、日本国民の意思によって出来たのではなく、当時の主権者であるアメリカの占領政策の下で導入されたことは動かすことのできない事実なのである。それ故、日本国憲法の平和主義には、崇高な理念の衣装の下に、アメリカの冷厳な国益の実態が隠されているものと見なければならない。アメリカの意図は、日本を二度と国際戦略上の脅威とならないような存在にすることであり、民主化や非軍事化はそのための手段にすぎなかったのである。

ボートンは日本占領を評して、「日本占領史の特徴は、根本的に違った文化的背景をもった征服者が、被征服者の基本的な価値、観念および制度を変革しようとしたその企ての歴史であった」と述べた(76)。そして多くの日本人がこのアメリカの政策に迎合し、自国の歴史・伝統・文化を否定・毀損する手助けをした。まさにカーのいう「敗戦国の復讐に備えて、自国の安全を護るために、それぞれの国家は、過去には人質を取るとか兵役年齢の男子の手足を切断したり奴隷とするなどの手段をとったのであり、現代では、領土の分割や占領あるいは武装解除の強制などの方策(77)」がとられ、今日では日本人自身がそれを支持しているのである。

古関は、マッカーサーが憲法施行に先立って、施行後一年後二年以内に憲法の再検討の機会を与えると日本政府に言明したが、政府自身が改正のアクションをとることなく、一九四九年五月に憲法が確定したことを理由に、押しつけ憲法論を暗に否定しているが(78)、占領軍から改正の機会が与えられたからといって、占領軍による支配のもとで、真の自主憲法が制定できたとでも思っているのだろうか。この問題はあくまでも原則論なのであり、立法時に重大な瑕疵のある憲法でも、ある時点までに改憲しなかったから、その憲法が自主的に制定されたのと同じであるということはできない。検閲とパージで自由な言論を抑圧した中で、占領軍が自画自賛した憲法を受容し、それを既成事実化した上で擁護しているというのが護憲派の実態なのである。

第九節　日本国憲法の政治性

日本国憲法を制定したのはアメリカであり、アメリカは当然のことながら日本社会に対して最終的な責任を負っていない。すなわち、日本社会が滅亡しようがしまいが、それが直ちにアメリカの死活的利害につながるわけではない。ヒロシマやナガサキに原爆を投下し、多くの都市に無差別爆撃を行い、無辜の民を殺戮《さつりく》したアメリカに、日本社会の滅亡を防止する責任や義務を負ういわれは全くないのは当然である。連合国が日本に要求した無条件降伏という前代未聞の停戦条件もそれを裏付ける。

また占領目的の一つが日本の民主化にあったとされているが、占領目的の第一は「初期対日方針」にあるように、日本をして再びアメリカの脅威たらしむる事を除去することにあり、民主化というのはそのための手段でしかなかった。このことは、かつての韓国や中南米諸国の独裁政権に対するアメリカの態度を見れば明らかである。

占領軍によって、日本に民主主義体制が形成されたというのは、明らかにデマである。民主主義が外部から移植することは容易でないことは、今日の第三世界を見ても明らかである。占領軍によるわずか七年足らずの間に、日本が民主化できたのは、それ以前から日本には民主主義的な制度が存在していたからに他ならない。また地方自治のように憲法で規定されているにもかかわらず、ほとんど実をあげていない分野もある。これは民主主義が一片の文書によって成立するわけではないことの証左である。

加藤は、従来の保守派の改憲論議に対して以下のような批判を行っている。

「これまで、改憲派の主張は、憲法が押しつけられた事実を重視し、長年自主憲法の制定を主張してきたが、この主張を貫くなら、国家主権確立のため、在日米軍の撤退にまで進まなければならないところ、それは米国の利害との対立を意味するため、主張に加えないという中途半端な屈折した姿勢を余儀なくされてきた。
彼らの致命的な弱点は、この屈折に意味を見出すことができないため、ここに見る一点をあいまいなまま、押し殺してきたところにある。情勢の変化に応じ、現在この親米愛国の主張はやや反米的色合いを強めるにいたっているが、その主張は本来、国内のナショナリズムを納得させても、国際社会に働きかける普遍的な理念なり、言語をもっていない。」（加藤典洋『敗戦後論』講談社、一九九七年、五〇～五一頁）。

加藤の批判する対米屈折は、実は進歩的知識人にも見られる。彼らは明らかに反米であるが、そのアメリカが作成した憲法を何としても護ろうとしている。

加藤のいう保守派における理念の欠如は、本論に対する批判となりえない。何故なら、ここで主張されているのは、主権の回復なのであり、これは国際社会における基本的権利であるからである。これを偏狭なナショナリズムと捉えるのは、密かに亡国を冀う者たちの妄言でしかない。自分たちの社会の存立に究極的な責任を負う者たちによって憲法が作られれば、自衛権を否定するような憲法ができるはずはない。

アメリカにおいては、「憲法とは自然権・自然的正義を規範化したものとして、立法権を含むあらゆる権力を制限する国の根本法」として観念されているという。[79] 憲法は、その国の正義を具現したものであり、さらにはその国の将来を規定する力を持っている。この憲法を制定する権力は、通常の法律を制定する権力、すなわち立法権とは異るものであって、国民主権そのものと言ってよい。その憲法が主権のない状態の中で、外国の軍人による圧力のもとで制定されたということ自体、大変異常な出来事であり、いくらそのときの状況の中で「賢明な選択であった」とはいえ、だからといってそれをそのまま是認しても良いということにはならない。[80]

外国の軍隊が支配する中での憲法制定には何の正統性もない。そこでマッカーサーが考えていたように、占領軍が押しつけた憲法は、いずれ独立が回復した暁には当然改正され、[81] 従って、かかる憲法は、占領期のみに有効な過渡的性格を持つのは当然であろう。おそらくこの憲法を作成したGHQのスタッフもよもや自分たちの作った憲法が半世紀以上にわたって、全く改正されずに存続するなど想像もしていなかったに違いない。マーク・ゲインも戦争放棄を含むような憲法が占領終了後も生き残るとは考えられないと述べている。

「さらに、この憲法で何よりも悪いのは、マックアーサー元帥自身が書いたという軍備放棄に関する規定である。なぜなら、日本の新聞か日本歴史をちょっとでも読んだことのある人なら、占領が終わりさえすれば、日本が何らかの口実をもうけて軍隊を再建することはとうてい疑いえないからである。日本で地震が避けられないのと同様に、これは不可避なことなのだ。かくてまさにその本質上、新憲法は欺瞞《ぎまん》を生むものである。欺瞞の内在する憲法は断じて永続しうるものではない。」（マーク・ゲイン、前掲書、二一一頁）。

外国人であるゲインの目から見てもこの憲法には「欺瞞性《ぎまん》」が感じられたのであった。常識で考えても、このような外国によって押しつけられた憲法を押し頂く事態が続くということは考えられない。ハーグ陸戦法規が占領地での法律変更を禁じているのも、それが国際社会の基盤となる主権侵害に当たるからである。そしてたとえ法律を変更したところで、主権が回復すればその変更は無効となるがゆえに、意味がないということになる。ところが日本国憲法の場合、占領軍が実行した國體《こくたい》変更が主権を回復した後もそのままになっている。日本国憲法制定当時は、憲法制定権力、すなわち制憲権は征服者である占領軍が保持していた。その後、サンフランシスコ講和条約と日米安全保障条約が成立し占領軍は在日米軍に変わった。そして表面的に制憲権を持った者が不在となったままで憲法だけが残ったのである。今日の日本政治・社会に散見される無責任さは憲法に帰因するといってよいであろう。ウォルフレンが指摘する日本の権力中枢の真空という現象は憲法に規定される政治体制の結果であるということもできる。

芦部は、「現行憲法の成立は、ナチスの武力による圧力のもとで審議の自由を失ったフランスの国民議会が、国民の多数の意思に反して、一九四〇年ペタンに独裁的権力を与えたような意味の・非正当的な憲法改正ではない」と書いているが[82]、一九四六年の日本と一九四〇年のフランスの違いは、占領軍が最終的な勝者であったか敗者であったかということでしかない。軍事占領が解かれない限り、国民主権は回復しないことは、ベルリンの壁崩壊までの東欧の例を見ても明らかである。

その意味で、この憲法が戦後七〇年余にわたって君臨しているという事実は、一体何を物語るのか。その第一は、われわれは未だポツダム宣言の呪縛にあっているということである。第二には、日本はサンフランシスコ講和条約によって主権を回復したように見えるが、それはあくまで表面的なものに止っているということである。われわれは未だ自立するに至っていない[83]。第三には、われわれの主権を回復するために必要な「正義」を未だ回復していないということである。これは今日においてなお日本国民が、東京裁判史観の呪縛から逃れることができていないことをいう。日本国憲法は、ポツダム宣言に呪縛され、真の独立を回復できない日本社会を象徴しているのである。

すなわち、この憲法の精神は、他律的・従属的であり、とりあえず他人には迷惑をかけないという意思表示にすぎない。その証拠に、憲法前文の末尾には、「日本国民は、国家の名誉にかけ、全力をあげてこの崇高な理想と目的を達成することを誓う」と書かれている。当然の事ながら、この誓いは、日本国民自身ではなく、連合諸国に向けられていると解釈できる。帝国議会における審議の中で、社会党の鈴木義男議員が述べたように、憲法前文そのものが、「極端に申せば、泣くが如く、訴うるが如く嫋々《じょうじょう》として尽きざること縷《る》の如しと言いたい、一抹の哀調すら漂って居るように感ずるのであります」と述べたのも故なしとしない。

一九四六年八月一一日に、細川護貞は、日記の中でこうつぶやいた。

「我国は此処五〇年、何人が出で様とも独立を回復しはしないであろう。そのことは祖国を愛する正しき政治家を圧殺する。人は或はかく云うであろう。如何に効果が少なくとも、云うべきは云い、闘うべきは闘うべきであると。正に一理はある。だが、我が力を省み、世の潮流を思うとき、果して運命に努力が打ち勝ち得るであろうか。」（細川、前掲書、四八四頁）。

細川がこのように嘆いてからとうに七〇年以上が過ぎた。運命に打ち勝つには七〇年ではなお短か過ぎるのだろうか。

〈引用・参考文献〉


朝日新聞東京裁判記者団『東京裁判』朝日文庫、一九九五年。

芦部信喜『憲法制定権力』東京大学出版会、一九八三年。

五百旗頭真『米国の日本占領政策』上巻、中央公論社、一九八五年。

五十嵐武史『戦後日米関係の形成』講談社学術文庫、一九九五年。

石丸和人『戦後日本外交史』第一巻、三省堂、一九八三年。

猪木正道『評伝吉田茂』全四巻、ちくま学芸文庫、一九九五年。

入江為年監修、朝日新聞社編『入江相政日記』第三巻、朝日文庫、一九九四年。

J・W・ウィリアムズ『マッカーサーの政治改革』(市雄貴・星健一訳)朝日新聞社、一九八九年。

ロバート・E・ウォード「戦時中の対日占領計画」坂本義和、R・E・ウォード編『日本占領の研究』東京大学出版会、一九八七年。

K・v・ウォルフレン『なぜ日本人は日本を愛せないのか』(大原進訳)毎日新聞社、一九九八年。

浦野起央編著『資料体系　アジア・アフリカ国際関係政治社会史』第二巻、パピルス出版、一九八七年。

江藤淳編『占領史録』全四巻、講談社学術文庫、一九八九年。

江藤淳『閉ざされた言語空間』文春文庫、一九九四年。

江藤淳『一九四六年憲法』文春文庫、一九九五年。

江藤淳『忘れたことと忘れさせられたこと』文春文庫、一九九六年。
E・H・カー『危機の二十年』（井上茂訳）岩波文庫、一九九六年。
加藤典洋『アメリカの影』講談社学術文庫、一九九五年。
加藤典洋『敗戦後論』講談社、一九九七年。
神田文人『占領と民主主義』〔昭和の歴史八〕小学館、一九八九年。
北岡伸一『自民党　政権党の三十八年』読売新聞、一九九五年。
木戸幸一『木戸幸一日記』下巻、東京大学出版会、一九六六年。
京極純一『現代民主制と政治学』岩波書店、一九六九年。
マーク・ゲイン『ニッポン日記』（井本威夫訳）筑摩書房、一九九八年。
児島襄『東京裁判』中公文庫、一九八二年。
児島襄『史録日本国憲法』中公文庫、一九八六年。
児島襄『講和条約』全三巻、新潮社、一九九五〜九六年。
古関彰一『新憲法の誕生』中公文庫、一九九五年。
小林直樹『憲法第九条』岩波新書、一九八二年。
佐々木惣一『改訂憲法大義』有斐閣、一九五三年。
佐藤達夫『日本国憲法成立史』第一巻、有斐閣、一九六二年。
佐藤達夫『日本国憲法成立史』第二巻、有斐閣、一九六四年。
佐藤達夫著、佐藤功補訂『日本国憲法成立史』第三巻、有斐閣、一九九四年。
佐藤達夫著、佐藤功補訂『日本国憲法成立史』第四巻、有斐閣、一九九四年。

佐藤達夫『日本国憲法誕生記』中公文庫、一九九九年。

重光葵『昭和之動乱』下巻、中央公論社、一九五二年。

進藤栄一・下河辺元春『芦田均日記』第一巻、岩波書店、一九八六年。

鈴木昭典『日本国憲法を生んだ密室の九日間』創元社、一九九五年。

杉原泰雄『資料で読む日本国憲法』上巻、岩波書店、一九九四年。

袖井林二郎『マッカーサーの二千日』中公文庫、一九七六年。

高柳賢三・大友一郎・田中英夫編著『日本国憲法制定の過程』Ⅰ（原文と翻訳）有斐閣、一九七二年。

竹前栄治『ＧＨＱ』岩波新書、一九八三年。

田畑茂二郎・高林秀雄『ベーシック条約集』東信堂、一九九七年。

Ｊ・ダワー『吉田茂とその時代』上巻（大窪愿二訳）、中公文庫、一九九一年。

ハリー・Ｓ・トルーマン『トルーマン回顧録』（加瀬俊一監修、堀江芳孝訳）恒文社、一九六六年。

中村隆英『昭和史』Ⅱ、東洋経済、一九九三年。

中村政則『現代史を学ぶ』吉川弘文館、一九九七年。

西村熊雄『サンフランシスコ平和条約・日米安保条約』中公文庫、一九九九年。

樋口陽一『憲法と国家』岩波新書、一九九九年。

福田恆存「現代国家論」『福田恆存評論集』第六巻、新潮社、一九六六年。

福田恆存「当用憲法論」『福田恆存評論集』第六巻、新潮社、一九六六年。

福田恆存「防衛論の進め方についての疑問」『福田恆存全集』第七巻、文藝春秋、一九八八年。

Ｈ・ボートン『戦後日本の設計者――ボートン回想録』（五百旗頭真監修、五味俊樹訳）朝日新聞社、一九九八年。

細川護貞『細川日記』下巻、中公文庫、一九七九年。

正村公宏『世界史のなかの日本近現代史』東洋経済、一九九六年。

増田弘『公職追放』東京大学出版会、一九九六年。

増田弘『公職追放論』岩波書店、一九九八年。

升味準之輔「戦後史の起源と位相」中村正則ほか編『戦後日本　占領と戦後改革　第二巻　占領と改革』岩波書店、一九九五年。

松山巌『群衆　機械のなかの難民』読売新聞社、一九九六年。

ヘレン・ミアーズ『アメリカの鏡　日本』(伊藤延司訳) メディアファクトリー、一九九五年。

望月和彦「自衛権と日米安保条約の現実」『正論』一九九七年七月号。

山本祐司『最高裁物語』講談社＋α文庫、一九九七年。

吉田茂『回想十年』第二巻、東京白川書院、一九八二年。

John W. Dower, *Embracing Defeat——Japan in the Wake of World War* II, Norton, 1999.

GHQ/SCAP『HISTORY OF THE NONMILITARY ACTIVITIES OF THE OCCUPATION IN JAPAN 1945-51』(『日本占領GHQ正史』) 第一巻、日本図書センター、一九九〇年。

Staff of the Committee and the Department of State, *A Decade of American Foreign Policy —— Basic Documents, 1941－49* ——, United States Government Printing Office, Washington, 1950.

〈注〉

(1) この論文は初出の際、歴史的かな遣い・旧字体で書かれていたが、本書の出版に当たってすべて新かな・新漢字に改めた。またカタカナ書きのところもかな書きに改めている。
(2) マキアヴェリ『君主論』(池田廉訳)中公文庫、一九九五年、一八頁。
(3) 細川護貞『細川日記』下巻、中公文庫、一九七九年、四六一頁。
(4) John W. Dower. *Embracing Defeat* ――*Japan in the Wake of World War* II, Norton, 1999.
(5) 竹前栄治『GHQ』岩波新書、一九八三年、九五頁。
(6) 一九四五年一二月四日時点での兵力。竹前、同書、五頁。
(7) 江藤淳編『占領史録』第一巻、講談社学術文庫、一九八九年、二六三~二六九頁。
(8) 浦野起央編著『資料体系　アジア・アフリカ国際関係政治社会史』第二巻、パピルス出版、一九八七年、一五四三頁。
(9)「占領史録」では、ポツダム宣言が無条件降伏を要求しており、これが占領政策の法的根拠となっていて、連合国は日本政府と交渉する立場にはなかったと主張されている。(GHQ/SCAP『日本占領GHQ正史』第一巻、日本図書センター、一九九〇年、三頁)。
(10) 中村政則『現代史を学ぶ』吉川弘文館、一九九七年、六八頁。
(11) 芦部信喜『憲法制定権力』東京大学出版会、一九八三年、一六一頁。
(12) 江藤淳『一九四六年憲法』文春文庫、一九九五年、四四~四六頁。
(13) 猪木正道『評伝吉田茂』第三巻、ちくま学芸文庫、一九九四年、三四三頁。
(14) 袖井林二郎『マッカーサーの二千日』中公文庫、一九七六年、一〇〇頁。
(15) 江藤編、前掲書、第二巻、二九九~三〇〇頁。
(16) 江藤編、前掲書、第二巻、三〇七~三〇八頁。
(17) 猪木、前掲書、第三巻、三八〇頁。

(18) 佐藤達夫『日本国憲法成立史』第一巻、有斐閣、一九六二年、一五三、一七八頁。
木戸幸一の日記によれば、一〇月九日、組閣直後の幣原喜重郎は、木戸に対して憲法を改正せずとも、運用次第で目的を達成することが出来ると述べたという（木戸幸一『木戸幸一日記』下巻、東京大学出版会、一九六六年、一二四一頁）。
(19) 佐藤、前掲書、一八二頁。
(20) 木戸、前掲書、一二四二頁。
(21) 木戸、同書、一二四一頁。
(22) 佐藤、前掲書、二〇六頁。
(23) この四原則とは、
①天皇が統治権を総攬せられるという大原則にはなんら変更を加えない、
②議会の議決を要する事項を拡充する、その結果として、従来のいわゆる大権事項をある程度制限する、
③国務大臣の責任を国務全体に拡げ、国務大臣以外の者が国務に介在することがないようにする、また国務大臣は議会に対して責任を持つこととする、
④人民の自由・権利の保護を強化する、というものであった（佐藤、同書、四二三〜四二四頁）。
(24) マッカーサー・ノートの内容は次のようなものであった。
一、天皇は、国家元首の地位にある。
皇位は世襲される。

天皇の職務と権能は憲法の定めるところに従って行使され、憲法に示された国民の基本的意思に応えるべきものとする。

二、国家主権の発動として戦争は、廃止される。日本は、紛争解決の手段としての戦争のみならず、自国の安全を維持する手段としての戦争をも放棄する。日本は、その防衛と保全とを、今や世界を動かしつつある崇高な理想に委ねる。

日本が陸海空軍を維持する権能は、将来ともに許可されることがなく、日本軍に交戦権が与えられることもない。

三、日本の封建制度は廃止される。

華族の特権は、皇族を除き、現在生存する一代以上に及ばない。

華族の地位は、今後いかなる国民または公民としての権利をも伴うものではない。

予算の形態は、英国の制度に倣うこと（江藤、前掲書、三〇頁）。

(25) J・W・ウィリアムズ『マッカーサーの政治改革』（市雄貴・星健一訳）朝日新聞社、一九八九、一五六頁。
(26) 高柳・大友・田中『日本国憲法制定の過程』Ⅰ、（原文と翻訳）有斐閣、一九七二年、九〇～九七頁。
(27) J・W・ウィリアムズ、前掲書、一九七頁。
(28) 高柳・大友・田中、前掲書、四一三～四一七頁。
(29) H・ボートン『戦後日本の設計者――ボートン回想録』（五百旗頭真監修、五味俊樹訳）朝日新聞社、一九九八年、二一八頁。
(30) 高柳・大友・田中、前掲書、三三三頁。
(31) 鈴木昭典『日本国憲法を生んだ密室の九日間』創元社、一九九五年、三〇二頁。
(32) 佐々木惣一『改訂憲法大義』有斐閣、一九五三年、三三～三四頁。
(33) 外務省、一九四六年三月一八日付「憲法草案ニ関スル内外ノ反響（其ノ一）」（佐藤達夫『日本国憲法成立史』第三巻、有斐閣、一九九四年、二〇三頁）。

(34) 古関彰一『新憲法の誕生』中公文庫、一九九五年、二〇八～二〇九頁。
(35) 古関、同書、二二七～二二八頁。
(36) 佐藤によると、松本は枢密院での審議の際、この案が修正できるのかという質問に対して次のように述べたという。「すでに英文で発表しているし、政府としては実質を変更することはできない。議会の修正はなし得ると思う。原案に含まれない事項を付加する修正はできないという考えであるが、この案のように全文改正の場合には、原案があらゆる事項にわたっているから、修正権は広いこととなる。しかし、通常の事態ではないから、実際上どの程度修正できるかについては疑がある」(佐藤、前掲書、第三巻、一九九四年、三八七頁)。
さらにこの案の施行期日について松本は「五月中旬、議会の劈頭に提出し、六月中旬には両院を終え、下旬に公布したい。そうなれば、今年末施行となる。しかし、来年になっても仕方はない」と答弁している(佐藤、同書、三八九頁)。
(37) 古関、前掲書、二四七～二四八頁。
(38) 佐藤、前掲書、第四巻、一九九四年、四九五～四九六頁。
(39) 佐藤、同書、四九八頁。
(40) 猪木、前掲書、第四巻、一二九頁。
(41) 後日、吉田茂は憲法制定の意図について次のように回想している。
「事実、次に述べる憲法改正要綱の発表は、政府として十分納得し満足すべきものとしてなされたわけではなかった。端的にいって、憲法改正の要請に応じた方が、大局上有利なりと、わが政府において判断したのである。当時の連合国との関係において、わが国として当面の急務は、講和条約を締結し、独立、主権を回復することであり、これがためには、一日も早く民主国家、平和国家たるの実を内外に表明し、その信頼を獲得する必要があったのである。」

吉田茂『回想十年』第二巻、東京白川書院、一九八二年、三〇頁。

(42) 憲法改正の限界について芦部は次のように書いている。

「全部を改正する権力であると一部を改正する権力であるとをとわず、憲法改正権は、制度化された制憲権として始源的制憲権の意思に従属する。この結果、憲法によって創設された改正権が、国民の制憲権を憲法的に確認した国民主権の原理を否定することは、自己の権力の基礎を破壊する自殺行為であり権力の簒奪であって、法論理的に不可能というほかはなかろう。かりにこのような改正が事実上行われたとすれば、憲法の連続性・同一性は失われることになり、法的には革命と考えられる」(芦部、前掲書、五一頁)。

このように芦部自身は、憲法の改正については限界説をとるのだが、他方で「限界説をとる以上は、改正の限界を越えてなされた旧憲法から日本国憲法への改正は不法であり、無効である」という大石義雄説に対し、「現行憲法は、法的にいえば、いわゆる八月革命により制憲権を獲得した国民が、それを発動して制定した新憲法である。…しかし、新憲法の内容は、国民の制憲行為の所産にふさわしい正当性の要件を充足するものである。そうだとすれば、八月革命という事実と、この正当性および一般国民の憲法に対する規範意識をあわせて考えると、現行憲法が妥当性(有効性)をもつものだとみるべきことは、疑いをいれない」と述べている(芦部、同書、一一四〜一一五頁)。だがこのような主張が歴史的事実に相違することは本論で述べた通りである。

(43) GHQ正史でも、日本を平和国家とするために、軍隊の解体だけでなく、軍国主義的な要素をすべて除去する必要があったと述べられている(GHQ/SCAP、前掲書、二頁)。

(44) 児島襄『史録日本国憲法』中央公論、一九八六年、一九頁。

(45) この点については、すでに望月、「自衛権と日本安保条約の現実」『正論』一九九七年七月号で論じた(本書第六章)。

(46) 佐藤、前掲書、第一巻、一九六二年、一〇三頁。

(47) 進藤・下河辺、前掲書、七九頁。
(48) この戦争放棄のアイデアを最初に出したのは、ケーディスとホイットニー両人であると云う説もある（竹前、前掲書、一六六～一六七頁）。
(49) 例えば、山本祐司『最高裁物語』講談社＋α文庫、一九九七、六四頁。
(50) 佐藤、前掲書、第三巻、一九九四年、五五頁。
(51) 竹前、前掲書、八〇頁。
(52) 国務長官からの訓令の内容は次のようなものであった。
「この問題に関する省内関係者の態度をとりまとめると次のごとくである。

日本の憲法が広範な代表を選ぶ選挙権に基づき、選挙民に責任を有する政府を規定するよう改正することが保障されなければならない。統治の執行部門は選挙民からその権限を発し、かつ選挙民と完全な代議制に基づく立法府とに責任を有するような規定が設けられるべきである。もし天皇制が残されない場合は天皇制に対する憲法上の規制は明らかに不必要であろうが、その場合においても次の諸点が必要である。
（一）財政と予算にたいする議会の完全な統制。
（二）日本人民のみならず、日本の支配下にあるあらゆる人民にたいする基本的人権の保障。
（三）国家元首の行為は、明白に委任された権限にのみ従うこと。
もし、天皇制が残された場合、右に上げたものに加えて以下の規制が必要となろう。
（一）天皇に勧告と助言を行う内閣は、代議制に基づく立法府の助言と同意によって選ばれ、かつ立法府に責任を負う。
（二）立法機関にたいする拒否権は、貴族院、枢密院のごとき他の機関によって行使されない。
（三）天皇は内閣が提案し、議会が承認した憲法の改正を発議する。

（四）立法府は自らの意思で開会することが認められる。
（五）将来認められると思われる軍のいかなる大臣も文官でなくてはならず、軍人が天皇に直接上奏する特権は除去される。」（古関、前掲書、三一〜三二頁）。
(53) 細川、前掲書、四四九頁。
(54) 佐藤、前掲書、第二巻、一九六四年、八八五頁。
(55) マーク・ゲイン、前掲書、二〇七頁。一九四六年二月二六日付の日記。
(56) 佐藤、前掲書、第三巻、一九九四年、五五頁。
(57) 既に触れた一九四六年一月二五日付のアイゼンハワーへのマッカーサーからの電報（竹前、前掲書、一六四頁）。
(58) 外国の憲法の中には、占領下における憲法改正を無効とする条項を明記しているところもある。例えば、フランス第五共和国憲法第八九条第四項では、「いかなる改正手続きも、領土が侵害されているときは、これに着手したり、または継続したりしてはならない」とある。また同条第五項には、「共和政体は、改正の対象とはならない。」とあり、国体の変更は憲法改正によっても不可能であることが明記されている。
(59) 佐藤、前掲書、第四巻、一九九四年、五二六頁。
(60) すでに引用した、吉田、前掲書、三〇頁の文章参照。
(61) 例えば、一九四五年の第八九回臨時帝国議会の法案決定プロセスは次のようなものであった。
①総司令部への事前提示→②議場での米軍将校の審議監視→③通過後の総司令部の承認→④天皇の裁可→⑤公布（児島襄『講和条約』第一巻、新潮社、一九九五年、七〇頁）。
(62) 一九四六年一〇月の枢密院での審議の際、金森大臣は、委員から出された憲法に違反した条約でも遵守すべきなのかという質問に対して、これは過去に顧みて条約は特に尊重すべきことを強調したもので、法律的な意味につい

ては今後の学問的解釈に待つと答え、明確な答弁を避けたのである（佐藤、前掲書、第四巻、一九九四年、一〇〇三頁）。

(63) 吉田、前掲書、五八頁。
(64) この事件については、例えば、山本、前掲書、一二八～一三五頁参照。
(65) 児島、前掲書、四五六～四五七頁。
(66) 芦部、前掲書、四二頁。
(67) 増田弘『公職追放』東京大学出版会、一九九六年、七～八頁。
(68) 増田、同書、一七頁。
(69) 江藤、前掲書、一七～一八頁。
(70) 細川、前掲書、四八三頁。
(71) 加藤典洋『敗戦後論』講談社、一九九七年、二二頁。
(72) 中村、前掲書、二四頁。
(73) 吉田、前掲書、五〇～五一頁。
(74) 平和主義と第九条の間のギャップをウォルフレンは次のように書いている。

「一九四六年の時点では、日本人の大多数が、日本は二度と領土拡大のための戦争を始めてはならないと考えていた。そのことに疑問の余地はない。日本人の望みはその点では連合軍の望みと一致していた。しかし、平和を願うことは、何かと意見の分かれる憲法第九条の内容とイコールではない。第九条は交戦権をどうするかについて定めているのであって、日本の国民が行った選択を表現したものではない。マッカーサーは、憲法に主権在民を謳うことによって片手で日本国民に主権を与え、同時に、国家の主権の重要な決定要素である交戦権を日本から奪うことによって、もう一方の手でその主権を取り上げたといえるだろう。

マッカーサーは、日本の人びとの望みや日本国民の政治的幸福、あるいは日本という国家の将来を考えていたわけではない。アメリカ国内の政治的関心という文脈の中で、日本国憲法を政治的に利用したのだ。日本に第九条を与え、日本が国家となることを象徴的に否定することによって、天皇を政治の舞台から排除したがっていたワシントンの主流派の反対を抑えたのである。マッカーサーは、占領を成功させるためには天皇が必要だと説明され、そう信じていた」（K・v・ウォルフレン『なぜ日本人は日本を愛せないのか』（大原進訳）毎日新聞社、一九九八年、一七九～一八〇頁）。

(75) 江藤、前掲書。
(76) 佐藤、前掲書、第一巻、一九六二年、一〇三頁より再引用。
(77) E・H・カー『危機の二十年』（井上茂訳）岩波文庫、一九九六年、二〇二頁。
(78) 古関、前掲書、一四頁。
(79) 芦部、前掲書、一二頁。
(80) 代表的な保守論客である猪木正道は、「こういう客観的条件を念頭に置けば、憲法改正が優れた国際感覚にもとづく大局的判断として賢明な選択であったことには、疑問の余地はない」（猪木、前掲書、第三巻、四〇八頁）と憲法改正を是認する態度をとっている。それは当時の日本が危機的状況にあり、それを乗り切るためにはかかる憲法改正が必要だったという評価なのである。だがここで問題なのは、その憲法のもつ今日および将来的意味合いなのであり、その当時の判断が誤っていたかどうかを問題にしているのではない。
(81) 古関、前掲書、一一八～一一九頁。
(82) 芦部、前掲書、一六七頁。

（83）京極純一は、ある制度のもとでの自律性の喪失感は、それが伝統的なものによって聖化されている限りはっきりと自覚されないと考えている。これを今日のわが国の状況に即して考えれば、今日の体制が戦後民主主義という理念で聖化されている限り、自律性の喪失感ははっきりと感じられないということになろう。多くの人々は、日本の独立が部分的に奪われているということを薄ぼんやりと感じているかも知れないが、それは戦後民主主義の理念で覆い隠されているのである（京極純一『現代民主制と政治学』岩波書店、一九六九年、五〜六頁）。

（望月和彦）

第八章 「無条件降伏」とハーグ陸戦法規
――日本にドイツ式「基本法」制定は可能であったか

冷戦終結より二〇年余、アメリカ合衆国（以下「アメリカ」）はイラクとアフガニスタンでの反乱勢力鎮圧作戦（counter-insurgency operation）で苦境に陥った結果、その軍事的カリスマは大いに傷つけられた。また、二〇〇八年秋のリーマン・ショックで非常に深刻な金融・経済危機に陥った結果、アメリカは経済的にもぐらついていた。アメリカの圧倒的な軍事的および経済的な優位に支えられた東アジア秩序は目先は十分に安定しているように思えたが、二〇一〇年に再燃した中華人民共和国との尖閣列島問題そしてロシア連邦共和国との北方領土問題に具現されるように、中長期的には不透明感を増していた。

当然、国際政治の定石に従えば、日本は外交安全保障上のリスクに対処するために、必要な軍事力を増強し、必要とあれば武力行使の覚悟と準備をしておかねばならなかった。しかし、先の大戦の結果、連合国による占領下で成立した日本国憲法は平和主義を掲げる一方、同憲法第九条により「国権の発動たる戦争」と「武力による威嚇または武力の行使」を放棄し、「国の交戦権」を否定している。また、

第八章　「無条件降伏」とハーグ陸戦法規
――日本にドイツ式「基本法」制定は可能であったか

長年定着した政府解釈は同盟国たるアメリカとの集団的自衛権の行使も否定していたため、[1]現実のわが国の軍事安全保障政策に様々な不都合が生じていたことは言を俟たない。

そこで、現憲法によるこうした安全保障政策上の障害を取り除きたいとする立場から、現憲法の成立過程の法的有効性に疑義を質し、第九条を含め現憲法そのものが法的に無効であるとの議論が出されている。つまり、現憲法は形式的に大日本帝国憲法が定める改正手続によって成立したことになっているが、これは外国軍の占領下での被占領国法令の維持を定めた「陸戦ノ法規慣例ニ関スル条約」（一九一〇年発効、Convention respecting the Laws and Customs of War on Land いわゆる、ハーグ陸戦条約）の条約付属書「陸戦の法規慣例に関する規則」（以下「ハーグ陸戦法規」）に違反しており、無効であるとの議論である。この議論の是非は単に現実政治において重要なだけではなく、講学上も極めて興味深い問題であるので、本章において体系的に分析することとした。

第二次世界大戦（正式には、今日でいうアジア太平洋地域における戦争は、日本では大東亜戦争、アメリカでは太平洋戦争と呼称された）の戦争終結とそれに引き続く占領はそれまでの伝統的な国際法（国際慣習法を含む）を大きく逸脱する方式と手続きをとった。伝統的には、戦争は休戦協定により武力行使を停止した後、講和条約の締結により終結する。また、占領の内容やその他の条件は休戦協定締結後、当事国間の交渉によって決定された。つまり、軍隊の降伏はあっても、国家の降伏などなかった。他方、対日戦終結にあたっては、連合国はそうした伝統的な方式と決別して、日本に対して具体的な占領の政治的目的、占領のあり方、さらに政治目的の実現をも条件とする休戦協定を無条件に受諾することを求め、成立させた。つまり、日本との降伏文書に休戦条項だけでなく講和予備条項をも含めたのであった。その結果、休戦協定の締結後、連合国は大規模な占領軍により日本全土を占領するとともに、休戦協定によりその時点で伝統的な国際法が占領国に一般的に認めた権力を遥かに凌ぐ権力を獲得し、日本の政治的、社会的、経済的制度を根本的に改造した。(2)

したがって、こうした事情を詳細に吟味することなしには、連合国による占領下に成立した日本国憲法の法的有効性を判断することはできない。

第一節　ハーグ陸戦法規第四三条と憲法改正

ハーグ陸戦法規第四三条は「国ノ権力カ事実上占領者ノ手ニ移リタル上ハ、占領地ハ、絶対的ナ支障ナキ限、占領地ノ現行法律ヲ尊重シテ、成ルヘク公共ノ秩序及生活ヲ回復確保スル為施シ得ヘキ一切ノ手段ヲ尽スヘシ」と規定している（規定の書き振りからして、占領軍が被占領地域の法律を変更するのを絶対的に禁止したのではなく、極力変更しないように努力する義務を定めているに過ぎない。また、被占領地域における公共の秩序を回復するために必要であれば、その程度に応じて被占領地域の法律を変更することは是認されていると解釈される）。ハーグ陸戦法規の締約国たる連合国は当然この規定を遵守する義務を負う一方、同様に締約国たる日本もこの規定による権利を享受することから、連合国の占領下において大日本帝国憲法が改正され日本国憲法が成立したこと自体が第四三条に違反していないかという議論になってきた。「城下の盟」は無効であるとの議論である。

例えば、一九九九年、当時自由党党首であった小沢一郎は、次のように主張した。

「昭和二十一（一九四六）年、日本は軍事的占領下にあった。日本人は自由に意思表示できる環境になかった。正常でない状況で定められた憲法は、国際法において無効である。これは一九〇七年に締結されたハーグ条約に明記されている原則であり、日本が受諾したポツダム宣言にも、日本国の統治形態は国民の『自由に表明せる意思に従う』という条項があった」[3]。

ハーグ陸戦法規の大部分は「戦争行為中に守るべき法（*jus in bello*）」であり、戦時の軍隊による行動・行為を制限する。当然、第四三条が制限しているのは、戦闘継続中の局地的な被占領地域における占領軍の行動・行為である。つまり、休戦協定発効後の状態、とりわけ、日本のケースのように、被占領地域において被占領地域当局（政府）が存在し有効に機能している状態を想定していない。というのも、ハーグ陸戦法規が発効した一九一〇年当時、戦争終結はまず休戦を成立させ、その後、戦争当事国の間で講和条約締結のための条件を交渉する手順を踏むのが国際的な慣習であった。しかも、講和条約締結の条件としては、敗戦国による領土の割譲、賠償金の支払い、軍備の制限、一部領土の保障占領などが一般的であった一方、敗戦国の国内政治、社会、経済体制の根本的な変更を求めることなどなかった。しかし、休戦条件を提示したポツダム宣言は講和条約の条件として、日本の国内政治、社会、経済体制の根本的な変更（同宣言第六項および第一〇項）とそうした変更の実現を保障するための広範で徹底した占領（同宣言第七項）を要求し、[4]しかも同宣言をそのまま受諾するかそれとも「迅速且完全なる破壊」（同宣言第一三項）に直面するかの二者択一を迫り、一切交渉の余地を認めなかった。

したがって、ポツダム宣言はそれまでの休戦協定に関する国際慣習法を大きく逸脱するものであったといえるだろう。こうした観点から、例えば、下田武三（元最高裁判事、元駐米大使）は、「日本占領中に連合国側がやった憲法改正やすべての法律等の改正は、伝統的な国際法の原則とは相容れないものです」、「勝てば官軍というわけで、いまや第二次世界大戦を境として伝統的な国際法の影が非常に薄くなってきたことは甚だ憂慮に堪えないことです」との見解を述べた。(5) しかしながら、軍事的に追い詰められていたとはいえ、日本は自主的にポツダム宣言を受諾した以上、上記第四三条の適用ないし準用を主張できないことは明白である。これは、「特別法は一般法に優先する（*Lex specialis derogate legi generali*）」との法の一般原則からも明らかである。ポツダム宣言とハーグ陸戦法規の間には特別法と一般法の関係が成立している。

したがって、日本は、たとえ日本国憲法草案が実質上、連合国軍最高司令官総司令部（ＧＨＱ）によって書かれ、連合国による占領下、国会による若干の修正を経て大日本帝国憲法を改正する形式で成立したことをもって、ハーグ陸戦法規第四三条に違反しているから日本国憲法は無効であると主張できない。

とすれば、日本は占領下で正式に憲法を改正するのではなく、同じく先の大戦による敗北と連合国による占領を経験したドイツのように暫定憲法（ドイツの場合は基本法）を成立させ、占領終結、主権回復の後、正式な憲法の成立を期すべきであったであろうか。また、そうした方法をとることは国際法上、可能であったであろうか。この問いに答えるには、日独のケースを対比対照させながら、両国の「無条件降伏」の意味を明確にし、そのなかでの日本の憲法改正およびドイツの基本法制定の法的な意味・意義を考察することが不可欠である。

第二節　日本の「無条件降伏」の意味

一九四三年一月、フランクリン・ルーズベルト米大統領とウィンストン・チャーチル英首相はカサブランカで会談し、枢軸国に対して無条件降伏を要求する方針を確認した。さらに、一九四三年一一月、ルーズベルト米大統領、チャーチル英首相、蒋介石中華民国国民政府主席はカイロで会談し、米英中の対日戦争継続表明、②日本国の無条件降伏を目指す、③日本への将来的な軍事行動を協定、④第一次世界大戦により占領した太平洋の全島奪還および日本が中国領土から奪った領土を中華民国へ返還（例として満洲、台湾、澎湖諸島）、⑤日本が強欲と暴力により獲得した全領土を日本から剥奪、⑥朝鮮の独立（朝鮮人の奴隷状態に配慮して）を連合国の対日基本方針とした。

これを受けて、一九四五年七月二六日のポツダム宣言は、休戦の条件として、①日本軍の「無条件降伏」、②日本の占領、③領土の削減、④戦犯の処罰、⑤賠償、⑥武装解除、⑦政治の民主化、⑧経済の非軍事化、これらの無条件即時受託を迫った。ポツダム宣言は降伏文書（The Instrument of Surrender）第一項に包括的に取り入れられた。これによって、ポツダム宣言は正式に休戦を成立させた「降伏文書」の中核部分を正式に構成することとなった。カイロ宣言には連合国の対日戦争目的として「日本国の無条件降伏（the unconditional surrender of Japan）」が言及されているが、日本が同意した「降伏文書」の中核的な部分を占めるポツダム宣言第六項は、日本の領土に関してのみ、カイロ宣言の履行を求めているだけであることに留意すべきである。つまり、ポツダム宣言は「日本国の無条件降伏」を求めていない。

「降伏文書」には、天皇と日本国政府を代表して重光葵外務大臣が、大本営を代表して梅津美治郎陸軍参謀総長が署名した。つまり、単に軍司令官だけではなく政府も正式に連合国が提示した降伏文書案に署名したのであり、両者と連合国との間には国際法上の合意が成立したのである。具体的に「降伏文書」には、第二項「軍隊の無条件降伏」、第三項「敵対行為の停止」、第四項「無条件降伏命令の発出」、第七項「連合国捕虜の即時解放」の純軍事的条項だけでなく、第一項「ポツダム宣言の受託」、第五項「政府及び軍職員の連合国最高司令官の命令遵守」、第六項「ポツダム宣言の条項の履行」、第八項「国家統治の権限の連合国司令官への従属」などの政治的条項が存在する。したがって、前者に関して日本軍の最高責任者の署名が必要であっただけではなく、後者に関しては日本政府の最高責任者（または、その全権委任を受けた者）の署名が必要だったのである。この事実からも、日本は敗者であったとはいえ、自らの意思で署名したのであり、連合国が一方的に強制したものでないことは明らかである。

ポツダム宣言第五項は「吾等の条件は左の如し（Following are our terms.）」として、第六項以下の条件を列挙しているが、「無条件降伏（unconditional surrender）」が用いられているのは第一三項の「全日本国軍隊ノ無条件降伏（the unconditional surrender of all Japanese armed forces）」という箇所だけである。つまり、「無条件降伏」したのは「全日本国軍隊」であって、日本国ではないことは明らかである。しかも注意深くポツダム宣言を読めば、日本国軍隊を武装解除した後、各自の家庭に復帰させ平和な生活を営ませるとの軍事的条件（復員および生業復帰）が明示されていることから、「全日本国軍隊」は条件付きで降伏したと捉えるのが正しい。さらに、列挙された厳しい条件を満たす限り、日本の領土と政治・経済・社会体制を維持することが保障されていたともいえる。したがって、日本国だけでなく「全日本国軍隊」も厳しい条件を課されたとはいえ、明示された具体的条件付きの休戦協定が「降伏文書」の形式で成立したといえる。日本政府、日本軍、どちらも無条件降伏などしていない（ただし、勝者である連合国が一方的に休戦条件を提示し、敗者である日本はその条件の全てを受け入れたという意味でポツダム宣言の「無条件受諾」であるとはいえる）。

ポツダム宣言は降伏条件を提示した文書であり、受諾されれば国際協定となり、当然その解釈に関しては国際法が適用される。ポツダム宣言は、日本のみならず、連合国も拘束する双務的な協定である。したがって、日本は占領下にあっても連合国（具体的には、アメリカを中心とした占領国）に対してポツダム宣言の合意内容を実行するよう求める権利を有していたことになる。究極的には、万一、連合国がその義務を果たさない場合、日本政府はポツダム宣言の受諾が無効になったと宣言して、占領軍に対してゲリラ戦をしかけても合法であった。

他方、日本のケースと対比して、ドイツの「無条件降伏」は国際法上の性格を全く異にする。ドイツ軍は一九四五年五月七日、フランスのランスで米英連合軍に無条件降伏し、同五月八日にベルリンでソ連軍に無条件降伏した。この降伏文書は軍事的条項だけの純粋な軍事協定であり、当然、軍司令官だけが署名した。つまり、そこには日本の「降伏文書」とは異なり、広範な政治的、社会的、経済的制度の変革を課す条項はなく、当然、降伏文書に対するドイツ政府の代表による署名もなかった。これは、一九四五年四月、ソ連軍によるベルリン侵攻のなか、ヒトラー総統が自殺した後、ドイツ海軍司令長官であったデーニッツ元帥が同年五月二日に後継の総統となり、同五月七日にはデーニッツ政権が樹立された。しかし、同五月二三日、英国軍がデーニッツを含め同政権の全閣僚を逮捕し、戦時国際法上の捕虜（ＰＯＷ：prisoner of war）としたため、連合国はドイツ政府の存在すら認めなかったのである。

つまり、降伏の時点で日本政府は存在したが、ドイツ政府は存在しなかったために、日独の降伏様式の違いを生み、その結果、降伏後の両国と連合国との権利義務関係そして占領形式に決定的な差を生んだ。日本の場合は、日本国軍隊がほぼ無条件の降伏および武装解除を受け入れるとともに、日本政府は極めて厳しいとはいえ条件付きの休戦を受け入れた。これに対して、ドイツの場合は、ドイツ軍が無条件降伏しただけで、ドイツ国家を代表するドイツ政府が存在しなかったために、休戦に際して明示的にいかなる非軍事的（つまり、日本のような政治的、社会的、経済的）条件も付けられることはなかった。したがって、ドイツは日本のように消極的な意味においても何ら権利を有さず、国際法上の一般的な権利を有しているだけであった。しかも、そうした国際法上の権利は概して曖昧であるうえ、権利を主張する主体たるドイツ政府が存在しなかったために、ドイツは連合国になされるがままの境遇に陥ったと言っても過言ではなかった。

実際、日本はそれまでの政府が存続した上で、主としてアメリカによる連合国の間接統治方式で占領されたのに対して、ドイツは米英仏ソ四カ国の連合国による分割・直接統治方式で占領されたのであった。

第三節　ハーグ陸戦法規と占領下の日本の選択肢

降伏条件の中核として含まれたポツダム宣言は、「日本国政府は、日本国国民の間に於ける民主主義的傾向の復活強化に対する一切の障害を除去」し「言論、宗教及思想の自由並に基本的人権の尊重」を確立すること（第一〇項）、さらに「…日本国国民の自由に表明せる意思に従い平和的傾向を有し且責任ある政府を樹立」（第一二項）すること、つまり、政治体制の根本的変革を休戦条件として課した。また、この条件が満たされたと連合国が判断しない限り、占領は継続するとの条件を課した（第一二項）。確かに、佐藤和男が言うように、「ポツダム宣言には、憲法の全面的・根本的改正に関する明示的要求は掲げられ（ていない）」し「占領軍当局は、民主主義化を口実に、強引に新憲法の押しつけを図った（のであり）」、日本国民の総意を確認することもなかった。(6)

今日的な視点からは、大日本帝国憲法体制を維持したまま、こうした条件を満たすことは、かつて同憲法下でもいわゆる「大正デモクラシー」が生起し一時隆盛を極めたことに鑑みると十分可能であったように思える。しかし、当時の連合国の視点からは、同憲法体制下で「大正デモクラシー」が終焉し、軍部が台頭して先の大戦に突入したのであるから、大日本帝国憲法の維持を受け入れることは不可能であったと思われる。実際、大日本帝国憲法第二章「臣民権利義務」は基本的人権を十分に保障しているとは言い難い一方、ポツダム宣言が徹底的な民主化を要求していること、当時、連合国において天皇の戦争責任を追及する論調が強かったことを考慮すると、現実的には、天皇制のあり方を含む大日本帝国憲法を根本的に変更する以外に道はなかったといえよう。

さらに、いかなる変更が妥当であるのかを判断する権能は、すでにポツダム宣言第一二項にあるように連合国が有していた。それゆえ、日本政府が、連合国が充分と判断する根本的な政治体制の変革、つまりは憲法改正を行わない限り、少なくとも無期限で連合国による占領は続いた。最悪の場合、根本的な政治体制の改革のために「…日本政府を利用するだけ、つまりいちおう認めるだけであるから、不都合があれば日本政府を改廃して連合國が直接行動をとることも豫定のうちに入れられていた」との解釈も十分成り立ち、[7]連合国は独断的にドイツ型の直接占領方式に切り替えることができた。実際、米外国当局は「降伏の初期の段階では一切の要求は連合国によって遂行されるべきであり、日本当局の誠意に依拠すべきではない」旨、国務省・陸軍省・海軍省三省調整委員会により正式に対日占領政策として決定していた（米国務省第１２５４文書、一九四五年八月三一日付採択、同年九月二二日発表）。[8]

しかし、少なくとも国際法上、日本は敗戦国だとはいえ、占領の在り方に関しては連合国に対して変更を要求する権利があった。実際、当時、米外交当局自身が「勝者は降伏条件に明示的に規定されていることとしかできない」、「もし、その条文の解釈に疑義があり場合には、義務を課せられる側の主権に有利に解されねばならない」、「この場合は日本側に有利に解釈されるべきものである」ことを認識していた（米国務省第１２５４文書）。[9]同文書は、「（ポツダム）宣言が想定している降伏の契約的な性質は、第十三項における『誠意』という言葉とあいまって、降伏条件の履行がある程度日本国政府の誠意に委ねられている」と指摘した。[10]少なくとも講学上は、こうした連合国の占領政策は「（権利の行使にあたっては、）如何なる濫用も許されない（*Ab abusu ad usum non valet consequential.*）」との法の一般原則に反しており、違法ではないかと疑われる。

したがって、日本には、ポツダム宣言で受諾した民主化とそのための国家体制の根本的変革が何を意味するか、そのために大日本帝国憲法改正が必要であったかについて連合国と交渉する余地はあった。また、仮に憲法改正を受け入れるとしても、具体的にどのような改正内容とするか、改正の形式や手続きはどうすべきかに関して、連合国と条件闘争を行う余地はあったといえるだろう。この点に関して、佐藤和男は次のように分析する。

「当時の日本政府は、国際法的な正論をあくまで堅持して独自の主張を貫くだけの力量に欠けていた。あるいはそのように見るのは日本政府にとって酷に過ぎ、軍事的勝利を背景として国際法上の制約を故意に無視した占領軍当局による強引な占領政策推進が、日本政府をそのような負け犬的立場に追い込んだと見るのが正しいのかも知れない。いずれにしても、存在したのは、勝者の傲慢と敗者の卑屈であり、国際法はもっぱら占領権力の正当化のために濫用された観があった」[11]。

同様な観点から、色摩力夫も次のように論じている。

「事実、占領開始の時点では、日本側は降伏の法理に基づきその立場を徹底的に主張している。…マッカーサーも、その後、日本国内の全軍隊が解体されると強気に転じる。日本側もいつの間にか腰砕けとなり、マッカーサーの施策に唯々諾々となる。われわれ日本人は、この時点から加速度的に卑屈化現象に陥っていた。占領軍に対して、その都度異議申し立てをするなどの組織的努力を怠ったからからである。もちろん、異議申し立てをしても、力の前にどうしようもなかったかもしれない。しかし、異議申し立てをした事実は歴史に刻まれたであろう」[12]。

いずれにしても、日本政府は大日本帝国憲法を改正する形式により日本国憲法を成立させ国家及び政府の法的継続性を維持したことから、ドイツのような政府承継における断絶とそれに伴う法的諸問題を回避できた。実際、日本政府はドイツ連邦共和国（西ドイツ）とは異なり、全く諸外国の政府承認を必要としなかった。

第四節　日本にドイツ式の基本法制定は可能であったか

既に触れたように、ドイツ軍は連合国軍に対して無条件降伏を内容とする純軍事的な休戦協定を結んだが、ドイツ政府が存在しなかったため、ドイツ国家は連合国の直接占領を受けることとなった。一九四五年六月五日、連合国管理理事会（Allied Control Council）はアメリカ、イギリス、フランス、ソ連の四ヵ国によるベルリン宣言（Berlin Declaration）を発し、ドイツを併合する意図のないことを明示したため、ドイツが国際法上、国家として存続したことは明らかである。しかし、同時に、同宣言はドイツ国家には「秩序維持、国家行政、戦勝国による要求の遵守に関する責任を担う能力を有する中央政府が存在しない」ため、連合国が「ドイツ国家の最高権力（supreme power）を掌握した」と明記した。同宣言は、このようにドイツに中央政府が存在せず（つまり、ドイツが連合国と何ら講和条件の交渉を行うことができず）、連合国が占領国として最高権力を掌握し、全面的な軍政を敷いた状態をもって、ドイツ国家の無条件降伏（the unconditional surrender of Germany）が成立したと見做した。この見方は、休戦協定成立後も、そして占領下でも中央政府が存続していた日本のケースと対比すれば、もっともなことである（逆に言えば、一旦政府が存在しなくなり政府承継の点で断絶したドイツの場合、新たに政府が樹立されれば、国際法上、諸外国による明示的ないしは黙示的な政府承認が必要となったのである)。

したがって、ドイツの場合、無条件降伏後も本来戦闘が継続中であることを想定したハーグ陸戦法規第四二条「占領地域」に該当する状態が存在し、さらに無条件降伏に何ら条件を付されることがなかったことから、同規則第四三条が準用されると解するのが妥当であろう。つまり、第四二条は「一地方にして事実上敵軍の権力内に帰したるときは、占領せられたるものとす」、「占領は右権力を樹立したる且之を行使し得る地域を以って限とす」としているが、ドイツの場合は無条件降伏後、有効に機能する中央政府が存在しなかったことから、連合国がドイツ全土を軍事占領し軍政による直接統治を行った。また、そのため、ドイツは国家として休戦協定を締結できず、当然、日本のように休戦協定への合意と引き換えに占領後の国家体制の変更に関して合意を結ぶこともなかった。したがって、ドイツに関する限り、「占領地域」の存在を前提とする「占領地の法律の尊重」は準用され、連合国が占領中に従来のワイマール憲法を改正するようドイツに強要することは明らかに同第四三条に違反すると捉えるのが妥当であろう。

実際、米英仏の占領軍司令官はその占領下にあった一一のドイツ諸州（ラント）首相たちに憲法を改正するよう促したが、結局、これら占領下の諸ラントは憲法（Verfassung）改正案ではなくの暫定的憲法である基本法（Grundgesetz）案を採択した。また、同案を国民投票ではなく、ラント（州）議会の批准によって成立させた。[13]

それゆえ、少なくとも講学上、ドイツ国家の法的継続性に関して大きな疑問が残るといわねばならない。この問題に踏み込んで考察することは、本章の問題設定を逸脱するため、別の機会に譲ることとし、日本のケースとの比較で特徴的な論点を挙げておく。ナチス政権はワイマール憲法の枠組みの下で成立したが、結局、同憲法を廃止することはなかった。また、ドイツの無条件降伏後、連合国はベルリン宣言を発して有効に機能するドイツ中央政府が存在しないことおよびワイマール憲法による統治機構の機能停止を宣した。したがって、ベルリン宣言によって、ワイマール憲法は法的実効性を失い、実質的にその機能は停止されたとはいえ、同憲法が廃止されたとまで見做すことができるかは大いに議論の余地が残る。また、一九四九年に成立したボン基本法の制定には、米英仏軍の占領下にあった一一のラントの議会のみが批准プロセスに加わったのであり、ソ連の占領下にあった地域やプロイセン地域のラント議会は全く関与できなかったことから、ボン基本法がラント議会を介して全ドイツの国民の意思を体しているとは言えない。さらに、ドイツ帝国が崩壊したのであれば、新憲法の制定によって新たな国家を設立する必要があり、主権在民を憲法原理とする限り、国民投票が必要となると考えるのが妥当である。他方、もしドイツ帝国が国家として存続していたのであれば、帝国を構成し主権を有するラントの議会批准によって統治機構の再編成を内容とするワイマール憲法の改正は可能であろう。つまり、占領下の憲法改正・制定において、ドイツのケースは日本のケースと比べて国家承継やその手続きの面で判然としない問題が残されているといえよう。

以上のように、占領下の日本には国家の継続性が確保されたため、ドイツのように従来の憲法を改正せず、暫定的に基本法を制定するという選択肢はなかったと結論できる。とはいえ、既に論じたように、日本の場合は、国際法的な観点から「降伏文書」の解釈について、なし崩し的に日本の「無条件降伏」を既成事実化する連合国に対して決然と抗議・抵抗する権利を行使する必要があったにもかかわらず、そうしなかった。ただ、日本は休戦協定において根本的に国家体制を変更し、さらにそう連合国が判断するまで占領が継続すると合意したため、ドイツのように分割占領されることも、連合国の軍政の下、直接統治されることも免れたのであった。換言していえば、占領によって、ドイツは物理的に引き裂かれた一方、日本は内面的に引き裂かれたのであった。

さらに、形式的に国家の法的継続性を完全に確保した日本は早々と一九五二年（昭和二七）年に発効したサンフランシスコ講和条約によって北方領土問題を除いて領土を確定するとともに（同条約第二条および第三条）、請求権および財産権に関する問題を最終的かつ完全に解決した（同条約第五章第一四条～第一八条）。他方、ドイツはようやく一九九〇年に米英仏ソ四ヵ国とのドイツ最終規定条約（Treaty on the Final Settlement with respect to Germany）と一九九二年のドイツ・ポーランド国境条約により国境を確定したものの、今日に至るまで講和条約を締結しておらず、未だ戦争にかかわる一切の請求権を一括処理できていない。したがって、例えば、戦争中に生じた被害に関して、連合国の国民は法的には日本政府に対してはいかなる個人補償の請求を行うことはできない一方、ドイツ政府に対してはその余地があり、このことがこれまで両政府の個人補償問題に対する政策の違いを生んできた。

こうして占領、憲法、講和条約を巡る日独の経験における相違を法的な面から捉えてみると、各々長短があり、憲法改正ではなく暫定的に基本法を制定したドイツの処理の方が優れていたとは必ずしもいえない。日独二つのケースは似て非なるといわねばならず、ハーグ陸戦法規を根拠にして、日本国憲法とりわけ第九条が無効であると主張するのは不可能である。しかし、ドイツのケースと比較対照すると、当時の日本政府は「降伏文書」に則って国際法上の権利を十分主張することなく安易に政治的な妥協をして憲法改正をしてしまったといえるだろう。したがって、国際情勢の変化により日本国憲法に不都合が生じたのであれば、現憲法の改正手続による改憲または現憲法を維持したまま解釈改憲を行うしかないとの結論となる。

（注）

（1）安倍晋三政権は、二〇一五年（平成二七）年に平和安全法制整備法を成立させ、非常に限定的な集団的自衛権の行使が可能となった。なお、この法律は、自衛隊法、国連PKO協力法、周辺事態安全確保法（後の重要影響事態安全確保法）、船舶検査活動法、事態対処法、米軍等行動関連措置法、特定公共施設利用法、海上輸送規制法、捕虜取扱い法、国家安全保障会議設置法、これら一〇の法律を一括して改正した。

（2）こうした連合国による占領に服した国は、日本やドイツだけではなく、イタリア、ハンガリー、ブリガリア、ルーマニアがある。また朝鮮半島は日本とは別建てに、さらにオーストリアはドイツとは別建ての形で連合国に占領された。

（3）小沢一郎「日本国憲法改正試案」『文藝春秋』一九九九年九月号、九四頁～九五頁。

（4）連合国による日本占領はポツダム宣言の文言上、保障占領と解することもできるが、その実態を踏まえると、従来の保障占領の在り方から逸脱したと捉えるのが妥当である。「保障占領は、一定の事項或ひは一定の義務條項が、その義務負擔國によつて履行されるのを間接に強制し、その實現を保障するための占領である。それは戰爭の場合、普通に休戰又は講和につづいて行はれる。從つて、それは、ポツダム宣言の管理目的の諸條項の實現を日本に強制する今度の日本の占領に似ている。しかし、第一に、今度の占領が、從來の保障占領のやうに、相手國政府が義務の履行を自主的に行ふのを監視し間接に強制するのと異り、全面的占領の下に相手國政府そのものを占領目的のための占領國の權限に從屬せしめ、その指令の下にその義務を被占領國政府に履行させる。間接管理といひながら從來の保障占領に比べれば、方法においてより直接的である。且つ、第二に、今度の場合、占領國は、占領目的遂行のために、日本政府に指令するにとどまらず、必要に應じて自ら直接その占領目的の遂行に當る權限を留保し、且つある程度これを行使した。以上のやうなことは、保障占領には考へられない」。高野雄一「第二次大戦の占領・管理——日本の場合を中心として」、国際法学会編『国際法講座』第3巻、有斐閣、一九五四年、二四九頁〜二五〇頁。

（5）下田武三・田久保忠衛「占領下の『改憲』は国際法違反だ」『諸君』一九八五年一月号、四五頁。

（6）佐藤和男「日本国憲法と国際法」憲法発布百周年・憲法学会三十周年記念論文集編集委員会編『憲法百年』憲法学会、一九九〇年、二二五頁。

（7）高野、前掲書、二四七頁。

（8）江藤淳編『占領史料』下巻、新装版、講談社学術文庫、一九九五年。

（9）色摩力夫『日本人はなぜ終戦の日付をまちがえたのか——8月15日と9月2日の間のはかりしれない断層』黙出版、二〇〇〇年、五頁および三八〜三九頁。江藤、前掲書。

（10）同書。

（11）佐藤、前掲論集。

（12）色摩、前掲書、六〜七頁。

（13）塩津徹『現代ドイツ憲法史——ワイマール憲法からボン基本法へ』成文堂、二〇〇三年、九四〜一〇五頁。

（参考資料）

安藤仁介「日本の敗戦および連合国の占領と国際法」『国際問題』№１４７、一九七二年。

五百旗頭真「『無条件降伏』とポツダム宣言」『国際法外交雑誌』第79巻5号、一九八〇年。

高田貞吉対国、東京地方裁判所、昭和三四年一月二八日、行政処分無効確認請求事件、昭和三一（行）七二。

小林昭三「『ボン基本法』の制定過程に関する覚書」『早稲田政治経済学雑誌』一六一号、一九六〇年。

「衆議院議員森清君提出日本国憲法制定に関する答弁書」、内閣衆質１０２第46号、昭和六〇年九月二七日。


（松村昌廣）

第九章　新旧憲法の継続性――天皇制を焦点に

今日、わが国は政治、経済、社会の様々な分野で非常に深刻な機能不全に陥っているようにも見えるが、その根本的な原因はどこにあるのか。もちろん、各々の分野において個別具体的な原因はあるのだろうが、個別分野がシステミックに連動し増幅する一方、社会全体が強い閉塞感に包まれている現状を考えると、国家の基本法である憲法が上手く機能していないのではないかとの疑問が生じる。確かに、アメリカでは四年毎の大統領選においても半ばお祭り騒ぎのなか、国中で老若男女が外交安全保障政策から同性愛など社会問題に至るまで喧々諤々と論じ、その際必ずと言っていいほど憲法論争となる。つまり、アメリカでは憲法が人々の生活の中に生きているといえるだろう。他方、日本では日本国憲法を巡って全くそうした状況にはなく、憲法典として存在していても、実践での慣習と乖離しているのではないかと懸念される。いかにすれば、日本に十全機能する憲法を甦らせることができるのだろうか。

本章はこうした問題意識を踏まえて、妥当と思われる西洋政治思想史的、政治学的視点を伏線として用いながら、わが国は一体どのような国家であるか、その基本秩序はどのようなものなのか、その背後にある根本規範はどのようなものであるか、これらの疑問を大日本帝国憲法（以下、旧憲法）と日本国憲法（以下、新憲法）のテキストを用いて分析する。その際、新旧憲法の間に継続性があるのか否か、逆に言えば、戦後日本国は新たに生まれ変わったのかを新旧憲法における天皇制の在り方に焦点を絞って考察する。

第一節　分析の焦点――新旧憲法に継続性は存在するか

憲法とは国家の根本規範、つまり国家の基本秩序の構成を表現している法であり、[1]一国家の法体系上、他の規範（法）に対して明確に優越してかつ最高法規性を有していることはいうまでもない。逆に言えば、こうした最高法規性を有する規範である限り、当該規範は憲法の名称を有さなくとも実質的な憲法なのである。さらに、最高法規性の機能を持つならば、憲法は法典の形式ではなくとも慣習法の形式をとっても構わない。実際、イギリスは近代国家の中で最も早くから立憲君主制、議会制民主政治を発展させてきた国であるが、周知のように「憲法」と表記された成文法を持たない。しかし、イギリスには憲法があり、それは不文憲法（不成典憲法）の形で存在する（より正確にいえば、英国憲法の大部分は人身保護法、王位継承法、議会法など、様々な成文法からなり、この部分は「憲法」と名がつく法典がないという意味で不成典憲法を構成している。他方、英国憲法の一部は慣習に基づく権力、国王の権能、貴族の権限、儀礼の様式からなる不文憲法である）。

こうした視点からわが国のケースを捉えると、わが国は歴史的に見て文字による記録が存在する以前より今日まで千数百年以上、継続的に同一の家系の天皇を戴く国家秩序を維持してきており、その意味で天皇制を中核とした国家の基本秩序は極めて自生的である。(2) 歴史的には、天皇の正統性は神話の時代に遡る祖先神から血統を脈々と継承してきたことにより、呪術的・宗教的なものを含む精神的・思想的・文化的な権威に基礎付けられてきた。つまり、歴史的には、天皇制はそうした正統性を受容するとの慣習に根拠を求めることができる。明治維新を経て、明治政府は近代化を押し進めるなか、一八八九年（明治二二）年に大日本帝国憲法（以下「旧憲法」）を発布し、その中で初めて天皇制を成文化した。(3) その後、わが国は第二次世界大戦（大東亜戦争、太平洋戦争）に敗北し、連合国の占領下において、大日本帝国憲法を連合国が作成した原案に若干の修正を加えたのち、形式的にはその改正手続に従い、日本国憲法（以下「新憲法」）として全面的に改正した。確かに、新旧憲法を通じて天皇制は維持されたものの、旧憲法は天皇主権を規定していた一方、新憲法は国民主権に基づいているなど、実質面で両憲法は根本的に異なっており、これまでのところ両憲法の断絶を強調する捉え方が支配的である。管見では、総じて戦後の憲法学は半ば無批判に断絶性を前提に議論を展開してきており、主としてアメリカによる占領の下で米国流のリベラルな政治思想の移植により、戦後全く新たに日本国憲法が始まったと捉えてきたように思われる。

しかし、このような旧憲法を無視した新憲法研究には問題はないのか、新旧憲法には何らかの継続性が存在するのかとの疑問から本章は構想された。以下、旧憲法から新憲法への改正手続と両憲法下における天皇の地位・役割・機能の変化に焦点を合わせ考察する。

第二節　憲法の本質

憲法は本質的に慣習法である。つまり、不文憲法や不成典憲法であっても、それが法的確信をもって実践されかつそれが反復・継続されておれば、そうした法的確信が広く一般的に受け入れられていることになり、憲法は有効に機能している。他方、いくら憲法典の形で存在しても、そうした法的確信がなければ、憲法典は言わば空証文に過ぎない。典型的な例は、旧ソ連、中華人民共和国（中国）、朝鮮民主主義人民共和国（北朝鮮）の憲法典である。これらの国々の憲法典は充実した人権規定を有しているが、そこで人権が不当に蹂躙《じゅうりん》されてきた状態を踏まえると、それらの人権規定は有効には機能していないといえる。更にこれらの憲法典のなかにおける人権規定の枢要性に鑑みると、憲法典全体が単なる紙切れと化していると捉えても過言ではない。

明治維新までの日本は成典憲法を持っておらず、天皇制は伝統と慣習、つまり慣習法に基づいていた。この慣習法には当然、成典憲法を持たないことも含まれていたから、突然「成典憲法」と称するものを作文しても、それは単なる紙切れにしかすぎず、規範としては有効とはなりえなかった。慣習法の根本にある伝統主義（traditionalism）では、慣習法が有効である限り、過去になされたことを現在も未来も永遠に継続して行わなければならず、明治維新後のわが国の人々（ここでは、いわゆる「国民」はまだ成立していなかった）が過去の慣習法から断絶した成文憲法を受容する余地は全くなかったと思われる。

逆に言えば、この時代、わが国で初めて人々に成典憲法を受け入れさせるためには、伝統的な慣習憲法の枠組みの中において、より上位の根本規範により成典憲法の正統性を確認し、その有効性を広く一般に受容させねばならなかった。そこで、大日本帝国憲法を発布するに際して、明治天皇は臣民ではなく、皇祖（天照大神《あまてらすおおかみ》）、皇宗（歴代天皇）、皇考（明治天皇の父、つまり孝明天皇）に対してその内容を誓約する告文《こうもん》を出したのである。実際、大日本帝国憲法は第一条では「大日本帝国ハ万世一系ノ天皇之ヲ統治ス」で天皇主権を定め、第三条「天皇ハ神聖ニシテ侵スヘカラス」で天皇を神格化し、第四条で「国ノ元首ニシテ統治権ヲ総攬」すると天皇を統治主体と規定した。こうした意味で、大日本帝国憲法において最も枢要な「第一章　天皇」は、慣習法を成文化したに過ぎないとも言える。

ただ、この成文化は単にそれまで曖昧であった慣習をできるだけ中立的に文言化したというものではなく、当時極めて侵略的な西洋帝国主義列強に対して日本のサバイバルを賭けて、近代化実現の手段とするとの明確な意図をもって、慣習を修正或いは歪曲してなされたと捉えるのが妥当であろう。この点、極めてスタンダードな西洋政治思想的分析を用いれば、旧憲法「第一章　天皇」が西洋におけるキリスト教に擬した形で「天皇教」ともいえるものを作り出したと捉えることができる。(4)

西洋近代国家では、キリスト教と結びついた王権神授説（divine right of kings）が登場するが、この説は予定説（predestination）により「神の前の平等」が広く受容され、否定された。(5)また、ウェーバー理論に依拠すれば、近代化を推進するために不可欠の資本主義が本質的に「予定説」によるエートス（ethos）の変化によってもたされたという意味で民主制と表裏一体であると捉えられる。伝統主義の世界では、慣習と現状が永続し、「永遠の過去」が続くから、必要以上の富の蓄積やそのための労働は行われない。他方、「予定説」の下では、神に救済されるか否かは神によって予め決められており、人がいくら努力しても変えることはできない。だからこそ、自分が神に救済される予定を証明しようとして、却って人々は懸命に努力して経済的に成功しようとする。つまり、労働は極めて宗教的な活動であるといえる。[6]

こうした視点からは、旧憲法は「キリスト教の唯一絶対神」を「現人神である天皇」に、さらに「神の前の平等」を「天皇の前の平等」[7]に置き換え、立憲に必要なキリスト教の代替物として天皇制を利用したと分析できる。[8]つまり、「予定説」における神と個人の間の関係を、天皇と臣民の関係に置き換えれば、「どんなことをしても日本は栄える」「天皇教を信じれば、もう怖いものはない」「日本の繁栄は神代のときにすでに予定されている」となり、[9]戦前のわが国において旧憲法を遵守した慣習の強靭さを説明できる。ただし、「天皇教」が資本主義のエートスを産み発展させることはないから、明治政府は全国の小学校に二宮尊徳（金次郎）の銅像を建てることによって勤勉と労働を奨励せねばならなかったと言えよう。[10]

歴史的に、慣習法に基づいていた天皇制は、旧憲法において、その慣習法を成文化したが、はたしてそれは新憲法の下でどのように変わったのであろうか、それとも変わらなかったのだろうか。

第三節　旧憲法から新憲法への改正

新憲法は旧憲法上諭第五段「将来若此ノ憲法ノ条項ヲ改正スルノ必要ナル時宜ヲ見ルニ至ラハ朕及朕カ継統ノ子孫ハ発議ノ権ヲ執リ之ヲ議会ニ付シ議会ハ此ノ憲法ニ定メタル要件ニ依リ之ヲ議決スルノ外朕カ子孫及臣民ハ敢テ之カ紛更ヲ試ミルコトヲ得サルヘシ」および第七三条「将来此ノ憲法ノ条

項ヲ改正スルノ必要アルトキハ勅令ヲ以テ議案ヲ帝国議会ノ議ニ付スヘシ」に基づき、その改正という手続きで制定された。しかし、新憲法は、天皇主権に立脚する旧憲法とは異なり、国民主権に立脚している。また、旧憲法は上諭第五段に明示してあるように、部分的改正しか想定していない。したがって、旧憲法の全文を改正した新憲法は旧憲法の改正によって有効に成立しうると考えることは甚だ困難である。

さらに、これまでわが国憲法学における有力な学説（「革命有効説」）によれば、[11]新憲法は実質的に旧憲法の改正手続の限界を超えているため有効には成立せず、結局、実質的に新たな憲法として制定されたと捉えてきた。旧憲法の根本規範（法秩序の一切の規範の根拠となる最後の仮説、最終的な公理）は天皇主権（第一条）、天皇の神格化（第三条）、統治主体としての天皇（第四条）であるに対して、新憲法の根本規範は国民主権（前文と第一条）、基本的人権の最高法規性（第九七条）である。これらの根本規範は憲法の基本的性格を構成し、また憲法の根拠または基礎をなしている。新旧両憲法の根本規範のこのような相異により、旧憲法の改正条項に基づいて新憲法へ改定することはできない。というのは、「法律の制定や改正によって、その法律の上位にあり、その法律の根拠をなし、またその法律の基本原則を定めているところの憲法を変更できないのと同様に、憲法改正によって、その憲法の上位にあり、その憲法の根拠をなし、またその憲法の基本原理を定めている根本規範の部分を変更することは、論理的・法的に不可能である」と考えざるをえないからである。[12]つまり、旧憲法の改正としては、その根本原理を改正することは法律的に不可能であるからである。「（改正）とは、既存の法を前提とし、その既存の法の基礎をなす基本的性格の同一性を保ちながら、これに変更を加えるものであり、法が『改正』を容認し、予想しているのもそのためである」から、[13]憲法が自らの存在を否定するような基本原則を否定する改正は常にできない。したがって、新憲法が旧憲法の改正手続による全文改正を現在において変更することは、旧憲法の基本原理や基本的性格、すなわち、根本規範を完全に変更したことになり、形式的に旧憲法の改正手続を踏んだからといって正当な憲法改正とはいえない。

佐藤功は日本国憲法成立時には、既に天皇主権は否定されており、つまり憲法制定権力は国民に移っていたと考えるしかないと捉える。つまり、ポツダム宣言は「最終的ノ日本国ノ政府ノ形態ハ、日本国国民ノ自由ニ表明スル意思ニ依リ決定セラルヘキモノトス」とあり、これは国民主権へ変更することを受託したことを意味するとの論理である。[14] 憲法的には一つの革命があったということになろう。ただし、ポツダム宣言の受諾および降伏文書の締結は旧憲法第一三条に定める天皇の講和大権に基づいていた。同条が明示するように、講和大権により可能なのは講和条約締結であり、憲法改正ではないから、そもそも憲法改正が法的な根拠があったのか極めて疑わしい。さらに、軍事占領下にあった日本国民が日本国政府の形態を決するに際して、その意思を「自由に表明」できたかどうか、具体的に検証する必要があろう。一般に、占領下でそうできたかどうか極めて強い疑義がある。この点は、非常に興味深い論点であるが、既に本書第八章である程度詳細に論じたので、ここでは更に言及しないこととする。

また、主権とは①「領土とその上にある人民を管轄する権力」（領土権）、②「国家の意思」、③「国家の意思の性質としての最高性或いは独立性」、④「国家の意思が構成される場合に、それを最終的に決定する最高の力」を意味する。①〜④は密接に関係しており、どれ一つを欠いても主権は存在しえない。①②は論理的に当然不可欠である一方、③がなければ、④もあり得ないことに注目すべきである。

新憲法は前文で「主権が国民に存することを宣言」しているが、同憲法が公布された一九四六年一一月三日、施行された一九四七年五月三日、ともにわが国は連合国軍による占領下にあり、主権を有していなかった。このことは、一九五二年四月二八日に発効したサンフランシスコ講和条約第一条が「(a) 日本国と各連合国との間の戦争状態は、第二十三条の定めるところによりこの条約が日本国と当該連合国との間に効力を生ずる日に終了する」、「(b) 連合国は、日本国及びその領水に対する日本国民の完全な主権を承認する」としていることからも明らかである。国民主権は国民の意思を「最終的に決定する最高の力」であるが、占領下の日本では「最終的に決定する力」は連合国にあった。したがって、主権を享受していなかった日本国民が国民主権を宣言し、新憲法を公布、施行したことになる。それでは、新憲法の正体は何であるのかは非常に興味深い問いであるが、本章の設定テーマを大きく外れるため、別の機会に譲ることとする。

他方、国民主権の理念上の根拠は新憲法一〇章「最高法規」第九七条にある。同条は「この憲法が日本国民に保障する基本的人権は、人類の多年にわたる自由獲得の努力の成果であって、これらの権利は、過去幾多の試練に堪へ、現在および将来の国民に対し、侵すことのできない永久の権利として信託されたものである」と規定する。この人間の尊厳の原理が形式的に同条の最高法規性を支えるとともに、新憲法全体を規定している。換言すれば、新憲法は基本的人権を具体化する価値秩序の表明である。

しかし、基本的人権が新憲法において最高法規性を有し、その政治思想史的な根拠が「人類の多年にわたる…努力」に存するとしても、旧憲法を改正して成立した以上、形式上或いは手続き上の根拠は旧憲法にあるといわねばなるまい。そもそも、明治維新以前のわが国に憲法（典）なる概念そのものが存在しなかったところ、明治天皇がその祖先及び祖先神に誓約する形で旧憲法によって「臣民権利義務」（第二章第一八条〜三二条）を与えた。したがって、こうした意味では、新憲法における基本的人権の礎は根源的には明治天皇の神勅によって築かれたといわねばならず、ある意味、旧憲法における「臣民義務権利」が新憲法における基本的人権に拡大される形で置き換えられたともいえる。

こうした新旧憲法に断絶よりも継続性を見出すことは、憲法改正時の日本国政府が「新旧両憲法の間には、基本原理の変更はない」、つまり「國體《こくたい》」は維持されたと主張したため、[15]既に指摘したように講学上は根本規範の変更があったとの有力な説があるにもかかわらず、一定の説得力を持つといえよう。ここでいう「基本原理」が具体的には何であるかを把握するには、一九四五年八月一〇日のポツダム宣言受諾に関する日本国政府から連合国への申入れを振り返らねばならない。同宣言第一二項は日本政府に対して「…日本国国民の自由に表明せる意思に従ひ平和的傾向を有し且責任ある政府」を樹立することを要求した。これに対して、日本政府はポツダム宣言の内容に関して、「天皇の国家統治の大権を変更するの要求を包含し居らざることの了解の下に（“with the understanding that the said Declaration does not comprise any demand which prejudices the prerogatives of His Majesty as a sovereign ruler.”）」受諾すると通告した。[16]しかし、日本政府は連合国（正確には、バーンズ米国務長官による四国回答文通報）がこの旨確認せず、単に「天皇及日本国政府ノ国家統治ノ権限ハ…連合国最高司令官ノ制限ノ下ニ置カルルモノトス（傍点部は当時の外務省訳であるが、正確には「従属スルモノトス」と訳すべきである）」（“…the authority of the Emperor and the Japanese Government to rule the state shall be subject to the Supreme Commander of the Allied Powers)、

「日本国ノ最終的ノ政治形態ハ『ポツダム』宣言ニ遵ヒ日本国国民ノ自由ニ表明スル意思ニ依リ決定セラルベキモノトス」（"The ultimate form of Government of Japan shall in accordance with the Potsdam Declaration be established by the freely expressed will of the Japanese people."）と回答しただけであったところ、[17]天皇の名において一方的に「國體を護持し得て」ポツダム宣言を受諾した旨、「終戦の詔勅」を発した。この経緯から明らかなように、「國體」とは天皇制のことである。ただし、連合国は天皇制を維持する旨、明示的に確約していなかったことから、黙示的に天皇制維持を受容したと捉える日本政府の解釈は単に希望的観測に過ぎなかったともいえる。仮に、連合国による黙示的受容があったとしても、具体的にどのような形で天皇制を維持するか、連合国の判断に左右されるものであったといわねばなるまい。

新旧憲法はともに世襲による天皇制を第一章において規定していることから、形式的にわが国の基本原理に継続性が存在すると主張することは可能である。他方、既に記したように、旧憲法の根本規範は天皇主権であり、新憲法の根本規範はそれを否定した国民主権であることから、「國體」は変更されたとも理解できる。新憲法の根本規範が普遍的な基本的人権であり国民主権であることに鑑みると、血統を存在要件としている天皇制は論理矛盾であり、その存在は前近代の残滓であるといった評価もありえる。

したがって、新旧憲法が国家の基本的秩序を共有しているかを判断するには、わが国の「國體」は維持されているか、つまり、新旧憲法における天皇制の在り方が根本的に変更されたか否かを形式面と実質面の双方で精査してみなければならない。

第四節　新旧憲法における天皇制の在り方

(1) 形式面

旧憲法における天皇は神格化されかつ主権者でもあった。これに対して、新憲法における主権は国民に存する一方、天皇の地位は「日本国の象徴であり日本国民統合の象徴」にしかすぎない（前文および第一条）。権能面では、新憲法における天皇は国会の指名による内閣総理大臣の任命と内閣の指名による最高裁判所長官の任命を行う他（第六条）、「…（新）憲法の定める国事に関する行為のみを行い」（第四条）、その「…すべての行為には、内閣の助言と承認を必要と（する）」（第三条）。これらの国事行為とは、①憲法改正、法律、政令及び条約の公布、②国会の召集、③衆議院の解散、④国会議員の総選挙の施行の公示、⑤国務大臣及び法律の定めるその他の官吏の任免並びに全権委任状及び大使及び公使の信任状の認証、⑥大赦、特赦、減刑、刑の執行の免除及び復権の認証、⑦栄典の授与、⑧批准書及び法律の定めるその他の外交文書の批准、⑨外国の大使及び公使の接受、⑩儀式の実施、である（第七条）。したがって、新憲法における天皇の機能は国事を遂行する手続き面で必要不可欠である一方、天皇が独自の意思で国事行為をできないこととなっている。さらに、新憲法下の天皇の権能は明確に特定されかつその行使には極めて厳しい制約が課されている。

とはいえ、こうした限定と制約は範囲や程度の差はあれ、例えば、「国王は君臨すれども統治せず（The King reigns, but does not govern/Rex regnat et non gubernat）」が確立されている典型的な立憲君主制下のイギリスにおける国王大権（Royal prerogative）と本質的に異なるところはない。

英国王（女王）と内閣の関係は国事行為に対する「内閣の助言と承認」を必要とする天皇と内閣の関係に本質的に同じである。国王大権には内政面では、①内閣総理大臣（首相）を含む国務大臣の任免、②議会の招集、閉会、解散、③法律への同意、④公務員の任命及び統制、⑤軍幹部の任命、⑥イギリスにおける軍隊の配備命令、⑦勅選弁護士の任命、⑧旅券の発行及び取り消し、⑨死一等の減刑、⑩栄典の授与、⑪法人団体設立許可があり、外政面では、⑫条約締結、⑬宣戦布告、⑭軍隊の海外派遣・配置、⑮（新たな国家の）国家承認、⑯外交官の信任及び接受がある。このうち、①〜④、⑨〜⑫、⑯は天皇の権能とほとんど同一だといえる。また、⑤⑥⑬⑭に関しては、日本国憲法第九条「戦争放棄」による国権そのものに対する制約であり、直接的には天皇を念頭に課されたものではない。⑦⑧⑮は単に制度上の差であると言っても過言ではないだろう。[18]

したがって、新憲法における天皇の地位と権能は、西洋政治思想史および政治学の視点を踏まえれば、絶対王政から立憲による制限君主制に展開する延長線上に位置付けられ、極めて強い制限を課せられた立憲君主制であると捉えるのが妥当であろう。これは、万一皇統が絶え、天皇がいなくなった場合には、先に挙げた天皇の果たすべき役割は遂行されず、新憲法による国家秩序は機能しなくなることからも明白である。このように捉えれば、新憲法における天皇はもはや旧憲法における天皇主権と総攬権を喪失してはいるが、逆説的ながら潜在的に大権を保有しているとも言えよう。

唯一、英国王と天皇との間の顕著な差異は、首相任命権の行使の在り方にある。通常、日英とも衆議院（下院）において過半数の議席を占めた政党党首が首相となり、日英の君主は両者とも独自の意思で首相を選択、任命できない。しかし、英国王には総選挙後の下院において過半数を占める政党が存在しない時、比較第一党または比較第二党の党首に打診し首相に任命する権能がある。実際、このような国王（女王）の大権発動により、一九二九年と一九七四年には比較第一党の党首が、一九二四年一月には比較第二党の党首が首相に任命された。また、この国王大権を踏まえれば、論理的には、英国王（女王）は政治家以外の民間人を首相に任命する選択肢、連立政権を樹立する選択肢など、これら二つの政党の一方若しくは両方と調整を開始する権能を有すると考えられる。さらに、これまで例はないが、通常、国王は首相が任期満了前に下院を解散すると決断すれば、その助言に従って解散せねばならないが、その助言を拒否すれば事実上首相を解任することとなり、国王が限定的な解任権を有すると解することもできる。[19]

他方、日本の国会の指名による首相任命、内閣の指名による最高裁長官任命、内閣の助言と承認による国事行為について、天皇が拒否することができるか否か（つまり、事実上、天皇に拒否権があるか否か）は必ずしも明白ではない。確かに、条文上、天皇にこうした拒否権がないのは明白であるが（新憲法第三条および第四条）、実際には御名御璽《ぎょじ》（勅記には、国璽《こくじ》）を伴う文書を発することを含め、天皇による任命や国事行為がなければ、つまり、形式的要件を欠けば、法的に有効に成立しえず、天皇は実質的に拒否権を行使しうることになる。

これに対して、天皇が「内閣の助言と承認」を拒否できるかどうかに関して、主要な学説ではそうした事態は概ね想定外と扱っており、いわば思考停止の状態にある。

「天皇の側では内閣の助言なくしては何ごとをも発議しないように自制し、内閣の側ではつねに積極的に天皇に助言することに努めるということがこの制度のほんらいの趣旨にほかならない。すなわちこの意味では、天皇からの積極的発議は本条の予想するところではな（い）」。[20]

「天皇は、内閣の助言と承認に絶対に拘束される。天皇が内閣の助言と承認を拒否するということはおよそ法的には考えられない。このことはそもそも大臣助言制の本質から当然である。事実問題として、もしも仮りに天皇が拒否するという事態が生じたときは、内閣はあくまで天皇の反省を求め、内閣の助言と承認に基づいて行動することを要求すべきであるというほかはない。それにもかかわらず、なお、かつ天皇がそれに従わないというような場合は、憲法の予想するところではない」。[21]

また、新憲法制定当時においては、第九〇帝国議会貴族院委員会、一九四六（昭和二一）年九月一〇日に以下のような議論がなされた。

「下条康麿君（同成会）：例えば今の天皇が衆議院を解散すべしと仰せられた場合、内閣が承認すれば宜し、しない場合にはそれが行われない訳でありますが、その逆の場合で、内閣から衆議院を解散すべしと云うことを申上げた場合に於て、天皇の側に於て御取上げにならないことが出来るのでしょうか。

国務大臣（金森徳次郎君）：民主政治の通例と申しますか、立憲政治の基本原則と申しますか、斯様な場合には自ら一定の解釈があるものと思うのであります。それは助言と云う言葉の斯う云う場合の使い方の上に含んで居る意味と致しましては、単に言葉を以て、知識を申上げると云うのではなくて、佐々木委員が前の機会に能く言われましたように、飽く迄もこのような方針を以て御行動を願いたいと云う内容的なる主張を含んで居るものと解しまするが故に、その主張を含んだ意味に於て助言と云う言葉を御解釈を願いたいと思うのであります。極めてこれを法理的に緻密に言って、今下条委員から御尋ねになりましたような場面は、法律学の教室に於ては固より論結しなければならぬ問題とは思いますけれども、斯様な場合には先ず立憲政治の常道に依って動くものと考える程度に於て御答えを申上げたいと存じて居ります」。[22]

したがって、万一天皇が頑として「内閣の助言と承認」を拒否した場合、現在の新憲法と皇室典範の下ではこれを容易に覆すことはできない。国会は新たに法律を制定して天皇の国事に関する行為を委任させることはできるが（新憲法第四条2）、その法律は天皇によって公布されなければ法的に有効にならないから、天皇がその公布を拒否すれば、結局、国事委任に対する天皇の拒否権行使を覆すことはできない。また、新憲法にも皇室典範にも天皇の廃位規定はない。確かに、摂政に「天皇の名でその国事に関する行為」を行わせることはできるが（新憲法第五条）、摂政を置けるのは「天皇が成年に達しないとき」（皇室典範第一六条1）または「天皇が、精神若しくは身体の重患又は重大な事故により、国事に関する行為をみずからすることができないとき」（同第一六条）に限られるから、単に「内閣の助言と承認」を拒否した場合には摂政を置けず、天皇の拒否権行使を覆すことはできない。[23] したがって、摂政を置くには皇室典範の改正が必要である。しかし、天皇が法律である改正典範の公布を拒否した場合、改正は有効に成立しない。さらに、万一改正が有効に成立したとしても、摂政が「内閣の助言と承認」に従う保証はない。結局、こうした天皇による事実上の拒否権行使を排除するには必要な憲法改正を行うしかないであろう。

このように新旧憲法の天皇制を形式面から分析する際、新憲法における天皇の権能に潜在的な部分まで含めると、一般に認識されているほど有名無実のものではなく、むしろ英国王の大権を一層限定した程度の権能を有していると評価するのが妥当であろう。

（2）実質面

既に指摘したように、旧憲法は天皇主権に基づき天皇に総攬権を与えていたが、天皇は常に自ら国政を親裁したわけではない。具体的には、総攬権の行使は、①立法権の行使に対する帝国議会の協賛（旧憲法第五条）、②首相を筆頭とする国務大臣による輔弼（第五五条1）、③法律及び詔勅に対する国務大臣の副署（同条2）、④枢密院の諮詢（第五六条）を必要とした。天皇の無答責は旧憲法の文言上も慣習の上でも、まさに英国式の「君臨すれども統治せず」に極めて近い状況が存在したため、論理的な帰結であったと分かる。

実際、日清戦争開戦の際、当時の日本政府は明治天皇の意向を無視して準備を進めた。一八九四（明治二七）年七月二五日、牙山で日本陸軍が清軍を攻撃しつつあることを知った明治天皇は大いに怒って攻撃中止命令を出せと要求したが、結局、当時の伊藤内閣によってこの要求は完全に無視された。実際、明治天皇は「これは朕の戦争ではない」と、予定を覆して開戦報告のための皇祖と皇考の御陵への勅使派遣を取りやめた。こうした天皇と政府の関係は、既に一八八九（明治二二）年には大日本帝国憲法が発布されており、その立憲君主国制の下では、国家秩序として当然に天皇の意志よりも政府の意志が優先せねばならなかったことにより説明される。[24] このケースによって、天皇の総攬権を厳しく制限する立憲君主制が確立したといえるだろう。

他方、旧憲法下、天皇が総攬権を行使して親裁したのは、二・二六事件といわゆる「終戦のご聖断」

の二回だけである。前者は一九三六（昭和一一）年、日本陸軍の青年将校を中心に行われたクーデターである。この時、東京は反乱軍に占領され、首相暗殺の情報が流れるなど、政府は全く機能しなかった。そのため、軍首脳は反乱を鎮圧すべきかどうか逡巡する中、昭和天皇が反乱軍認定を親裁して、事態を収拾させた。後者は、一九四五年、御前会議（天皇臨席の下での閣僚、軍部首脳の「最高戦争指導者会議」）で戦争継続か終戦かを決断できないなか、昭和天皇がポツダム宣言の受諾を親裁した。注目すべきは、どちらのケースも非常事態での出来事であり、前者の場合は天皇を輔弼すべき内閣が実質的に存在しなかったし、後者の場合は存在しても機能しなかった。[25] まさに、「終戦の詔勅」にあるように、昭和天皇は「…深ク…帝國ノ現状トニ鑑ミ非常ノ措置ヲ以テ時局ヲ収拾セムト欲シ」、総攬権を行使した。つまり、昭和天皇は旧憲法に違反したとはいえない。また、旧憲法が、帝国議会が有効に機能しないような緊急事態において、天皇に次の会期の帝国議会まで法的に有効な勅令を発することを認めていた（旧憲法第八条）のも同様の趣旨である。

このように実態面から、旧憲法における「国務大臣の輔弼」と新憲法における「内閣の助言と承認」を比較対照してみると、旧憲法下における天皇が緊急事態措置をとる権能を明示的に保有していた以外は、新旧両憲法下における天皇の権能に実態的な相違はあまり存在しないといっても過言ではない。とはいえ、新憲法には、衆議院が解散され存在しない状況を想定した参議院の緊急集会の条項はあるものの（第五四条2および同条3）、緊急集会を開くことができないような非常事態やその開催を求めるべき内閣が実質的に存在しない場合や存在しても全く機能しない場合には、どうするのかといった意味では、何ら緊急事態条項は存在しない。確かに、現行のわが国の法制には、「災害緊急事態の布告」（災害対策基本法第一〇五条）、「緊急事態の布告」（警察法第七一条）があるが、いずれも内閣総理大臣が正常に機能していることを前提としており、また採り得る措置も限定的であることから、真の意味で緊急事態法制とはいえない。たとえ今後、新憲法の制約を前提に緊急事態基本法の類を制定したところで、全ての状況を想定することはできないし、かといって、いかなる状況にも対処できるような包括的な委任規定を置けば違憲にならざるをえないであろう。

それでは、国家存亡の非常事態において、新憲法における天皇には何ができ何ができないのであろうか。管見では、こうした状況は正に想定外であるため、従来の憲法学では全く論じられてこなかった。しかし、仮に大規模で深刻な武力紛争の可能性が必ずしも高くはないとしても、二〇一一（平成二三）年三月一一日の東北地方太平洋沖地震（東日本大震災）と今後それと同規模またはそれ以上の大地震が首都機能の集中する関東・東京地方に勃発する可能性が必ずしも排除できないことを踏まえると、緊急事態措置と天皇の関係を初歩的にでも考察しておく必要があろう。というのは、新憲法における憲法改正手続は衆参両院で各々総議員の三分の二以上の賛成を得て、国会が発議し、その後国民投票において過半数の賛成を獲得せねばならないため、現在、憲法を改正して緊急事態条項を追加することは容易ではなく、それまでは既存の新憲法の枠組みで対処せねばならないからである。

まず、天皇が「国政に関する権能を有しない」（第四条）を字句通り理解し、第七条の国事行為リストが例示ではなく包括的であり、天皇はそれら以外の行為を一切行ってはならないと解釈するならば、天皇は国政に関して全く親裁できない。しかし、少なくとも講学上、自然法の次元では、国家が「座して死を待つ」ことは定めているとは考えられないから、超法規的な措置として緊急事態措置を採ることはできるという解釈もありえよう。

次に、「終戦の詔勅」のように内閣が存在しても決定できない場合に、「内閣の助言と承認」があれば、天皇は緊急事態措置を親裁できるという解釈もありえよう。そのためには、第七条の国事行為リストが例示であり、そこにない国政事項でも親裁できると解することができねばならない。この点、新憲法の第一章の記述順は「内閣の助言と承認」(第三条)が「(天皇は)この憲法に定める国事のみを行い、国政に関する機能を有しない」(第四条)に先行しており、ここに着目するならば、緊急事態に限定してそうした親裁を許容する余地はあるかもしれない。

さらに、国会も内閣も存在しないか存在しても全く機能していないような究極的な状況においては、天皇に本来、国会の指名に基づいてなされるべき首相の任命を親裁することを受容してもよいかもしれない。こうした超法規的措置を認めなければ、究極の緊急事態において新憲法は機能せず、日本国は瓦解してしまうことになる。

第五節　結　語

ここまで、本章では西洋政治思想史的、政治学的視点を伏線として用いながら、わが国は一体のどのような国家であるか、その基本秩序はどのようなものなのか、その背後にある根本規範はどのようなものであるか、これらの疑問を新旧憲法のテキストを分析することによって考察してきた。分析の結果は、新憲法によって新生日本が始まったと捉える従来の支配的な固定観念に挑戦するものであり、むしろ新旧憲法に強い継続性が存在することを見出した。本章では、新旧憲法とも立憲君主制に基づいているが、天皇は旧憲法におけるよりも新憲法における方が一層強い制約を課されているに過ぎないと論じた。

こうした観点から捉えて、本章は紋切型に旧憲法は「天皇主権」、新憲法は「国民主権」に各々基づくと捉える危険性を喚起し、むしろ緊急事態措置を採る者が誰かに着目した[26]。かつてドイツの政治学・法学の泰斗であるカール・シュミット（Carl Schmitt）は「主権者とは、例外状況にかんして決定をくだす者をいう」[27]とした。なぜなら、「平時の現行法規があらわしているような一般的規範では、絶対的例外は決して把握しえず、したがってまた、真の例外事例が存在しているという決定は、完全には根拠づけられないからである」[28]。さらに、シュミットは「主権者は現に極度の急迫状態であるかいなかを決定すると同時に、これを除去するためになにをなすべきかをも決定するのであ（り）」、そして「平時の現行法秩序の外に立ちながら、しかも憲法が一括停止されうるかいなかを決定する権限を持つがゆえに、現行法秩序の中にある」[29]と考えた。こうした意味で、旧憲法における天皇は主権者であったが、緊急事態措置条項を持たない新憲法における国民は完全な意味において主権者ではありえない。新憲法の国民主権主義は看板倒れといわざるをえない。

どうやら、二〇一一年の大震災までの戦後六十数年、わが国を取り巻く内外の「平和と安定」はこうした新憲法に内在する曖昧さを覆い隠してきたが、今後わが国が直面する内外の状況がますます厳しさを増すなか、大規模災害や武力紛争を始めとする緊急事態・非常事態を覚悟せねばならず、もはやそうした曖昧さを放置することは極めて危険であり受容しがたいといわねばなるまい。とすれば、今後、国民主権を貫徹させるために早急に憲法改正をして緊急事態条項を追加するか、もしくは立憲君主制に反しない形で超法規的に非常事態に限り天皇による大権の行使を許容するかを選択せねばならないであろう。そうした選択を「国民の総意」（新憲法第一条）によって行うことで、わが国がどのような国家であるのか、その目鼻立ちが明確になるであろう。

(注)

(1) 例えば、英語では constitution が国家の政治的統一体の組織や構造を意味する用法もあるため、「憲法」律を指すためには constitutional law を用いる場合がある。

(2) この点に関して、さらに議論を展開するには、「正統性 (orthodoxy)」や「正当性 (legitimacy)」などの概念を用いて、秩序と価値観の関係を詳細に分析せねばならない。そうすることは本章の主要なテーマを逸脱することになるから、別の機会に譲ることとし、ここでは暫定的な試論を示しておく。

元来、国家の基本秩序は国家社会における利害対立を調整・解決するために出現した自生的な自然法や慣習法によって維持されてきた。仮に統治権力の掌握と国家秩序の維持が武力に基づく場合でも、その政権の構成する秩序が伝統的価値または一般的に受容されている価値と一致していれば、その政権に一定の正統性があるものとして慣習的に受容される。ただし、ここで言う正統性とは呪術的・宗教的なものを原初とする精神史・思想史を含む歴史的・文化的な基礎付けがあれば獲得される場合が多く、例えば投票のような、秩序に対する被支配者の直接的、明示的な同意は必ずしも必要ではない。被支配者は非論理的、非合理的な状況(革命など)からくる新たな秩序形成であっても、正統性があればそれを受容する。

ローマ帝国崩壊後、西欧に存在した様々な自生的で地域的な秩序はキリスト教世界の拡大とともに、封建制さらには絶対王政へと変転した。この過程が西洋政治史における近代への移行であるが、こうした展開において、専断的な王権を制限して広く国民の権利を保障する憲法を制定しようとの潮流(立憲主義)が支配的になった。周知のように、イギリスではオランダとともに早くも一七世紀において政治的基礎を確立したが、一八世紀になるとフランスでは暴力的な革命による急激な移行過程を経た。とりわけ、後者のように、革命国家はそれに先立ち存在していた自生的秩序を暴力によって転覆することで成立したため、革命及び革命国家は人類の普遍的な理念・思想・論理で構成された価値体系の呈示により正当性を主張した。その意味で、革命は伝統的価値または一般的に受容されている既成価値の否定である。このタイプの別例には、イギリス植民地から独立革命戦争を経て、普遍的理念・思想に基づいて文字通り社会契約に基づく人造国家として建国されたアメリカがある。

今日では、過去数百年に亘る西欧の覇権、とりわけ政治文化的覇権の結果、元来、極めて西欧近代に特殊である人権保障、権力分立、民主制を是とする価値は他の文化圏を啓蒙（西欧化）することによって、一定の普遍性を帯びるようになっている。

（3）明治維新から大日本憲法発布までの天皇制をいかに理解するかは極めて重要な問題であり、それは西洋政治思想史的な観点からだけではなく日本法制史的な観点からも検証されねばならないであろう。だだし、これは本章のテーマを大きく逸脱するため、別の機会に譲ることとする。

（4）小室直樹『痛快！　憲法学』集英社インターナショナル、二〇〇一年、第11章。

（5）同書、第4章。

（6）マックス・ウェーバー『プロテスタンティズムの倫理と資本主義の精神』（大塚久雄訳）岩波文庫、一九八九年。

（7）旧憲法の時代には、「(大日本帝国）臣民は天皇の赤子」、「一視同仁」等の表現が用いられた。

（8）小室、前掲書、第11章。

（9）同書、二一六頁。

（10）同書、二一三頁。

（11）新憲法を有効であると捉える学説には、①後発有効説、②原状回復説、③時効有効説、④改正無限説、⑤革命有効説、⑥国際法・条約優位説、⑦正当説、⑧承諾謹慎説がある。
①新（占領）憲法は制定時には瑕疵があり無効であったが、六〇年以上も施行されてきており、後発的、事後的に有効となった。
②占領状態が事実面において終了したとしても、法律面においては、占領下で強制された法制度が未だに効力を有している限り、その法制度に拘束されている状況が継続しているので、「原因たる情況」が終了したことにならない。
③（引用文献の発表時点で）五〇年（現時点では、六十数年）の間に日本国民が現行憲法に一度も「ノー」と言わなかったということにおいて、これを承諾したという理屈が成り立つ。
④憲法の改正に限界を認めない。
⑤ポツダム宣言の受諾により帝国憲法の根本規範に変更が生じ、「天皇制の根拠が神権主義から国民主権主義」に変化して「革命」が起こった。
⑥国内法である旧憲法に国際法であるポツダム宣言・降伏文書が優先する。
⑦憲法の名に値するものは、その出自や来歴、歴史や伝統によって決定するものではなく、その内容と価値体系（国民主権主義、人権尊重主義、戦争放棄平和主義など）の優越性を意味する「正統性」によって決定する。
⑧昭和天皇が新憲法の上諭を以て公布したから、有効である。
以上は、南出喜久治『占領憲法の正體』国書刊行会、二〇〇九年、からそのまま若しくは一部修正して抜き出した。引用箇所は多岐に分かれるため省略した。
(12) 佐藤功『日本国憲法概説』学陽書房、全訂第二版第11刷、一九八二年、二一一頁。
(13) 同書、一七頁。
(14) 同書、五三頁。

(15) 同書、五三頁。
(16) <http://www.ndl.go.jp/constitution/shiryo/01/010/010tx.html#tc009>（二〇一一年一一月二〇日アクセス）。
(17) *Ibid.* 訳文に関しては、<http://www.max.hi-ho.ne.jp/nvcc/WA11.HTM>（二〇一一年一一月二〇日アクセス）を参照。
(18) Clare Dyer, "Mystery lifted on Queen's power", *The Guardian*, October 21, 2003 <http://www.guardian.co.uk/politics/2003/oct/21/uk.freedomofinformation>, accessed on December 20, 2011. For detailed information, see: Lucinda Maer and Oonagh Gay, "The Royal Prerogative", the Library of the House of Commons, December 20, 2009, <http://www.parliament.uk/documents/commons/lib/research/briefings/snpc-03861.pdf>, accessed on December 20, 2011.
(19) Maer and Gay, *Ibid*. p.5.
(20) 衆議院憲法調査会事務局「象徴天皇制に関する基礎的資料――最高法規としての憲法のあり方に関する調査小委員会」（二〇〇三年二月六日および三月六日の参考資料）、二〇〇三年二月、衆憲資第13号、一八頁、<http://www.shugiin.go.jp/itdb_kenpou.nsf/html/kenpou/shuken013.pdf/$File/shuken013.pdf#search='象徴天皇制に関する基礎的資料'>、（二〇一一年一二月二〇日アクセス）。この部分は、佐藤功『憲法（上）・（下）〔新版〕』有斐閣、一九八三年、五四頁、からの引用。
(21) 衆議院憲法調査会事務局、同資料、一九頁。この部分は、佐藤、同書、五七頁からの引用。
(22) 衆議院憲法調査会事務局、同資料。
(23) このような場合、日本の政権は大正天皇の御世のように、無理やり天皇を病気にして摂政を立てることもあろう。
(24) 小室、前掲書、二二二～二二五頁。

（25）同書、二二六頁。
（26）東北地方太平洋沖地震において、アメリカはその海軍、海兵隊、空軍を中心に大量の部隊を投入し枢要な役割を果たすなか、米軍の空母、強襲上陸艦、大型輸送機は救出・救援作戦において自衛隊にはない機動能力を発揮した。とりわけ、福島県で勃発した原子力発電所事故への対処では、日本政府が十分機能しなかった一方、アメリカが必要な機材やノウハウを提供した。一部では、首相官邸に米政府連絡員を常駐させて事故対応を主導したのではないかと報道されたことから、日本の主権者はアメリカである、そうだとすれば、未だ日本は実質的にアメリカの占領下にあるとの皮肉な見方もできないわけではない。
（27）C・シュミット『政治神学』（田中浩・原田武雄訳）未来社、第9刷、一九八九年、一一頁。
（28）同書。
（29）同書、一三頁。

（松村昌廣）

第一〇章　南樺太帰属問題再考
――総領事館設置と首相公式訪問

二〇〇一（平成一三）年一月二九日、日本政府はロシア連邦サハリン州の州都ユジノサハリンスク（旧南樺太・豊原）に総領事館を設置した。また、二〇〇九年二月一八日、麻生首相（当時）は日帰りでユジノサハリンスクを公式に訪問し、ロシア連邦のメドベージェフ大統領（当時）と会談した。

従来から、日本政府はわが国がサンフランシスコ講和条約（一九五二年四月二八日発効）によって放棄した南樺太に関して、その最終的帰属は未だ決まっていないとの立場をとって来た。また、日本政府は総領事館設置も首相公式訪問もそうした南樺太の国際法上の地位に影響を与えるものではないとの公式判断を示してきた。[1] 他方、例えば、『朝日新聞』が「在外公館を置けば（サハリン南部が）ロシア領であることを事実上、認めることになるため、これまで外務省内には慎重論が強かった」と報道するなど、[2] 総領事館設置と首相公式訪問が少なくとも法理上、上記の日本政府の立場に反するのではないかと疑問が呈されてきた。

そこで、本章では、先行研究を踏まえて南樺太の帰属を再考するとともに、上記の総領事館設置と首相公式訪問が「南樺太の最終的帰属は未定」との日本政府の立場に影響を与えるか否かを考察する。南樺太帰属問題は単に国際法上未解決の領土問題の一つであるだけでなく、第二次世界大戦後のアジア・太平洋地域における国際秩序のあり方と直結していることから極めて重要である。日本がサンフランシスコ講和条約で放棄した領土のうち、南樺太と台湾については最終的帰属が未定との議論がある一方、朝鮮半島は三八度線で南北に分断されたまま今日に至っている。冷戦時代、米ソ対決の現実の中で、これらの領土・国境問題は国際法上（*de jure*）の決着はなされず、実効的支配や休戦ラインなど、国際的な力関係のバランスの上に事実上（*de facto*）の処理がなされてきた。現在、米国主導のアジア・太平洋秩序は依然として十分安定しているものの、米国覇権に動揺の兆しが見え、中国が急速に台頭するなど、地域における国際的な力関係は変わりつつある。こうした変化は当然、領土や国境に関する「事実上の処理」に関する議論を再燃させ、アジア・太平洋における国際関係を流動化させる恐れがある。したがって、本章の研究テーマは国際法の分野において興味深いだけでなく、今後、国際政治においてますます重要な政策上の課題となるであろう。

第一節　サンフランシスコ講和条約と南樺太の法的地位

一九五二年に発効したサンフランシスコ講和条約（以下「講和条約」）は日本と同条約に署名した連合国四八ヵ国との間の戦争状態を終了させ、[3]これにより日本は完全な主権を回復した。同条約第二条（c）により、「日本国は、千島列島（the Kurile Islands）並びに日本国が千九百五年九月五日のポーツマス条約の結果として主権を獲得した樺太の一部およびこれに近接する諸島に対するすべての権利、権原および請求権を放棄する」こととなった。さらに、「講和条約」の当事国とならなかったソ連との間では、一九五六年に締結・発効した日ソ共同宣言により、両国間の戦争状態は終了したが、今日に至っても両国間には二国間講和条約は締結されておらず、両国間の領土・国境は確定されていない。また、日本とソ連（そして、その継承国家であるロシア）は未だ「講和条約」第二六条に則り、［「講和条約」］に定めるところと同一の又は実質的に同一の条件」の二国間講和条約を締結していない。したがって、日本政府が公式見解で繰り返し確認するように、わが国は「講和条約」によって南樺太を放棄した以上、その帰属について見解を述べる立場にないことは明らかである。問題は、日本が放棄した南樺太が国際法上、ソ連領となったか、或いはソ連の継承国家であるロシアの領土であるといえるか、さらに日本政府が明示的に或いは黙示的に南樺太をロシア領と認めることは国際法上許されるかにある。

「講和条約」は日本によって放棄された南樺太の帰属先を規定していないため、当然、そのことが議論となる。ただし、「講和条約」第二五条は「…ここに定義された連合国でないいずれの国に対しても、いかなる権利又は利益を与えるものではない」と規定する。この規定は法の一般原則である「合意は拘束する（*pacta sunt servanda*）」とその系である「合意は第三者を害せず利せず（*pacta tertiss nec nocent nec prosunt*）」に合致する。それゆえ、「講和条約」は日本と同条約の当事国となった連合国四八ヵ国を拘束するのであって、当事国でないソ連（また、現在、その継承国であるロシア）を拘束しない。つまり、ソ連（そして、ロシア）は南樺太の領有を含め、同条約に基づいて如何なる法的主張をすることはできない。[4] もっとも、このことから南樺太は連合国四八ヵ国に対してはもはや日本領ではないが、ロシアに対しては依然として日本領であると考えることは妥当ではない。さもなければ、高野雄一が指摘するように、「南樺太をロシアが日本に譲ったポーツマス条約を例にとれば、この条約によって、南樺太はロシアと日本に関する限り、日本の領土となり、その他の国の関係ではなおロシア領にとどまっているというのと同じ誤りに陥っている」ことになる。「講和条約」により日本が南樺太を放棄したことは、全世界に対して最終的な物権的な効果を持つと考えてよかろう。(5) これは、領域主権が自由かつ排他的なものであることから、当然の論理的な帰結である。

したがって、かつてのソ連も現在のロシアも「講和条約」に基づいて南樺太の領有を主張することはできない。このことは、一九五〇年一〇月二六日、アメリカがその対日講和七原則をソ連代表に手交し、その第三原則において「日本は…台湾，澎湖諸島，南樺太および千島列島の地位に関する，イギリス、ソヴェト連邦、カナダ、合衆国の将来の決定を受諾しなければならない」「条約発効後一年以内に何の決定もなされない場合には，国際連合総会が決定する」としていることからも明らかである。事実、サンフランシスコ講和会議においてアメリカ代表が、次のように日本が放棄した領土の帰属を未定とし、後日他の国際的解決に付すように求めた。

「若干の連合国は、…日本の全領土の…一つ一つについて最終的処理を正確に規定すべきであると示唆した。…われわれは、日本が放棄する覚悟をし且つ放棄を求められている事柄をどう処理すべきかについて一方で連合国が争っているさいに、ポツダム降伏条項に基づく講和を日本に与えるか又は拒否するかしなくてはならなかった。明らかに賢明な途は、日本に関するかぎりいま事を処理してこの条約以外の国際的手段を用いて問題を解くことを将来に譲ることであった」。[6]

さらに、イギリスやいくつかの連合国が明示的にこうしたアメリカの見解に同意し、かつその他の連合国は黙示的に同意して「講和条約」の当事国となった。[7]これに対して、ソ連は「日本が樺太の南部、その近接諸島及び千島列島にたいするソ連邦の完全な主権を認め、かつこれらの地域に対する一切の権利権原及び請求権を放棄する」との修正案を提示したものの容れられなかったことから、「講和条約」に署名しなかった。[8]

したがって、日本政府の公式見解にあるとおり、南樺太の最終的な帰属は未定であり、「講和条約」の当事国四八ヵ国が最終的な帰属を決するまで、これらの国々の共有のものとなったといえよう（ただし、四八ヵ国のうちいずれの一国も単独では、南樺太に対していかなる種類の権利も有していない）。

第二節　ヤルタ協定と南樺太の法的地位

従来、ソ連（そして、その継承国たるロシア）が「講和条約」とヤルタ協定とを根拠に南樺太の領有を主張し、一方的に国内法的措置をとって自国領に編入してきたことはよく知られている。すでに、ソ連もロシアも「講和条約」を根拠に南樺太の領有を主張しえないことは論じたので、ここではソ連またはロシアがヤルタ協定を唯一の根拠として南樺太の領有を主張しうるかを考察する。

ヤルタ協定は一九四五年二月一一日、アメリカのルーズベルト大統領、イギリスのチャーチル首相、そしてソ連のスターリン首相が秘かに結んだ協定である。この協定では、「南樺太並びに近接諸島はソ連に返還されるべし（the southern part of Sakhalin as well as all the islands adjacent to it shall be returned to the Soviet Union.）」と明示的に規定されている。他方、千島列島に関しては「千島列島はソ連に引き渡されるべし（The Kuril islands shall be handed over to the Soviet Union.）」と規定されており、「返還すべき」と「引き渡すべき」との表現振りを比較対照すると、少なくとも三者の間で南樺太と千島列島に対するソ連の国際法的な地位の違いに関する共通理解を推測することができる。つまり、南樺太は本来、ソ連の領土であり、その主権はソ連に「返還」されるべきである一方、千島列島に関しては同一の表現は用いておらず、ソ連の権利が曖昧である。深読みすれば、ヤルタ協定は単にソ連に対して千島列島の占領権と施政権を与えただけであって、主権を与えると約したわけではないとの解釈も可能であろう（ただし、本章では千島列島の帰属問題は設定した研究課題を逸脱することになるので、その考察は別の機会に譲ることとする）。

そこで、わが国にとっての問題はヤルタ協定がわが国を法的に拘束するか否かにある。ヤルタ協定は米英ソ三ヵ国の間に締結された秘密協定であり、当然、わが国はその当事国ではない。また、同協定はカイロ宣言（一九四三年一一月一七日）、ポツダム宣言（一九四五年七月二六日）、降伏文書（一九四五年九月二日）、「講和条約」など、戦時中からの一連の関連文書に一切触れられていない。したがって、法の一般原則である「合意は拘束する（*pacta sunt servanda*）」とその系である「合意は第三者を害せず利せず（*pacta tertiss nec nocent nec prosunt*）」を踏まえると、日本は全くヤルタ協定に拘束されることはなく、[9] それによってソ連が国際法上、南樺太の主権を取得したわけではない。もっとも、ヤルタ協定によって、ソ連は日本との講和条約が締結されるまでの間、南樺太の占領権・施政権を獲得したと主張することはできるだろう。[10]

とはいえ、ヤルタ協定は日本を拘束せずとも、その当事国たるアメリカとイギリスを拘束するから、両国は同協定にある「南樺太並びに近接諸島はソ連に返還されるべし」との合意を実現するため、対日講和条約の中に、ソ連に対して南樺太を放棄するなどの条項を設けるよう努めるべきであった。[11] ところが対日講和会議では、既に見たように、米英両国は全くこうしたヤルタ協定による義務を履行しようとはせず、むしろ積極的にソ連の南樺太領有を阻んだのであった。また既述したように、対日講和会議において、ソ連が「日本が樺太の南部、その近接諸島及び千島列島に対するソ連邦の完全な主権を認め、かつこれらの地域に対する一切の権利権原及び請求権を放棄する」との修正案を提示したものの容れられなかったことから、「講和条約」に署名しなかったことも、ヤルタ協定における合意の実現を求めるソ連の立場からすれば当然であった。

こうした経緯を踏まえれば、万一ソ連（そして、現在はロシア）が「講和条約」を批准し、その当事国になったところで、または「講和条約」第二六条に則り同条約と「同一の又は実質的に同一の条件」で二国間講和条約を日本と締結したところで、そのことによって国際法上、自動的に南樺太がソ連（または、ロシア）の領土となるわけでないことは分かる。こうした行為はソ連（または、ロシア）を新たな一国として放棄された南樺太を共有する連合国四八ヵ国に加えるだけの効力しか持たず、南樺太に対して何ら特別の排他的権利をソ連（または、ロシア）に与えるものではない。

これまでの考察から、南樺太の最終的帰属は「講和条約」によってもヤルタ協定によっても、国際法上有効に決定するよう規定されていないし、またそう解釈することをもできないと判断される。とすれば、次に分析すべきは、ソ連そしてその継承国であるロシアが第二次世界大戦後、継続的に南樺太に対して実効的支配を維持してきた一方、日本政府も公式に認めるように、「(南樺太)に対してロシア連邦以外のいかなる国家の政府も領有権の主張を行っていない」[12]ことから、はたして国際慣習法上、黙示的にロシアの南樺太に対する領有権が確立されているか否かである。

第三節　国際慣習法と南樺太の法的地位

従来、国際慣習法が領域の取得方法として認めてきたものは、添付(accretion：自然現象にせよ人工的なものにせよ、物理的作用によって領域を増大すること)、割譲(cession：合意によって一国から他国へ領域の一部を移転すること)、先占(occupation：いずれの国にも属していない無主地[*terra nullitis*]を取得すること)、時効(prescription：一定の事実関係が長期間継続し、真実の法律関係を調査することも困難となり、また、たとえ調査できても、これに基づいて永続した状態を覆すことが不当だという場合に、真実の法律関係にかかわらず、永続した事実状態を合法化すること)、征服(conquest：実力によって他の国家を完全に屈服させ、その領域を取得すること)であり[13]、本章の文脈では、ロシアが先占または時効により南樺太を取得したか否かが問題となる。

先占はかつて既存の国家がいまだ領域となっていない地域を新たに領域として獲得する場合、つまり、原始取得に当てはまる。先占の要件は、(1)対象が無主地であること、(2)先占の主体が国家であること、(3)領域が実効的支配(effective control)の下に置かれることとされる[14]。これらの三要件の内、ソ連またはロシアが南樺太に対して後者二要件を十分に満たしていることに議論の余地はない。問題は南樺太が無主地と考えられるか否かである。山本草二が言うように、「…今日では、無主地の概念は厳密に区分され、原始取得の対象となりうる地域を特定するようになっている」、「無人または人口の希少な地域であって、単に人間の小集団だけで社会的な組織を全く具えていないものに限り、無主地として扱う」から、[15]今日、無主地は地球上にほとんど残されておらず、先占は既に意義を失っている。もちろん、今日の基準では、南樺太は無主地ではない。

それでは、「講和条約」発効当時、日本が放棄した南樺太は無主地となったかというと、「講和条約」の下、南樺太は先占による取得を黙示的に意図され、ただ漠然と放棄されたわけでないことを踏まえると、当時でも南樺太が無主地であったと捉えるには無理がある。既に考察したように、対日講和会議では、南樺太の最終的帰属をソ連領とするソ連提出の修正案が容れられず、南樺太は「講和条約」の当事国である連合国四八ヵ国の共有のものとなり、その最終的帰属は後日他の国際的解決に付されることとなった。したがって、高野雄一が言うように、「この放棄が（南樺太）を無主地にし、さらにはそれを占有者ソ連に取得させる効果を意図して行われたものではなく、すでにみたように、それと異なる効果に対する意図を公けにして行われた客観的な状況を無視することはできない」。[16]結局、先占によってソ連またはロシアによる南樺太の領有は正当化できない。

それでは、取得時効によってソ連またはロシアの南樺太領有は正当化できるだろうか。「時効は当該地域が無主地としてではなく、関係両国の権利関係が不明確なまま放置される状態をめぐって発生するのであるから」、[17]南樺太帰属問題を考えるには適切な視角を与えるといえよう。しかし、現在のところ、国際裁判所は「関係条約上特段の規定のない限り、国際法上の一般原則として取得時効をみとめることには慎重であ（り）」、[18]国際慣習法上、取得時効が明確な原則として確立しているとは言い難い。もっとも、常設司法裁判所が時効を認めた判例（一九二八年パルマス事件）があることから、時効が成り立つ場合もある。国際司法裁判所は一九九九年のカシキリ・セドゥドゥ島事件（ボツワナ対ナミビア）において、（1）主権の行使、（2）平和的で中断のない占有、（3）公の占有、（4）一定期間持続した占有、これらを時効成立の四要件として挙げた。[19] ただし、法律によって時効期間を定める国内法上の時効制度とは異なり、国際慣習法上の時効完成の期間には統一的な認定をすることができないため、時間の経過よりも、他国による黙認（acquiescence）に基づき時効が成立すると考えられている。[20]

一般に、ある国が一定地域に対する取得時効を成立したと主張するためには、従前の領域国やその他の利害関係国が、相当の期間内に外交上の抗議を行うなどの反対の意思を十分に表明しないことによって、当該地域に対する実効的支配を黙認する必要がある。これは、かかる主張に対して「抗議をなさないこと、それを黙認するといった行為パターンも承認行為と同類のものであるとみなしうる」からである。[21] ところが、南樺太の最終的帰属に関する限り、既に述べたように、対日講和会議の経緯を見れば、アメリカやイギリスは明示的に、その他の当事国は黙示的に南樺太のソ連帰属を否定し、一旦、日本が放棄した南樺太を「講和条約」当事国たる連合国四八ヵ国の共有のものとし、後日その他の国際的解決に付することとした。つまり、連合国四八ヵ国は決してソ連またはロシアによる南樺太領有を黙認していない。したがって、ロシアの南樺太領有権は連合国四八ヵ国が対日講和会議の経緯を覆す明示的、或いは黙示的な意思表示をした場合にのみ主張しうるといえるが、今日に至るまでこうした意思表示がないことから、連合国四八ヵ国は依然としてロシアによる南樺太領有を黙認していないといえる。

したがって、わが国は「講和条約」によって南樺太を連合国四八ヵ国に対して放棄した以上、南樺太の地位に影響を与える若しくは影響を与える恐れのある行為は一切慎まなければならない。実際、「講和条約」第二五条は「この条約は、ここに定義された連合国の一国でないいずれの国に対しても、いかなる権利、権原または利益を与えるものではない」と規定しているから、わが国は「講和条約」において最終的帰属が定められていない南樺太の領有権をソ連、そしてその継承国たるロシアに対して認める行為若しくは認めることになると疑われる行為をしてはならない条約上の義務を負っている。また、仮にわが国がそうした行為をとった場合は、「講和条約」第二六条にいう「日本国が、いずれかの国との間で、この条約で定めるところよりも大きな利益をその国に与える平和処理又は戦争請求権処理を行ったとき」にあたり、「これと同一の利益はこの条約の当事国にも及ぼされなければならない」。つまり、万一、わが国が「講和条約」で最終的帰属を定めていない南樺太領有権をロシアに認める黙示行為をとった場合には、「講和条約」当事国たる連合国四八ヵ国の全てに南樺太領有権を認めなければならず、そもそも南樺太に対するロシアの領域主権を認める黙示行為をとることは意味がない。

第四節　総領事館設置と首相公式訪問——日本政府の黙認の存否

そこで、冒頭に述べた二〇〇一年のユジノサハリンスク総領事館の設置と二〇〇九年の麻生首相ユジノサハリンスク公式訪問が、「講和条約」上の実質的な義務違反となるか否かが問題となる。わが国外務省の公式見解によれば、総領事館設置はロシアの南樺太領有権を黙認したことにはならないし、況や「講和条約」に違反することにもならない。また、麻生首相の公式訪問に関しても同様の結論となろう。外務省の立場は、

「ロシアのサハリン州において、近年、邦人保護を初め同州に関係する諸懸案の円滑な処理を図ることが必要となり、そのためにサハリン州知事をはじめとする州行政府関係者との間でハイレベルでの恒常的な接触を保つ体制を整えることが、日本及び日本国民の利益を保護し増進する上で重要となってきました。このような状況を踏まえ、ユジノサハリンスクに総領事館を設置することにしました」。[22]

「南樺太については、ロシアが継続的に現実の支配を及ぼしており、これに対してロシア以外のいかなる国の政府も領有権の主張を行っていません。また、ロシアが南樺太においてこのような施策を行っていることについて、同地域に対するすべての権利を、権原及び請求権を放棄している日本は、これに異議を唱える立場にありません。日本がユジノサハリンスクに総領事館を設置したのは、このような現実を前提にしたものです。仮に将来、何らかの国際的解決手段により南樺太の帰属が決定される場合には、日本としてその内容に応じて必要な措置をとることになります」。[23]

つまり、わが国外務省は、急速に進んだサハリン州での石油・天然ガスの日ロ共同開発・生産プロジェクトを円滑に発展させ、日本および日本国民の経済的、商業的利益を増進するために、南樺太の

最終的帰属問題に関する懸念を踏まえても、なお総領事館を設置した方が国益に資すると判断したのは明らかである。また、外務省はわが国が南樺太を放棄し、いかなる権利、権原および請求権を有さないこと、ロシアが継続的に南樺太に実効的支配を及ぼしていること、そのことに「講和条約」当事国たる連合国四八ヵ国を含めいかなる国も異論を唱えず、かつ南樺太に対して領有権を主張していないことから、南樺太に総領事館を設置しても、南樺太をめぐる国際法関係に何ら影響を与えないと判断したといえる。このことは、外務省が南樺太の最終的帰属は未定であり、将来、何らかの国際的解決手段により処理される可能性があると認識していることからも明らかである。さらに、同様の理由から、首相公式訪問も問題はないと判断したと思われる。[24]

しかし、二〇〇九年二月一八日、ロシアの有力紙『コメルサント』は「日本の首相がサハリンのロシアの領土主権を保証した」との見出し付きのイタル・タス通信のゴロブニン東京特派員の記事を掲載した。そこでは、二〇〇一年にユジノサハリンスクに日本政府が総領事館を設置したことに加えて、首相が同地を公式訪問したことから、「日本政府はサハリンも、その行政区内にある（北方領土を含む）クリール（千島列島）も、ロシアに帰属していることを言外に認めた」との解釈を示した。[25] こうしたロシア紙の見解はロシア政府にも同様の見解が存在することを強く示唆している。

要するに、総領事館設置と首相公式訪問に関する日本政府の公式見解と有力ロシア紙（そして恐らく、ロシア政府）の見解は真っ向から対立している。次に、これらの点に関して考察を行う。

第五節　総領事館設置の国際法的効果

一般に、領事関係の開設は国際慣習法に基づくが、今日それを法典化した「領事関係に関するウィーン条約」(以下、「ウィーン条約」)が個別的な二国間領事関係条約の指針となっている。「ウィーン条約」第二条によれば、「領事関係の開設は相互の同意によって行なう」ことになっており、明示的または黙示的に合意を結べば、相互に国家承認を行った法的効果を持つことになる。もっとも、日本とロシアは既にお互いに国家承認をし、外交関係および領事関係を有しているから、新たな総領事館を開設することによって新たな国際法関係は生まれない。したがって、本章の文脈では、南樺太という特定の場所に新たに総領事館を開設することによる国際慣習法上の効果だけを考察すればよい。

そもそも領事はもっぱら接受国にいる自国民の保護、特に経済的利益の保護を主な任務としており(「ウィーン条約」第二条)、例外的な場合を除き(同第一七条)、本国を代表して正式な外交交渉を行う資格を持たない。ただし、領事は自国民とその経済的利益を保護するための一種の行政機関であることから、本国を代表するある種の限定的な機能を有することは否めない。したがって、わが国が南樺太に総領事館を設置したことが直ちに同地に対するロシアの領域主権を黙認したことになるか否かは国際慣習法上定かではない。

ただし、本章著者は寡聞にして、帰属が決まっていない地域に在外公館、とりわけ領事館を置いた事例を知らない。確かに、戦間期にザールランドやダンツィヒに領事館が置かれた例はあるが、これらの地域は国際連盟の管理下に置かれていたなど、法的な地位やその帰属がかなり明確であったのであり、[26] わが国政府による南樺太での総領事館設置と比較対照する前例とはなりえない。

さらに、二〇〇九年一一月現在、アメリカ、イギリス、その他の主要国は、その自国民（当該国籍の企業を含む）がサハリン州においてわが国同様、石油・天然ガス分野においてかなり活発な経済活動に従事し、わが国同様に自国民保護が必要であるにもかかわらず、総領事館を開設していなかった。もちろん、これらの諸国の政府が南樺太に総領事館を開設しない意図は定かではないが、この不作為は対日講和会議の経緯や「講和条約」が南樺太の最終的帰属を未定としたことと一貫性があり、その意図は南樺太に対するロシアの領域主権を黙認しないことにあると容易に推定される。

要するに、南樺太における総領事館設置と同地への首相公式訪問は国際慣習法上、直ちに南樺太に対するロシアの領域主権を黙認することになったとはいえないまでも、将来、ロシア政府が関係国の黙認行為として挙げる可能性があり、主要国がそうしているように、わが国政府も是非とも回避すべきであったといえよう。これは明らかに、わが国政府の失策である。

第六節　結　論

ここまで本章では、南樺太におけるわが国総領事館設置と同地への首相公式訪問に関して、その国際法的な妥当性をサンフランシスコ講和条約、ヤルタ協定、そして国際慣習法（とりわけ、先占と取得時効）の観点から考察してきた。

第一に、わが国は「講和条約」により南樺太の領域主権を放棄し、その最終的帰属は未だ決まっていないと論じた。また、対日講和会議の経緯から、南樺太は最終的帰属が決まるまでの間、「講和条約」当事国たる連合国四八ヵ国（ソ連およびその継承国たるロシアは含まれない）の共有のものとなり、後日その他の国際的解決手段に付されることとなったと論じた。つまり、ロシアは「講和条約」を根拠に南樺太の領有を主張しえないと論じた

第二に、ソ連とその継承国たるロシアは「講和条約」とヤルタ協定を根拠に南樺太の領有を主張し、一方的に国内法的措置をとって自国領に編入してきたが、ヤルタ協定は米英ソ三国間の秘密協定であることから、日本を拘束しないだけでなく、南樺太の最終的帰属先に関する「講和条約」の解釈にも全く影響を与えないと論じた。米英二国はヤルタ協定に従って、対日講和会議においてソ連に南樺太の領域主権を獲得させるべく「講和条約」原案を修正すべきところ、全くそうした努力をせず、逆にその他の連合国と共にソ連が提案した修正に反対し却下したため、ソ連は「講和条約」の当事国とはならなかった。こうした経緯からも、ソ連の継承国たるロシアがヤルタ協定に基づいて南樺太の領域主権を主張することができないことは明らかであると論じた。

第三に、「講和条約」発効当時、日本が南樺太を放棄した際、先占による取得を黙示的に意図され、ただ漠然と放棄されたわけでないことは対日講和会議の経緯から明らかであることから、南樺太は無主地となったわけではなく、先占によってソ連そしてその継承国たるロシアが南樺太の領有権を主張することは不可能であると論じた。

第四に、既に述べたように、対日講和会議の経緯からソ連の南樺太領有権を明確に否定した形で「講和条約」が発効したことから、同条約当事国たる連合国四八ヵ国の意思表明を覆す明示的或いは黙示的承認が確立されなければ、ソ連の継承国たるロシアが南樺太に対する領域主権に対する取得時効を

成立させることはできないと論じた。さらに、わが国は「講和条約」によって南樺太を放棄した以上、南樺太の地位に影響を与える若しくは影響を与える恐れのある行為は一切慎まなければならないと論じた。

第五に、南樺太におけるわが国総領事館設置と同地への首相公式訪問が南樺太に対するロシアの取得時効を成立させる黙示的承認となるか否かは定かではないが、現に有力ロシア紙はこれらの日本政府の行為によって時効が成立したと報道していることから、将来、ロシア政府は時効成立の要件を満たす事実としてこれらの日本政府の行為を挙げる可能性が高いと論じた。さらに、アメリカ、イギリス、その他の主要国がわが国と同様の理由によって南樺太に総領事館を設置する必要がありながら、そうしておらず、わが国だけがそうしたことは、わが国政府の大きな外交政策上の失敗であると論じた。

したがって、以上の考察を踏まえれば、わが国政府は南樺太の最終的帰属先に関する国際法上の政策を修正すべきことは明白である。確かに、わが国は「講和条約」によって南樺太の領域主権を放棄した。また、その結果、これまで日本政府が繰り返し公式に表明したように、わが国はどの国が南樺太を領有すべきかを論じる立場にない。しかし、このことはわが国が南樺太の国際法的地位に関して一切発言してならないことは意味しない。むしろ、わが国は「講和条約」に則り、南樺太の最終的帰属先は未だ決まっておらず、決定するまでの間、南樺太は「講和条約」当事国たる連合国四八ヵ国（ロシアを含まない）の共有のものであることを強調すべきである。また、南樺太の最終的帰属先は将来、国際的解決手段に付されるべきであり、ロシアが南樺太に対する領域主権を有していないことを強調すべきである。有力ロシア紙が報じたように、非公式ながらロシア側は、日本政府が総領事館設置と首相公式訪問によってロシアの南樺太に対する取得時効を黙示的に認めたと主張しており、少なくとも、ロシア側が南樺太の旧領域主権保有国であり「講和条約」の当事国の一つである日本の意思表明や黙示的承認が南樺太の国際法的地位を左右する主要な要因の一つであると捉えていることは明らかである。

そこで、わが国政府は総領事館設置と首相公式訪問によって生じたやもしれない不都合な国際慣習法上の効果を相殺し、これらの行為が南樺太に対するロシアの取得時効成立を助けることがないよう、政府間の公式外交文書である覚書（MOU：a Memorandum of Understanding）などによりロシア政府に対して明示的にロシアの南樺太領有権を認めない旨、通信すべきである。

わが国政府は南樺太をめぐる経済的・商業的利益を優先してか、はたまた本章で論じた国際法的な分析を欠くからか、少なくとも南樺太に関しては受動的で主張しない政策を採ってきた。南樺太帰属問題は北方領土問題とも密接に関連しており、わが国政府は「講和条約」に基づきその枠内で能動的で主張する政策に転換する必要があろう。最後に、本章の分析の範囲を逸脱するが、台湾の最終的帰属先の問題、竹島問題、尖閣列島問題など、わが国が先の大戦の平和処理の一環またはその延長線上で直面する領土問題・外交問題においても、こうしたわが国外交アプローチにおけるコペルニクス的転回が新たな政治的・政策的地平を開くか否かは今後の重要な研究課題となるであろう。

(注)

（1）例えば、「北方領土問題に関するQ＆A（関連質問）」外務省ホームページ。<http://mofa.go.jp/fofaj/area/hoppo/topic.html>、二〇〇九年一一月一三日アクセス。「衆議院議員鈴木宗男君提出本年二月十八日の麻生太郎内閣総理大臣によるサハリン訪問に関する質問に対する答弁」内閣衆質171第123号、二〇〇九年二月二四日。

（2）『朝日新聞』一九九七年一二月一四日。こうした報道は、二〇〇一年の総領事設置に先立ち、一九九七年冬にサハリン駐在官事務所の設置が決定された時点になされた。また、『毎日新聞』（一九九七年五月二四日）によれば、外務省の慎重論は条約局を中心としたものであった。

（3）周知のように、当時、冷戦であったために、ソ連はサンフランシスコ講和条約に署名しなかった。また、中華民国と中華人民共和国の何れが中国の代表権を有するか議論があったため、中国の代表はサンフランシスコ講和会議に招待されなかった。

（4）アメリカのダレス特使は米ホイッティア大学での演説（一九五一年三月三一日）において、「…いかなる平和条約にせよ、ソ連の権原を有効にするためには、ソ連がその条約の当事国にならなければならない」との判断を示した。高野雄一「日ソ共同宣言」『ジュリスト』一一九号、一九五六年一二月一日、一〇頁。

（5）高野雄一「北方領土の法理」『国際法外交雑誌』第60巻第4・5・6合併号、一九六二年、二三二頁。また、同様な見解として、津田幸雄「南樺太・千島国際法論」『（高知短期大学）社会科学論集』3号、一九五六年、二三頁。

（6）高野「日ソ共同宣言」、前掲誌、一一頁。

（7）同誌、一一頁。

（8）入江啓四郎「ヤルタ協定と領土問題」『ジュリスト』80号、一九五五年四月一五日、一〇頁。

（9）むしろ、ヤルタ協定締結時には、日ソ中立条約が依然として有効であったことから、対日参戦を条件に日本の領土の一部を取得することを約した同協定をソ連が締結したことは日ソ中立条約への明白な違反行為である。

（10）D. P. O'Connell, "The Status of Formosa and the Chinese Recognition Problem," *The American Journal of International Law*, Vol. 50, No. 2, April 1956, p. 413.

（11）津田、前掲論文、二四頁。

(12)「衆議院議員鈴木宗男君提出南樺太、千島列島の国際法的地位などに関する質問に対する答弁」内閣衆質163第三九号、二〇〇五年一一月四日。
(13)栗林忠男『現代国際法』(第三版)慶應義塾大学出版会、二〇〇一年、二二七〜二三五頁。ただし、時効に関しては、『広辞苑』(第五版)岩波書店、二〇〇五年。
(14)栗林、前掲書、二二八〜二二九頁。
(15)山本草二『国際法(新版)』一九九四年、有斐閣、一八四頁。
(16)高野「北方領土の法理」、前掲誌、二三三頁。
(17)栗林、前掲書、二三二頁。
(18)山本、前掲書、一〇六頁。
(19)同書。
(20)同書、二三〇〜二三一頁。小寺彰・岩沢雄司・森田章夫『講義国際法』有斐閣、二〇〇四年、二三一頁。
(21)藤田久一『国際法講義Ⅰ　国家・国際社会』(第三版)東京大学出版会、一九九五年、一五六頁。
(22)「北方領土問題に関するQ&A(関連質問)」、前掲ホームページ。
(23)同ホームページ。
(24)「サハリン訪問『問題ない』」『読売新聞』二〇〇九年二月二八日。
(25)『産経新聞』二〇〇九年二月一九日。この記事では、日本外務省当局者が、麻生首相の訪問によって「ロシアがサハリンに主権を有することをはっきりと、最終的に確認することになる」と語ったとしている。この引用の真偽は定かではないが、ロシアの有力紙がこのような「事実」を報道したことの意味は大きい。
(26)例えば、等松春夫「帝国からガヴァナンスへ——国際連盟時代の領域国際管理の試み」、緒方貞子・半澤朝彦編著『グローバル・ガヴァナンスの歴史的変容——国連と国際政治史』ミネルヴァ書房、二〇〇七年。宮崎繁樹『ザールランドの法的地位』未来社、一九六四年。John Brown Mason, *Danzig Dilemma: A Study in Peacemaking by Compromise*, Stanford University Press, 1946, pp. 89–114.

（松村昌廣）

第Ⅳ部　混迷の中の現代世界と日本

第一一章　新たな国際情勢を掴《つか》む
——パワーかそれとも地理か

米国覇権が陰り、中国が台頭する中、日本の国際安全保障での立ち位置はどう変わるのか。外交と非軍事的手段で平和を維持しようするのは当然としても、それが叶わない時、どうするか。答えはリアリスト国際政治学と地政学に求めることができる。この二つは折衷的に用いられもするが、似て非なるところがある。ここでは両者の相違点に着目して、わが国の安全保障への含意を考えてみたい。

第一節　国際政治学と地政学——類似点と相違点

言うまでもなく、国際政治学と地政学の中心概念は異なる。各々、パワーと地理である。国際政治学では、パワーは軍事力やそれを支える経済力など様々な要因により総合的に決まるが、地理的要因はあくまで一つの要因に過ぎない。技術発展が地理的な障害を克服し、それによって移動や運搬の可否やコストを変えるからである。他方、地政学では地理的要因が決定要因ではないにしても、パワーをも左右すると捉えている。つまり、船舶、鉄道、自動車、航空機、潜水艦、ロケットなど移動・運搬手段が発達した現在でも、地理的要因は依然として最も大きな制約要因であるとしている。

このような前提の違いは、国際関係に対するイメージの差に反映される。国際政治学は、一八、一九世紀、欧州列強が互い牽制あるいは協力しながら超大国の出現を許さない国際システムを作り上げた経験に基づいて構築されている（この視角から見れば、冷戦時代の東西二極構造は特殊ケースであり、ポスト冷戦期の米国一極構造は一時的な逸脱ケースである）。「勢力均衡」として知られるこのメカニズムは抽象性と普遍性が高く、今日のグローバルな国際関係の大勢を理解するにも有効であるとされる。

しかし、「勢力均衡」はそのまま固有の条件を持つ地域（＝下位システム）に適用できない。とりわけ東アジアでは、域外の覇権国であるアメリカが圧倒的な海空軍力で介入しその趨勢に決定的な影響を与える。また、東アジアでは中国と日本が相当な距離で海を挟んで対峙する構造の下で、その他多くの島嶼国家や半島国家が介在する。つまり、かつて欧州列強はイギリスを除いて陸上で対抗していたが、東アジアでは海洋パワーと大陸パワーの対立構造となる。したがって、東アジアの分析では、国際政治学といえども地理的要因を重視せざるをえない。

他方、地政学では世界史の長期的なスパンで地理的要因、とりわけ膨張しようとする大陸パワーとそれを抑えようとする海洋パワーの力関係に焦点をあてる。世界最大の陸地、ユーラシア大陸の中核部（＝「ハートランド」）は核ミサイルに攻撃による以外、海洋パワーによる戦力投射をほぼ被らない聖域であり、ここを支配すれば、ここからユーラシア大陸周辺部（＝「リムランド」）へ進出し、そこをも支配することができる。そして、ユーラシア大陸を支配してしまえば、残りの地域は束になっても資源、人口、軍事力の全ての点で太刀打ちできず、大陸パワーによる世界支配は完成する。逆に、ユーラシア大陸から離れた本拠地に相当な軍事と経済パワーを保有した上で、「リムランド」や近接する島嶼に多数の拠点（今日風に言えば、前方展開基地）を持ち、それらをネットワーク化すれば、海洋パワーが優勢となりうる。つまり、海洋パワーは海洋を介して兵力を速やかに移動・運搬することで、大陸パワーに対して十分防御できるし、場合によっては攻勢に出ることもできる。

そこで、両パワーは「リムランド」をめぐる陣取り合戦を展開することになり、両パワーが拮抗する場合には、緩衝地帯（もしくは、緩衝国家）が形成されることとなる。また、海洋パワーはリムランドの沿岸部や半島先端部に橋頭堡を確保し、そこを拠点に「リムランド」内陸部に進出しようとする。逆に、大陸パワーは海洋パワーに橋頭堡を持たせず（少なくとも小さいものしか持たせず）、緩衝地帯をできるだけリムランド沿岸部に追やろうとする。

このように、国際政治学と地政学は全く異なった国際関係のイメージを持っていながら、表現の仕方は違っても、グローバルな国際関係を左右するものとして「リムランド」或いはそこに存在する国際下位システムを重視していることでは共通している。

第二節　主要な潜在的敵性国と日本の位置付け

米国覇権が陰りを見せ、中国が台頭するなかで、日本が直面する国際安全保障環境は悪化している。

国際政治学では、日本の主要な潜在的敵性国は中国であり、依然として巨大な核戦力と通常戦力を有するロシアではない。冷戦終結後、ロシアには日本に敵対する意図がなく、経済が低迷しているために中長期的には今の軍事力を維持するのは容易ではないと見る。台頭する中国に対しては、日本はGDPで二〇一〇年までは世界第二、その後は第三位の経済力を有しており、経済力を支えに軍事力を増強するのが定石である。[1]そうできないのは、日本が先の大戦で敗戦国となり、やむを得ず自ら課した憲法第九条に象徴される制約によるためで、潜在的にはその経済力に見合った相当な軍事力を持てる国であるとの位置付けとなる。したがって、国際政治学では最悪の場合、自主防衛路線をとればよいということになる。万一、中長期的に中国が、日本がその潜在力を全て体化しても太刀打ちできないほど台頭し、さらに日米同盟が崩壊した場合または機能しなくなった場合には、日本には打つ手がなくなる。

他方、地政学では、日本の主要な潜在的敵性国は今のところ「ハートランド」を牛耳るロシアとなる。ロシアへの脅威感が低いのは、一時的な現象と解される。歴史的には、ナポレオンやヒトラーが「リムランド」の一角から出て「ハートランド」を支配しようと試みたように、もし中国が「ハートランド」の支配に成功した場合に、中国は初めてグローバルな次元で脅威となる。したがって現時点での中国は、「リムランド」の一角を占める東アジアでの陣取り合戦という文脈でのみ脅威となる。

注目すべきは、第二次世界大戦後の東アジアにおける日本の地政学的位置付けが欧州におけるイギリスのそれと比して極めて悪いことである。歴史的にイギリスは対岸にあるオランダやベルギーを強大な対抗勢力の手に落ちないようにし、逆に橋頭堡とすることで自国の安全保障を確保してきた。第二次世界大戦後は、ソ連がイギリスの主敵であり、前線は東西両ドイツの国境となった。さらに、冷戦後はソ連の軛から解放された東欧諸国がロシアに対して十分遠方に位置する緩衝地帯となった。他方、敗戦前の日本は橋頭堡として朝鮮半島、台湾、南樺太を領有するとともに、旧満州国をソ連に対する緩衝地帯としていた。戦後、日本はこれらを全て失い、僅かに橋頭堡として韓国と実質的に緩衝地帯の北朝鮮があるだけで、日本は地政学的に追い詰められている。しかも、中長期的には中国の超大国化が予測されていることから、この状況はより深刻にならないかと懸念される。

したがって国際政治学と地政学では主敵も日本の位置付けも異なる。また、地政学による方が日本の安全保障に関する危機感は高い。

第三節　日米同盟に対する評価の違い

国際政治学でも地政学でも日米同盟は日本の安全保障にとって極めて重要な存在である。しかし、究極の状況を想定し、日本の核武装の是非やその内容を考えるとき、両者の違いは明白となる。

国際政治学では、日米同盟はあくまで日本の安全保障のための手段であって、その手段としての効用によって日本側の自制（核武装の放棄や制限など、戦略的自立性を全部または部分的に断念すること）は変化する。アメリカの拡大抑止の効果が十分であれば、現在のように日本は核武装を放棄し全く戦略的自立を断念するし、逆にそうした効果が全くなくなれば、少なくとも核戦略上、グローバルな国際関係において一極となる程度の戦略核抑止力（少なくとも、中国と同等の核戦力）を保有することになる。その中間の状況では、アメリカの「核の傘」は破れ傘であって、その程度に合わせて、日本はそれを補完する核戦力を保有すべきとなる。これには、中国のみを念頭に置いた中距離核ミサイルの保有から米中を含め全ての核保有国に対する小規模かつ限定的な戦略核ミサイルの保有まで、様々な組み合わせが考えられる。イギリス、フランス、イスラエルなどの例を考えれば、国土が狭隘で戦略的縦深性が低い、人口稠密度が高いなどの反対理由は軍事的には意味がないだろう。

他方、地政学では、一義的に重要なのはグローバルな次元での大陸パワーと海洋パワーの対立とその文脈での「リムランド」における両者の陣取り合戦である。日本の背後は太平洋であり、大陸側には橋頭堡として僅かに韓国があるだけである。つまり、日米同盟がなければ、日本の戦略的縦深性は殆ど無きに等しく、日本の運命は風前の灯となる。したがって、日米同盟の維持は日本にとって死活的国益となり、手段として核武装は日米同盟の維持という至上命令に従属する。当然、アメリカの「核の傘」が破れ傘の状態となっても、大陸間戦略核ミサイルや潜水艦発射戦略核ミサイルなどアメリカの安全を脅かす核戦力は持てない。さらに、そもそもアメリカから戦略的に自立し、独自に核戦力を用いる選択肢は存在しないから、日本の核使用はアメリカの許可を前提とすることになる。具体的には、日本は自国の核戦力に対してアメリカとのダブル・キーを受け入れる、ないしは有事に米軍から核兵器の発射権限を委譲される取り決めを結ぶ（ニュークレア・シェアリング）という形になる。

第四節　結　語

今日、リアリスト国際政治学と地政学はしばしば混同され、折衷的に用いられる。しかし、本章で分析したように、両者には明確な相違点がある。しかも、日本をめぐる安全保障情勢が一段と悪化して、核武装など究極的な選択肢を考えねばならない時には、両者の違いは決めて重要となる。今後、日本の指導者の頭の中で、どちらの思考が幅を利かすようになるであろうか。

（注）

（1）二〇一八年現在、中国のＧＤＰの規模は日本の二・五倍以上になり、アメリカに次ぐものとなっている。

（松村昌廣）

第一二章　揺らぐ日米同盟
――国際パワー構造の変動が原因

普天間基地移転問題で鳩山由紀夫政権（二〇〇九年九月一六日発足）の対米同盟管理政策が迷走するなか、二〇〇九年一一月に有力なアメリカのシンクタンク、全米アジア研究所（ＮＢＲ：The National Bureau of Asian Research）から報告書『日米同盟の満たされない期待感を管理する』（*Managing Unmet Expectations in the U.S.-Japan Alliance*）が発表された。この報告書（以下、『報告書』）を要約・解説したものとして、鈴木道彦氏（三井物産戦略研究所研究フェロー）は「日米同盟の行方」『修親』（二〇一〇年二月号）を著した。さらに、外務省副報道官（二〇〇五～二〇〇八年）を務めた谷口智彦氏が『報告書』を全訳し、金田秀明元海将（元護衛艦隊司令官）、山口昇元陸将（元在米大使館防衛駐在官）、谷内正太郎氏（元外務次官）による座談会の記録とともに谷口氏自身による解説を加えた『同盟が消える日――米国発衝撃報告』（ウェッジ、二〇一〇年二月）を著した。

『報告書』はわが国の実務家と研究者に波紋を投じた。というのは、長年、日本重視の立場をとってきた米シンクタンクから、既にオバマ政権が誕生していたとはいえ、ブッシュ前政権において日米同盟の実務に携わってきた三人の専門家が日米の戦略オプションの組み合わせを列挙して、場合によっては日米同盟の解消もありうると明言したからである。その三人とは、マイケル・フィネガン氏（元米陸軍中佐・アジア地域専門官、国防総省韓国担当官、国防省アジア太平洋担当次官補付地域戦略特別補佐官を歴任）、リチャード・ローレス氏（CIA朝鮮半島専門家、国防総省アジア太平洋安全保障担当次官補代理、国防総省副次官を歴任）、ジム・トマス氏（元国防総省計画・資源担当次官補代理）である。とりわけ、在任中、トマス氏は米軍の変革・再編を含め二〇〇六年版『QDR』（『米国の四年毎の国防計画見直し』）を、ローレス氏は普天間問題を、各々担当した。谷口氏は「やや誇張して言うと」と前置きして、『報告書』は「来るべきもの——日本へ向けた一種の三行半《みくだりはん》——が遂にきた」と警告した。

本章の目的は、『報告書』に表現された米政策実務者レベルでの鬱屈《うっくつ》した不満と失望、そして日本への期待値を大幅に下げるべきとの提言を日本に叩きつけられた三行半として受け止めるのではなく、早晩、米国覇権の凋落に特徴付けられる国際パワー構造の変容の結果として不可避だったと分析することにある。こうした因果関係を把握すれば、米国側の主張に振り回されることも周章狼狽することもない。むしろ、アメリカのパワーと利害関係の制約を踏まえて、わが国の国益を守ることもできよう。そこで本章では、先ず簡単に『報告書』の提言を解説し、次に米国覇権の凋落の実態と凋落局面でのアメリカの戦略オプションを考察し、最後にこうした巨視的な状況判断の下で、いかに東アジアに限定された日本の役割がグローバルな意味を持ち得るかを指摘する。

第一節　『報告書』の提言

『報告書』は朝鮮半島危機、台湾海峡危機、尖閣列島・東シナ海危機、そして日本の核武装が日米同盟の命脈を左右すると捉えた。『報告書』は、これまで日本が集団的自衛権の行使を拒絶してきたために三つの危機に対して日米間に有効な共同作戦実施計画がなく、有事に同盟が機能しないと指摘した。他方、日本はアメリカが戦略的な計算から日本を支援しないと懸念し、日本がそうしたリスクを回避しようと核武装に走る恐れがあるとも指摘した。つまり、アメリカは日本が共同作戦実施能力を欠くことに不満を持つ一方、日本がアメリカの対日防衛コミットメントに不信を抱いており、日米同盟に対する期待感が日米間で大きな齟齬《そご》をきたしていると警告した。こうした齟齬を放置すれば、名目的な同盟が継続するか、有事に同盟が瓦解するかのいずれかとなると予測した。

そこで『報告書』はこうした齟齬を解消して日米同盟を深化させるにはどうすればよいのかとの視点から、アメリカの戦略オプションとして、①「日本を信頼性の限られたパートナーとして受け入れ、期待感を（下げて）合わせる」、つまり、形ばかりで機能しない日米同盟の現状を追認する、②「日米同盟に対してヘッジ（多角的リスク回避）戦略を採用する」、つまり、例えば、韓国の役割を増大させる、③「日米同盟の焦点をその中核的役割である日本の防衛に移す」、④「日本をもっと対等なパートナーとなるよう説得する」、⑤「日米同盟とは別に東アジアに対して新たな戦略的アプローチ（例えば、対中宥和策）をとる」を列挙した。他方、日本の戦略オプションとしては、①「（日米同盟が有事に機能しない）リスクと（独自の政治面、経済面での）限定的なヘッジ戦略をとる」、②「自国防衛をさらに強化する」、③「日米同盟の枠内で『普通の国』になる」、④「日米同盟を破棄して、『普通の国』になる」、⑤「中国を宥和する」を列挙した。

そして『報告書』は、日本の戦略的独立も中国への宥和も受け入れられないとして、日米同盟関係を再構築するために原点に立ち戻って日米安保条約の中核である日本の防衛を最優先事項とすることを提言した。つまり、日本に幅広い国際安全保障への貢献を求めて、できもしない集団的自衛権の行使を迫って日米同盟を漂流させるより、日本に自国の防衛において最も主要な軍事的役割を演じることを求めた。また、そうする過程で、日米が共同攻撃作戦を行うべきか、また共同作戦計画の策定やその実施能力の構築のために具体的に何をすべきか、日本に判断させるとした。他方、アメリカが日本に対する核の拡大抑止とともに核不拡散を保障することで、日本のアメリカに対する不信を払拭することとした。こうして再構築された日米同盟を基に、『報告書』は将来、日本を東アジアやそれ以外の国際安全保障に貢献させるよう手順を踏むべきであると提言した。『報告書』の論理からすれば、日本がこうした提言を受け入れなければ、日米同盟は正に無用の長物となる。谷口氏の言葉を借りれば、「米国と日本が、安保におけるグローバルな協力を進めることなど、それがきちんとできるようになってから、いわば日本が一人前になってからでかまわない」。

こうした提言を少々突き放して考えれば、問題はなぜアメリカの日本に対する期待値が大きく変動するかにある。周知のように、そもそも現在の日米関係は第二次世界大戦の戦勝国と敗戦国、そして占領国と被占領国の関係に端を発している。対日占領政策の要は日本が再びアメリカに挑戦しないように強い政治的・法的制約と軍事力保有の制限とを日本に課すこと、とりわけ日本の戦略的独立を奪うことにあった。そこで、アメリカは占領下で日本国憲法を成立させた後、日本の再独立に際して日米安全保障条約（安保条約）を締結した。当然、安保条約はアメリカと主要同盟国との間の条約とは異なり、集団的自衛権の行使に基づく相互防衛義務を負うものではなく、その本質はいわば一種の不動産賃貸契約である。アメリカは日本を防衛する責任を負うが、日本はアメリカを防衛する義務を負わない。そのかわりに、日本は国内の基地を米軍に貸し与え、米軍にその使用および駐留を認める。もっとも、この片務的な関係の下で、長年、アメリカが主要同盟国から受け取るホスト・ネーション・サポート（米軍駐留経費負担）の総額でも駐留米兵一人当たりの負担額でも、日本はダントツの地位を占めてきたという意味で決してアメリカにタダ乗りしてきたとは言えない。

こうした非対称的な同盟関係の下で、冷戦時代、アメリカは自衛隊に日本の国土・領域防衛や対潜水艦作戦・海上交通路一〇〇〇海里防衛など、補完的（complementary）な軍事的貢献を求めた。他方、冷戦終結前後からつい最近まで（本章の初出論文は二〇一〇年六月発行）、アメリカは国連平和維持活動、アフガン反テロ作戦での海上給油活動（後方支援）、イラク攻撃作戦後の復興支援活動など、自衛隊に追加的（supplementary）な軍事的貢献を求めた。そして、『報告書』は日本に自国の国土・領域防衛において最も主要な役割を果たすこと、つまり、日本の防衛に対する米軍の負担を軽減して、再びアメリカの世界戦略の中で補完的な役割を演じるよう求めた。

したがって、『報告書』による提言の本質を把握するには、アメリカから日本に対する期待が補完的軍事貢献と追加的軍事貢献との間で大きく変動する原因を理解する必要がある。

第二節　米国パワーの凋落

アメリカの日本に対する期待の変動はアメリカの政策実務担当者レベルの不満や失望によって説明できず、国際パワー構造の変容、とりわけその中でのアメリカの相対的パワーの変化に左右されると思われる。不満や失望は国際パワー構造が変動して、客観的に必要とされる政策の変更がなされないときに生じるものであるから、原因でなく結果である。アメリカのパワーが相対的に弱い場合、アメリカは単独で世界戦略を遂行するにはパワー不足に陥るから、日本を含め主要同盟国に特定の役割を割り振り、果たさせることで余力を確保して、世界戦略を追求しようとする。もし同盟国がこうした補完的役割を果たさなければ、アメリカは自らその役割を果たさねばならず、そのためにパワーを消費せざるを得なくなる。その結果、アメリカのパワー不足はより深刻となり、世界戦略の遂行に支障をきたすこととなる。他方、アメリカのパワーが圧倒的に優越している場合、アメリカは必要なら単独でも世界政策を遂行するパワーを保有している。したがって、主要同盟国はアメリカにとって追加的役割を担ってくれればよい。つまり、追加的貢献はあったらあったで助かるが、なくてもかまわないという性格のものである。

こうした視点からは、冷戦時代のアメリカのパワーは強大なソ連が存在したため相対的に弱く、アメリカはその世界戦略を遂行するにあたって、日本を含め主要同盟国に補完的な軍事的貢献を求めざるをえなかったと理解できる。また、冷戦後のアメリカのパワーは競合するソ連が消滅した一方、それに代わるパワーを持った強国が現れなかったために相対的に強くなっただけでなく、一九九〇年代半ば以降、ＩＴバブルにより高い経済成長を持続し経済力も増大させた結果、主要同盟国に対して追加的な軍事的貢献だけを求めればよい状態となったと思われる。しかし、二〇〇〇年代半ばから二〇一〇年までの数年間、イラクとアフガニスタンを焦点に進められた反テロ作戦が泥沼に陥り、二〇〇八年秋にはサブ・プライム問題に端を発した金融・経済危機に陥り持続可能な財政負担力を減退させたために、『報告書』が発行された二〇〇九年冬には、アメリカは軍事的にも経済的にも典型的なオーバーストレッチ（過剰散開）によるパワー不足に直面していた。

この点、アメリカの凋落はＧＤＰ（国内総生産）の推移によって確認できる。[1] ＩＭＦ統計によれば、アメリカのＧＤＰ（二〇〇八年における米ドル換算ベース）が世界総生産に占める割合は、一九九〇年には二六％、ＩＴバブルの果実を得た二〇〇〇年には三一％、二〇〇六年には二八％、二〇〇八年（概算）には二三％、二〇一三年（予測）には二一％となり、二〇〇〇年〜二〇一三年までにマイナス三二％であった。これをＰＰＰ（購買力平価ベース）で見ると、一九九〇年には二五％、二〇〇〇年には二四％、二〇〇八年には二一％、二〇一三年には一九％となり、その傾向はさらに顕著であった。また、アメリカの経済成長率は一九九三年〜二〇〇〇年では三・七％、二〇〇〇年〜二〇〇八年では二・二％と低下した。これと対比して、中国のＧＤＰが世界総生産に占める割合は一九九〇年には二％、二〇〇〇年には四％、二〇〇六年には六％、二〇〇八年には七％、二〇一三年には九％となり、二〇〇〇年〜二〇一三年までにプラス一四四％であった。これをＰＰＰでみると、一九九〇年には四％、二〇〇〇年には七％、二〇〇八年には一一％、二〇一三年には一五％となり、その傾向はさらに顕著であった。また、中国の経済成長率は一九九三年〜二〇〇〇年では一〇・六％、二〇〇〇年〜二〇〇八年では一〇・四％となり、高い成長率を維持した。

つまり、第二次世界大戦直後、一国で世界の約半分の世界総生産を占めたアメリカの経済力は徐々に凋落する長期的な傾向にあったが、冷戦終結後から二〇年間、とりわけ二〇一〇年に至る数年間、その傾向はとみに顕著になっていた。用いる指標にもよるが、アメリカの経済力は概ね世界全体の五分の一程度となっていたのであり、成長率の低下に見られたようにその勢いも衰えていた。この状況は中国と対比すると一目瞭然であった。また、こうした傾向は加速こそすれ反転することは非常に難しいように思われた。

したがって、アメリカの世界戦略にとって、オーバーストレッチの状況をいかに制御するか、そして、中国の台頭にいかに対処するかが喫緊の課題として浮上することになった。そこで、アメリカはこれら二つの問題を同時に対処できればよいが、そうできなければ、そのどちらを優先するか、その際どのようなリスク管理を行うかが、戦略策定上に焦点となったと思われる。

第三節　米国戦略による優先順位

二〇一〇年に至る数年間、卓越（primacy）、選択的関与（selective engagement）、オフショア・バランシング（off-shore balancing）、孤立主義（isolationism）がキーワードとなってユーラシア大陸を焦点にしたアメリカの世界戦略に関する議論が展開されてきた。(2) 卓越とは、アメリカが軍事的、政治的、経済的に圧倒的に強力であり、世界のあらゆるところに積極的に軍事介入を行う意思と能力を持つ一方、実際にもかなり広範囲に軍事力を常駐する戦略を指す。選択的関与とは、圧倒的ではないにしろ相対的に優勢なパワーを持ち、競合するような強国が出現しないように多極的な勢力均衡を構築し維持する戦略を指す。この戦略では、アメリカは重要な地域だけに軍事力を常駐させ、限定的な軍事介入しか行わない。オフショア・バランシングとは、数ヵ国からなる列強の間に勢力均衡が存在することを前提に、その状況を維持することで、覇権国が出現しないように海洋から影響を与える戦略を指す。この戦略では、ユーラシア大陸に軍事力を常駐することはなく、ときおり限定的な軍事介入を行うだけである。孤立主義とは、ユーラシア大陸の状況はアメリカの安全保障に深刻な影響を与えることはないと捉え、ユーラシア大陸にアメリカの軍事力を一切展開せず、基本的には軍事介入しない戦略を指す。

冷戦時代、アメリカはもう一つの超大国、ソ連に対抗するため、西欧と東アジアに米軍を常駐させ、必要に応じて中東・湾岸に介入する選択的関与の戦略をとった。しかし、冷戦終結後、アメリカは唯一の超大国となり卓越戦略に大きく舵をきった。アメリカはイラクとアフガニスタンに大規模な全面的軍事介入を行ったが、大規模戦闘後の平和維持で泥沼に陥った。この失敗の結果、アメリカはその軍事的カリスマを大いに傷付けただけではなく、軍事力と財政力を消耗して、中東以外の地域に軍事力を展開する余力をもかなり失った。さらに、アメリカは金融・経済危機によって経済的な苦境に陥り、卓越戦略からの撤退を余儀なくされた。しかし、一挙に米軍が中東から撤退すれば中東が不安定化するだけでなく、事実上、アメリカが敗退することになる。そこで、米軍は中東への全面的介入を限定的介入に転換するしかなかった。[3]他方、アメリカが政治的にも経済的にも重視する西欧に常駐する米軍は陸軍主体であるから、その縮小再編成には限界がある。したがって、アメリカは軍事作戦活動が継続している中東を最優先にしつつ介入の程度を低下させる一方、次に西欧に重視し、結果的に東アジアの優先順位は三地域のうち最下位とせざるをえなかった。確かに、未だ二〇一〇年当時では、中国の台頭は顕著であったものの、中国は依然として潜在的な敵性国に留まっていたため、軍事的な抑止力を及ぼすだけでよかった。アジア太平洋における米軍は海軍主体であるから、アメリカは中国に対してオフショア・バランシング戦略をとればよかったということになる。つまり二〇一〇年には、アメリカは卓越戦略に決別し、選択的関与戦略を中東と西欧に適用し、オフショア・バランシング戦略を中国・東アジアに適用しようとしていたと捉えることができる。(4)

こうした戦略の転換は第二期G・W・ブッシュ政権期と第一期オバマ政権期のアメリカの予算にも反映された。国防費はブッシュ政権時代の二〇〇六年度には四一九〇億ドル、二〇〇七年度には四三九三億ドル、二〇〇八年には四八一四億ドル（さらに補正予算に九三四億ドル）であったところ、オバマ政権となって二〇一一年度には五四八九億ドル（さらに、補正予算がアフガン増派経費に三三〇億ドル）と急増した。また、別立ての反テロ作戦予算が二〇〇八年度には一四一七億ドルであったところ、二〇一一年度には一五九三億ドルと増加した。こうしたなか、従前にはアメリカの累積赤字は約五兆ドル程度であったものが、数年にわたる反テロ作戦に係わる支出や二〇〇八年秋以来の金融・経済危機対策に伴う財政支出の結果、その累積赤字は約一〇兆ドルにもなった（例えば、二〇〇九年度の赤字は一兆四一四〇億ドル、二〇一〇年度は概算ベースで一兆三四九〇億ドルであった）。

また、二〇一一年度国防予算と『QDR2010』を合わせ読むと、アメリカが財政的苦境のなか卓越戦略から中東に対する選択的関与戦略と東アジアに対するオフショア・バランシング戦略へ方針転換を決意したことが分かる。最新鋭ステルス戦闘機F22の生産停止、次世代ミサイル駆逐艦DDG1000や陸軍の将来戦闘システム（FCS）の計画が見直された一方、ヘリコプターや装甲車など反テロ作戦用装備の調達が決定されたのは象徴的であった。コンピューター情報技術を駆使したネットワーク中心型戦闘用のハイテク兵器は、ブッシュ前政権のラムズフェルド国防長官が推進したRMA（「軍事における革命」）における目玉となる調達計画であり、その根本には支配的優位の戦略とそのために必要な戦力投射能力の整備があった。『QDR2010』がRMAではなく反テロ戦争を優先すると明言するように、既にアメリカは戦略方針を転換してまでも、反テロ戦争経費を捻出せねばならなくなっていた。このように捉えると、反テロ戦争予算は別立てになっているが、これは直接の作戦関連経費なのであって、反テロ作戦用の装備調達にかなり国防予算本体も圧迫を受けていたことが分かる。

さらに、『QDR2010』は中東・湾岸地域と東アジアを焦点に同時に二つの重大な地域紛争（MRC：major regional conflict）に介入する軍事力を保持するとの、長年とられてきた中核的な戦略方針を放棄すると明言した。現実の米軍事力の急激な減退はないから、その後暫くはこうした能力は惰性で存在したが、反テロ戦争を最優先するとの方針が決定された以上、中長期的には東アジアにおける米軍事力は中国を焦点としたオフショア・バランシングに必要最低現の程度まで縮小再編成されるのは不可避であった。沖縄に駐留する米海兵隊を部分的にグアムに移転させる計画はこうした方針が着々と進んでいることを物語っていた。また、『QDR2010』が以前の版と違って中国を名指しせず、宇宙空間、海、空を念頭に米軍のためのアクセス環境の確保を重視しているのは、中国に対するオフショア・バランシング戦略をとることの間接的な表現であったことは言を待たない。

第四節　結語――日本の補完的役割

確かに『報告書』は日米同盟の運営管理に携わってきた米側政策実務担当者レベルの不満と失望を表現したものである。しかし、ここまでの『ＱＤＲ２０１０』や二〇一一年度国防予算の分析を踏まえると、中国に対するアメリカの戦略がオフショア・バランシングに転換し、またその結果、アメリカが日本に対して自国防衛に専念するように要求してくるのは不可避であったことが分かる。[5]というのは、アメリカが中東での選択的関与戦略を最優先で実行するために、自前の軍事力やその他の資源を中東に集中させたいことを踏まえると、日本に対して反テロ作戦関連で中東や東アジア以外での追加的な軍事的貢献を要求するよりも、無視できない中国の台頭を牽制するために、東アジアにおいて補完的な軍事的貢献を行うよう要求する方が結局、アメリカのフリーハンドの余地を広げることに繋がるからである。例えば、イランはイラクやアフガニスタンの情勢に大きな影響力を持ち、核開発疑惑もあるが、このイランに対して貿易、石油輸入、原子力発電所建設協力、インフラ整備など、様々な側面で大きな影響力を有しているのが中国である。アメリカとして対イラン政策で中国を取り込みたいところであろうが、そのためにも東アジア正面で中国を十分牽制しておくことが重要となる。アメリカにとって日本は中国に対する重要な駒なのであり、日米同盟政策や共同作戦計画の細部に関して、日本には対米交渉の余地が十分にあった。その後の展開を見れば、急速な中国の台頭とその結果もたらされた米国覇権の相対的凋落が顕著になり、第二次世界大戦後に当然視されてきた国際秩序はますます動揺するようになっている。また、米国覇権がもたらしたグロバリゼーションは覇権の中核であるアメリカ、さらにはイギリスや主要ＥＵ諸国における国内社会の極端な二極化と反グローバリズム・反覇権主義のポピュリズム台頭を産み、そうした動揺を一層深めている。

　こうした中、従来、アメリカに対しての勝ち馬戦略（bandwagoning）をとり、米覇権政策における前方展開基地の役割を担ってきた日本は今やますます対米依存を前提とした安全保障戦略をとることが難しくなっている。トランプ政権の動きが覇権の縮小再編成から覇権放棄となれば、日本は戦後長らく続いた対米従属の下での安逸から放逐され、戦略的自立を強いられることになる。

　こうした現在進行形の国際政治の展開は未だ評価が定まっていないとはいえ、本書で試みた「甦る国際権力政治」に特徴付けられるマクロ国際政治史的な分析視覚は、その妥当性を強く示唆しているように思われる。

（注）

（１）Robert Pape, "Empire Falls," *The National Interest* (web-version), January 22, 2009.
（２）For example, Christopher Layne, *The Peace of Illusions: American Grand Strategy from 1940 to the Present*, Cornell University, 2007, pp.159-160.
（３）その後、二〇一八年夏に至るまでの展開を見れば、この傾向は顕著に現れた。
（４）その後、二〇一八年夏に至るまでの展開を見れば、中国の台頭は著しいが、アメリカの対中戦略は潜在的な適性国に対するオフショア・バランシングの域を出ていない。
（５）その後、二〇一八年夏に至るまでの展開を見れば、この見通しは現実のものとなったと言えよう。

（松村昌廣）

あとがき

イギリスの歴史家エリック・ホブズボームは、一七八九年のフランス革命から一九一四年の第一次世界大戦直前までを「長い一九世紀」といい、一九一四年の第一次世界大戦勃発から冷戦終結の一九九一年までを「短い二〇世紀」といった。[1] この歴史区分は、今では近現代史を語るときにしばしばとりあげられており、ヨーロッパ史を中心に世界史を見るには、確かにこの見方はわれわれに様々な刺激を与えてくれる。われわれが本書のタイトルに苦吟している時、一瞬『長い二一世紀が始まるのか?』にしようかと思ったこともある。

しかし思い返してみれば、「長い一九世紀」を貫く「世界精神」(ヘーゲル)は、フランス革命の精神である。そして「短い二〇世紀」は、フランス革命の二〇世紀的帰結ともいうべきロシア革命の思想が何らかの形で影響を与えていた時代である。一七八九年から一九九一年までは、より大きなコンテクストにおいては連続しているともみられるのである。ヨーロッパ史に重点を置いてみれば、フランス革命以前の世界精神はヴェストファリア条約の精神であり、これは主権国家群が対立や摩擦をルールに基づく「戦争」で解決していた時代である。

翻って現代世界を見れば、今やこうしたルールは形骸化し、「自国ファースト」の争乱の中に世界は翻弄されつつある。国家も非政府組織も、その他さまざまな武装組織・テロ組織も、非正規戦争・非対称戦争による攻撃を繰り返している。国連やEU、あるいは各種条約機構からサミットまで、これらの国際組織は、いまではその効力を失いつつあるのは誰の目にも明らかであろう。何故なら、これらの組織の大半は、「短い二〇世紀」に人類が体験した二つの世界大戦を防止することを目的としてつくられたものであり、ハイブリット戦争・デジタル戦争・「宇宙戦争」・宣伝扇動を駆使する心理戦などを組み合わせた現代の「戦争」は想定されていなかった。それゆえ現代世界は、ヴェストファリア体制以前の、宗教戦争や民族紛争さらには国益などがルール無き形でぶつかり合う時代へと回帰したとみる方がよいであろう。あるいは、「自然状態＝万人の万人に対する戦争」というホッブスの世界に逆戻りしたような事態ともいえよう（本書第Ⅰ部第三章参照）。

現代世界には、ヴェストファリア精神も、フランス革命の啓蒙精神やその影響を受けた人類解放を夢見る社会主義思想も、世界平和と人類融合に行きつく幻影を追ったグローバリゼーションの精神なども消え去り、理念無き弱肉強食の生存競争時代になったのである。だがもちろんこの事態は、現代世界がヨーロッパのヴェストファリア体制以前の時代に戻ったということではない。国際政治における非ヨーロッパ世界が、もはやヨーロッパ的国際社会ルールや宗教・哲学・思想の普遍的支配力を軽視あるいは無視して、伝統的な民族の価値観・宗教信条（倫理やエートス）などによって行動することをためらわなくなったことを意味する。この事態には、学問研究や現状分析を進める西側のアカデミシャンやジャーナリストも、戸惑いの色を見せている。

中国は、南シナ海占拠の不法性判決を常設仲裁裁判所から下されても、それを「単なる紙くず」だと言い、自ら提唱する「一帯一路」政策を儒教的発想で公然と推し進めている。現在シナ大陸や朝鮮半島の儒教圏は、アメリカや日本とEU諸国に対して異なる精神とルールを以て対抗している。七世紀に始まったイスラム教が生きている中東をはじめとするイスラム諸国の現況は、もはや欧米や日本には制御不能の事態であることは明らかであろう。さらに、これからの経済成長が見込まれるインドやアフリカ諸国を、欧米先進国が有効に制御（例えば地球環境問題など）できるであろうか。プーチン氏のロシアを、欧米日の先進国サミットのメンバーとして抵抗なく迎え入れることが決断できるであろうか。

要するに、本書のタイトルである『甦る国際権力政治』とは、一九世紀への回帰ではなく、欧米世界が国際政治の主導権を獲得する以前の世界にも似た多元的で多極的な世界の国際政治環境になったことを示したものなのである。

本書に収録された諸論稿は、以上のような共通の歴史認識をもって、それぞれの筆者がこれまで発表してきたものである。発表年代は、二〇年以上前から近年のものまであるが、これらの論稿を今読み返しても（若干の字句の変更は当然だが）、とくにピント外れとは思われなかったどころか、まとめて発刊するに相応しい内容と思われたため、あえて出版に踏み切った次第である。ただし読者の中には、第Ⅰ部や第Ⅳ部はともかく、第Ⅱ部の「第二次世界大戦――日本の教訓」と第Ⅲ部「敗戦後の日本が抱える『重荷』」を収録したことに違和感を持たれた方があるかもしれない。それらを掲載した理由は以下にある。先の大戦の主要参戦国である日米英ソ独の五ヵ国のうち、日本のみが、まだあの第二次世界大戦の総括を終えていない、真に国民的レベルで先の大戦の実態と徹底的に向き合っておらず、教訓を得てもいないと判断したためである。

日本人の大半は、「戦争」と言えば、先の大戦をイメージし、戦争反対・平和推進の現行憲法精神で受け止めようとしている。「平和国家」をひとえに願って生きていけば、戦争のない世界になり、先の大戦を否定すれば「戦争」を乗り越えることになるとでも思っているかのように見える。世界はすでに異次元の「自然状態」に入りつつあるというのに、このままでは日本は世界から「肥え太った家畜」と見られるだけであろう。われわれが本書を出版する意図は、ただ天空の高みから世界を解釈する論稿を世に問うたものではなく、これから激動する未知の世界へ突入しようとしている世界で生きなければならない日本の読者に読んでいただくことを一途に願っているためである。

本書の出版にあたり、編集を担当していただいた芦書房編集部の佐藤隆光氏には大変お世話になった。末尾ながら記して感謝の意を表する。

望月和彦
松村昌廣
村山高康

注

（1）Eric John Ernest Hobsbawm, *The Age of Empire, 1875-1914*, Weidenfeld & Nicolson, 1987.
——, The Age of Extremes: *The Short Twentieth Century, 1914-1991*, New York: Vintage Books, 1994. エリック・ホブズボーム『短い20世紀の歴史　極端な時代』全二巻（河合秀和訳）三省堂、一九九六年。

●著者紹介

望月和彦（もちづき・かずひこ）
桃山学院大学経済学部教授、専門は日本経済論、経済政策史。
著書に『年金と財政投融資』（桃山学院大学総合研究所）、『ディベートのすすめ』（有斐閣）、『大正デモクラシーの政治経済学』（芦書房）ほか。

松村昌廣（まつむら・まさひろ）
桃山学院大学法学部教授、専門は国際政治学、国家安全保障論。
著書に『米国覇権と日本の選択』（勁草書房）、『軍事技術覇権と日本の防衛』（芦書房）、『衰退する米国覇権システム』（芦書房）ほか。

村山高康（むらやま・たかやす）
桃山学院大学名誉教授、専門は政治学、国際政治史。
共書に『政治学ノート』（風媒社）、『現代世界の政治状況』（勁草書房）ほか。

甦る国際権力政治
――ポスト・グローバリゼーションと日本

■発　行――2019年12月30日
■著　者――望月和彦・松村昌廣・村山高康
■発行者――中山元春
■発行所――株式会社芦書房　〒101-0048　東京都千代田区神田司町2-5
電話 03-3293-0556／FAX 03-3293-0557
http://www.ashi.co.jp
■印　刷――モリモト印刷
■製　本――モリモト印刷

ISBN978-4-7556-1305-0 C0031